谨以此书献给我的父亲母亲以及逝去的所有亲人

本书得到安徽财经大学 2007年度博士论文出版专项资金资助
2014协同创新中心学术专著出版资助

合作运动与乡村社会变迁

——20世纪二三十年代华北农村合作运动研究

Cooperative Movement & The transition of Rural Society
——The Study of Rural Cooperative Movement in North China in 1920–30s

刘纪荣◎著

中国社会科学出版社

图书在版编目(CIP)数据

合作运动与乡村社会变迁：20世纪二三十年代华北农村合作运动研究/刘纪荣著.—北京：中国社会科学出版社，2015.3

ISBN 978-7-5161-6130-2

Ⅰ.①合… Ⅱ.①刘… Ⅲ.①农业经济史—研究—华北地区—20世纪②乡村—社会变迁—研究—华北地区—20世纪 Ⅳ.①F329.2②C912.82③D693.79

中国版本图书馆CIP数据核字（2015）第099807号

出 版 人 赵剑英
责任编辑 郭 鹏
责任校对 卢战伟
责任印制 李寡寡

出 版 中国社会科学出版社
社 址 北京鼓楼西大街甲158号
邮 编 100720
网 址 http：//www.csspw.cn
发 行 部 010-84083685
门 市 部 010-84029450
经 销 新华书店及其他书店

印 刷 北京君升印刷有限公司
装 订 廊坊市广阳区广增装订厂
版 次 2015年3月第1版
印 次 2015年3月第1次印刷

开 本 710×1000 1/16
印 张 22.75
插 页 2
字 数 382千字
定 价 76.00元

序

王先明

就历史变革的进程而言，中国乡村的结构性变革始于20世纪初年。时至今日，在整整一个世纪的发展进程中，乡村社会变迁始终是中国社会历史变迁的主体内容。这不仅因为在区位结构中乡村占居绝对的多数，而且因为乡村的生活模式和文化传统从更深层次上代表了中国历史的传统。即使对于整个中国近现代史而言，近代化或城市化进程，本质上也是乡村社会变迁的过程。

20世纪初期开始的中国乡村社会变革虽然在世纪末取得了质的飞跃，但变革的历史进程却仍在继续。“20世纪之中国乡村社会变迁”是一个相对独立的研究领域，它不仅是从“长时段”探讨中国近现代历史发展规律性的课题，而且也是认识当代中国社会变革尤其是农村变革、发展道路的重大课题。这是它所独具的理论意义和现实意义之所在。

当“三农问题”构成制约中国社会发展和实现现代化进程中的突出问题时，对它的关注和寻求解脱之路的现实需求，催促着我们不得不对其进行学理或学术层面的分析。诚如已故著名历史学家张荫麟说：“我们的历史兴趣之一是要了解现状，是要追溯现状的由来，众史事和现状之‘发生学的关系’（Genetic Relation）有深浅之不同，至少就我们所知是如此。按照这个标准，史事和‘现状’之‘发生学的关系’愈深愈重要故今通史家每以详尽略远为旨。”①因此，由现代回观历史，从历史审视现代，就必然成为现代史学一个不容回避的课题。

勿庸置疑，困扰当代社会发展的“三农问题”，有着近代以来自身形成、发展和演变的线索，当然，也是近代历史进程中人们所曾着力解决的

---

① 张荫麟：《中国史纲》，上海古籍出版社1999年版“自序”，第6页。

问题。人们早已认识到，虽然近代农民生存条件和生存状态与传统社会并无质的差别，但是，近代以来的农民生存则也更多地呈现出社会变迁中的具有时代性的特征。因为“我国古时重士农，轻工商，所以农民的地位非常高尚。”但到了近代以后，“工商业一天一天的发达，工商的地位逐渐提高……农民的生活一天一天的变坏，他们的地位一天一天的降低……”① 近代中国农村问题的出现和累积之所以不同于传统时代，就在于它不仅受到社会政治变动所引发的权利结构的动荡影响，同时还受到农村阶级结构内在规律引发的土地集中和贫富分化的周期性振荡，而且更在于工业化和城市化进程对于乡村社会生存和发展形成的巨大压力和分解力。立足于工业化和城市化进程探讨中国乡村社会变迁，就成为我们历史研究者的责任。

近代中国农村社会变迁的凸显可以说是伴随着工业化、城市化乃至现代化的历史进程而出现的历史主题。由于近代中国社会变迁既承负着现代化进程也承负着半殖民地化进程的双重困厄，因而乡村社会变迁更多地表现为危机的加剧、交错和寻求解脱危机的基本走向。现代化过程中的乡村问题，必然是超越乡村本身的问题。“我们知道，现代文化虽然并不一定与农村绝缘，但它是附丽于工业发展而进化的。同时在另一方面，由于农业经济之急度崩溃，必然要发生愚贫弱私的现象，农业建设终究不能解救农民的贫困”。② 因此，在探求中国乡村社会发展同时也是探求中国现代化出路的讨论中，汇聚的学识和学科范畴也是极其广泛的：社会学、人口学、经济学、历史学、政治学等等。这些相关学科的理论方法、范畴都将与历史学的实证方法相结合，构成这项研究的特色之一。

历史学的功用，可以在超越一时的模式，在历史解释的重构——比较和检验中，获取更深层的理性认识。

目前，学术界对此还缺乏深入的、系统的研究。此书的研究成果是研究者在博士论文基础上，经反复修改提高而成，具有学术上的创新性、前沿性和研究主题的系统性、互补性。

承载着厚重的历史感，当下中国坚持新型工业化、信息化、城镇化、

---

① 杨开道：《我国农村生活衰落的原因和解救的方法》，《东方杂志》第24卷第16号（1927年），第36页。

② 齐植璐：《现阶段中国经济建设论战的批判》，《东方杂志》第32卷第24号（1935年），第39页。

农业现代化同步发展，社会主义新农村建设已全面展开，农民专业合作社正蓬勃发展，中国社会变迁尤其是乡村社会变迁愈益深刻而广泛。学术理论研究没有终点站。期待纪荣在今后的学术道路上不断进步、勇攀高峰。

2008 年 10 月 8 日于南开园

目　　录

导　　言

本书系作者2006年南开大学博士毕业论文的最终修订稿。作者选定在“合作运动与乡村社会变迁”框架下，探讨20世纪初期华北农村合作运动发展历程中合作运动与乡村社会变迁的相互关系，欲在总结近代华北区域农村合作的历史经验教训的基础上，探求一条适合于本区域的乡村现代化之路，为21世纪的中国乡村社会发展提供经验借鉴。

第一节　选题的动机与意义

本选题可从本人的乡村情结、现有的学术资源以及近代华北区域特殊的社会经济历史背景等三个方面谈起。

首先，本书选定“乡村社会”为研究范围，初源自本人浓厚的乡村情结，与本人是中国当下一位乡村贫苦农民的儿子有关。本人家居农村，世代力耕务农；家父是一位典型的中国农民，朴实，勤勉，任劳任怨，经历了国民政府至今的各个历史时期，终年不辞劳苦，一辈子不知疲惫。然而终其一生父亲始终生活在贫穷的梦魇中，何也？本人成年后，在大学毕业回到农村工作的那时起就开始思考这个问题。尽管离开了农村，在城市参加了工作，家里有了一点稳定的经济来源，却依然无法摆脱贫穷的困境。贫穷，依然贫穷！这是我家乃至家乡几十年来的基本事实，也是当代中国农民和农村中不容否认的基本现实（当然并非民国时期的乡村社会可相提并论）。正是骨子里固执的乡村情结，时时催促着自己从“贫穷的农村”这个现实出发，不断追问着以下问题：农民为什么穷？农村社会怎样才能摆脱贫穷面貌，真正走出一条现代化的发展之路？这不仅仅是现实中国最令人关注的焦点问题，也曾经是一个历史思考的遗留问题。带着这些揪心的问题，我尝试着走近中国近代的乡村社会，力图探究乡村社会变迁中具体的历史场景，揭开久藏心底的那个“贫谜”！

然而，摆在国人面前的现实是，帝制末期及结束后的近代中国，其社会转型承载着现代化进程及半殖民地化进程的双重困厄；乡村社会变迁更多地表现为危机的加剧和解脱危机的种种努力交错在一起；现代化进程中的乡村问题，实际上已远远超越了问题本身。在急切探求乡村社会发展和中国现代化出路的过程中，出现了“所谓重农主义派、重工主义派、工农并重派；农村复兴派、都市建设派、乡村建设派；资本主义派、社会主义派、民生主义派；放任主义派、统制经济派、合作运动派；交通建设派、生产建设派等等，各派均试图在自己的学理论证框架中，提出改造和建构中国发展的模式。”① ——尽管，历史早已证明，近代中国的种种现代化努力被迫陷入外部危机并处于半殖民地化困境中，难免失败的命运与结局，失败本身并不可怕，可怕的是对失败的淡忘与忽视，尤其是面对失败中那些弥足珍贵的历史经验与教训缺乏必要的凝练与总结。

人类社会历史发展与变迁的辨正逻辑总是处于“变”与“不变”之中，在历史传承中延续并转型，由量变到质变；近代中国社会的现代化如此，近代中国乡村社会的现代转型更是如此。由此看来，从20世纪20年代初起，参与农村合作运动的人们及“乡村建设”派等始终致力于乡村社会现代化的种种艰苦的探索，均为求“变”；而这种探求至今“未变”，且还在不断努力中，即使放在今天，尤其对于发展农民专业合作社及建设具有中国特色的“社会主义新农村”来说，似不无意义。

理清历史上近代农村合作运动的脉络，反观当今农村发展合作组织的历程，深藏脑海的疑虑不时浮现出来：近代中国农村合作运动是怎样兴起和发展起来的？它在近代乡村社会变迁过程中到底取得了哪些成绩？留给后人哪些启示？在21世纪“社会主义新农村”建设中，将如何运用合作组织来整合农村，组织农民，发展农业生产、改善农民生活？这些难言的忧思总是扣打出心底无尽的追问，促我，走进那充满遐想的知识境域，进一步思考。本人认为，在思考和探索有关当代农民脱贫及农村社会现代化问题的过程中，应立足于现在，着眼于未来；总结历史经验教训，借鉴古今中外已有的成果、资源及发展模式实属必然。因为“任何理论模式都

---

① 王先明：《从〈东方杂志〉看近代乡村社会变迁——近代中国乡村史研究的视角及其它》，《史学月刊》2004年第12期，第5页。

有其学理的价值，也有其现实试验的意义；尽管都有局限，且历史发展和演进最终都超越了模式本身，但历史所积累的认识价值却是永恒的。[①]"同时，回顾历史，将当代中国农民与农村问题置于近代历史进程中去审视，或许更能够厘清其形成、演变的趋向，认清其时代特征。这是时代赋予史学义不容辞的使命，也是史学回应并作用于社会的基本功能。作为一名史学工作者，更作为一名生长在农村，对贫穷有着深切感受的农民之子，特别关注中国乡村社会的现代命运，选择农村合作运动与乡村社会变迁作研究课题，不仅仅是一种"历史责任要求"，更是一种深藏心中的乡村情结使然。笔者欲通过本课题的研究，探索一条有助于当下农民脱贫致富、农村社会文明进步的可行之路。斯是所想，望有得焉！

其次，本选题与笔者就读的南开大学图书馆馆藏丰富的"合作运动"特色资料有关。"看米下锅，量体裁衣"；任何研究选题都是在有一定时间、资金和资料保障的前提条件下，方才具备一定的可行性并最终确定、完成。因而，从最初的选题到最后定题，本书所研究的内容基本上是一个逐步跟进的过程。根据个人的旨趣，笔者最初以近代湖南的乡村社会为考察对象，初步将选题的方向定为"国民革命与乡村社会变迁"。导师王先明教授认可并给予了充分肯定。经过一段时间的文献检索和资料阅读后，我发现馆藏与上述选题的相关材料相当有限，特别是有关民国时期湖南乡村社会的地方材料实在太少（或限于个人所知），因学业时限，因此这一很有意义的选题显然不具备相应的可操作性，只好作罢！选题似乎因此遭遇"危机"。

在此后有些紧张的日子里，我坚持到南开大学图书馆翻检资料，意外发现图书馆特藏部藏有大量民国时期"合作运动"资料。图书管理员告诉我，这是南开馆藏的特色资料。我如获至宝，先前出现的"选题危机"似乎马上又有了"转机"。重新检索文献资料，了解相关研究动态，令人惊喜：相关文章不多，几乎还没有相关研究专著！惊喜之余，及时商与导师；导师给了我足够的宽容和理解，认为"合作运动"同样值得去大力挖掘和研究。这样，论文的换题就被欣然通过，"合作运动"作为大的研究方向基本确定。

① 王先明：《历史学视野下的"三农"问题——历史的沉积与现代趋向》，《光明日报》"治史心语"，2004年6月22日。

笔者最初以“民国时期合作运动研究”为题，作大范围的资料和文献阅读，感觉自己仿佛走进了迷宫：合作思想流派多歧；多元政权纷争下，合作政策有明显的差异性；合作动机或价值取向的多样化等交织在一起。于是，我感到一时很难把握，遂以“合作运动与乡村社会变迁——民国时期合作运动研究”作题，欲在既定的框架内，就近代中国农村合作运动作整体研究。然而，难题并没有因此解决：中国农村合作运动整体研究依然包含着北洋政府、国共两党、日伪政权等不同时期难以统一的丰富内容。根据合作原理，“合作运动”研究应选择一个在正常社会经济条件下进行的对象，更有代表意义。民国时期的农村合作运动几乎贯穿了整个发展进程，而抗日战争时期及之后的内战均处于非常态的社会历史条件下；中国各区域发展又极不平衡，在没有进行充分翔实分段分区域的研究前，该课题的研究意义很难彰显。于是，在进一步思考及广泛收集材料后，笔者决定选择一有代表性区域，对不同时段的农村合作运动作纵向研究。最后还是现有材料说了算：天津是华北的重镇，南开大学图书馆馆藏的特色资料主要内容集中在华北地区，且大多为第一手原始资料。因此，选题最终确定以华北区域的农村合作运动为研究中心，重点放在今河北省和山东省，尤其是以定县、邹平这两个“乡村建设”中最具代表性的试（实）验县为考察对象。

当然，笔者最终确定以“华北区域”为研究个案，还有着更为深刻思考。首先要说明的是，近代华北区域的社会经济条件等历史背景相当特殊，几乎发生过“戏剧性变化”；诚如罗澍伟先生所言，“在近代社会，华北区域的经济变动与经济重组之剧烈，（中国）没有哪一个区域可以与之相比。”文中所指的华北区域，系指中国“黄河以北，东北地区以南，关中地区以东，黄、渤海以西的广大区域”，差不多囊括了今河北、河南、山东、山西省和内蒙古自治区的部分地区，其空间位置大致相对于今自然地理中的“华北大平原”；它“以河北（直隶）为核心，在综合自然地理、人文气候、风俗习惯等方面均表现出许多内部的均质性；在经济活动上基本形成了一个相对稳定的交流范围，具有一定的内聚性”；同时，还是一个行政设置较为特殊的管理区域。[①] 然而，研究者的“华北区域”所指也不尽相同，从翰香先生“华北平原农村研究课题组”由于需要和行政区划联系，指明

① 罗澍伟：《谈谈近代的“华北区域”》，见江沛、王先明主编《近代华北区域社会史研究》之“名家笔谈”，天津古籍出版社2005年版，第5—6页。

以冀鲁豫三省为研究范围[①]；黄宗智探讨“华北的小农经济与社会变迁”，主要以华北平原上的冀—鲁西北地区为对象，即以河北和山东为研究范围。[②] 本书所言的“华北区域”基本限定在今河北及山东两省；这不仅因为原中国华洋义赈救灾总会（在本书简称为“华洋义赈会”）指导下的信用合作社，最初仅有河北的“一枝独秀”，而且在国民政府主导下的农村合作运动，在华北地区也“以冀鲁二省为最发达”。[③]

本书之所以最后选定以“20 世纪 20—30 年代华北农村合作运动”为分析对象，除了上述的图书馆馆藏资料优势之外，主要是出于以下考虑：

第一，华北农村为近代中国农村合作运动的发源地，也是乡村建设运动团体开展合作实验的中心地区。整个 20 世纪 20 年代几乎就是华北（更具体说是河北）一枝独秀；具体由华洋义赈会负责指导实施，以组织德国雷发巽信用合作社为主要内容。20 年代末期江浙地区由省政府指导的合作运动才刚刚起步，并主要仿照华洋义赈会的组社办法。30 年代江浙合作运动大力推广之际，华北农村合作运动同时得到了较大发展；且华北地区有着区别于其他地区的典型区域特征，因此，用区域方法来研究近代中国的农村合作运动，华北地区的合作运动似乎更具典型意义。

第二，华北合作运动以 1930 年《河北省合作社暂行条例》颁布为标志，前后可分为明显不同的两个阶段。前期以民间社团——华洋义赈会作单独指导，因当时从中央到地方政府几乎都不注重合作运动，故缓慢发展；后期农村合作逐步由中央与地方政府主导，华洋义赈会、华北农业合作事业指导委员会、各乡村建设团体、民众教育机关及银行等机构共同负责推进、指导，而定县和邹平两实验县的合作事业得益于乡村建设团体与地方政府的共同参与和指导，产生了更为有效的影响；1935 年近代中国第一部《合作社法》的正式颁布与实施，则标志着农村合作运动已纳入到中国统一的合作行政体系之中，而华北农村合作运动也取得了较为突出的成效，直到抗日战争爆发前一直成绩名列前茅。其中，农村合作运动似乎还存在三种性质与特征迥然不同的发展模式，发挥着各自特定的历史作用。因而，探求中国农村合作运动的经验教训，华北农村合作运动应更具

① 从翰香主编：《近代冀鲁豫乡村》“前言”，中国社会科学出版社 1995 年版，第 13—14 页。

② ［美］黄宗智：《华北的小农经济与社会变迁》“背景篇”，中华书局 2000 年版，第 1—63 页。

③ 方显庭：《中国之合作运动》，南开大学经济研究所 1934 年版，第 6、14 页。

有比较分析的价值和意义。

第三，从整个中国近代农村合作运动的发展进程来看，似乎只有华北农村合作运动保持了一个较长时间且相对稳定的发展时期（1923—1937），其发展经验较为成熟，成效也最大，已为学界所公认，应有更多值得总结和借鉴的经验或相对完善的措施。其他地区的合作运动（包括江浙）往往还处于非成熟发展阶段，就被非常态的侵略战争肆意打断。可以说，华北农村合作运动对于探索经济社会相对稳定发展时期的中国乡村建设，更具有借鉴意义。

近代中国"风云突变"，处在了天灾人祸、内外交逼、农村金融枯竭、经济破产、农村社会面临崩溃等严峻情势下；在此种种"农村问题"频发之际，农村合作运动的兴起和发展，有其具体的现实目的和制度安排在，如华洋义赈会最初的指导思想是"合作防灾"，大多民间社团的旗帜都可归结为"乡村建设"，南京国民政府提倡的口号是"救济农村、恢复经济"或"挽救农村、复兴经济"等，也有其他的政治、军事用意，但最终表现出的是农村合作社的经济社会功能。很显然，农村合作运动就是为了"治贫""救穷"或"造产"，用当前的话语就是"发展经济"。因此，这场经济运动一经实施，对中国乡村社会产生诸如社会、政治、文化、教育、卫生等全方位、多层次的作用和影响，甚至其社会意义还超出了其经济意义。

笔者认为，不管对近代中国农村合作运动的实际效果如何评估，其在本质意义上应为一场促使乡村社会由传统走向现代的社会变革，是一次农村社会迈向现代化进程中的有益尝试，华北农村合作运动更是开启了这种尝试的先例。就华北农村合作运动来说，唯其动力虽不是自发于纯粹的乡村社会内部，而是由华洋义赈会、中华平民教育促进会、山东乡村建设研究院等民间社团以及各级政府组织等各种外力引导或推动的，因而这种社会变革或可称为一种"关联变迁"或者"计划变迁"（罗吉斯语，详后"第四节"）；同时，由于各民间社团具有更容易为传统乡村社会所接纳的倾向，也采取了更适合乡村内部的变迁步骤，因而其变革模式又可称为"选择关联变迁"，而非纯粹的"计划变迁"。这种区分或正体现了华北农村合作运动的独特之处及其历史认知价值。虽然，当代乡村社会的"三农"问题与历史上的同类现象如农民负担过重、农村发展滞后等，其"表现形式不同，时代特征有别"；然而，透过种种现象可以看到贯穿中国近现代乃至当代的一个不争的历史事实：乡村的衰败或不发展已经成为制约整个社会经济发展的根本性因素。这是历史和现实间呈现出的惊人"相似"的一面。有鉴于此，中国农村合作运动无论是"从现在出发来理解过去"，还是"在过去的基础上理解现在"都是极为必要的，很有学术研究价值。

从社会变革的整个进程来说，乡村社会变迁始终是中国历史变迁的主体。这不仅因为在区位结构中乡村占居绝对的多数，而且因为乡村社会的生活模式和文化传统，从更深层次上代表了中国历史的传统。"从整个近代史而言，近代化或城市化进程，本质上也是乡村社会变迁的过程。"[①]中国素来以农立国，乡村社会是整个中国社会的基础，华夏文明主要是建立在乡村社会基础上的农耕文明。导致20世纪中国社会历史发展的两次最重大的历史转折，即世纪之初的革命道路与世纪之末改革道路，都是从农村开始的。"这意味着对于中国社会发展规律的正确把握依赖于对乡村社会认识的深度，同时也意味着，中国乡村社会的变迁，是整个中国近代史发展演变的基础。"[②] 本书尝试以20世纪（抗日战争爆发前）的华北农村合作运动为切入点，重点考察20世纪20—30年代中国乡村社会变迁，既可以为探索整个近代中国乡村社会变迁的历史进程提供新的视角，又能进一步加深对中国乡村社会的认识，或有助于准确把握中国社会发展的走向、规律及其独具的特征（即"中国特色"），同时为解决中国农村经济社会现实发展中的相关问题提供某种借鉴。

尤需指出的是，随着现阶段中国农村社会市场经济改革的逐步深入，各种农民专业合作组织得到不断发展，成为中国共产党和政府加快建设和谐社会和全面建设社会主义新农村的重大举措。中共十六届四中全会首次明确提出了"构建和谐社会"的发展目标，"合作"被列为构建和谐社会的核心要素之一；在党的"十一·五"规划第三部分"建设社会主义新农村"中明确提出："深化农村流通体制改革，积极开拓农村市场"、"鼓励和引导农民发展各类专业合作经济组织，提高农民的组织化程度。"尤为可喜的是，第十届中国人大常委会第十九次会议高票通过决定，自2006年1月1日起废止《农业税条例》，这意味着在中国延续两千多年的农业税正式走入历史；2006年10月31日，全国人大又正式颁布《农民专业合作社法》，并于2007年7月1日全面实施，农村合作运动再次纳入

① 王先明：《开展二十世纪的中国乡村史研究》，《光明日报》"史坛纵论"，2000年12月1日。

② 王先明：《中国近代乡村史研究及展望》，《近代史研究》2002年第2期，第285—286页。

市场经济的法制化轨道。在中国共产党的“十七大”报告中进一步强调指出：“解决好农业、农村、农民问题，事关全面建设小康社会大局，必须始终作为全党工作的重中之重”；明确了“发展农民专业合作组织”和“培育新型农民”是统筹城乡发展、推进社会主义新农村建设进而促进国民经济又好又快发展的重大举措。这充分表明，以合作社为内核，激扬合作的精神，创立具有中国特色的合作制度，谋求合作利益（双赢或多赢），应是构建和谐社会和建设社会主义新农村不可或缺的重要内容。“农村合作运动”（无论国民党或共产党）曾经作为组织农民、教育农民、训练农民的有效机制，早为20世纪30年代从事中国农村运动的各方代表所认同并提倡；在当代农民组织化、农村现代化和农业产业化呼声日益高涨的今天，挖掘近代华北农村合作运动中所蕴涵的丰富历史资源，阐发民众合作精神，无疑是一件非常有意义又极为紧迫的当务之急！如同前面所述，其学术价值潜在，其现实意义更为强烈。

第二节　学术史的回顾与述评

在“合作运动与乡村社会变迁”的框架下探索20世纪20—30年代华北农村的合作运动，须清理的相关学术领域就比较宽泛。依据命题的思路，可从以下三个层面具体展开，即宏观层面的近代乡村社会研究、中观层面的近代华北乡村区域研究，以及涉及本书主题范畴的华北农村合作运动研究。前两个层面的回顾主要是扩大视野，重点放在第三层面。

一　中外近代乡村社会的宏观研究

首先就宏观层面而论，须关照的是近代以来中外乡村社会史的有关研究，以此了解中外近代农村合作运动的大背景。当然，国外乡村社会研究是一个很大的学术领域[①]，无法也没必要穷其所有，因此重点关注与本书相关的部分内容，如19世纪合作运动背景下的英国、法国、德国等国的乡村社会研究，这些大都体现在《英国合作运动史》、《法国合作运动史》

① 关于国外乡村社会研究的相关成果，可参阅侯建新《现代化第一基石：农民个人力量增长与中世纪晚期社会变迁》，天津社会科学院出版社1991年版；许平《法国农村社会转型研究：19世纪—20世纪初》，北京大学出版社2001年版。

及《欧洲各国农业合作》等国外合作运动史研究的著作中。[①] 至于近代中国的乡村社会史研究极为丰富，王先明先生的《中国近代乡村史研究及展望》一文对此作了最为详尽、精辟的分析和综述，中国台湾地区学者张瑞德、美籍华人学者黄宗智、美国学者杜赞奇等也就晚近部分中外学者有关中国近代农村社会、经济、政治文化的发展变迁等议题，都作出了各自不同的比较和评述，侯建新还特别就20世纪20—30年代中国农村经济调查与研究情况有过简要叙述，均堪足参考。[②]

二　中观层面的近代华北乡村区域研究

其次就中观层面而论，主要关注20世纪前半期华北乡村区域研究，以了解近代华北农村合作运动的动态背景。这方面成果又可分为中华人民共和国成立前、后两个时期来介绍。

（一）中华人民共和国成立前

最早有美国传教士明恩溥（Arthur H. Smith）的《中国人的特性》（*Chinese Characteristics*）和《中国农村生活》（*Village Life in China*）两著，虽冠以“中国”字样，实际上只是作者生前对华北地区的山东、河北、天津等地20多年传教生涯中农村生活状况所作的系统观察的述说[③]；其次有1922年华洋义赈总会请美籍传教士、燕京大学教授戴乐仁（J. B. Taylor）和麦龙（C. B. Malone）调查河北、山东、安徽和江浙等省的240个村庄的经济状况，于1924年编成《中国农村经济的研究》（*The Study of Chinese Rural Economy*）及金陵大学教授约翰·洛辛·卜凯（John Lossing Buck）的《中

① 参阅［法］查理·季特《英国合作运动史》、《法国合作运动史》，吴克刚译，上海商务印书馆1932—1934年版；［日］本位祥男《欧洲各国农业合作》，王沿津译，上海商务印书馆1933年版。

② 王先明：《中国近代乡村史研究及展望》，《近代史研究》2002年第2期，第259—289页；张瑞德：《中国近代农村经济的发展与危机——晚近一些议题的评述》，“中央研究院”近代史所编《近代中国农村经济史论文集》，1991年版，第719—744页；［美］黄宗智：《华北的小农经济与社会变迁》“第一章”，中华书局2000年版，第1—30页；［美］杜赞奇：《文化、权力与国家——1900—1942年的华北农村》“前言”，王福明译，江苏人民出版社1996年版；侯建新：《二十世纪二三十年代中国农村经济调查与研究评述》，《史学月刊》2000年第4期，第125—131页。

③ 参见［美］明恩溥著《中国人的素质》，秦悦译，学林出版社2002年1月版“出版前言”；钱俊瑞《评卜凯教授所著〈中国农场经济〉》，《中国农村》第1卷第1期（1934年10月10日），第123页。

国农场经济》（*Chinese Farm Economy*）和《中国土地利用》（*Land Utilization in China*）两部巨著，前者系作者从1921—1925年历时5年、对包括河北、河南在内的7省17县2866个村庄作详细抽样调查的最终成果，是当时“历时最久，调查区域最广，调查项目最详，和比较上最富有科学性的农村调查”，也是约翰·洛辛·卜凯最有代表性的作品，再有杨懋春的《中国的一个村庄：山东省台头村》，系作者运用社会人类学的方法，对台头村的综合考察。[①]上述考察所得在一定程度上直接揭示了华北农村合作运动的真实背景，与同时期冯和法主编的《中国农村经济资料》（上海黎明书局1934年4月版）和《中国农村经济资料续编》（上海黎明书局1935年8月版）以及李景汉的《定县社会概况调查》（中华平民教育促进会1935年版）等，都是“内容翔实”的参考资料。

（二）中华人民共和国成立后

中华人民共和国成立后，首先是国外学者在该领域的研究，主要有马若孟著、史建云译《中国农民经济：河北和山东农业发展（1890—1949）》、黄宗智《华北的小农经济与社会变迁》、杜赞奇著、王福明译《文化、权利与国家——1900—1942年的华北农村》、日本学者内山雅生的《二十世纪华北农村社会经济研究》以及美国华裔学者张信的新近力作《二十世纪初期中国社会之演进——国家与河南地方精英1900—1937》均堪为该研究领域的代表作。[②]“马著”主要通过对华北农业经济的考察来深入展开对华北农村社会的研究，其贡献在于开创了近代中国农村区域研究和综合研究的理论模式；“黄著”以“变迁”为主线，以自然村为重点，揭示了华北农村社会分化的特征，探讨了村庄与国家的关系，在研究方法上具有一定的独创性；“杜著”则以“国家政权建设”和“权利的文

---

① 华洋义赈会：《中国农村经济的研究》（英文版），丛刊（甲种第11号），1924年版；［美］约翰·洛辛·卜凯（John Lossing Buck）：《中国农场经济》、《中国土地利用》，均为英文版，分别于1930和1937年由金陵大学出版；［美］杨懋春《中国的一个村庄：山东省台头村》，纽约：哥伦比亚大学出版社1945年版。

② ［美］马若孟：《中国农民经济：河北和山东农业发展（1890—1949）》，史建云译，江苏人民出版社1999版；［美］黄宗智：《华北的小农经济与社会变迁》，中华书局2000年版；［美］杜赞奇：《文化、权力与国家——1900—1942年的华北农村》，王福明译，江苏人民出版社1996年版；［日］内山雅生：《二十世纪华北农村社会经济研究》，李恩民、邢丽荃译，中国社会科学出版社2001年版以及［美］张信《二十世纪初期中国社会之演进——国家与河南地方精英1900—1937》，岳谦厚、张玮译，中华书局2004年版。

化网络”作为贯穿全书的两个中心概念，把中国历史与世界历史结合起来，强调了历史发展的有序性，通过分析“国家政权内卷化”，引入了“寻租”的概念，进一步深化了近代华北农村社会研究；“内山”之作则以“村落共同体”为主轴，对农村社会的变动作了考察，详细探讨了以“共同体”为中心的社会变迁过程，把中国革命和“共同体”联系起来加以解释，这是该著的一大创新；“张著”以河南为案例，以社会演变为理论框架，着力探讨了20世纪初期中国社会现代转型过程中，国家、社会及个人三个层面的互动关系，全面和历史地展示了中国社会自我演变的一种多线性交叉过程，立意颇为新颖。此外，施坚雅的《华北的社会生态与镇压民众的势力：一个区域系统的分析架构》、西德里·甘布尔的《华北村庄：1933年前的社会、政治和经济活动》及《定县：华北的一个乡村社区》、顾琳《革命中的农村社会：高阳县（1910—1947）》、马若孟的《民国时期的华北村庄：社会经济关系》[①] 等，也从不同侧面分别揭示了华北乡村社会的真实场景，极具参考价值。

随着国外区域乡村社会史研究的兴起，近年来国内学者就近代华北农村社会的研究也不乏力作，主要有从翰香主编的《近代冀鲁豫乡村》、魏宏运主编的《二十世纪三四十年代冀东农村社会调查与研究》、苑书义等主编《艰难的转轨历程——近代华北经济与社会发展研究》、乔志强等主编《近代华北农村社会变迁》以及郑起东的新作《转型期华北农村社会》、等。[②]“从著”选择了社会经济史的角度，就乡与村的社会结构、市镇的勃兴、农业自然资源和粮食生产、手工业与乡村经济、田赋和徭役等全面系统深入地研究了近代冀鲁豫乡村社会，其研究方法注重宏观研究与

① ［美］施坚雅：《华北的社会生态与镇压民众的势力：一个区域系统的分析架构》（英文稿），1979年出席“华北手工业”学术会议论文；［美］西德里·甘布尔：《华北村庄：1933年前的社会、政治和经济活动》（英文版），加利福尼亚大学出版社，1963年版及《定县：华北的一个乡村社区》（英文版），斯坦福大学出版社，1954年版；［美］顾琳：《革命中的农村社会：高阳县（1910—1947）》（英文稿），1975年加利福尼亚大学贝克莱分校博士论文；［美］马若孟：《民国时期的华北村庄：社会经济关系》，哈佛《近代中国》（英文版），1980年第6卷第3期，第243—266页等。

② 从翰香主编：《近代冀鲁豫乡村》，中国社会科学出版社1995年版；魏宏运主编：《二十世纪三四十年代冀东农村社会调查与研究》，天津人民出版社1996年版；苑书义等：《艰难的转轨历程——近代华北经济与社会发展研究》，人民出版社1997年版；乔志强等：《近代华北农村社会变迁》，人民出版社1998年版；郑起东：《转型期华北农村社会》，上海书店出版社2004年版等。

微观研究的结合，动态研究与静态研究的结合，定量分析与定性分析的结合，并努力把握近代华北农村社会的巨大变迁这条主线，该著在理论上形成了一种研究有中国特色的半封建半殖民地农村经济的理论模式，“这是迄今为止，有关近代乡村史研究中具有相当学术深度的专著”；“魏著”则通过考察，充分展示了三四十年代冀东农村社会相当完整的变迁形态；“苑书”在时间断限上着重于晚清与民国初年，在地域范围上主要为冀、晋和内蒙古地区，弥补了以往对华北“小区”类型研究的不足，其主要贡献在于揭示了近代华北经济与社会发展的不平衡性，说明了近代华北发展变革的艰难曲折；“乔书”则从社会史角度，以社会构成、社会运行、社会功能为主干，全面勾勒了近代华北农村社会变迁的历程，总结了华北地区近代化的被动性、迟滞性、不平衡性和复合性等历史特征，为近代华北农村社会研究投下了坚实的基石；“郑著”则从农村社会结构、国家对农村的征派、影响农村社会经济生活的重要因素及农户收支和农民的物质生活描述了转型期的华北农村社会情形，提出了不少有别于原有研究的观点和看法，将华北农村区域研究又向前推进了一大步。此外，王先明、郭卫民主编的《乡村社会文化与权利结构的变迁——“华北乡村史学术研讨会”论文集》又一次全面展示了有关华北农村社会区域研究的丰硕成果，“成为深入开展乡村史学术研究和交流的一个良好开端”；江沛、王先明主编的《近代华北区域社会史研究》，应该是该领域中的最新努力①。

三　近代华北农村合作运动研究

近代中外乡村社会史和华北农村区域社会史研究的学术清理，只是与本书主题相关的大、小不同学术背景，以加深对近代华北农村合作运动研究的了解和认知，本书的学术史回顾的真正落脚点应该是有关“二十世纪二三十年代华北农村合作运动”的学术清理，以期对本领域学术动态有一个全面的认识。从近代以来至今，学术界对该研究大致呈现出四个不同阶段：第一，20 世纪 20—30 年代农村合作运动兴起和发展时期的热潮期；第二，抗战全面爆发后至 80 年代初的相对停滞期；第三，20 世纪 80

① 王先明、郭卫民主编：《乡村社会文化与权利结构的变迁——“华北乡村史学术研讨会”论文集》，人民出版社 2002 年版；江沛、王先明主编：《近代华北区域社会史研究》，天津古籍出版社 2005 年版。

年代末至20世纪末的复苏期；第四，21世纪以来的高涨期。笔者以为，从中华人民共和国建立前、后来作清理划分，在叙述上似乎更为简便、合理。故以下就以此为分界点，就有关华北农村合作运动的主要研究成果进行一一回顾和清理。

（一）中华人民共和国成立前的相关研究

中华人民共和国成立前为“时人”的相关描述与评析。当时并没有纯粹的“华北农村合作运动”研究，多以华洋义赈会在华北的合作事业为其代名词；实际上，随着华洋义赈会在河北开创中国农村合作运动以来，到20世纪30年代就基本进入了各地方及国民政府主导农村合作的局面，华北农村合作运动也成为国民政府时期农村合作事业的一部分。因此，有关华北农村合作研究多与中国性的农村合作研究结合在一起，至抗日战争爆发前夕达到高潮，尤以国民政府的农村合作运动为研究重心，涌现了一大批丰硕的研究成果；战后也陆续出版了不少相关专著。因此，中华人民共和国成立前的相关研究又可从整体和华北区域两方面分述。

1. 相关的整体研究

1924年底，留日学者汤苍园在《东方杂志》20周年纪念号上发表名为《中国之合作运动》的具有理论前沿性的文章，探讨了“合作运动”在中国的各种“可能性”，成为“合作运动”研究之滥觞。此后，各种合作刊物与文献像雨后春笋般迅猛成长[①]，也出现为数不少有关整体合作运动研究的专著（参见表1），都不同程度透露出近代华北农村合作运动研究的若干信息。

表1　**民国时期“合作运动”整体研究成果一览表**

作者	名称	出版者	年代
伍玉璋	《中国合作运动小史》	中国合作学社	1929
张镜予	《中国农村信用合作运动》	商务出版社	1930
陈果夫	《中国之合作运动》	中国合作学社	1932
方显廷	《中国之合作运动》	南开大学经济学院	1934
伍玉璋	《中国合作社法论》	中央合作指导训练所	1935

① 参阅伍玉璋编《中国合作文献目录》，中国合作学社1936年版。

续表

作者	名称	出版者	年代
郑厚博	《中国合作运动之研究》	《农村经济》月刊社	1936
梁思达	《中国合作事业考察报告》	南开大学经济研究所	1936
史蒂芬	《中国合作社法论》	南开大学经济研究所	1936
程养廉	《中国合作社会计论》	中国合作学社	1936
寿勉成	《中国合作运动史》	中国合作学社	1937
甘布尔	《中国各省合作事业总检讨》	南开大学经济研究所	1937
史蒂芬	《农村金融与合作》	中华书局	1937
寿勉成	《中国合作经济问题》	正中书局	1938
章元善	《合作与经济建设》	商务印书馆	1938
彭莲棠	《中国农业合作化之研究》	中华书局	1938
张德粹	《农业合作》	商务印书馆	1947
尹树生	《中国合作新论》	合作评论社	1948
寿勉成	《中国合作经济政策研究》	中国合作学社	1948
尹树生	《合作运动发展史论》	合作评论社	1949

由上表可知，“伍著”（1929）成书最早，实为一“小册子”，主要介绍了国民党在传播合作思想、理论学说以及在早期城市合作运行中的成就和影响，也简介了近代合作运动兴起的历史背景，却对华洋义赈会的农村合作事业仅“一笔带过”；“张著”实际上脱稿于1928年，为中国第一部系统研究农村信用合作运动的专著，尽管冠名为“中国农村”，但主要内容为1923—1928年华洋义赈会在河北组织农村信用合作社的详细历史，故称得上是近代华北农村合作运动研究的开山之作；陈果夫（1932）、方显廷（1934）、郑厚博（1936）以及寿勉成、郑厚博（1937）诸著，虽为就整体合作运动研究在不同时期所取得的阶段性成果（其中“陈著”系“小册子性的介绍”，“郑著”称得上是第一部系统研究国民政府时期合作运动的专著，“寿、郑合著”主要对抗日战争爆发前国民政府主导的合作运动作了全面的介绍和论述，可视为近代中国合作运动史研究的里程碑），但对华洋义赈会的河北合作实验或早期华北农村合作运动均有论及，“美中不足”是对此“点到为止”，少有客观平实的论述；“方著”虽以批评为主，以事实为辅，对中国合作运动的发展现状“叙之较详”，

持论似更“公允”；“梁、甘二著”对抗日战争爆发前国民政府时期的合作事业作了详细、全面的报告和检讨，侧重虽有不同，却又相对益彰，对华北农村合作运动的分析和讨论具有较高的参考价值。其他及抗战后虽有少数相关研究成果，如“章著”系一部完整的近代合作运动史专著、“程著”专论合作社会计、“伍著”（1935）与“史著”（1935）专论合作社法、“史著”（1937）专论农村合作金融等均涉及华北区域合作运动研究。

此外，华洋义赈会刊印之《十年合作大事记》、《安徽合作》刊载《合作大事年表》之国内部分以及林养志编的《抗日战争爆发前合作运动大事记》等[①]，也有部分记叙了关于中国合作运动的史迹，对了解华北农村合作运动可谓“助益良多”。另有其他一些研究著述，如孔雪雄的《中国今日之农村运动》一书，其中辟有专章叙述“河北之农村信用合作事业”及“山东之乡村建设”，所论“深刻公允”；华洋义赈会总干事章元善的《合作文存》其前半生合作事业的总结之作《合作与经济建设》、戴乐仁（J. B. Tayler）之《中国农村合作运动》和《丹麦和中国农村》（*Denmark and rural China*）、农利股主任于树德（字永兹）的《中国华洋义赈救灾总会农村合作事业之鸟瞰》与《中国合作社之进展》对近代（华洋义赈会）合作运动初期的发展过程有过回忆[②]，均为研究华北农村合作运动难得之参考文献。

2. 华北区域农村合作运动研究

从区域来说，中国农村合作运动毕竟首先出现在华洋义赈会指导下的华北（或河北），并因“初见成效”才被各省“渐次推广”。故华北合作在以华洋义赈会及华北地区各研究机关为中心，也形成了一批可观的学术成果。其中，华洋义赈会于1923年改组农利分委办会，设立合作分委办会，专门从事合作研究和服务，定期发行《合作讯》月刊，成为该时期

① 华洋义赈会编：《十年合作大事记》，《合作讯》百期特刊，1933年刊印；《合作大事年表》，《安徽合作》1932年合刊；林养志编《抗战前合作运动大事记》，载秦孝仪编《革命文献》第87辑，台北：正中书局1980年版，第503—559页。

② 参见孔雪雄《中国今日之农村运动》“第6篇”，中山文化教育馆1934年版，第219—280页；章元善《合作与经济建设》，商务印书馆1938年版；章元善《合作文存》，中国合作图书出版社1940年版；［英］戴乐仁 Rural Co-operation in China, in *Chinese Economic Monthly*, Ⅱ（11）：36—45, August 1925. & Denmark and rural China, in *Chinese Social and Political Science Review*, Ⅻ（1）：116—29, January, 1928；于永兹《中国华洋义赈救灾总会农村合作事业之鸟瞰》，《合作讯》100：965—972，1933年11月；《中国合作社之进展》，《东方杂志》第32卷第1号（农），第23—25页。

重点面向华北农村合作运动研究的始作俑者；1925 年该会设立“农利股”，《合作讯》就成为该股的专刊。

另外资料方面主要有华洋义赈会、定县平教会、山东乡村建设研究以及华北农业合作事业指导委员会等机关编制的合作刊物，如《农赈月刊》、《合作与农民》、《合作周刊》、《华北合作》、《民间》、《乡村建设》、中国合作学社的专刊《合作月刊》等定期刊物，华洋义赈会另外刊有《合作讲习会汇刊》（年刊）、《赈务报告》（年刊）及《救灾会刊》（双月刊）等；同时天津的《大公报》和《益世报》开辟了“农村经济”和“农村周刊”等专栏，刊载有关农村合作运动的研究文章，如千家驹所编之《中国农村经济论文集》（中华书局 1935 年版）中，收录不少农村经济和农村合作方面的文章，就多系源自天津《益世报·农村周刊》。

再者，还有华洋义赈会刊行的各种合作丛刊、专刊，如《河北合作——优良社之实况》、《合作讯》百期特刊、《中国农村中之雷发巽式合作社》以及定县农村合作社县联合社编《民国二十四年度报告书》（油印本）等，梁思达与李文伯还分别对 1937 年前河北省的信用合作和运销合作作了深入研究，叙述周详，均是珍贵的第一手合作史料。[①] 有关华北农村合作运动研究较具代表性的论述，还有方显庭的《中国之合作运动》、巫宝三的《华洋义赈救灾总会办理河北省农村信用合作社放款之考察》、李文伯的《华洋义赈会与中国合作运动》、李景汉《中国农村金融与农村合作问题》以及曲直生《河北省八县合作社农民耕田状况之一部分》等等[②]，详见行文注释，恕不赘述。

（二）中华人民共和国成立后的研究概况

从总体上看，中华人民共和国成立后学界对合作运动研究热情似乎远

---

① 华洋义赈会：《河北合作——优良社之实况》（丛刊之乙种 71 号）、《合作讯》百期特刊、《中国农村中之雷发巽式合作社》（丛刊甲种之 35 号，又见《民间半月刊》第 1 卷第 14 号第 1—6 页，1934 年 11 月 25 日）；定县农村合作社县联合社编：《民国二十四年度报告书》（油印本），1936 年印行；梁思达：《河北省之信用合作》、李文伯：《河北省之棉花运销合作》，1937 年南开大学经济研究所毕业论文。

② 方显庭：《中国之合作运动》，南开大学经济研究所 1934 年版；巫宝三：《华洋义赈救灾总会办理河北省农村信用合作社放款之考察》，《社会科学杂志》第 5 卷第 1 期；李文伯：《华洋义赈会与中国合作运动》，《南大半月刊》经济专号 1936 年 5 月；李景汉：《中国农村金融与农村合作问题》，《东方杂志》第 33 卷第 7 期及曲直生：《河北省八县合作社农民耕田状况之一部分》，《社会科学杂志》第 5 卷第 1 期等。

远不如中华人民共和国成立前，尤其不如30年代中期那么高涨。从现有研究成果来看，就大陆和台湾地区而言，还存在地区差异：在20世纪90年代前，近代中国合作运动史研究的重镇似在台湾地区，尤其是华北农村合作运动；与台湾地区比较，大陆该方面的研究呈现一种“先冷后热”的态势，涉及华北区域的农村合作研究尤为少见，故中华人民共和国成立后的研究概况可从台湾地区、大陆以及国外三个方面来加以厘清。

1. 台湾地区方面

自20世纪50年代以来，台湾地区合作事业“赓续发展”，故研究持续良好；在涉及华北农村合作运动研究方面，主要以高纯淑的《华洋义赈会与民初合作运动》（1982年台北政治大学历史研究所）及陈秀卿《华北农村信用合作运动（1919—1937）》（1986年台北师范大学历史研究所）两篇硕士论文最有代表性。“高文”对华洋义赈会早期（1920—1928）的合作运动作了较为详尽的陈叙，不仅阐释它的来龙去脉，而且找到了不少难得的佐证资料，就笔者所见称得上是今人研究华北农村合作运动的最初之作，富有较高的学术价值；但因缺乏运用华洋义赈会《合作讯》的原始资料，故使该文“略有逊色”。相比而言，“陈文”在前者的基础上更有进步，就抗日战争爆发前（1919—1937）华北农村信用合作运动作系统性研究，不仅对其发展过程作了详细的介绍和清理，特别就国民政府和银行资本进入农村合作事业有独到的论述，涵盖了更为宽广的内容。从总体上看，两文多为华北农村合作运动的一般叙述性的介绍，尚缺乏深入的阐释和相关性社会变迁的分析。

与华北农村合作事业有关的专著则主要有陈岩松的《中华合作事业发展史》和赖建诚的《近代中国合作经济运动—社会经济史的分析》。[①]“陈著”虽就几千年来中华民族的合作事业作了全面的描叙和介绍，其立足点实在国民党的合作事业上，着重点在台湾地区的合作事业，对民国时期华北区域尤其是华北（华洋义赈会）的农村合作事业，仅有极少的文字介绍；“赖著”则对北洋政府、国民政府、中共苏区以及日据华北、东北和台湾地区等不同政权下的合作经济运动，从结构、特质、绩效三个角度作了系统分析，是今人第一部全面研究近代中国合作运动的专著，故而

① 陈岩松：《中华合作事业发展史》（上、下），台北：商务印书馆1983年版；赖建诚：《近代中国合作经济运动——社会经济史的分析》，台北：正中书局1990年版。

影响较大；该著设有专章讨论“华北的合作经济事业”（1920—1945），却仅以抗日战争爆发前华洋义赈会的合作社系统为主，也包括日伪政权战时的华北农村合作，但完全忽略了其他乡建团体、南京国民政府及华北各地方政府对战前农村合作运动的主导作用。此外，台湾地区学术界在史料建设方面有一些成绩，如秦孝仪主编的《革命文献——抗战前国家建设史料（合作运动）》（简称《革命文献》），应该是近代中国农村合作运动研究的重要参考资料之一，或囿于陈见，对华北各省尤其是华洋义赈会农村合作运动的有关材料搜集较少，甚为遗憾；在沈云龙主编的《近代中国史料丛刊》（台北文海出版社 1995 年版）有关财政经济部分，收录不少相关资料，但相当零散。

2. 大陆方面

中华人民共和国成立以来，由于众所周知的原因，大陆学术界关于 20 世纪 20—30 年代华北农村合作运动的相关研究长期处于冰封阶段；随着改革开放的起步，80 年代初有章元善的回忆性文章《华洋义赈会的合作事业》[①]，可谓最早打破了该研究领域尘封已久的坚冰。然直到 20 世纪 90 年代，有关近代农村合作运动研究才真正开始复苏；进入 21 世纪以来，随着人们对“新农村”建设和“三农”问题的关注而日渐升温，该研究领域业已逐步汇集了为数不少的学术力量，展开了较为广泛深入的学术探讨。具体来说，有关华北农村合作运动研究的主要成果集中在以下几个方面。

（1）有关合作主义思潮研究

近代合作主义思潮与各种有代表性合作思想的传播，成为华北农村合作运动兴起的历史源头。相关研究在 20 世纪 90 年代后尤其是 21 世纪初在近代经济思想史和社会文化史等领域得到初步尝试，而后有进一步的突破，取得较为突出的成效，揭示了近代农村合作运动的部分外部环境，先后有毛传清、陈意新和赵泉民及其代表作。“毛文”指出，合作主义最初为各种成分的知识分子、革命党人广泛传播，资产阶级知识分子介绍合作主义的目的在于探索改造中国社会的途径和方法，并非抵制马克思主义的传播；“陈文”认为，从晚清到 20 世纪 20 年代中期，西方合作主义思想

---

① 章元善：《华洋义赈会的合作事业》，载《文史资料选辑》（80），文史资料出版社 1981 年版。

被中国知识分子进行了创造性的转换，成为取代急进共产主义革命和自由资本主义竞争的一条社会改良道路，而国共两党的农村合作运动都可以从中找到历史渊源；“赵文”系列则从经济思想史和社会文化史边缘交叉的新角度，认为“近代中国的合作经济思潮，意欲促成一场社会化的合作运动，推行西方的合作经济制度，改善平民经济，并由此奠定了政府在推动中国农村经济制度变迁的路径依赖；但经济制度的改变能力是文化信仰历史的一个函数，植根于西方“个人主义”土壤当中的合作经济制度，不可能在笃信“集体主义”且个体成员又缺乏自主独立性的中国社会得到很好的生长”。① 上述分析无疑是有见地的。西方合作制确立在市场经济相对发达的基础上，同时也弥补或满足市场竞争中“弱势群体”的客观需要；因此，或还可从人类进步尤其是保护“弱势群体”的“客观需要”角度进一步阐述合作制的“中国化”或“本土化”。因为，人类社会演进的客观需要才是所有社会制度形成的基本动力（详见导言下节“相关概念的诠释与辨析”）。

（2）有关华洋义赈会农村信用合作运动（事业）研究

华洋义赈会被称为中国农村合作运动的“发动机”。② 在中国合作运动史上，华洋义赈会与农村合作运动关系至为密切，其合作事业可谓华北农村合作运动的“重镇”，享有特殊的地位。有关华洋义赈会农村合作事业的研究，最初并不为人重视，新近却成为一个学术亮点，不少文章分别从华洋义赈会合作事业的发展历程、历史影响和社会评价等多方面作了细致的工作，涌现出一批可喜的研究成果。相关专著已有薛毅的《章元善与华洋义赈会》及蔡勤禹新著《民间组织与灾荒救治——民国华洋义赈会研究》；论文则主要有刘招成的《华洋义赈会的农村合

① 毛传清：《论五四前后合作主义在中国的传播》，《华中师范大学学报（哲学社会科学版）》1997年第6期，第56—62页；陈意新：《二十世纪早期西方合作主义在中国的传播和影响》，《历史研究》2001年第6期，第89—102页；赵泉民：《20世纪20年代中国合作主义思潮论析》，《学术月刊》2004年第8期；《主义话语与20世纪中国合作经济思潮的兴起》，《东方论坛》2005年第1期，第87—93页；《集体主义文化与中国合作制经济的困境》，《人文杂志》2005年第4期，第52—57页。笔者承赵泉民兄相告，他2004年度上海财经大学博士后研究报告题为《理论与现实之间的张力：西方合作经济学说与20世纪中国》，主题系探讨合作经济理论与中国本土文化两者之间的紧张关系，这三篇文章应该是其中的主要内容；由此可见他在分析方法和问题意识上有了新的突破，无疑深化了这一研究领域，同时也为本书分析提供了新的理论视角。

② 李文伯：《华洋义赈会与中国合作运动》，《南大半月刊·经济专号》（1934年），第17页。

作运动述论》及《华洋义赈会的农村赈灾思想及其实践》、薛毅《华洋义赈会与民国时期的合作事业》、蔡勤禹等的《华洋义赈会农村合作事业述论》及《二三十年代华洋义赈会的信用合作试验》以及陈意新的新作《农村合作运动与中国现代农业金融的困窘——以华洋义赈会为中心的研究》等，专门就华洋义赈会在民国时期的农村合作事业作了详细讨论；此外，相关研究还有李金铮从借贷关系与乡村变动的视角，就民国时期华北农村借贷（主要包括农村信用合作社放款）取得了富有成效的研究，王先明等则以解读农村信用合作社资金的构成与来源为突破口，揭示了乡村社会变迁的另一侧面①，所有这些成果都对本课题研究具有重要的参考价值。

（3）南京国民政府时期农村合作运动研究

南京国民政府时期的农村合作运动，是民国以来中国合作运动之最重要部分，也是本领域研究的热点和焦点。自 20 世纪 90 年代以来，随着民国史、尤其是民国乡村社会史研究的不断深入，该领域出现了一大批学人及其研究成果，其中多涉及到华北农村合作运动。如姜枫的《抗日战争爆发前国民党的农村合作运动》、张士杰的《国民政府推行农村合作运动的原因与理论阐释》、付宏的《论 1927—1936 年南京国民政府的农村合作运动》、伍福莲的《试论南京国民政府的农村合作运动》等一系列文章②，集中阐述了国民党南京政府推行农村合作运动的原因、

---

① 薛毅：《章元善与华洋义赈会》，中国文史出版社 2002 年版；蔡勤禹：《民间组织与灾荒救治——民国华洋义赈会研究》，商务印书馆 2005 年版；刘招成：《华洋义赈会的农村合作运动述论》，《贵州文史丛刊》2003 年第 1 期及《华洋义赈会的农村赈灾思想及其实践》，《中国农史》2003 年第 3 期；薛毅：《华洋义赈会与民国时期的合作事业》，《武汉大学学报（人文社科版）》2003 年第 6 期；蔡勤禹等：《华洋义赈会农村合作事业述论》，《中国海洋大学学报》2005 年第 1 期及《二三十年代华洋义赈会的信用合作试验》，《中国农史》2005 年第 1 期；陈意新：《农村合作运动与中国现代农业金融的困窘——以华洋义赈会为中心的研究》，《南京大学学报》（哲学社会科学版）2005 年第 3 期；李金铮：《借贷关系与乡村变动——民国时期华北农村借贷之研究》，河北大学出版社 2000 年版；王先明、张翠丽：《二三十年代农村信用合作社借贷资金的构成及其来源——20 世纪前期中国乡村社会变迁研究》，《天津师范大学学报（哲学社会科学版）》2002 年第 4 期等。

② 姜枫：《抗战前国民党的农村合作运动》，《近代史研究》1990 年第 3 期；张士杰：《国民政府推行农村合作运动的原因与理论阐释》，《民国档案》2000 年第 1 期；付宏：《论 1927—1936 年南京国民政府的农村合作运动》，《西南师范大学学报（人文社科版）》2001 年第 1 期；伍福莲：《试论南京国民政府的农村合作运动》，《四川大学学报（社会科学版）》2004 年第 1 期等。

发展过程及其社会影响等。“姜文”为这一研究领域最早的代表作，认为“国民党的农村合作运动在很大程度上是一场抵制中共土地革命的社会经济运动”，而通过合作运动来解决农村经济问题几乎是“无稽之谈”，其失败的命运是必然的。现在看来，把农村合作运动定性为一场“社会经济运动”不乏真知灼见，然而在“很大程度上”将其视为一场抵制中共土地革命的产物，这种结论难免偏颇，有必要重新校正，还原历史真实。

赵泉民、梅德平、魏本权等尝试运用政治学、制度经济学以及历史社会学的有关理论，重新考察了国民党或国民政府农村合作运动政策的确立、农村合作社组织变迁的历史过程以及农村合作运动与小农经济变迁之间存在的内在逻辑关系，从而将国民政府时期农村合作运动研究向前推进了一大步。[①]“赵文”指出，国民政府借助乡村合作运动的实施来扩张国家权利，以维护其政权的合法性，实际上只是一种“困境中的无奈选择”；“梅文”则重点分析农村组织变迁的绩效及该制度所存在的主要缺陷；“魏文”以1928—1945年间长江中下游地区的农村合作运动为考察中心，深入剖析了小农经济在农村合作运动进程中的变迁路径。需要说明的是，上述有关国民政府时期农村合作运动研究，多集中于江南一带，对华北农村合作运动则少有论及。

有关近代农村合作运动作整体研究固然包含了华北农村合作运动，多从合作运动发生与发展的原因、过程以及结局等方面作了简单描述，几乎得出了大体一致的结论，主要有张士杰的《中国近代农村合作运动的兴起和发展》、范崇山的《抗日战争爆发前中国农村信用合作事业之考察》、卜国群的《中国三十年代的合作运动及乡村改良潮》等。[②]如

---

① 赵泉民：《困境中的选择——对国民党乡村合作运动政策确立过程的分析》，《社会科学研究》2003年第6期、《合作运动与国家力量的扩张——以20世纪三四十年代乡村合作运动中政府为中心》，《河北大学学报（哲学社会科学版）》2003年第4期及《政府·合作社·乡村社会——南京国民政府时期农村合作运动研究》，上海社会科学研究院出版社2007年版；梅德平：《国民党政府时期农村合作社组织变迁的制度分析》，《民国档案》2004年第2期；魏本权：《农村合作运动与小农经济变迁——以二十世纪三四十年代长江中下游地区为中心》，人民出版社2012年版。

② 张士杰：《中国近代农村合作运动的兴起和发展》，《民国档案》1992年4期，第126页；范崇山：《抗战前我国农村信用合作事业之考察》，《学海》1992年第2期；卜国群：《中国三十年代的合作运动及乡村改良潮》，《中国经济史研究》1994年第4期；等。

何定位或评价近代农村合作运动，是一关键问题。最初人们的结论几乎均持否定态度，如张士杰指出，这场“以合作主义的方法为手段，以贯彻三民主义为理想的社会经济运动”，其主要区域在农村，其发展结果“最终走向它的反面”。至21世纪初，学术界在反思中华人民共和国成立前的农村合作运动之际，重新评价则出现了“基本否定”+“部分肯定”的态度；如任荣认为，“合作运动在一定时期内一定程度上解决了一些社会经济问题”，付宏指出“农村合作运动是农业现代化经济格局形成中的一个重要环节”；潘劲的研究则对民国时期包括华洋义赈会、乡村建设运动团体以及国民政府等组织创办的农村合作社作了全面比较与分析，并对各自的成效与不足均有简要评述①，这也标志着有关研究更趋于“理性”。

民间社团性质的乡村建设团体如晏阳初在定县组织试验的中华平民教育促进会、梁漱溟在山东邹平开办的乡村建设研究院以及杨开道主持的燕京大学清河试验区等，均为推行华北农村合作运动的有生力量，然而相关的专门研究极少，仅有杨菲蓉著《梁漱溟的合作理论与邹平合作运动》就研究主题作了详尽论说，所惜论域较窄；郑大华著《民国乡村建设运动》、朱汉国的《梁漱溟乡村建设研究》、吴相湘的《晏阳初传》等大多涉及各试（实）验区的合作事业，也只是片断介绍；李伟中就南京国民政府时期的县政建设实验所作的深入研究中，重点论述了县政建设时期（包括河北定县、山东邹平与菏泽）的农村农村合作事业有特别论述；此外，郭铁民等著《中国合作经济发展史》、王贵宸著《中国农村合作经济史》等有关中国合作经济发展历史的相关研究中，一般均略有涉及。②

应该说，中华人民共和国成立后的学术界在有关农业合作化的资料整理

---

① 任荣：《民国时期合作运动发展述略》，《档案与史学》2000年第5期；付宏：《民国时期农村合作运动述评》，《徐州师范大学学报（哲学社会科学版）》2000年第4期；潘劲：《民国时期农村合作社的发展和评价》，《中国农村观察》2002年第2期。

② 杨菲蓉：《梁漱溟的合作理论与邹平合作运动》，重庆人民出版社2001年版；郑大华：《民国乡村建设运动》，中国社会科学出版社2000年版；朱汉国：《梁漱溟乡村建设研究》，山西教育出版社1996年版；吴相湘：《晏阳初传》，湖南人民出版社1995年版；李伟中：《南京国民政府时期县政建设研究》，人民出版社2012年版；郭铁民等：《中国合作经济发展史》，当代中国出版社1998年版；王贵宸：《中国农村合作经济史》，山西教育出版社2006年版；等。

方面曾做过一些基础性工作，如史敬棠等编《中国农业合作化史料》（上、下）、严中平等编《中国近代经济史统计资料选辑》、章有义编《中国近代农业史资料》以及薛暮桥和冯和法编写的《〈中国农村〉论文选》以及中国第二历史档案馆编《中华民国史档案资料汇编（五）》“财政经济”等，均收录了大量有关中华人民共和国成立前农村合作社的各类史料。① 当然，与当时农村合作研究的空前繁荣相比，上述资料整理只是“冰山一角”，还有大量史料存于各地档案及各类报刊杂志之中；这表明，欲全面深入开展农村合作运动研究，还有很长一段路要走。

3. 国外相关研究

至于1949年10月后国外涉及中国近代合作运动尤其是华北农村合作运动的研究成果更为少见，仅有美国学者黎安友的《中国华洋义赈救灾总会史》以及日本学者川井悟著《华洋义赈会与中国农村》等有关华洋义赈会史研究中简要涉及，就是享誉海内外的《剑桥中华民国史》，仅以只言片语提及此事，美国学者易劳逸和艾恺在相关研究中虽有涉及，均只有不足三千字的简略介绍。②

通过以上对中华人民共和国成立前、后国内外有关合作运动主要成果研究的详细清理，笔者发现，学术界至今仍缺乏对抗日战争爆发前华北农村合作运动一种较为深入而系统的研究，尤其缺乏就合作运动与乡村社会变迁之间相互关系的深入研究。就此，笔者也曾有过初步尝试③，但论域

---

① 史敬棠等编：《中国农业合作化史料》（上、下），生活·读书·新知三联书店1957年版；严中平等编：《中国近代经济史统计资料选辑》，科学出版社1955年版；章有义编：《中国近代农业史资料》（第2、3辑），生活·读书·新知三联书店1957年版；薛暮桥、冯和法编：《〈中国农村〉论文选》，人民出版社1983年版；中国第二历史档案馆：《中华民国史档案资料汇编》第五辑，第1、2编“财政经济”，江苏古籍出版社1991年版。

② 参阅［美］黎安友（Andrew James Nathan）著《中国华洋义赈救灾总会史》（英文版），哈佛大学出版社1965年出版；［日］川井悟著《华洋义赈会与中国农村》，京都大学人文学研究所研究报告之一，1983年出版；［美］费正清等《剑桥中华民国史》（上、下），杨品泉等译，中国社会科学出版社2007年修订版；［美］易劳逸著《流产的革命：1927—1937年国民党统治下的中国》，中译本，中国青年出版社1992年版，第259—263页；［美］艾恺《最后的儒家——梁漱溟与中国现代化的两难》，中译本，江苏人民出版社1993年版。

③ 拙文《论民国时期农村合作医疗实验》，《聊城大学学报（哲学社会科学版）》2005年第2期；《论近代农村合作运动进程中的“商资归农”——以二十世纪二三十年代华北农村为考察中心》，《中国农史》2007年第2期；《国家与社会视野下的近代农村合作运动研究——以二十世纪二三十年代华北农村为中心的历史考察》，《中国农村观察》2008年第2期；刘纪荣、王先明：《二十世纪前期我国农村合作医疗制度的历史变迁》，《浙江社会科学》2005年第2期。

仅限于"商资归农"、"合作医疗"等单一论域；实际上，就笔者现已掌握的史料而论，抗日战争爆发前华北农村合作运动独具特色的多元化发展模式、运行机制不仅产生了有别于同期其他地区的更为明显的社会绩效，而且普遍促进了各地农村合作社组织区域内多种社会制度的历史变迁，曾一度改良了乡村社会的固有风貌。虽然，存在于当时华北农村合作运动的经济效能，或很难得到一个准确、详尽的测度和把握，尤其对所有民众也未必均衡、一致；但其所产生的社会效能，还是留下了难以磨灭的历史印记。这说明，在合作运动史与乡村社会史相互交叉结合的学术领域，尚有广阔空间，这也是确立本选题的学术史基础。因此，笔者在借鉴前人研究的基础上，对此作进一步的努力；前人的不足，或许正是笔者努力的方向。

第三节　相关概念的诠释与辨析

"合作运动"一词是本书的核心概念，其本身在运用上就有固定不同的内在含义，如对应于"合作政策"、自下而上的自发运动，或广义的由两者及其以上要素"合作"而形成的"运动"等；本书有所特指，即以倡导、组织、发展各级各类（狭义的）合作社为主要内容的社会经济性质的"组织化"运动。因此，围绕这一概念，实际上还有"合作"、"合作社"、"农村合作社"以及"合作组织"、"合作制度"、"合作经济"、"合作主义"、"合作政策"等若干关系十分紧密、含义却并不完全一致的相关概念。同样，在本书中得到重点运用的另一概念——"乡村社会变迁"，系借自美国农村社会学家罗吉斯、与普通使用的"社会变迁"、"制度变迁"等也存在相互联系又有明显差异的社会学用语；它是一个独立使用的概念，指立足于"乡村社会"内部、各种社会制度的"更替与创新"。因此，行文之前，首先有必要从学理上就书中容易混淆或难以把握的有关相似概念组合加以进一步解读与辨析，以澄清、消除若干不必要的认知误区，加深了解，厘清思路。

一　合作与合作社

在很多人看来，"合作"与"合作社"的意思并没有太多区别；实际上两者既有广义与狭义之分，也有具体含义的不同。

（一）合作、互助与竞争

“合作”英文为Co-operation，其意与“互助”相同，而与“竞争”相反。据考证，Co-operation源于拉丁文Cooperare，系由Co与Operate两个词合成的，意思是：大家合在一起做工，这工作的目的是供给一种共同的需要。[①]“合作”的定义既有广义与狭义之分，也有广义与狭义之通；狭义之“合作”以广义之“合作”为基础，却具有近代以来所特定的时代内涵（详后“合作社”）。广义的“合作”与“互助”相通；这里主要阐释广义的“合作”。

广义的“合作”对应于“竞争”，为一切社会活动之必要条件，是人类社会自然演进过程中的自然法则和必然选择，更是促使人类社会由蒙昧到野蛮并渐次过渡到文明开化、不断进步发展的重要推动力；作为人类社会基本的交往方式，其历史与人类文明相始终。语云：“一矢易折，众矢难催”，西谚：“一口毋辩，众口铄金”，都形象地表明了团结合作的力量所在。实际上，并非所有的“合作”都能达到一种完美的效果；欲求合作发生完美效果，就理论上而言，必须使合作力量至少达成“三个一致”：即利害一致、目标一致、步调一致。近代以来的合作学者论证了三条最基本的“合作自然法则”——即合作是创造机遇、臻至成功的最大希望；合作是融合情感、保持幸福的最大依托；合作是防御外侵、确保安全的最大保障。[②]这些可谓“放之四海而皆准”的合作自然法则，正如同“优胜劣汰”之竞争自然法则一样，始终是、也一直成为自发调节人类社会各种关系以谋取“和谐共生”的真正动力。

另据章元善研究，广义之“合作”具有伦理及经济两方面的基因；在伦理方面，合作包括自助和互助两层次；在经济方面，合作具有合力与合理两个效果。[③]

第一，所谓“自助”，即人尽其力（智力、体力、能力），力尽其用（正当、效率），为互助之先决条件。换言之，凡不能自助的人，即无与人互助之资格。所谓自助，指物质实力、生产技能与上进心三者而言，而后两者尤重于前者。

---

① 参见《平民周刊》第1期之《合作约言》。

② 参阅陈岩松《中华合作事业发展史》（上），台北：商务印书馆1983年版，第4—5页。

③ 参阅章元善《合作与经济建设》，商务印书馆1938年版，第5—6页。

第二，所谓“互助”，即力引其类、类宏其效（二力相引生更大力量），为合作效用的源泉。凡力与力相吸引会发生一种热力，这种热力犹如物资间之“爱力”（Affinity），用公式表示，即 1 力 +1 力 >2 力。

第三，所谓“合力”，即凡经济能力薄弱者，处处吃亏，富有者在在可沾便利；今集多数弱者成一团体，则该集团之力量便可不下于富人，凡富人向所享受之益，该集团之弱者亦能享受之。这就收效于“合力”。

第四，所谓“合理”，因生产者与消费者两相隔离，故必有多数之中间人为之中介，从而尽其剥削之能事；“合作”使生产者与消费者互谋接近，中间人之利即可由生产者与消费者双方共享。生产者多得，消费者少出。这即收效于“合理”。

由此可见，合作系以“自助”为前提，以“互助”为核心。合作与互助之间关系可表述为：互助为合作的基础要素之一，合作为互助之力的具体表现；虽互为表里，却并不能替代。互助既要“合力”，又要“合理”，才称得上是真正的“合作”。

合作与竞争则为明显的对应关系，很好理解。“竞争”的英文为“Competition”，意为相互排斥、互相争夺与进取。从语义学来讲，“互助”、“合作”与“竞争”均为中性词，并没有明确的褒贬色彩与含义。只是由于“自由竞争”与资本主义“原始积累”曾有过千丝万缕的内在联系，故在非资本主义意识形态领域内，对“竞争”有着一种受意识形态支配而产生的排斥感；尤其在传统中国以“和合”文化传统为社会伦理的农耕文明社区中，“竞争”似乎为社会文化心理或潜意识所排斥。实质上，在人类社会发展史上，“合作”与“竞争”是整个社会发展或人类进化的真正动力。依据社会博弈论的观点，社会发展与进步都是人与自然或人与人之间循环博弈的结果；在所有可知或未知的世界中，尽管参与博弈的主体可谓是包括自然界与人类社会一切不同的个体、群体或组织体（“国家”在本质上是拥有最大社会形态的组织体）、星体以及彼此间的结合体等多元化的客观实在物，但贯穿于所有博弈活动中的观念存在形态只有两种：即合作与竞争。在“合作”中“竞争”，在“竞争”中再求“合作”；即使在“合作”与“竞争”处于一种相对均衡或和谐状态，也并非两者彼此都消失，而是“你中有我，我中有你”依然客观地存在着。这样看来，高明如达尔文（1809—1882）之“进化论”或醇和如克鲁泡特金（1842—1922）之“互助论”，均未免各有偏颇；它们各凸显其一，忽略其二，尚未为社会发展提供一种全面的认知。由此可见“合作”在理论研究中的重要性。这是笔者首先要交代清楚的一点。

（二）合作社

狭义的“合作”系一个近代以来特定的专用名词，即“合作社”（Co-operative）即近代新兴的一种团体组织。最初是从英文 Co-operative 翻译而来的，为英国空想社会主义者罗伯特·欧文最早使用。与广义“合作”不同的是，狭义要严密得多——即工作有原理原则，有组织目的；其供给大家需要的工作，目的在于经济，并向着公益之途。简言之，就是“大家在一种经济的共同需要上，为努力工作而结合”。[①] 在最初翻译成中文时，Co-operative 有种种不同名称，如互助、公会或公社、协济或协济会、协作、协社或协作社等，更有直接采用日本名称“组合”。一般来说，合作社是社会经济生活中的“弱势群体”，为谋自身经济上的利益，采取自助互助的形式而努力“结合”“工作”的社会团体。这种由处于社会中下层的“弱势群体”，因“共同需要”而自发、自愿、团结、组合形成的“社会团体”，其最初定位就在于谋求经济上的共同利益，本来就是弱者在主客观上的自救、自治行为，也是客观上应受到保护的行为。然而，“合作社”受不同时期、区域政治利益或意识形态的影响所致，被理解、接受的程度完全不一样。

实际上，在近代西方合作思想史的源头上，因对“合作”的理解不同，早已派生出不同的合作主义学说和流派。[②] 中国在接受合作思想和理念后，对合作的阐释、解说也迥然不同：既有狭义、广义之分，又有目的、应用的不同。因而在指导合作运动的进程中，社会各界出现了较大的理论分歧和论争，难以形成真正的共识，这对近代中国的合作运动不无影响。当然，由于“合作社”的意义或效能比较广泛，统一、完整的定义确实不易，正如法国尼姆学派合作专家查理·季特（Charles Gide，1847—1932）所言：“合作有种种不同的目的，要下一个确当的

① 参阅于树德《合作社之理论与经营》，上海中华书局 1929 年版，第 1 页。于氏认为，“合作”系由英文 Co-operative 之字义翻译而来，日本则译为“组合”，系“今日经济制度中之弱者——无产者及小资产者——自助互助之团体，以谋其经济上之利益也。”这里，于氏特别指明，大家即“经济上之弱者”，“经济上的共同需要”——谋求自身经济上的利益——才是共同努力“结合”“工作”之本真所在。本段下引，同此注。

② 参见吴藻溪《近代合作思想史》（上），棠棣出版社 1950 年版；孙锡麒《合作先驱者金威廉传略及其学说》，《东方杂志》第 20 卷第 5 期（1923 年 3 月 10 日），第 65—82 页。

定义，是一件难事，因为要以一个定义，而包括目的完全不同，甚至相反的（如生产、消费）两种合作，已是很不容易；何况合作的组织，另有种种不同的地方？故欲在一种定义之下，包涵一切的意义，实是难能的。”[①] 因此，合作社的定义只能是一种相对抽象而宽泛的界定。合作社的具体定义取决于合作社的具体性质。要了解合作社的性质，首先得了解合作社的意义或效能；其次要明了合作社的分类，因其由合作社的性质所决定；再从社会经济上和法律上对合作社的性质加以具体厘清。

1. 合作社的意义或效能

尽管从词源上对狭义的“合作”——合作社有不同理解，但并未影响“合作运动”在全世界的流播；合作运动的长生不衰表明，合作社有其基本的价值和功能，或者说，有其特定的意义和效能。

有关合作社的意义或效能，在 20 世纪早期的中国学术界已取得了基本共识。留日归国的于树德认为，合作社乃经济上之弱者，面对经济上之强者，为着保存、发展自己的产业及生计，以合力协作、共用共享为目的，结合其资本及劳力，从事经济活动之团体。追本溯源，最初的合作社基本上系寄生于当下的资本主义之社会中，却超然于资本主义之外，其“外部活动”与其他盈利团体相同，依然受制于“自由竞争”法则；而其“内部活动”则可规避“自由竞争”之弊，无论在生产或分配上，皆以团体资格、合作共享为其理论的基础。惟其为资本主义社会之寄生物，故合作社的组织法及经营法都无法脱离盈利团体之范畴，不过其出发点及归宿点与盈利团体实“大相径庭”。[②] 那么，合作社对人类社会有什么意义或可发挥哪些效能？举其要者，有以下诸端[③]：

第一，陶冶性情。人性有善恶、爱恨之分；竞争是以“恶”或“恨”为出发点，互助合作则以“善”或“爱”为出发点。也就是说，合作社是以互助为基础的团体组织，其用意在发挥人性之爱，自助而互助，爱人而爱己，由此增进彼此间的利益；有如西方合作格言：“Each for all, All for each”，中文意译为“人人为我，我为人人”。这样，参与合作的人或

---

① ［法］查理·季特：《合作原理比较研究》，彭师勤译，中华书局 1935 年版，第 3 页；沙千里译著：《合作》，北新书店 1929 年版，第 6 页。

② 参阅于树德《合作社之理论与经营》，中华书局 1929 年版，第 1—4 页；陈岩松《中华合作事业发展史》（上），台北：商务印书馆 1983 年版，第 3—5 页。

③ 参阅陈岩松《中华合作事业发展史》（上），台北：商务印书馆 1983 年版，第 6—8 页。

合作体愈多，则其发生的功效愈大，各人所分享的利益愈厚；这实际上是合作社发扬人性善或爱之互助精神，在合作互助中陶冶了性情，从而得到了丰厚结果。

第二，维护人权。完整的民主社会制度，应该是政治民主与经济民主的统一。然而，资本主义制度的核心价值是“资本至上”或曰“金钱万能”。所谓“个人主义”的所有价值观念正是附丽在“资本”形态之上；在这种“资本”主导的社会生活中，或可有所谓的“政治民主”，但实际上却无法实现真正的“经济民主”——即财富平等。然而，合作制度或可免此弊，具有实现民主经济，维护经济人权的效能。因为合作社主要是“以人为本”的组织，系“人”的结合；因为合作社原理——“资本是人以为用的工具，否定资本的统驭之权，从而恢复人为主宰的地位。”且合作社维护人类之平等尊严，以平等互助为原则，实行“一人一票”权，还按交易额的多少来分配盈余。这是其维护人权的最大表现。

第三，伸张人道。从近代合作运动的起源来看，减灭邪恶、伸张人道主义是其最初的动机；不仅“合作之父”罗伯特·欧文（1771—1858）因此而萌生改造社会的宏愿，倡导合作事业，就是法国的合作鼻祖傅立叶（1772—1839），也系因痛恨商人“为富不仁”才创办“和谐新村”。诚如柏拉图所说：“商人所支配的地区，混乱必随之发生。”而犹太人早有预言：“永恒的世界，不会再有商人。”这都道出了商人“惟利是图”的一面；合作主义正好与此相反，主张由消费者与生产者的一体化而直接废除商业利润，消灭资本和不人道，由此谋求物资丰富，增加人类幸福，伸张人道。

2. 合作社的性质①

由于广义的合作具有“伦理”与“经济”两个基因，从而奠定了狭义“合作”的基础，也在一定程度上决定了合作社的特定性质；因此，合作社的性质可从经济、法律、社会三个层面具体阐述。

第一，从经济上看，合作社是经济组织。合作社是为社员谋生产及生活上之安固与发展而组织的社会团体；其救济的对象为中下产者。因此，合作社首先具有较强的经济属性。虽然，中下产者多缺乏资本，但其结合各自的劳力及微薄的资本，组成合力协作、相互扶助的团体，以团体的力量来参与竞争，则可获得并维护相互的利益。同时，合作社的经济属性还

---

① 参阅于树德《合作社之理论与经营》，中华书局1929年版，第1—3、14—20页。

表现在具有调和劳资的性质。因为合作社对社员出资及其盈余分配均有明确规定，而对业务经营的盈余分配没有限制，合作社之利益与社员的利益完全一致。在合作社中，社员是以劳力为主，更具有资本家的性质，故劳力与资本自然调和。从整个社会的发展来说，中下产层之“弱势群体”都能获得健全生活与保障，国民经济的整体利益就更加可想而知了。

第二，从法律上看，合作社为社团法人，这为各国合作社立法的主旨所明确。所谓“法人”，即被法律赋予人格之主体。根据法学原理，法律有公法与私法之分，故“法人”首先就有公法人与私法人之别。公法人系由公法赋予人格地位之公权利的主体，如国家及其所有的公权利机构；私法人系由私法赋予人格地位之私权利主体，它分为财团法人与社团法人，合作社属于私法人之社团法人。而社团法人又分为公益法人与营利法人，合作社作为直接为社员谋利益的社团法人，如何进一步定性呢？于树德认为，合作社既以谋社员私利为目的，自非纯粹的公益法人；然合作社系以公共营利分配给社员为目的，故非纯然的营利法人，合作社实有调和公益与私利之法人，即所谓“公益的营利法人”。

第三，从社会伦理性质上来分析，近代最初的合作社及其组织系一种“自助”的社会政策。如同调节劳资关系一样，合作社为该社会政策中之一种组织，具有一定的社会平衡作用，通过调节内部劳资关系，进而调节其他各种社会关系；它没有严格的职业或身份限制，但参加合作社的所有社员均是“缺乏资本之人”，即在资本主义社会中都立于“弱势者”地位的人。他们互相团结，组织这种自助互助的团体，虽多多少少含有排挤资本主义的性质，但目的不在推翻资本主义，“只不过藉此组织以维持其生存于资本主义制度之下而已”，因而被称之为“自助的社会政策”。正因为合作社的这种属性，所以当初欧美各国政府无不提倡而奖励它。

二　合作组织·合作经济·合作制度

合作组织是以“合作社”为载体的特定组织形态；而合作经济则是以“合作社”为载体的特殊经济形态；合作制度是以“合作社”为载体的特殊制度形态。总之，三者都是以狭义的“合作社”为载体而存在的三种不同形态，可谓“三位一体”或曰“一体之三面相”。

（一）三者关系

这三者中，核心概念为“合作经济”，合作组织与合作制度分别为合作经济的组织、制度形式。合作经济是一种以合作社为载体而发展起来的新兴产业经济。它既是具有法人地位的生产或经营企业，又是劳动者组成的服务性社会团体。因此，合作经济基本上是一种“集体经济”，但并非完全等同于所有制形态的“集体经济”。具体说，它具有三种基本涵义：第一，合作经济是一种合作组织。它是劳动者为为共同利益而组织起来的利益共同体，是为解决共同体成员在生产和生活上的困难而实行自我服务的经济实体；第二，合作经济是一种社会运动，即合作经济是合作运动的产物，合作经济的发展是一个社会历史过程；第三，合作经济是一种经济制度。合作经济是资本主义制度下之商品经济的产物，是一种与资本主义私有制相对立的全新的经济制度。

总之，合作社不仅是一种组织形式，且是社会经济结构中的一种重要经济形式。合作经济就是合作社经济；合作组织、合作制度、合作经济都是与合作或合作社直接相关、又分属于不完全相同的概念范畴。采用合作方式和原则而形成的组织形式——“合作社”；由各种合作社组织集合而成一种特殊的社会经济形式——合作经济，成为社会经济结构的重要组成部分；从法律上、制度上把合作经济加以确认和肯定，从而形成一种社会经济制度——合作制度。合作是合作经济的前提和基础。由合作创造出一定程度的生产力，于是出现合作社组织及合作经济关系的发展；合作经济产生并调整出一种特定的“公私”关系，只有合作经济关系发展到一定程度，才会确立具有特定进步意义的合作经济制度。①

（二）近代合作制度的产生

作为一种特殊的制度形式，合作制度（本书简称“合作制”）是合作社的“制度化”产物。从合作社的产生到合作社的制度化，通常是一个循序渐进的过程。尹树生认为，在近代资本主义社会中，原有的经济组织已由家庭的转变为社会的，而且公司组织逐步普及，于是少数资力雄厚的人，可集合社会上更多的资本，使其经济事业日渐发展，成为社会上少数的强者；而大多数被剥削的弱者或小型经营者，为了避免中间商人的剥削，维护自身的存在与利益，相互结合起来，形成组织，以团体的力量去解除其生活上或生产上所遭遇的困难；为能表达对资本主义社会中以剥削方式谋求利润的制度及资本家垄断独霸的不满或反动，在结合的组织中采

① 洪远朋主编：《合作经济的理论与实践》，复旦大学出版社 1996 年版，第 159—165 页。

取以服务为目的、且实行民主管理的方式，这种组织得到社会认可并加以“制度化”，从而产生了近代的合作制度。它大体包括以下几点：第一，这是一种业务利用者——经济力量的弱者，所共同结合的组织。合作组织是由多数社员基于某种共同的需要而共同经营的团体。第二，这是一种以服务为目的（即自助互助）而非以营利为目的的组织。合作组织的形成目的在于帮助社员解决其经济方面的问题，为社员提供经济方面的服务，而并非完全为了谋求利润。第三，这是一种实行经济民主的组织。即实行“一人一票制”，每个社员都拥有平等的表决权，以充分发挥民主的精神；因而，合作制度就被称为“经济的民主制”。①

凡具有上述三个特征者，都可视为实行合作制度的经济组织；尽管未必冠以“合作社”的称谓。合作之成为近代新兴的经济制度，与其说是先有了原理引发出来，不如说是先有了事实的推动才促使了学者的探讨。正如查理·季特所说：“合作制度并非来自学者或改革者的脑海，而是来自平民的肺腑。”合作制度有自己独特的形成背景——即工业革命后所形成的近代资本主义社会。查理·季特认为，人类社会原来就存在一种普遍的“连锁关系”（即相互联系——引者注）……使人类自身能够不断地“趋利避害”；这种连锁关系“行之久远”后，就自然形成一种社会制度。② 远者如初民时期的原始共产制度，近者如20世纪高度发达的资本主义制度以及社会保险、劳动保障、义务教育制度等；它们决非“天经地义”、“一成不变”，均随时代与环境的不同而自然地演进、嬗递。

合作制度的产生也是如此。历史事实表明，在一种旧制度或旧方法行将脱离有效控制人类社会的相互关系时，它本身就已经孕育了一种更适于人类生存关系之新制度或新方法；一旦原有制度失去有效调节和控制作用，则已经孕育成熟的新制度势即将“起而代之”，从而更有效调节人类社会的相互关系。在近代资本主义制度下所孕育的新方法、新制度可谓“不一而足”，如按立法途径而产生的“劳工法”、“社会救济法”、“股份公司”以及按结社途径而产生的“托拉斯”、“工会”、“友爱协社”等组织。章元善指出，“合作社”（无论是循立法途径还是按结社途径——引者注）与所有近代新近产生的其他组织一样，都是以矫正资本主义生产

① 尹树生：《各国合作制度》，台北：“国立编译馆”1982年版，第6页。

② 章元善：《合作与经济建设》，商务印书馆1938年版，第5页。

方式之流弊为目的，但与其他组织各自的具体指向“实有不同”；继英国崛起而渐次波及到整个世界的工业革命，在各国所引起的经济社会问题“未必一致”，故各国合作制度在之形态也不尽相同。① 有的国家工业革命刚刚开始，资本主义社会尚在萌芽状态，在并未发生所谓的资本主义社会问题之前就“未雨绸缪”，先行模仿经济发达国家，推行合作制度。这说明，合作制度在不同的国家所发生的基因或有所不同，但都孕育在现代化的经济制度中。诚然，各国不同的合作制度均源自不同的时代背景，也与“合作运动”自身的动力机制不无关系。

三　合作运动·合作主义·社会主义

简言之，合作运动也就是合作社运动。作为反资本主义的产物，合作主义与社会主义是两种与合作运动有关、既相互联系又各有理论分际的意识形态。将合作组织或合作制度提升到理论高度，就形成合作主义；而社会主义被视为共产主义的过渡，以全社会公平与正义为标的。社会主义与合作主义均有多种不同流派。

（一）合作运动与合作政策

如前所述，合作运动之潮流，最初发源于英国，其后泛滥于欧洲，终普及于全世界。这种流播全世界的运动源自内外不同的动力，理论界从发生机制或推动方式的角度，将其归纳为两种绝然不同的模式：即由下而上的“合作运动”与自上而下的“合作政策”。前者动力发自合作社内部，先由民间“自发”组织，后得国家法律之承认，如英国、法国、德国等国；后者动力发自合作社外部，先由政府政策提倡，民间遵其政策而实行，如日本、印度等国。正如尹树生指出，肇端于英国“工业革命”后的合作制度，到 1937 年前不过百多年历史，由于时代演进的结果以及环境差异的影响，各国合作制度的本质均发生了若干重大变化。②

随着资本主义发展，西方国家的“合作运动”逐步走向“合作政策”。在自由资本主义阶段，合作社理论强调合作社社员的自助与互助，而当时西方的“国家理论”也不主张国家干预经济生活；因此，合作经济发展的推动方式是“自下而上”。到垄断资本主义阶段，“政府干预理

---

① 章元善：《合作与经济建设》，商务印书馆 1938 年版，第 6 页。

② 参阅尹树生编著《各国合作制度》，台北：“国立编译馆” 1982 年版，第 11—12 页。

论”逐步取代了“自由放任理论”，政府看到了合作经济在缓和阶级矛盾、维持社会稳定方面的积极作用；同时，合作社领导人也认为合作运动应向政府积极寻求最大限度的支持，以弥补“合作运动”方式推动经济发展的不利条件。因此，政府开始积极干预合作运动，“合作运动”逐步向“合作政策”方向演化。①

发展中国家的情形恰好相反。由“合作政策”逐步走向“合作运动”。起初，由于发展中国家群众的文化水平较低、民主意识薄弱、合作经济很难“自下而上”地自发产生和发展；因此，政府对合作经济直接干预，不仅通过制定法律、有关扶助政策和参与合作社的教育及培训计划来引导或支持合作社经济活动，而且设立专门的合作社领导机构，并委派政府官员来发动、推进和管理合作经济，以“合作政策”方式推进合作经济的发展。甚至还有通过行政命令或强制手段，以搞运动的方式来组织合作社。这就违背了自愿参加的“合作原则”，无疑会挫伤社员积极性；或者将合作社作为政治服务的工具，从而使合作社带有浓厚的“官办”色彩，丧失了合作社为社员服务的宗旨。这就导致了合作经济组织的改革诉求，以恢复合作社的本来面目。这样，“合作政策”逐步向“合作运动”方向演化。

当然，绝对的“合作运动”方式和绝对的“合作政策”方式似都难以找到生存空间。两者走向结合，互相取长补短，似为必然；不过具体结合的方式和结合“度”，则要根据各国的国情而定。这里，笔者拟就抗日战争爆发前、后南京国民政府的合作政策与中华人民共和国成立后20世纪50—60年代农业合作化政策以及改革开放后农村新型合作组织的发展情况作一些拓展性的简要说明。

首先，南京国民政府实施的合作政策以抗战时期的1940年为分界线，分为前后完全不同的两个时期。抗日战争爆发前，由立法院颁布《合作社法》，行政院改组实业部、设立合作司，全面掌管合作事业。虽然是政府政治力量主导推行，但基本还是遵循合作原则，依法实施。近代中国第一部《合作社法》第一条规定：“本法所谓合作社，谓依平等原则，在互相组织的基础上，以共同经营方法谋社员经济之利益与生活之改善，而其社员人数及资额均可变动之团体。”这种合作社性质之规定虽比较“模糊”，与前述“合作社的性质”还基本相符，如“自愿原则”、“民主管

① 参阅张会恒《论合作运动与合作政策》，《财经贸易》2000年第7期。

理或一人一票原则”等。各合作指导机关还基本遵照《合作社法》，农村合作社也基本上是自愿自发组织起来的。但1940年，行政院为推行“新县制”（即“保甲制”改造版）的便利，欲与农村合作社配合实施，特颁布了《县各级合作社组织大纲》，预期各乡镇保都有一个合作组织，以“每保一社”、“每户一社员”为目标，以此来实现充分汲取社会资源，重新整合乡村社会，以为战时服务的特殊目的；结果原为民间自发性的经济组织，被作为战时统制政策的一环；合作组织就成为管制经济、控制农村、“抗战建国”的多目标性（经济、社会和政治）组织。这种新政策把合作社固有的规定性彻底改变了，将合作社作为政治服务的工具，从而使合作社带有浓厚的“官办”色彩，实质上丧失了合作社为社员服务的宗旨。但不能因此否定这种政策在特殊条件下的有效性和合理性；因为这种战时“强制性”已被民众内化为“抗战建国”的客观需要，从而使得国家利益与个人、集体的利益高度整合在一起。这种“内化”完全是客观使然；从合作社自身的角度来说，一旦实施这种特殊“合作政策”的条件发生了变化，就应该恢复原有的规定性，走“自愿、自营、自享”之路。然而，新中国诞生之前，中国社会一直处于非常态的战火之中。

其次，20世纪50—60年代中华人民共和国政府实行的农业“合作化”政策，实际上是当时“赶英超美”、全面实现国防和工业现代化国策的重要一环；从初级社—高级社—人民公社，可谓将国民政府时期的农村“合作政策”推向了极致。究其实质，同样是国家为了充分汲取全社会的资源，以为实施更宏伟的政策目标服务。正如上述，这种合作政策是“很难自下而上地自发产生和发展”，政府却有实施“合作化”的客观急需，于是通过行政命令甚至强制手段，以特殊方式来组织合作社，实际上取消了社员的“退社自由”，违背了社员“自愿”原则，因而挫伤了社员积极性。[①] 但在实施以家庭责任制为基础的农村经济体制改革之后，处于千变万化市场机制中的千万家小农，已难以抗拒市场机制带来的各种风险，确实有需要组织真正的合作社。农村的种种迹象表明，这一切需要彻底改变！农村改革应逐步走向深入。

自20世纪80年代以来尤其是进入21世纪，中国农村各种合作服务

---

① 参阅林毅夫《制度、技术与中国农业发展》，上海三联书店、上海人民出版社1992年版“第8—11章”。

组织（理论界最初称之为“农村新型合作经济组织”，以区别于此前的“农业生产合作社”，现统称“农民专业合作社”）不断自发地产生和发展；随着市场经济体制改革的逐步深入，以及合作组织出于自身改革的要求，一直在呼吁政府及早调整农村合作政策，推动农村合作事业向“合作运动”转变，以实现中国合作事业的顺利发展。实际上，由于农业合作化过程中的失误，人们几乎到了“谈合色变”的程度，国家层面对农村自发的新型合作组织几乎没有给予应有的关注。在这种状况下，学术界在20世纪90年代提出要为“合作经济”重新正名[①]，中共中央于1995年恢复了中华中国供销合作总社的建制，深化供销社内部机制的改革再次提上议事日程；进入21世纪后，一直处于“原地踏步”的农村信用合作社随即进入了“新一轮”改革。

农村问题的解决并不是只在农村内部而已。然而，改革的步伐实在太沉重了。在由计划经济转向市场经济的转型过程中，呼声高涨的“合作社立法”迟迟没有得到政府的回应，农村新型合作组织的发展长期处于“不规范”状态；直到2006年，《农业税条例》宣告取消，《农民专业合作社法》正式颁布，中国农村合作经济的发展终于迎来了新的曙光。改革开放30年的发展历程表明，中国经济转型基本成功。[②] 自近代以来，中国农村合作经济走过了一条具有“中国特色”的发展之路，其发展模式并非“合作运动”与“合作政策”所能解释。由此可见，自20世纪40年代至80年代初，中国农村合作社并非完全处于近代“合作原则”指导之下，这也是笔者为什么特别选择了“20世纪20—30年代”而未延伸的主要原因。

（二）合作主义与社会主义的异同

合作主义是合作思想和主张的理论升化，拥有各种流派。合作思想最初兴起于19世纪中叶的西欧，为欧文、傅立叶等人积极提倡，并以合作团体作为构筑新社会的“细胞”而进行实验，但并未形成“合作主义”。随后，有许多社会改革者诸如查理·季特、金威廉等，倡导人民组织各种合作团体，以保护自己的利益，由此揭示了各具特色的合作理论。查理·季特作为法国著名合作经济学家、尼姆学派的代表人物，最早标举“合

① 洪远朋主编：《合作经济的理论与实践》“导论”，复旦大学出版社1996年版，第1—4页。

② 林毅夫：《中国经济转型基本成功》，中国经济网2008年6月1日。

作主义”的大旗，认为“人类不存在阶级差别，只有生产者和消费者的区分”，主张通过建立合作社把消费者联合起来，以自助互助的精神，协同合作的力量，来确保社会上或经济上的地位，并通过发展合作社的办法来解决社会问题，达到“取消利润、消除剥削，使资本主义自行灭亡，和平建立一个世界大同的合作共和国”。[①] 合作运动就是通过组织合作社，把各种合作思想由理论付诸实践并不断加以扩展所呈现的结果。

那么，合作主义与社会主义有何异同呢？汤苍园指出，欧文既有“合作鼻祖”之谓，也被称为社会主义者；在源头上，合作运动与社会主义运动“初无二致”，两者都是资本主义社会的产物，均具有明显的反资本主义倾向与性质。具体说了，两者之间有许多思想的共通点：第一，两者皆为排斥现代之资本主义的经济组织；第二，两者均为要求以满足消费者之需要为基点之社会组织；第三，两者均企图废除利息、利润及不劳而获；第四，两者的基本原理，主要是由个人利益转到为全体的利益。合作主义既然具有社会主义的要素，因此，社会主义国家成立合作组织似无太多困难。两者在历史和理论上“起源为一”，彼此有相互依存的关系。

此外，他也认为，自卡尔·马克思之后，两者才开始“分道扬镳”；马以工人为主体，欧以全体消费者为主体；马以阶级斗争为号召，欧以消费者自助、互助为方针；马以革命没收已有资本为政策，欧以创造新资本为手段。因当时欧洲的工人生活状况最苦，故社会主义者都关注劳工并努力解放之。由欧洲工人之苦，汤苍园想到了中国农民而遐想翩翩，谓“时移境迁，易地皆然！那中国的合作运动可尽力解放中国全社会之贫困农民！”[②] 理论上，合作主义与社会主义确有不同：合作主义主张财产为消费者团体所有，以代替个人所有，但不主张财产乃至生产手段为国家独占；合作不是一个斗争的团体，而是一个建设性计划；其改造社会的手段是经济的而非政治的，所以它是和平的社会改良；合作运动虽然总体上是向社会主义的路上迈步，但并非希望立即成功，而是顺应社会自然演进、进化的原则，走渐进式发展之路。[③] 实际上，合作主义祈望自主建立“合

---

① ［法］查理·季特：《合作主义》，参阅吴藻溪《近代合作思想史》，棠棣出版社1950年版，第100页。

② 汤苍园：《中国之合作运动》，《东方杂志》第21卷20周年纪念号（上）（1924年1月10日），第F28页。

③ 侯哲苍：《合作理论》“自序”，黎明书局1937年版，第1—2页。

作共和”的国家，这是合作主义者的最高理想。合作运动与社会主义虽不完全相同，但实现真正的社会主义，无论如何都必需具有平等的经济条件；政治民主须以经济民主为前提，始有可能。这种经济民主的政策“除合作外，乃不可得”。[①]

（三）合作运动的性质

合作运动是社会经济运动而非政治运动，这点政治学者少有深论。然英国政治家罗斯·伯里曾说：“Co-operation is a state within a state”，直译就是“合作社为国中之国”。话虽简单，却道出了“合作社”的政治属性。国家职责若仅在于维持治安，合作社与国家毫无相似之处；若国家职责涉及到人民生活需要的范围诸如实业、教育等，合作社可以摄行这种国家职责的范围就相当广泛了。根据国家学说，国家在职能上可分为“政治之国”与“社会之国”；政治之国（政府机构）所履行的主要应是国家的行政职能，如维持治安、征收赋税等，而“社会之国”（社会组织）所履行的更多是国家的社会公共职能如实业、教育等。当“政治之国”不能完全满足人民的需求时，可从“社会之国”方面努力之。

这合作社即“社会之国”是也。虽然，合作社在法律上仅为一“法人资格”，与其他各团体“初无二致”，但以政治眼光来看，唯独合作社具有“国中之国”的品性。观诸世界各国文明进化之历程，所有物质及精神文明，无不产生于社会。如教育最初源于宗教之私人团体，后渐公诸于国家；交通先由私人团体建造，后渐由国家收买或公督私有；实业多为私有制时代。因此，汤苍园认为，国家能力原本有限，充其量为辅助社会机关的进行；且以合作来发展实业、教育等，比宗教团体、资本团体等，更为“法良意美”；若使合作推行甚广，国家更无出而谋收买或公化之必要。这“国中之国”足以成公共之新制度，有如发起者所称之为“合作共和”。[②]

欧文提倡合作之初，并非单纯注意于经济，而是将合经济与教育合为一体，故世称“合作之祖”。罗虚戴尔先锋们师法其意，规定从合作社盈利中提取一定比例，作为教育或培训经费；继起者即奉为圭臬，合作乃含有（社会）文化运动之精神。因此，视合作运动仅为救济劳工者，不过

① 陈志彪：《合作的若干基本问题》，《合作新闻》1936年12月22日。

② 汤苍园：《中国之合作运动》，《东方杂志》第21卷20周年纪念号（上）（1924年1月10日），第F28页。

窥其一斑；视合作运动为仅为经济运动者，也未见合作之全豹。然欧洲合作有偏重经济而轻视文化之弊，是因为欧洲文化另有促进机关，而合作工人感觉最痛苦的是经济。中国的情形与此不同：最初发起合作者为知识分子，其物资和精神均感痛苦，故合作运动中发展实业之人，也是提高中国文化之人。这就说明，中国合作者的眼光，势必社会经济与社会文化同时并进，两者兼顾。[①]

从历史整体论意义上来说，合作运动可谓是一种和平渐进的社会变革运动，是一种潜移默化的经济改造运动，也可以说是一种抑恶扬善、弘扬正气的公民道德建设运动。合作运动的性质也具有不同的内涵与外延。在近代，“合作运动”的性质是歧异的，往往被冠之为“社会运动”、“社会经济运动”、“农村运动”、“平民运动”等。如查理·季特视合作运动为等同于“工人运动”、“农民运动”的“社会运动”，并称“消费合作”是一种“没有商人的商业”。[②] 发生在“五四”前后中国各城市里的“早期合作运动”，也被称作是一种具有平民主义倾向的“平民运动”。华洋义赈会最初指导的农村信用合作是一种合作救灾运动，寓“防灾”于“合作”之中；其后的发展可以称之为“农村运动”或“社会经济运动”。至抗日战争爆发前，国民政府推行的农村合作运动，则具有多元的价值取向，既有社会、经济目的，又有政治、军事用意；在国统区内主要为“复兴农村、复兴经济”的社会经济运动，在“剿共区”则是从属于“三分军事、七分政治”的“善后运动”。虽有不同的价值取向与表现，而时人也有统称其为“农村运动”者[③]，也有视其为“乡村建设运动”来批判的，[④] 但大多称其为一种“救济农村，恢复经济”的社会经济运动。

作为一场社会经济运动，学术界将抗日战争爆发前的农村合作运动划分为四个时期：1918—1925 年的萌芽期；1923—1928 年的试办期；1928—1934 的推广期；1935—1937 年的全盛期。[⑤] 中国的情况基本如此，

① 汤苍园：《中国之合作运动》，《东方杂志》第 21 卷 20 周年纪念号（上）（1924 年 1 月 10 日），第 F29 页。

② ［法］查理·季特：《消费协社》，楼桐孙、于能模译，商务印书馆 1925 年版，第 2 页。

③ 孔雪雄：《今日中国之农村运动》第六章，中山文化教育馆 1934 年 5 月版。

④ 千家驹、李紫翔编著：《乡村建设运动批判》，新知书店 1936 年版。

⑤ 于树德：《中国合作社之进展》，《东方杂志》第 32 卷第 1 号（农），第 23—25 页；章元善：《合作与经济建设》，商务印书馆 1938 年版，第 21—26 页。关于合作运动的分期，参见方显庭《中国之合作运动》，南开大学经济研究所 1934 年版，第 3 页。

抗日战争爆发前华北农村合作运动的情形虽略有不同为，但就其前后的发展目标而论，无论是华洋义赈会、国民政府或定县和邹平实验县主导的农村合作事业，主要是“救济农村”、“恢复经济”、“建设乡村”，目标较为一致；尽管国民政府主导的农村合作运动后期有一种明显的“行政化”倾向，但基本没违背“合作原则”之主旨。因而，华北农村合作运动的性质主要是一种“社会经济运动”。这是笔者最终定题的关键性因素。

四 制度变迁·社会变迁·乡村社会变迁

随着学科门类分支的细密化，理论界的学科交叉也日趋普遍；尤其在同属于社会科学的经济学和社会学之间，相关术语多交叉运用，“制度变迁”与“社会变迁”就是其中使用最为频繁的新用语，“乡村社会变迁”则是更细密还的一个专业名词。

（一）制度变迁与社会变迁

“制度变迁”属于新制度经济学（New Institutional Economics）的专用术语，代表人物有美国的道格拉斯·诺思、德国的柯武刚、史漫飞、中国的林毅夫等。[①]“新制度经济学”强调人的有限理性和交易成本，更强调制度约束对效率的影响，将“制度变迁”分为诱致性制度变迁和强制制度变迁。“诱致性制度变迁”是在原有制度安排无法得到获利机会时所进行的自发性变迁，“强制性制度变迁”指的是由政府法令引起的变迁。“制度变迁”取决于现存的制度结构，是从现存结构的某一项安排的变迁开始，然后逐渐向其他安排延伸，即“路径依赖”。[②]由于新制度经济学注重研究市场运作中的各种摩擦因素以及制度与产权、交易成本、效率之间的关系，学术界普遍认为，这对研究中国近代社会转型有具有较强的解释力。

林毅夫通过对中国发展战略的实证研究，从而丰富了“制度变迁”

---

① “新制度经济学”的代表作有：［美］道格拉斯·诺思（D. North）：《西方世界的兴起》（中译本），华夏出版社 1999 年版；*Institutional Change and Economic Performance*, Cambridge University Press, 1990；《经济史中的结构与变迁》（中译本），上海三联书店 1991 年版；［德］柯武刚、史漫飞：《制度经济学：社会秩序与公共政策》（中译本），商务印书馆 2002 年版；林毅夫《制度、技术与中国农业发展》，上海三联书店、上海人民出版社 1992 年版；《再论制度、技术与中国农业发展》，北京大学出版社 2000 年版。

② D. North, *Institutional Change and Economic Performance*, Cambridge University Press, 1990, p. 58.

理论。他认为，制度具有两种相互依存性，即在单一制度安排中不同功能的相互依存性和在整个制度结构中不同制度安排的相互依存性。前者表现为各种功能势必同时起作用，而不可能偏废；后者指制度结构的总体均衡取决于各项制度安排的相互依存，当政府推进制度改革时，如果不能充分认识到这一点，就会导致制度的严重失衡和制度变革的失败。在所有的制度安排中，政府是最重要的一个；政府可以采取行动来矫正制度供给的不足。这就是“强制性制度变迁”。只有在政府预期收益高于成本时，才会建立新制度。[①] 杜恂诚对“制度变迁”有不同理解和阐释，但他主张运用新制度经济学方法来研究“强制性制度变迁”，探讨近代中国金融制度的变迁的规律，强调“研究政府作用和强制性制度变迁的成败得失，近代中国是一个难得的好材料”。[②]

“社会变迁”应属于社会学用语范畴，所指比“制度变迁”更为宽泛，是以“社会”为指向的所有变动，通常包括社会形态、社会的结构与功能、社会制度与社会关系等多个层面。这与新制度经济学的“社会变迁”之用法有所不同。新制度经济学认为，社会变迁通常是指社会制度中的某一制度安排或制度供给的变化，即新的制度安排或制度供给，而非指整个社会制度结构中的所有变迁。所谓“社会结构”就是社会制度结构，“制度结构”是指经济社会中所有制度安排的总和，它包括组织、法律、习俗和意识形态；所谓“制度安排”，系指在特定领域内约束人们行为的一组行为规范。林毅夫指出，在整个社会制度结构中，不同的制度安排之间具有相互依存性；某项制度安排的更改会成为其他制度安排作相应更改的需求源。[③] 刘易斯说：“一旦制度开始变化，它就会以自行加强的方式变动。旧的观念与关系改变了，新的观念与制度逐渐变得更为相互适应，并按同一方向继续变化。”[④] 因此，从这个意义上说，“制度变迁”既指某项制度安排的变化，又指整个制度结构的变化；这又与罗吉斯“乡村社会变迁”的提法有着“异曲同工”之妙。

---

① 林毅夫：《再论制度、技术与中国农业发展》，北京大学出版社 2000 年版，第 20 页。

② 参阅杜恂诚《金融制度变迁史的中外比较》，上海社会科学院出版社 2004 年版，第 2—9 页。

③ 参阅林毅夫《再论制度、技术与中国农业发展》，北京大学出版社 2000 年版，第 16—20 页。

④ 阿瑟·刘易斯：《经济增长理论》，上海三联书店 1990 年版，第 18 页。

（二）乡村社会变迁

罗吉斯是当代美国的农村社会学家，乡村社会变迁理论的主要发明者。据罗吉斯的“乡村社会变迁”理论，“社会变迁”就是社会系统结构和功能的更替过程。民族革命、新思想或新技术的发明、乡村合作社的建立、家庭避孕措施的采用等都是社会变迁，这些行为都可以导致社会系统的结构或功能的更替。社会系统的结构是由组成社会系统的各种不同的个人和群体地位构成，角色或与一定社会地位相联系的行为模式，构成了地位结构中的功能因素。现实生活中，社会功能和社会结构是紧密相连、相互影响的；在社会变迁过程中，一个发生了变化，另一个也要随之变化。“社会变迁”有三个连续的阶段：第一，发明，即新思想形成和发展的过程；第二，传播，即向社会成员传播新思想的过程；第三，取得成果，由于接受或或拒绝新思想而引起系统内部的变化。[①] 研究社会变迁，既可认清人的社会自我，更能了解社会变迁对不同国家之乡村社会制度的作用和影响。

十分明显，罗吉斯把乡村社会视为一个相对完整的独立系统。按变迁原因或鼓动者的不同来源，社会变迁可分为内发变迁和关联变迁。当变迁的原因或鼓动者来自社会系统内部时称之为“内发变迁”，当新思想来源于社会系统之外时称之为“关联变迁”。内发变迁是社会系统成员在几乎没有外界影响的条件下，创造和发展出新思想并在系统内推广，是一个系统内部的变迁现象。关联变迁是发生在系统之间的变迁；根据系统内外对变迁需要的认识，又分为选择的和指导的两种。“选择关联变迁”是社会系统内的成员受到外界影响，根据自己的需要，采用或拒绝新思想引起的变迁；指导关联变迁或称“计划变迁”，是社会系统外部诸如一些机构或机构的代理人，为达到一定目的（如运用新技术救灾、复兴经济等），而有意识地介绍新思想所引起的变迁。政府、社会团体或个人等变迁机构，试图在农业、教育、卫生及工业中引进新技术所倡导的一些发展规划，就属于“计划变迁”。罗吉斯解释说，当内发变迁和选择关联变迁的速度不令人满意时，就会产生“计划变迁”的需求。他还强调，尽管人们充满了信心，但计划变迁并非很成功。

---

① 参阅［美］埃弗里特·M. 罗吉斯、拉伯尔·J. 伯德格《乡村社会变迁》（中译本），浙江人民出版社 1988 年版，第 11—12 页。

罗吉斯的“乡村社会变迁”理论还特别提到了“变迁速度”与“理想速度”问题。罗吉斯指出，“计划变迁”本应结合乡村社会系统本身实际可接受或适应的能力，采取一个较为理想的变迁速度。当变迁速度为零时，即乡村社会系统的结构和功能没有怎么变迁，整个系统处于稳定均衡状（或停滞）态。当变迁速度大于“理想速度”时，即变迁速度非常之快，社会系统根本无法适应，整个系统完全处于“不均衡状态”。在这种状态下，传统的乡村领袖不再保持他们的权威，乡村社会结构中各个部分的和谐关系逐渐瓦解，由于现代领袖群（如现代政党和知识分子等）向已被确立的权威挑战，传统领袖与正在出现的现代领袖群不断发生冲突；村民们也因对变迁和新旧权威的不同态度（支持或反对）而出现分化，乡村社会系统的固有规范被打破。当变迁速度等于“理想速度”时，即社会系统的变迁速度为系统本身所能承受，人们逐渐适应了变迁的形势，整个系统处于一种动态平衡状态。正如并非所有的变迁都能成功一样，“并非所有的变迁都是有益的”。社会变迁对系统是否有益，取决于该系统的适应能力。若变迁使系统陷入不平衡，则有害；使变迁有益于系统的关键，在于保持一个可以使系统维持动态平衡的“理想”变迁速度。①

除此之外，考察变迁的单位是分析社会变迁的另一条途径。变迁单位既可以是个体，也可以是社会系统，而社会变迁又可分为微观和宏观两个层次。对变迁的微观分析重点在于个人行为，即个体层次上的变迁，包括现代化、传播、采纳、学习或社会化；变迁的微观过程之一是“现代化”，即个人改变传统的生活方式，进入一种复杂的、技术先进的和不断变动的生活方式的过程。变迁的宏观分析，指发生在社会系统层次上的形形色色的发展、专业化和整体适应等。为了通过现代化的生产手段和合理的社会组织，增加人均收入，提高生活水平并改善生活而引进新思想或新技术的社会变迁过程就是发展。因此，发展与现代化是发生在不同层次上、内容相似的变迁过程。对于整个系统是发展，对于个人是现代化。

“规范”是一定系统成员稳定的行为方式，确定系统“规范”，可为预测、解释或理解变迁时系统成员的具体行为及特征、系统成员赞成变迁的程度提供了划分传统社会与现代社会的标准。一个具有现代规范的系统

---

① 参阅［美］埃弗里特·M. 罗吉斯、拉伯尔·J. 伯德格《乡村社会变迁》（中译本），浙江人民出版社1988年版，第12—14页。

更倾向于变迁，技术高度发达，它具有科学、理性、开放和移情能力等典型特征；而传统规范系统的特征与此截然相反。这种划分可帮助变迁中介人采取比较适宜于“计划变迁”的方式方法。在现代化社区，变迁中介人引进新的技术或传播新思想，宜采取不同于传统社区中使用的方法，且比传统社区要容易成功得多。当然，传统的规范不是“一无是处”，当社会系统变化太快、处于不均衡和无组织的危险中时，传统可帮助这个系统恢复稳定；而同一个人可能同时具有两个不同系统的特征，其行为有的传统一些，有的现代一些，因此，当他（她）在作出决定时，将接受来自不同方面的压力。

在笔者看来，罗吉斯从观察、分析 20 世纪 70 年代以前美国的乡村社会变迁中抽象、总结出来的这一理论，同样适用于解释 20 世纪 20—30 年代中国的乡村社会变迁。组织合作社是中美不同时期乡村社会变迁中的一个共同的变迁因素，均发挥了重要的社会经济作用，都可称之为一场“合作运动”；所不同的是，发生在近代中国乡村社会变迁过程中的合作运动所面临的社会历史条件要复杂得多，实际效果也远远要小。然而，无论如何，近代中国的农村合作运动为致力于研究乡村社会的“计划变迁”（也就是时人所谓“乡村建设”）提供了一个典型的案例。

第四节　方法论的探讨与分析架构

尝试运用新的研究方法，是学术创新的重要途径。在确定了选题、了解相关知识背景的前提下，具体研究方法的运用就值得仔细斟酌。如何既挖掘命题，提升研究水准，又充分组织运用现有材料，构建一个逻辑紧密的分析框架，写出自己文章的特色，这是笔者努力追求的学术目标。

一　方法论的探讨

首先，本书的研究对象选定为近代中国农村合作运动最具典型意义的“华北区域”，区域史的研究方法最值得考量和借鉴。由于近代以来，中国社会经济发展的非均衡性导致了中国乡村社会区域发展的显著差异性；如同整个社会经济发展的区域性差异一样，近代农村合作运动的发展态势也呈现出明显的区域性特征。从翰香曾经指出：中国“各个地区的经济长期处于高与低、快与慢、发达与不发达等等不同水平之上，而每个区域又无不按照自己的特点在中国历史的总体进程中发挥各自独特的作用。”① 在此前提下，运用区域史的研究方法，由点到面，以小见大，逐步深入地探究近代中国农村合作运动“实然”与“应然”的发展进程，“分区逐个考察”，当是描绘整个近代中国农村合作运动总体之“必备的基础研究”；况且，还由于“区域史不仅是史学研究自身发展的必然趋势，也是史学服务于地方社会文化发展的客观要求”。②

其次，由于近代中国农村合作运动主体上是一场促进社会变革的“社会经济运动”，应用社会经济史的研究方法最为适应。社会经济史是一种新兴的交叉学科，注重社会经济的整体研究，是社会史、经济史研究的交叉运用，而非单一的社会史、经济史研究所可能替代。正如前所述，合作社的意义和效能是多方面的，近代中国农村合作运动也显示出多元价值目标，然而单向度的历史考察已无法还原“历史真实”，并给出一个清楚、合理、完整、有效的解释。社会经济史的研究方法则整合了社会史、经济史的有效资源，具体表现在本书中，就是充分借鉴农村社会学、新制度经济学的相关原理及分析方法，对更具“社会经济”性质的华北农村合作运动作整体历史考察。这也是本书选择“合作运动与乡村社会变迁”作研究主题的客观要求，在前面“相关概念的解释”中对此各有详细的阐述，此不赘述。

此外，华北农村合作运动前后不同阶段出现了多种不同价值取向的“变迁中介人”，各阶段的变迁速度快慢不一则为更清楚地说明问题的复杂，在具体方法运用上，笔者还将力求把宏观分析与微观分析、定量分析与定性分析相结合；并绘制适量的图表，使分析论述更具说服力，同时运用比较研究的方法，就华北农村合作运动的不同的“变迁中介人”模式作出更有效的比较分析，以期尽可能对这场运动进行全方位的透析。

二 本书的框架结构

本书的主旨在确定“合作运动与乡村社会变迁”这一主题之下，着

① 从翰香：《从区域经济的角度看清末民初华北平原冀鲁豫三省的农村》，叶显恩主编：《清代区域社会经济研究》（上），中华书局1992年版，第76页。

② 王先明：《“区域化”取向与近代史研究》，《学术月刊》总第442期（2006年3月），第126页；《社会史的学术关注与问题意识——近年来中国社会史研究评析》，《人民日报》“学术动态”，2005年2月24日。

重就 20 世纪 20—30 年代华北区域的农村合作运动作整体研究。就抗日战争爆发前农村合作运动的整体情况来说，华北农村合作运动始终处于中国最先进的行列，具有非同寻常的典型意义。

在近代中国社会剧烈变动之大背景与合作主义思潮“西学东渐”这一小背景的共同作用下，华北地区最早由慈善救灾性质的民间社会组织——华洋义赈会酝酿、发起并实施了农村合作运动，走在了中国其他各区域的前列，成为“一枝独秀”；随着南京国民政府的建立，最早以江浙地方政府为代表的政府机构开始投入到农村合作运动之中，也得到了其他民间社团如中华平民教育促进会、山东乡村建设研究院以及部分银行机构、社会各界的广泛参与，共同促进了农村合作运动的逐步发展；在“合作政策”的主导下，国民政府颁布了相关法律法规，合作运动的运行体系与机制得到确立，至抗日战争爆发前，农村合作运动呈现出“空前盛况”。华北地区与中国其他区域有所不同的是，在农村合作运动的整个进程中，民间社会组织力量一直发挥着重要作用，各地方政府参与虽较晚，但与民间力量结合度交比较高；合作社组织的培育基本上循序渐进，“质”与“量”均有所提高，合作社组织的效能均有不同程度的体现，从而确保其总体上持续到抗日战争爆发前夕的先进地位。考察抗日战争爆发前近代农村合作运动发生、发展的历史进程，可以发现，华北农村合作运动虽不是“一帆风顺”，且表现出诸多区别于中国其他区域的显著特征，但却局部改善了华北农村社会旧有面貌，有力促使了传统乡村社会的进一步变动。

抗日战争爆发前华北农村合作运动以 1929 年河北省政府将农村合作纳入政务之一、1934 年国民政府颁布《合作社法》为标志，可划分为三个阶段：1923—1929 为华洋义赈会“一枝独秀”的兴起时期；1929—1934 年多元化促进的初步发展时期；1934—1937 年的全面发展时期。本书在叙述华北农村合作运动发展演进历程的同时，着重考察合作社组织与乡村社会变迁之间的相互关系，并特别介绍民间社会组织、政府机构等不同“变迁中介人”模式的运行机制与社会绩效，籍以总结经验教训，服务现实发展需要。结合主题思路和可能挖掘史料的基础上，依据华北农村合作运动发生、发展的演进历程逐步展开分析和讨论，最终确定整个框架结构。全书共分八个部分。

第一部分，导论：就选题的动机与意义、相关学术研究动态、主要概念和研究方法等首先作出全面阐述，提出问题，重点在于厘清思路。

第二部分，华北农村合作运动的历史背景：从大、小历史背景出发，分层次并阐述西方合作运动与近代中国合作思潮的内在逻辑关系、中国乡村经济的困境以及华北农村的普遍贫困，重点说明“早期合作运动”自理论到现实、由城市转向农村的历史因缘。

第三部分，华北农村合作运动的兴起：详细介绍华洋义赈会及其合作防灾理念、河北合作实验的内容、步骤及其相关制度建设；分析章元善、于树德等相关人物在其中的特殊贡献；“一枝独秀”的成效、成因等。

第四部分，华北农村合作运动的逐步发展：描述有关中华平民教育促进会、山东乡村建设研究院、清河试验区以及华北地方政府、银行机构等多元参与农村合作运动的基本情形及各种格局与机制的形成；分析农村合作社的组织、结构、质量等多方面的提升及相关问题。

第五部分，华北农村合作运动的空前发展：《合作社法》的正式实施、运行机制的设施及合作社组织系统的初步规范；各省农村合作运动发展状况；华北与江南的比较、总结等，从各方面揭示“空前深刻”之所在。

第六部分，合作运动与乡村社会变迁（一）：农村合作社经济效能的相关分析，包括“商资归农”与现代农业金融、“中农化”问题与乡村经济变迁、以及有关变迁速度与乡村民众的反应等具体问题。

第七部分，合作运动与乡村社会变迁（二）：农村合作社社会效能的相关分析，包括农村合作医疗制度、乡村习俗、乡村教育等合作社的有关社会事业建设。

第八部分，结语：总结华北农村合作运动与乡村社会变迁之相关性、主要成绩与经验教训及历史地位等，并籍以重新定位、评价近代农村合作运动。

第五节　资料搜集与运用

研究方法与历史资料的应用是历史研究两个缺一不可的基本要素。如果说运用新的理论方法是历史研究创新的要旨，那么充分把握和运用史料则是奠定历史研究的灵魂。“用史料说话”，这是治史的基本规范。没有史料就如同“巧妇难为无米之炊”，因此，史学研究首先得储备必要的史料。在搜集资料方面，应力求全面而完备。笔者具体从以下几个方面着手、展开实施。

第一，笔者因得益于南开大学图书馆丰富的图书资源，它给资料搜集带来极大的便利。南开大学图书馆的现有大量民国时期“合作运动”及“农村调查”资料，富有“南开特色”；尤其是像《河北合作》、《定县农村合作社县联合社民国二十四年度报告书》、《华北合作》、《合作讯》（华洋义赈会农利股专刊）等特色资料相当齐全，是十分珍贵的第一手原始资料。另外，该馆藏还有相当丰富的民国时期的期刊杂志和各种中日文资料，这些都已在第二节“学术史回顾与述评”中有特别介绍，在行文之中以注释说明，此不赘述。

第二，北京首都为中国政治、文化中心，拥有相当优越的学术资源。笔者曾多次往返京津之间，到北京大学图书馆、中国社会科学院图书馆、国家图书馆等多处查阅、复印了有关重要资料，检索了相关领域的优秀博硕士论文，收集到吴藻溪、赖建诚等相关著述，更全面地掌握了学术研究动态信息。据笔者所知，南京、上海不仅是当年政治、经济、社会中心，也是倡导农村合作运动的舆论重地，有着更为丰富的相关资料；尤以国民政府所在地南京的第二历史档案馆，民国档案储藏完备。原计划在完成书稿之际，赴沪宁两地进一步收集、补充更多资料，惜因时间关系，竟未如愿；幸亏国民党中央委员会汇编的《革命文献（合作运动）》各专集，以及中华人民共和国成立后有关农业合作化及农业经济史料都得到及时搜集、整理与补全。

第三，台湾地区的相关学术研究基本上承接并延续了国民党及国民政府在大陆时期有关农村合作的传统，有关合作类的期刊杂志和研究著述较为丰富，尤其是当年致力于合作研究的学者如尹树生、陈岩松等笔耕不坠，年轻学者也热情关注，相继涌现出一大批新成果。笔者承蒙学兄应光辉之惠，帮助搜集到台湾地区特别是20世纪80年代以来、有关华北农村合作运动研究的主要成果——如陈秀卿和高纯淑的硕士论文及其他合作报刊的文章，了解到台湾地区的若干研究现状，接受到更多相关研究信息，使资料来源更为丰富。同时笔者还检阅了相关英文报刊杂志，充分吸收外文资料，扩大研究信息量，提升研究水平。

第四，本书的难点在于有关“乡村社会变迁”的具体史料搜集。就笔者检阅相关农村合作运动的史料来说，反映与农村合作社组织具有相关性的“社会变迁”资料极为少见，相关的历史记录要么缺乏，要么非常零乱，收集不易，将这些资料进一步归纳、整理、遴选、加工的过程就更为艰难。这些资料多散见于当时各种合作类报刊杂志，尤以《合作讯》、《农赈月刊》、《华北合作》中有关各地合作社的通信报道中居多，然而记载不连续，也缺少深度描述。即便如此，笔者力求从中汇点滴而成细流，也能看出乡村社会变迁的基本线条来，在一定程度上展示乡村“变迁”的图景和画面。

第五，史料考订是笔者须下功夫的另一个重要内容，尤其是在有关合作社统计口径不一、数据来源不同的情况下，更需要下一番“去伪存真、去粗取精”的功夫了。如不少前贤在研究中指出，民国时期政府部门的有关统计资料确实存在“水分”，盲目的引用不能说明实际问题。由此，笔者在相关引用、分析中，尽量参照多方面的数据，指出数据来源背景及其可信度。通过相互比照，方可接近“真实”。还需要特别指出的是，行文中文献资料的引用，在多次出现时，为简洁起见，进行了简注。

此外，当代乡村社会变迁研究多运用社会人类学方法，更注重田野调查和口述材料，即当前流行的“实地调研”；在可能的前提下，这种方法可以弥补相关史料之不足。笔者也确有此想法，原拟亲赴河北农村做有关乡村社会变迁的实地考察，一来可结合历史图景和现实风貌，走出历史空间的思维想象，真正从内心深处去感受一下合作运动带来的乡村社会变迁，二来通过访谈若干历史老人，探求更深动、具体的口述材料，回顾当年农村的那种氛围。然因时间关系，终未成行，甚为遗憾！

第一章

华北农村合作运动的历史背景

19 世纪中叶，发端于西欧工业革命后的合作运动成为近代合作运动的历史源头。而此时的中华帝国不断遭受西方列强“坚船利炮”的猛烈冲击，中国社会已处于变动不居之中；承载着中华古老农耕文明的乡村社会，蹒跚在传统与现代之间。各种时髦的学说与“主义”话语伴随着“欧风美雨”竞相传入；“西学东渐”在中国社会各界尤其是知识界的影响已逐步深入，掀起了波澜涌动的社会思潮。其中，近代各种合作主义思想及其理论学说在中国各主要城市得以广为介绍并迅速传播，形成一股颇有声势的合作思潮，并出现了所谓的“早期合作运动”，成为近代华北农村合作运动的前奏。华北地区独特的社会历史环境，则蕴藏着社会变革的内在动力。所有这一切，最终成为了近代农村合作运动的历史背景，埋下了华北地区农村合作运动的种子。

应该说，20 世纪 20—30 年代近代中国农村的合作运动并非源自中国乡村社会主体自动兴起的“内发变迁”，而是由于外部新思想和新技术（或制度）的输入，才得以在乡村社会兴起的“关联变迁”。因此，考察华北农村合作运动的历史背景，首先须考察近代西方的合作运动及“西学东渐”中的合作主义思潮①；其次须就近代中国农业经济的发展状况以及 20 世纪 20 年代之前的华北农村的实际状况作系统考察，以探明华北农村合作运动发生发展的内在因素；最后要阐释近代合作运动与乡村社会结合的历史缘由。需要说明的是，20 世纪 20—30 年代，华北农村合作运动一直处于发生、发展的进程之中，不同时期或阶段的农村合作运动不仅直

① 有关近代合作思想在中国的传播以及近代合作主义思潮，毛传清、陈意新、赵泉民等分别就此展开了不同层次的分析和解读，颇有突破。请参阅本书《导言》之“学术史回顾与述评”。

接以本地区乡村社会经济为历史背景，而且还与国内各自不同时期的社会政治有直接关联，这些都将在相关章节中具体介绍，此不赘述。

第一节　近代中国的合作主义思潮

近代中国，合作主义理论学说是一种“舶来品”。19 世纪中叶，经历了早期“工业革命”后的西欧，最早发起了以组织合作社为主题的近代合作运动，很快向欧美全部地区、日本、印度等世界各地传播、扩散；合作社类型由消费、信用到生产，涉及到产业经济的各个领域。至 19 世纪末 20 世纪初，中国先进的知识分子在急迫的“救亡图存”使命驱使下，掀起了“五四”思想解放运动；与同各种“主义”一样，近代西方的合作主义被作为救治中国社会积弊的一剂“良方”，或直接从西方“拿来”，或经由日本、印度“曲线救国”，出现了宣传、介绍、传播合作思想的社会热潮。

一　合作运动在西方

近代西方的合作运动最早起源于“工业革命”后的英国、法国、德国等国。英国以城市工人的消费合作最为发达，称得上是消费合作社的“鼻祖”。欧洲大陆的法国最早接受了消费合作社理念，并拥有世界著名的合作经济学派——尼姆学派；与英国不同的是，法国是欧洲大陆的农业大国，以农业合作社著称于世。德国也最早接受了合作社理念，却以信用合作——雷发巽与许尔志信用合作社最为显著，称得上是信用合作社的“摇篮”。就近代中国合作运动来说，最初以英国的消费合作社影响最大；而就华北地区尤其是华北农村的合作运动来说，德国信用合作社的影响最大，也最为深远。法国农业合作社对近代中国尤其是华北农村的合作运动虽有不少积极意义，但影响却并不大。这里仅以与本书主题相关的英、德两国的合作社为例，就西方的合作社运动略作介绍。

（一）英国——消费合作社的鼻祖

英国是消费合作的发源地，世界上第一个成功的消费合作社——罗虚戴尔公平先锋社最早诞生于 1844 年。在世界合作运动史上，最早从事宣传合作原理及领导合作运动的人物是 19 世纪初期的英国人罗伯特·欧文（Robert Owen，1771—1858）。他主张实施“经济结社”来解决社会问题。“经济结社”可废除商品利润，社员不仅共同生产，而且共同消费，形成自给自足的共同体（Community）。基于此信念，欧文曾在新纳拉克（New-Lanark）创设了一种被称为“完全合作社”的共同体，以进行合作实验运动，并于1832年在伦敦成立“公平劳动交易所”；但这些合作社会运动的试验均因参加者复杂而失败。虽然，欧文平生并没有提倡过消费合作社，然而这种以合作的方法来改造社会的思想及其勇敢的社会实践已产生一定影响，并且他的崇高理想——废除利润制度——为他的罗虚戴尔公平先锋社信徒所援用，并在后来的消费合作社方面成功了，故被尊崇为“合作之父”。[①]

罗虚戴尔公平先锋社被公认为近代消费合作运动的开创者。[②] 1844年，在英国北部的小城镇罗虚戴尔，有28名法兰绒纺织工人，因为贫穷而合议自救办法，决定合资组织一个合作商店，并于同年8月11日举行成立大会，当即推选主席、通过章程，宣告成立；于同年12月21日正式营业，12月24日核准登记。至此，世界上第一个具有近代意义的消费合作社——罗虚戴尔公平先锋社正式诞生了。它的成立，为近代合作运动开创一新纪元；从此，合作运动的发展日益平稳而普遍。

先驱者们制定了明确的事业目标，在经营和管理办法上确立了具体的经营原则，诸如第一，资本由社员筹集，可享受一定的利息；第二，一切职员都由全体社员投票选举产生，不论认股多少，社员表决权一律平等，即一人一票，并不得代理，以显示人权的平等；第三，男女社员的权利一律平等；第四，对政治、宗教保守中立地位；第五，货物照市价销售，货物的品质必需清洁真实，斤两必须十足；第六，现金交易，不得赊欠；第七，合作社盈余：首先，按社员购买额多寡分配，其次，提取一定比例（2.5%）教育基金，最后，相当的公积金。由于合作先驱查尔斯·赫瓦斯（Charles Howarth）为这一原则的发明人，故称其为“赫瓦斯法则”。[③] 这也是最初的合作原则。

由于罗虚戴尔公平先锋社既满足了社员的个人利益，又有一套切实可行、公平合理的办社原则，因而得到了全体社员的拥护和支持，并得以迅速发展，成为当时最成功、最典型、最有影响的合作社，并被后人推崇为合作社的典

---

① 陈岩松：《中华合作事业发展史》（上），台北：商务印书馆1983年版，第38—40页；中国合作事业协会编译《合作经济思想史》，台北：合作经济月刊社1953年版，第18—24页。

② 吴藻溪：《近代合作思想史》（上），棠棣出版社1950年版，第70页。

③ 吴藻溪：《近代合作思想史》（上），棠棣出版社1950年版，第71—72页；陈岩松：《中华合作事业发展史》（上），台北：商务印书馆1983年版，第45—51页。

范。需要指出的是，合作社对个人利益的满足，实际上远离了早期空想社会主义的轨范。先锋们在合作社实践中所奉行的“赫瓦斯法则”，可谓既追求效益，又充分把握公平，把个人利益的追求与民主原则有机结合起来，在公平与效益之间，寻求到一种微妙的平衡。追求公平和效益之间的平衡，这可说是英国罗虚戴尔公平先锋社之所以成功的关键所在。[①]

（二）德国——信用合作社的摇篮

1844 年以后，罗虚戴尔式消费合作迅速由英国传到了欧洲大陆；随着合作运动在欧洲的发展，合作社已逐步由都市传入农村，由消费合作转向信用合作，合作运动在自身发展过程中出现了新的转化。德国是信用合作思想的发源地，主要代表人物有主张城市信用合作的许尔志（1808—1883）和主张农村信用合作的雷发巽（1818—1888）。[②] 他们充分借鉴了英国罗虚戴尔消费合作的思想和原则，结合各自实际情况，提出了不同的合作理念（参见表 1—1）。

许尔志是德国著名经济学家、社会主义者及城市合作运动的创始者，主张国家的职能应限于确保工商业以及个人的融资自由。1848—1849 年间，德国城市小工商业阶层因受资金短绌的压迫，致使经营非常困难，多濒于破产边缘，目睹这一社会状况，许尔志首先发起组织“友爱会社”，以救济小工商业者一时的贫困，并设立以低利贷款为主要业务的合作银行，进一步为弱小工商业者提供融资。许尔志的合作思想根本为个人主义和都市主义。他的主要努力在于组织城市手工业者的合作社，因奉行个人主义而主张相互信用。

表 1—1　**德国城、乡两种信用合作类型情况比较一览表**

比较＼种类	许尔志型	雷发巽型
性质	无宗教色彩，以发展平民经济为主，信守个人主义	以基督教爱邻如己作为合作经营之道，信奉邻里主义
组织原则	入社开放，无资格限制 采用有限责任制 社员须出一定金额为入股金 区域广大，以城市社区为主	以人格信用为保证，注重道德 采用无限责任制 可分期缴纳小额数的资金为股金 营业范围狭小，限于熟悉的村落

① 洪远朋主编：《合作经济的理论与实践》，复旦大学出版社 1996 年版，第 29—30 页。

② 吴藻溪：《近代合作思想史》，棠棣出版社 1950 年版，第 128—129 页。

续表

比较＼种类	许尔志型	雷发巽型
业务管理	专营信用业务 贷款以短期抵押金融为主 以社员经济能力为贷款依据 不过问社员贷款资金用途 非垄断性管理	信用之外，可兼营购买、运销等 办理对人或对物信用之长期金融 以社员勤勉、正直等人格信用为贷款依据 贷款限用于生产用途 内部实行中央集权或垄断管理
与政府关系	社员自助	社员自助，也不排斥政府援助
盈余分配	公积金和红利均可分配	盈余不得用于分配，用于公益事业

资料来源：吴藻溪《近代合作思想史（上）》，棠棣出版社1950年版，第130—133页。

雷发巽生于乡村，曾担任地方市长、基督教牧师，为农村信用合作社的创始者。1846—1847年间，他家乡发生了特大自然灾害，广大小农身陷苦境，承受着中间商人和高利贷者的盘剥和压榨，生命遭受严重威胁。为解救农民困境，雷发巽以宗教家的情怀，创办了类似慈善团体的组织，以救济农民。[①] 然而，这种慈善团体救济事业对于改善贫苦农民生活缺乏成效，难以为继。1864年，雷发巽在海德司道夫区设立了一个以自助为基础的信用合作社，专贷款于本社社员，得到了较好发展；1872年，他又设立莱茵省农业合作银行；在稍后的1876年，设立了股份公司性质的德国农业中央信用合作社，即德国雷发巽合作社联合会，由此确立了信用合作社从地方到中央的完整体系。

从上表可知，许、雷二氏创办合作社的性质虽有不同，但均从救济农民疾苦、举办慈善事业中积累了经验，其结论是："欲改善人民生活状况，必须依靠人民自身的力量"。[②] 这是信用合作社最基本的信念和成功之处。

二　西学东渐与清末民初的合作主义思潮

据史料记载，兴起于19世纪中叶西欧的近代合作社运动，至19世纪末已取得了卓越成效：罗虚戴尔公平先锋社已有12000多社员和100多万英镑的年交易额，全英国已有1500多个消费合作社及1200万名社员；德

① 尹树生：《合作运动发展史论》，台北：合作经济月刊出版社1950年版，第34—36页。

② C. R. Tay, *Cooperation at Home and Abord*, London: P. S. King and Son LID, 1925, chap. 2, p. 19.

国也有了成千上百个“雷发巽式”与“许尔志式”信用合作社；20 世纪初，这两种形式的合作社已广泛扩散到欧洲其他国家及北美、日本、印度。[①] 进入 20 世纪 30 年代，已有人预计 20 世纪将成为一个“合作世纪”[②]，可见合作运动在当时的普遍与成功了。在“全球化”背景下，合作运动及其事项原理恰如所有其他的“西学”一样，在全世界范围内得到广泛传播；同样被作为一种“舶来品”，在 19 世纪末 20 世纪初，并被视为变革社会的一剂“良方”而逐步引入中国，至五四运动前后，其规模不断壮大，汇聚成一种具有相当声势和影响力的合作主义启蒙思潮。这其中，中国留学生发挥了积极主动的重要作用。

（一）西学东渐——近代合作思想在中国的传播

近代中国，自道光至民国初期的几十年间，也就是 19 世纪末与 20 世纪之交，“社会经济之制度，以外族之侵迫，致剧疾之变迁”；而滋生于固有社会经济制度的中国本位文化完全“无所凭依”，不待外来学说之抨击，早已消沉沦丧于不知不觉之间；整个国家及民族精神也“终归于不可救疗之局”。诚如陈寅恪所言，“今日之赤县神州，值数千年未有之巨劫奇变”。[③] 在这种民族危殆、国运多戕的年月，先进的中国人尤其是知识分子，多由救亡图存而走向社会变革，由爱国、救国进而研究中国，寻求变革中国社会的“良方”。于是，传播西方先进的思想文化，成为知识分子特别是留学生群体的共同选择。近代合作思想及其理念学说便是搭“西学东渐”之船，由留学欧美及日本的中国学生、以“双管间接”[④] 方式输入，最终蔚为大观。

1. 合作主义启蒙思潮的兴起

西方合作思想传入中国的准确时间，至今未见记载，也难以考究。但可以肯定的是，最迟在 20 世纪初期，合作学说已开始陆续传到中国；其

---

① Ewell Roy, *Cooperatives: Today and Tomorrow*, Danville: The Interstate Printers and Publishers, Inc, 1969, pp. 58 - 60; R. H. Tawney, *The British Labor Movement*, New York: Greenwood Press, 1968, p. 13、p. 166. 有关西方各国合作运动发展演变的详形，可参阅尹树生《各国合作制度》，台北：正中书局 1979 年版。

② 章元善：《合作与经济建设》，商务印书馆 1938 年版，第 9 页。

③ 陈寅恪：《王观堂先生挽词序》，载《寒柳堂集·寅恪先生诗存》，见刘桂生、张步洲编《陈寅恪学术文化随笔》，中国青年出版社 1996 年版，第 4 页。

④ 参阅赖建诚《近代中国的合作经济运动——社会经济史的分析》，台北：正中书局 1990 年版，第 28—29 页。

中，在日本的中国留学生起了重要作用。现有文字记载的“合作”这个概念，最先来自日文“组合”；而1900—1910年，京师大学堂（今北京大学前身）的两位留日经济学教授已经开设了“产业组合”课程——即是西方的合作制度——成为中国“合作”名词之滥觞。[①] 当时中国的报刊文章将合作社称为“协同组合”、“协社”、“协作社”，实均为直接取之于日文有关“Cooperative”一词的译名。民国初年，介绍合作思想最有名的4人中，有3位留学日本。1919年，留学欧美的薛仙舟（1878—1927）将Cooperative直接译为“合作社”；或许这一译名在意义上更接近于中国民间传统的金融组织——合会，故此成了标准。[②] 留日归国的米迪刚于河北定县瞿城村建立了中国第一个合作社——“因利协社”。该社以金融协社为主体，附有消费协社、购买协社和贩卖协社，主要办理储蓄和低利贷款业务。

在合作主义思潮酝酿之初，最早见之于中国报端的已有覃寿公（1877—1938）发表于1912年7月《民立报》的“论消费合作”、1913年1月《农林公报》的“产业组合之效用”及2月《中央商学会杂志》之“信用组合论”等文章，还有一批经济学著述如伊利的《经济学概论》、谢霖和李潋之的《银行制度论》、汪廷襄的《银行新论》、刘秉麟的《经济原理》等书籍，都以不小的篇幅对英、美、德、法等国家的合作制度与合作银行进行了介绍。[③] 据说，曾留学日本、时任北洋议员的覃寿公于1916年前就出版了中国最早介绍合作制度的两部书，即《救危三策》和《德日产业组合法汇编》。他特别关注日本以德国的农村合作制度来发展农业的事实，并表现出浓厚兴趣；主张开发雷发巽式农村信用合作社，认为“20世纪初期的中国社会状况与19世纪中期的德国极为类似”，由此强调“唯有推行合作，才可解决中国的产业问题；唯有推行合作，才可以救中国于危亡中，以独立于世界。[④]”这可能是中国最早的“合作救国论”，也是中国农村合作运动的最早提倡者，从而揭开了中国合作主义

---

① 这种文字多有记载，参阅张境予《中国农村信用合作运动》，商务印书馆1930年版，第30页；伍玉璋：《中国合作运动小史》，中国合作学社1930年版，第3页；寿勉成、郑厚博：《中国合作运动史》，正中书局1937年版，第33页等；当时大多合作运动史学者都持此说。对这一问题的深入探讨，有助于全面剖析近代合作主义思潮，因目前缺乏相关佐证资料，故存疑。

② 伍玉璋：《中国合作运动小史》，中国合作学社1930年版，第5页。

③ 伍玉璋：《中国合作运动的时代背景》，《合作前锋》第5期。

④ 陈岩松：《中华合作事业发展史》，台北：商务印书馆1983年版，第94页。

启蒙思潮的序幕。

中华民国建立前后剧烈动荡的中国社会，为变革社会提供了一个“可能性无限大”的空间，加之合作制度自身所具有的多元化社会变革性，热心合作制度的知识分子于是广为宣传，呼吁人们肇建各种合作社，并由此展开了合作主义启蒙思潮的第一次争论。其中，除覃寿公之外，用力最卓、反响较大者当推朱进之、徐沧水等人。

教育家兼经济学家朱进之（1888—1923）发表了《促国民自设平民银行》等系列文章，还以“平民经济问题”为核心举行演讲活动，着力介绍了西方国家平民银行发展的概况。他认为，平民银行是“民之福，国之利”，呼吁建立平民银行，使平民在信用、生产、消费、贩卖等各个领域内广泛开展互助合作运动。他说：建立平民银行之举将使“豪右霸占、剥削齐民之举，必将绝迹。国民之知识，自助民治之精神，组织合群之能力，以及互相扶助之责任心，必将大有增加。国民作业必将日益勤奋。有财者得善用其财，无财者亦有财可用”。[①] 朱氏的“平民银行”，实则德国许氏的信用合作社；他的主张与覃寿公农村信用合作的主张，对于推动中国合作主义启蒙思潮有“异曲同工”之妙。

时任《银行周报》主编的留日生徐沧水（1895—1925）曾先后发表《消费合作与百货店》、《说贩卖公社》、《合作银行之研究》等系列文章，揭示了过分营利所带来的诸种弊害，反对营利主义，竭力主张在中国兴办各种合作经济组织，以防止和消饵弊害的漫延、扩大。他认为，中国城市需要消费和信用合作社，以减轻市民的贫困。[②] 当时的社会舆论普遍认为，合作社是有益于穷人的经济组织，中国应该实行。可以说，在最初的合作主义启蒙思潮酝酿之初，中国知识界虽所各自不同主张，但就发展合作社以改善民众经济生活已达成初步共识；当时，各种合作思想传播刚开始，尚未正式付诸于合作运动之

① 朱进之：《促国民自设平民银行》，《东方杂志》第16卷第8号（1919年8月15日），第8页。

② 徐沧水：《说产业公会》，《银行周报》第101期。徐氏另有《消费公社与百货商店》及《平民银行之商榷》等文章发表，促进了合作思想的早期传播；而《消费公社与百货商店》一文对1917—1918年间北京大学师生组织的“消费公社”似有一定相关性，“五四”时期合作思想传播与合作社组织之间如何互动，值得进一步探讨。

实践努力。

2. 合作主义启蒙思潮的发展

西方合作理念真正在中国得以广泛流播，以及近代中国合作主义思潮的勃兴，似乎是在五四时期。“五四”前后，中国思想界的活跃以及国人对国家前途、社会问题的重新思考，有力地催化了西方合作思潮在中国的进一步流播。此一时期积极宣传合作思想及倡设合作社的主要“领袖人物”还是留学生；其中，汤苍园、薛仙舟、吴觉农、楼桐孙、戴季陶、于树德等，可视为该时期介绍合作思想之最著者。他们一方面发表论文，对西方合作主义进行了较全面的宣传和介绍①；另一方面编译专著，创办合作刊物，更广泛地推介各种合作思想，并力图整合西方多种合作主义思想资源，为解决现实中国的社会问题服务，并逐步迈出了合作主义“中国化”的历史步伐，推动了合作主义思潮走向深入，对整个中国思想界也产生了相应的积极作用。当时较为重要的专著有汤苍园的《平民经济讲义》、于树德的《信用合作经营论》、孙锡麒的《合作制度》等；至于20年代初“发行一、二期之合作刊物，及散载于各报章杂志之论文暨小册子，为数亦不甚少”②，影响最大的主要有三种：《平民周刊》、《合作月刊》及《合作讯》（参见表1—2）。合作主义启蒙思潮之发展，由此可见一斑。

---

① 这主要表现在以下几个方面：第一，简要介绍了西方的合作理论及其历史状况。如杨端六《合作原理》、马君武《合作的理论与历史》，分见《东方杂志》第20卷第7、10号，1923年4、5月；第二，具体剖析了两种各具特色的平民银行，即许尔志式与雷发粪式。如朱进之《促国民自设平民银行》、孙锡麒《许尔志及雷佛生之平民银行》，分见《东方杂志》第16卷第8号（1919年8月）、第19卷第18号（1922年9月）；第三，从理论高度论说了合作的社会作用，认为合作社、合作银行是社会革新的两大要素之一。如李石曾《社会革新之两大要家》、谭常恺《合作银行论》，分见《建设》第2卷第2、3号（1920年3、4月）。除此之外，还有的学者就合作的一个领域如信用合作、消费合作进行了详尽的阐述，或者对西方某一位合作主义者及其学说进行分析，当然也有对合作运动做整体评价的，如孙锡麒《消费者之希望——消费合作》，《东方杂志》第19卷卦4、5号（1922年2月）、超然《消费方面的社会改造》，《解战与改造》第2卷第1号（1920年1月）、李三无《消费协社之研究》，《改造》第3卷第10号（1921年6月）、延使《近代的合作运动》，《解放与改造》第1卷第8号（1919年12月）等。

② 于永兹：《中国合作社之进展》，《东方杂志》第32卷第1号（1935年1月1日），第23页。

表 1—2　　**早期中国合作文献出版情况一览表**

书名	作者	年份	书名	作者	年份
《救危三策》	覃寿公	1906	合作论	徐渭津	1924
《德日产业组合法汇编》	覃寿公	1916	消费合作纲要	王效文	1924
《合作效用论》	徐沧水	1918	合作运动概论	朱懋澄	1924
《平民经济讲义》	汤苍园	1921	协作社的效用	戴季陶	1924
《消费合作运动史》	汤苍园		协作	楼桐孙	1925
《信用合作经营论》	于树德	1921	消费合作社的模范章程	朱懋澄	1925
《合作银行通论》	吴颂皋	1923	合作社的理论与经营	于树德	1927
《产业合作社法协议草案》	戴季陶		合作主义通论	王世颖	1927
《合作制度》	孙锡麒	1923	消费协社	楼桐孙	1927
《农荒预防策》	于树德	1923	丹麦之农业及其合作	顾树林	1927
《生产合作的沿革》	于树德		合作是节俭制度	朱承洵	1927
《消费合作的运动》	林骙	1924	消费合作论	张振平	1927
《合作主义》	孙锡麒	1924			

专刊名称	出版原因	编辑及发行者	出版年月
《合作》	成立纪念	成都农工合作储蓄社	1922 年 12 月
《时中》	第一个国际合作日	武汉时中合作书社	1923 年 7 月
《合作》	3 周纪念	上海平民学社	1923 年 9 月
《普益》	第二个国际合作日	成都普益协社	1924 年 7 月

期刊名	附刊机关	编辑者	出版情况
《平民周刊》	上海《民国日报》	上海平民学社	1920、5—1924、9
《合作周刊》	上海《时事新报》	上海职工俱乐部	1922、3—1923、4
《合作讯》		华洋义赈会	1924、6 连续出版

资料来源：1. 寿勉成、郑厚博《中国合作运动史》，正中书局 1937 年版，第 87—88 页；2. 陈岩松《中华合作事业发展史》（下），台北：商务印书馆 1983 年版，第 643 页。

（二）西方合作主义的中国化

中国的先知者在“有选择地”译介、传播西方合作理念的过程中，在一定程度上使其与中国社会问题初步结合起来，从而促使西方合作主义理论开始“中国化”。笔者认为，所谓“中国化”，简单地说就是“乡村化”，即把思想理论探讨与中国社会的最大实际——社会变革结合起来，并使其适合中国最大社会——乡村社会的客观需要。

留日学者汤苍园（1881—1931）在《东方杂志》上发表“中国之合

作运动”[1]，这似为最早从整体上研究“中国合作运动”并开始注重与社会改造相结合的历史文本。他充分论证了合作运动在中国的适应性，提出了自己独到的见解。汤氏探讨的理论色彩较为浓厚，尚未直接针对农村信用合作运动的实际需要，而最早撰文明确提倡农村信用合作社并力图“中国化”者，可能是吴觉农。

1922年8月，吴觉农发表了第一篇探讨有关雷发巽式合作银行与“三农”问题的署名文章——《中国的农民问题》；主张农民应有团体组织，并以此来改良农业，流通农村金融。他认为，“农村第一问题，莫过于资本。但农民没有钱的时候，均受地主资本家重利的盘剥，而有钱的时候，又无从存放生息。乡间虽也有邀集亲友作借贷的事业——如做月会、年会等，但此种大半为非生产的借贷，最好自己组织银行——如雷发巽式的银行，有少数会员即可组织——既可作借贷的互助，而且可以逐渐使银行的发达。那么，抵押土地、典当衣服及被地主的盘剥重利等事，都可避免了。”[2] 吴觉农这种对农民合作组织的正面提倡，与同时期《平民周刊》对合作主义的宣传几乎“同调”，从而促进了合作主义思潮的进一步传播。

合作理论鼓吹者认为，合作社组织“实中国今日中等社会之人民，从事于小企业者所当模仿，实力猛晋（进）”，以对抗或预防外来和中国将来之“加尔特尔及托辣斯”；其最大效果可使中国“今日极困苦极艰难之中等社会，于中国国民中占最大多数者……为根本上之解决，足以自谋生活，自高品格，自殖财产”[3]；更有论者强调，开办合作银行可以变革旧的社会经济秩序，“完成个人经济上的独立平等自由”，培养民众势力，消除社会上竞争私利种种恶德。[4] 有一点值得注意，至少在合作主义启蒙思潮期间，合作社运动中出现的“中等化”或后贤者总结出的“中农化”，即“在全体国民中占最大多数之中等社会”，应为合作主义“中国化”的“题中之义”，也是“培养民众势力，消除社会上竞争私利”的有

---

① 汤苍园：《中国之合作运动》，《东方杂志》第21卷第1号（1924年1月10日），第F23—38页。

② 吴觉农：《中国的农民问题》，《东方杂志》第19卷第16号（1922年8月25日），第18页。

③ 阙名：《论我国小企业家当速粉手于产业组合》，上海经世文社编《民国经世文编·实业三》，北京图书馆出版社2006年版，第7—8页。

④ 《国民合作储蓄银行旨趣书》，《申报》1919年10月24日。

效办法，这是值得肯定的。

信奉合作主义的知识分子，多将其视为一种“经济解放”的措施。他们或有针对性地指出，随着世界文明的进步，人类解放的呼声也日渐高涨；在各种解放中，“经济的解放尤为今日之切务，论到经济解放的问题……最切实最和平的唯一方法，就是合作社”[①]；他们把合作主义作为社会改造的一种措施，深信合作主义“有改造社会的力量”，“是最彻底最完善的社会改造”，最终可“实现中国合作共和”之最切实、最和平的办法。[②] 这表明，在以合作来重新安排社会经济秩序的认识上，及其对未来中国社会的影响上，早期中国知识分子的看法“渐趋一致”，认为合作制度“可以救济现在社会上的若干缺陷……可以使弱者阶级得多少救济，使他们在现存社会的当中，一面减轻若干苦痛，一面增加若干势力，一面得着许多协作共享的经验和趣味，使阶级斗争较为缓和而有秩序。所以虽不是唯一方法，却是一个必要的方法，在社会组织很幼稚的中国，尤其是有益的。”[③] 这是戴季陶早期有关合作制的言论，似乎并未包含以“合作主义”取消“阶级斗争”之意，而视其为“有秩序”开展阶级斗争的“必要办法”之一。由此可见，合作制度的早期传播者，实为中国知识分子及世人在寻求改造社会的道路上又提供了一种可资参考的“新思路”，体现了社会转型期之部分人士的价值选择与指向。

值得注意的是，《平民》周刊作为当时宣传合作主义的一个最主要的阵地，在1920—1924年间，先后发表了384篇有关合作的论文[④]，足见当时合作主义思潮的兴盛态势。这些推崇合作的人因受各自留学国家合作事业的影响，向国内引介的合作思潮的来源呈现出纷繁复杂的“多元化”态势（参见表1—3）。

---

① 《湖南合作期成社宣言书》，《平民》第39期（1921年2月19日）。

② 薛仙舟：《实现民生主义的根本计划》，《中央半月刊》第1卷第8期（1929年4月）。薛氏这一“民生主义的根本计划”——其早前提出的《全国合作化方案》所论证之主旨；有关这一讨论的详细内容，参阅拙作《乌托邦还是理性——〈全国合作化方案〉论析》，《历史教学》2005年第5期及赖建诚：《近代中国的合作经济运动——社会经济史分析》第二章“附录”，台北：正中书局1990年版。

③ 戴季陶：《协作制度的效用》，《建设》第2卷第5号（1920年6月），第52页；孙锡麟：《消费者之希望——消费合作》，《东方杂志》第19卷第5号（1922年3月10日），第18页。

④ 参阅赖建诚《近代中国的合作经济运动》，台北：正中书局1990年版，第44页“平民周刊发表主要文章内容统计表”。

表 1—3　　民初中国合作思潮的主要影响来源（举例）

传入国	日本	德、美、英等国	法国
主要人物	戴季陶、覃寿公、于树德	薛仙舟	楼桐荪、彭师勤、吴克刚
主要著译	产业组合法、信用合作、合作社的理论与经营等	消费合作、《中国合作化方案》	译介查理·季特的合作学说及各国合作运动
主要论点	译介日本的民间经济结社实施方式	强调从基层合作社到中国社会经济的合作化	侧重于学说的介绍，较少实务的参与
影响方式	实务方面的引介、"于"还是亲身参与华北农村合作运动的关键人物	合作理念与实务并行、亲身参与	使得中国学术界认识了较抽象、理想型的学说

资料来源：赖建诚《近代中国的合作经济运动》，台北：正中书局 1990 年版，第 34 页。

从表 1—3 的举例可见，20 世纪初期，西方合作思潮随着新知识阶层的崛起已从世界各地涌向中国，尽管这些国家的合作制度与合作组织各有侧重，也有许多差别，但其广泛的涌入无疑丰富了中国的合作思想界的内容，且形成"合作"的合力，营造了一种社会氛围，使"社会乃因此稍稍注意"合作制度。

受"西学东渐"的影响，早期的《平民》周刊对城市消费合作社、平民银行可谓"情有独钟"。但不久，这些宣扬合作主义的学生们就领悟到：城市的消费合作社运动与中国社会绝大多数的群体并不相干。当时诗人徐志摩的一封海外来信，导致了《平民》周刊对合作主义关切的新导向——开始关注"中国化"了。这表明，《平民》周刊所倡导之合作主义"中国化"，一开始就经历了一个过程，而且这种走向更具本土特色——政治化。

1920 年 12 月，在美国留学的徐志摩给《平民》周刊写了封长信，请平民学社把眼光转向农村，徐因此成为建议《平民》周刊社的学生们"为农民说话"的第一人。他似乎也比吴觉农对"三农"问题的关注还要早些，但没有吴的论述来得深刻、全面。在信中，徐志摩以故乡浙江夏溪为例，强烈抨击农村高利贷，号召《平民》周刊社的朋友们关注农民的利益，提醒他们合作社可以消弱农村的高利贷制度。① 徐的来信在读者中引起了较大反响，激起了学生们对农村社会的兴趣和责任感。从 1921 年

① 徐志摩：《合作的意义》，《平民》第 25 期（1920 年）。

初开始，《平民》周刊社的学生们开始认真讨论农民和农村问题，有的甚至还对农村做了实地社会调查，报告中国农民的困难。①《平民》周刊社也在薛仙舟的指导和帮助下，改组为平民学社。

这一将关注中心从城市向农村社会的转变，与吴觉农倡导合作主义的“乡村化”来得同时，使得《平民》周刊社的学生们对雷发巽式农村信用合作社发生了更大的兴趣，也为几乎陷入困境状态尚在萌芽期的早期城市合作运动开辟了新的生路。如在《我们中国应该先组织哪一种合作社?》一文中，戚其章指出，中国应首先成立雷发巽式信用合作社；他认为，中国农村的高利贷者以令人愤怒的高利息剥削农民，他家乡农民大都从事桑蚕业，每年春天须以月利3—4分借债以维持生产；第二，中国农村没有银行设施，农民无处存钱，结果或是将钱放在口袋里，或是花光了事，不利于资金积累；第三，农村交通不发达，为到富人居住的镇上去借钱，农民通常要往返很多路；第四，信用合作社在乡下简易可行，因为它只需农民能够负担得起很少的初始资本。戚的想法得到许多成员的赞同，唤起了《平民》周刊社的学生们对乡村社会和雷发巽信用合作社之相关性的热切关注。有学生认为，信用合作社是中国农村社会根本性改造的第一步；还有认为“由国家来举办信用合作社、发起农村运动是改造中国的唯一途径”。②

需要指出的是，《平民》周刊社的学生们最早提出的“由国家来举办信用合作社、发起农村运动以改造中国”主张，可能揭示了中国合作事业“国家化”或“政治化”的发展走向。笔者认为，这些《平民》学子并没有这么深刻的思想，或许得自于享有“合作导师”美誉的薛仙舟；《平民》学子是一直在薛氏的指导下对合作主义宣传和推动，呼唤国家举办合作事业的，并与中国政治领袖如国民党、共产党人物往来，于是在1924年（第一次国共合作时期）他们与政治领袖人物走到一起，组成推动中国合作事业的领导力量。《平民》周刊社的学生们的宣传活动使得中

---

① 温崇信：《社会调查——江北佃户》，《平民》第74期（1921年）；陈有荀：《救济农民和合作事业的发展》，《平民》第98期（1922年）。

② 戚其章：《我们中国应该先组织哪一种合作社?》，《平民》第28期（1920年）；倪鸿文：《信用合作与中国农村》，《平民》第75期（1921年）；陈承阴：《农民合作的需要》，《平民》第86期（1922年）；正广：《中国农业和合作》，《平民》第101期（1922年）；陈有荀：《改造中国的唯一路径——农村运动》，《平民》第114期（1922年）。

国的合作运动似乎从一开始就具有一种“政治化”倾向性，而非像西方国家那样保持社会经济运动的“中立性”原则。这一“国家化”或“政治化”的转向对国民党或共产党主导下的中国合作运动，均产生了极为深远的历史影响，使中央政权、地方政府及社会领袖成为后来推进中国农村合作事业的主导力量。在1927年薛仙舟为国民政府拟定的《中国合作化方案》中，这种“国家化”倾向得到了进一步具体而详实的阐述，为南京国民政府全面推行农村合作运动作了理论上和战略上的准备，并提供了一幅计划详实、丰富内容且颇具理想色彩的发展蓝图。[①]

总之，“西学东渐”，近代中国的合作主义思潮浸润在清末民初那种社会急剧动荡、变迁的社会土壤中，必与其有着内在的关联性。勿庸置疑，这种历史的际会造成了合作思想在中国的传播途中表现出方方面面的特征或不足。西方合作主义思潮“东渐”，而中国知识分子使之与中国社会的具体问题相结合，努力使其“中国化”或“本土化”；并力图使之呈现出“由鼓吹而成为现实”的发展趋势。从某种意义上说，这是部分先进的知识分子解决民国元年以来越发严重的民生问题的一种尝试，也是在新形势下如何实现民生主义的一种再思考。这种尝试或许并不那么完美，但毕竟为时代留下了新的“话语”，同时也给后来的合作运动奠定了最初的理论和群众基础，特别是合作主义启蒙思潮中的“合理内核”——合作社这一社会经济组织形式，为后来人们实现乡村社会的组织化及资本的社会化提供了参考。[②] 这点是十分确切的；就在知识分子努力将西方合作主义理论“中国化”的同时，华北农村的“合作防灾”试验已初步启动。

然而，无论是讲近代合作主义理论的“中国化”还是促使农村合作运动的实践，都必须全面把握近代中国尤其是最早组织农村合作社的华北地区社会经济的真实状况，才能够就此有一个更完整、全面的认识，真正理解近代近代农村合作运动的来龙去脉。

三　早期合作运动——知识界的合作社团活动

清末民初合作主义思潮传播最盛阶段，人们在理论宣传的同时已开始

---

① 参见拙文《乌托邦还是理想：〈全国合作化方案〉论析》，《历史教学》2005年第5期；《国家与社会视野下的近代合作运动——以二十世纪二三十年代华北农村合作运动为中心的历史考察》，《中国农村观察》2008年第2期。

② 赵泉民：《20世纪20年代中国合作主义思潮论析》，《学术月刊》2004年第8期。

注重转向合作社的实务活动；即合作知识界开始以各大城市为中心，按照西方的合作原理，结合中国民情的需要，积极地组织实验各种合作社。1918 年 3 月 30 日北京大学消费公社的成立，此后各种实务活动不断增加，规模也渐渐扩大，至“五四运动”前后汇成了具有一定声势和影响力的合作主义新思潮，形成了所谓的“早期合作运动”。

在 1917—1923 年间，中国知识界的“合作运动”主要以城市为活动区域，组设两大类合作社团，一种是直接组织的单位合作社，另一种是从事研究并推动合作的团体。前者又可分为消费合作和信用合作，也有少数生产合作及兼营合作；后者大都为小范围的区域团体，此时并未出现大型联合团体。虽因当时政治环境不佳，很多合作社很快就“踪消迹失”；但合作知识分子如薛仙舟、于树德等人以及平民学社等从事合作运动者机构团体艰苦卓绝的惨淡经营，都成为酝酿当时由城市转向农村、倡导农村合作运动的“发酵剂”。

（一）早期各类单位合作社

此一时期，在中国直接开展实质性合作社业务的合作社，为数不少。据史料所载，1915 年，随农工银行兴起的农工联合借款协会，似已有中国城市平民银行的雏形[①]；1918 年 3 月 30 日，北京大学消费公社的成立，标志着中国最早的合作社——消费合作社的诞生。[②] 1919 年 10 月，上海国民合作储蓄银行的建立，则标志着中国城市信用合作的真正开始。

北大消费公社后来的情形如何及其影响怎样？目前尚缺乏可靠材料及深度研究，但有一点可以确定：北京大学位于华北地区的核心——北京（当时为北平），而北京素来就处在华北地区政治、教育和文化的中心地位，又是新文化运动的发源地；尽管当时这个消费公社的活动范围并不大（仅限于校内的部分教工和学生），似乎与中国的农村合作运动没有直接的关系，但其在萌芽时期的影响“自有其历史上的意义”。[③] 或许由于北京大学消费公社和上海国民合作储蓄银行以及合作思潮传播的影响和带动，20 世纪 20 年代中，“国人从事组织合作会社的，日益增多，前途已

① 伍玉璋：《中国合作运动的时代背景》，《合作前锋》第 5 期。

② 章元善：《合作与经济建设》，商务印书馆 1938 年版，第 22 页；陈岩松：《中华合作事业发展史》，台北：商务印书馆 1983 年版，第 123—125 页。

③ 赖建诚：《近代中国的合作经济运动》，台北：正中书局 1990 年版，第 45 页。

成蓬勃之象”①，其中在社会上较有影响的合作社团有湖南大同合作社、成都农工合作储蓄社、武昌时中合作书报社等（参见表1—4）。

表1—4　　20世纪20年代初期单位合作社概况一览表

社团名称	所在地	类型	成员或社员	成立时间
北京大学消费公社	北京大学	消费	北大教职员工及学生	1918年3月
上海国民合作储蓄银行	上海	信用	复旦公学教师和部分市民	1919年10月
汕头米业消费合作社	广东汕头	消费	潮汕铁路工人	1922年4月
湖南大同合作社	湖南长沙	生产	不详	1920年12月
安源路矿工人俱乐部	湖南安源	消费	安源铁路矿工俱乐部工人	1922年7月
浙江萧山衙前农民协会	浙江萧山	生产	沈定一等领导的当地农民	1921年9月
成都农工合作储蓄社	四川成都	信用	年满16岁的青年男女	1921年12月
新会消费合作社	广东新会	消费		1922年
同孚消费合作社	上海	消费	上海商务印书馆工人	1922年11月
武昌时中合作书报社	湖北武昌	消费	胡文、周荣会、蒋在钟等	1923年1月
湖北仙桃镇消费合作社	仙桃镇	消费	胡介蒲、胡俊、李骏等	1923年9月
长沙笔业工人合作社	长沙	生产	笔业工人	1922年12月
上海消费合作社	上海	消费	王云五等复旦大学学生	1926年4月
上海职工合作商店	上海	消费	上海职工俱乐部部员	1925年6月
宁波第一消费合作社	浙江宁波	消费	社员不分男女	1923年3月

资料来源：1. 寿勉成、郑厚博《中国合作运动史》，正中书局1937年版，第78—82页；2. 戚其章《复旦大学的合作运动》，《平民》第49期《周年增刊》（1921年5月1日）；3. 张允侯等编《五四时期的社团》（四），生活·读书·新知三联书店1979年版，第90—148页；4. 陈岩松《中华合作事业发展史》，台北：商务印书馆1983年版，第119—121页。

除了表1—4中所列举的以外，尚有一些在校学生组织的合作社，如上海中华大学的消费公社、清华消费合作社、神州女学消费公社和春晖中学消费公社，还有粤汉铁路职工组织的信用及消费合作社等，另有正在组建中的合作社团也为数不少。② 从这些社团的情况来看，尽管数量不多，

① 王世颖：《合作导师——薛仙舟（为纪念先生逝世二十周年而作）》，《中央日报》1947年9月14日。

② 张彭该：《中国合作运动的现状》，《平民》第176期（1923年10月20日）。

范围比较狭小，但其发动者与组织者都是热心于合作事业的知识分子。因当时的活动多在知识分子层面上进行，故可称之为“知识分子的合作社团”。这些合作社团的活动方式不拘一格，但以消费合作社最为重要，城市信用合作社次之，仅有少量的生产合作或兼营合作社，这与当初知识分子的宣传及英国、法国等国合作思想最初从消费合作开其端不无关系。这表明，中国早期城市合作运动似乎只是在迷茫中摸索，并纯粹模仿欧美合作运动的老路，而没有真正探寻到适合中国国情需要的合作运动。在这种摸索中，也出现了少数合作研究团体及推动机关，主要有前述《平民》周刊社（1921 年改组为平民学社）、上海合作同志社、湖南合作期成社等。

（二）初期宣传、研究合作的团体

从时间上来说，北京大学消费公社及上海国民合作储蓄银行等单位合作社成立较早，但仅立足于自身的发展，而未与整个中国合作运动的推进发生联系；最早推动合作运动且表现最为积极、影响最大之团体，当推《平民》周刊社及平民学社。[①]

《平民》周刊社成立于 1920 年 5 月 1 日，为上海私立复旦大学教职员与学生共同组织，其最初并非专门宣传合作，而主旨在宣传“平民主义”，促成平民教育。《平民》周刊在薛仙舟的影响下，于第 4 期发表第一篇有关合作文字——王世颖的“消费合作与劳动问题”，第 6 期为合作专号，至第 9 期又发表薛仙舟的“消费合作”演进稿，并于第 11 期确定“以合作主义为改造经济的方法”，由此《平民》周刊终于奠定了宣传合作运动的基础。1921 年 12 月 6 日，《平民》周刊社改组为平民学社，宣告宗旨为“研究合作主义，提倡平民教育，发展平民经济”。[②] 其组织机构分图书、出版及购买三部，图书部专购关于合作方面的书籍和杂志，供社员研究参考；出版部又分为周刊和丛书两种，其业务主要为周刊，所编丛书终未出版；购买部完全依照合作原理，替社员购买书籍文具和一切正当消费品，按市价交易，纯利先作基金；1922 年该社开始招收股金，每股二元，正式营业。[③] 这是平民学社从事实际组织的第一步。

---

① 寿勉成、郑厚博：《中国合作运动史》，正中书局 1937 年版，第 54—61 页。

② 同上书，第 58 页。

③ 陈岩松：《中华合作事业发展史》，台北：商务印书馆 1983 年版，第 135—156 页

20世纪20年代中期，随着南方“国民革命”的兴起，平民学社以合作运动尚未有助于政治并与平民的主体——工农的距离太远为虑，认定加入政治运动为接近农工之要图，于是趋向于“政治化”的发展。正是由于这种趋向，同时受北洋政府有关“合作社”禁令的影响，平民学社的学生们纷纷投身国民革命的行列中，学社最终于1924年10月宣告解体。除平民学社外，其他较有影响的如上海合作同志社、上海合作社联合会、湖南合作期成社等（参见表1—5）。

表1—5　　20世纪20年代研究并推动合作运动的团体概况

社团名称	所在地	成员或社员	成立时间
《平民》周刊社	私立复旦大学	李荣祥、谭常恺等人	1920年5月
平民学社	私立复旦大学	余愉、许绍棣、倪鸿文等	1921年12月
湖南合作期成社	长沙凤凰台	不详	1920年12月
上海职工俱乐部	上海	王效文、解役伯等	1922年5月
成都普益协社	成都	不详	1922年6月
上海合作同志社	上海	薛仙舟、陈果夫、邵力子等	1920年2月
上海平民协社	上海	不详	1922年5月
上海合作社联合会	上海	薛仙舟、王世颖等	1922年12月
无锡合作研究社	江苏无锡	不详	1923年
中国合作运动协会	上海	陈果夫等	1924年8月

资料来源：寿勉成、郑厚博《中国合作运动史》，正中书局1937年版，第55—67页。

上述合作社团成立后的活动，不是因规模狭小、经费不足，就是因社友四散，或是因为缺乏实际经验和法律保障等，相继停办。时间最长的要数延存十年之久的上海国民合作储蓄银行，最短的存续时间仅几个月。据不完全统计，在1917—1924年间，中国各主要城市先后组织了50多个单位合作社及合作社团，掀起了一股小小的合作热潮。到1926年，各地合作社组织已达584个。[①] 然而，这些为数不多的合作社相对于当时的封建军阀势力，简直是“星星之火”；这些合作社的发展多横遭军阀政府的查

① 需要指出的是，此处的统计数字包含了同时期华北农村的合作社组织，故数量显得较多；参见秦柳方等《中国各种经济合作社》，中国文史出版社1994年版，第247页。

禁、解散等各种摧残，如湖南大同合作社，就被认为“提倡无政府主义，传播危险思想”，而被湖南省政府下令查封；类似的记载还有河北晋县某处合作社被指责为“党派之组织，教门之团结”，北京政府农工部命令地方警察，取缔了不少合作社。1927 年 1 月，北洋政府的农商部干脆下令“查禁合作社”。于是，热闹一时的城市合作运动，由于政府的干涉而几近终结。

（三）小结

中国早期宣传合作的知识分子，虽有满腔的热情，但大多“惊讶于合作社之高深的理想而忽略其实际性，注重于学生与工人间之合作组织，而忽略于农民间之合作组织”。[①] 早期推动者对合作运动在中国社会几乎都给予了过高的预期，在无政府支持、无相关经验、无推动资金、无金融机构的情况下，初期合作运动的失败似乎是“必然之事”；而合作运动的提倡者大都缺乏对中国社会、经济、政治方面诸多制约因素（如文盲率高、国民所得太低、军阀战争频繁等）以及对“新经济制度”移植所可能带来的阻碍，缺乏精确估算和正确了解。如赖建诚指出，“中国社会的‘基础结构’——民智低、社会稳定度差、政局变动大、农民极度贫乏、交通网络狭小等——尚不足以提供合适的社会环境，一项民间自发性的社会经济改革运动在政治势力高度膨胀的中心城市很难顺利发展；同期合作主义倡导者的业绩主要体现在理论宣传上，仅有少量实验也在城市，未曾深入到乡村”。他认为，知识分子的这些实践活动最终失败了，但其影响应是值得肯定的——如开始将眼光向下，关注社会底层民众的生活；设立合作社保护“弱势群体”利益，对社会经济新秩序的“诉求”和“平等”理念的渴望，等等。在这个萌芽实验期间，中国合作运动先驱者所做的努力，虽然不算成功，但已播下了合作种子。[②] 而合作思想的传播与合作实务的试验不失为一场合作主义的启蒙运动，对其后合作运动的发展有着不可估量的先锋作用。

更有意义的是，合作主义知识分子使西方的合作思想在中国“本土化”。面对中国的现实，他们将合作主义与改善农民生活联系在一起，使

---

① 李景汉：《中国农村金融与农村合作问题》，《东方杂志》第 33 卷第 7 期（1936 年 4 月 1 日），第 16 页。

② 赖建诚：《近代中国的合作经济运动——社会经济史的分析》，台北：正中书局 1990 年版，第 48—49 页。

农村社会成为中国合作思想运作的中心，而非像欧洲那样将社会主义与城市消费合作社运动作为合作思想的焦点。他们不是完全让中国去适合西方合作运动的模式，而是让西方的经验为中国农村所用。这一本土化趋向对中国合作运动具有重要的影响。至少，以后的华洋义赈会、南京国民政府和其他社会团体所组织的合作运动都在农村进行，而不像“中国早期合作运动”那样起自于城市。①

中国早期合作运动虽然失败了，但也促使人们对合作运动在中国的发展重新加以思考，为中国合作运动开拓新的实验点提供了新的历史缘由。关键是，早期知识分子对中国合作运动，尤其是对农村合作运动的宣扬和推介，迎合了中国社会亟待复兴农村经济、改良农业生产、改进农民生活的需要，在一定程度上促使中国农村合作运动萌芽和实验。

需特别说明的是，就在城市各合作社组织被摧残、解散之际，合作主义思潮实则已有了较为广泛的传播和影响；尤其是将合作主义理论“中国化”已引起了中国社会各界的普遍关注，把合作社与乡村社会相结合，也因应历史潮流的新动向，由理论走向了实际，几乎与城市合作运动稍晚或同步，1923 年在直隶（今河北省）香河县城内的福音堂，诞生了农村信用合作社的雏形，成为近代中国农村社会经济史，或者更确切地说是近代华北农村社会经济史中的新事物。最早把把合作社理论转化为合作社实践的开拓者，为中外合组的民间社会慈善救济团体——华洋义赈会②；它率先在河北省创导“合作防灾实验”，为中国农村合作运动的发展开启了一扇崭新的大门。知识分子为改造和变革整个中国社会而传播合作思想的历史诉求，正在于中国社会，尤其是中国的乡村社会早已面临严重的发展困境。

第二节 近代中国与华北的乡村社会经济状况

自古以来中国就是一个农业社会，向以“以农立国”而著称。农业处于国民经济的基础性地位，是人民赖以安身立命的根本所在；承载中华农耕文明的乡村社会，一直占据在传统中国社会的主体位置上；近代中

① 陈意新：《二十世纪早期西方合作主义在中国的传播和影响》，《历史研究》2001 年第 6 期，第 101 页。

② 全称为“中国华洋义赈救灾总会”。

国，农民无疑是国民之最大多数群体。因而，中国农民、农业、农村（简称“三农”）的发展状况，从根本上制约着整个中国社会的自然演化；它不仅关系着整个国计民生，而且直接影响到国家政权的巩固与社会的稳定，成为中国社会安定与否的重要指标。

传统中国社会并无所谓“城乡差别”，呈显出一个“城乡一体化”的良性互补局面。方行指出：自秦汉以降的两千年间，中国社会广阔而坚实的基础，正是以单家独户经营、“男耕女织”的小农业占主导地位之自给自足的自然经济，与之相辅相成的地主—自耕农土地占有制，以及地方小市场在城乡普遍存在，地主、商人、高利贷者的三位一体，形成中国前资本主义经济从生产、流通到分配的完整封建专制结构体系。[①] 在这种社会历史土壤里，城市与乡村间在经济上具有同一性；这种同一性的基础是：城市在政治上统治乡村，经济上却依赖乡村；即自给自足的小农经济成为乡村和城市共同赖以存在的基础。[②] 也就是说，传统社会并不存在“城乡二元经济”格局，也无所谓的“三农问题”。

然而，自1840年鸦片战争以来的近代中国社会，在外国资本主义强力的持续干预下，伴随资本帝国主义日益强势的“商品倾销”及国内农产品的急剧“商品化”，乡村社会固有的“男耕女织”、自给自足的社会常态开始出现“解体”，由城乡一体化转向“城乡二元”分离的经济格局愈益强化，大部分乡村社会渐趋衰落，陷入“三农问题”的困境之中。华北地区虽有其小环境中政治、经济、社会等独特性之诸多面相（详后），却并未能幸免大环境“恶化”之痛，甚至比江南、华南、西南、西北等其他地区所陷更深！导致近代中国乡村社会衰落的原因是复杂的，解读更是众说纷纭，见仁见智；笔者无意就此作深入探讨，仅对与近代农村合作运动更为紧密相关的乡村社会经济状况，从整体与华北区域两个层面加以具体阐述，以便加深对研究主题的理解。

一　近代农村社会经济史分析——“三农问题”的历史解读

在笔者印象中，除了吴觉农之外，只有董汝舟似乎最明确地提出了

① 参见方行《中国封建社会的经济结构与资本主义萌芽》，《历史研究》1981年第4期，第58页。

② 参见傅衣凌《关于中国资本主义萌芽的若干问题的商榷》，《明清社会经济史论文集》，人民出版社1982年版，第37—38页。

"三农"的概念，并肯定了政府与"三农"事业的直接责任关系。他指出："农业生产发达，农民生活程度提高，农村文化进步，这些都是农村社会应有的现象。所以政府的责任就在于运用政府各部分的职能，来扶助农村社会的发展。"① 中国的历届中央政府因军阀混战、政局动荡而不断更替，在农村合作实验之初，自身角色几乎完全缺失。勿庸置疑，近代中国的"三农问题"仅仅是乡村社会经济整体衰落的具体表征，是一个事关国计民生的整体问题，还涉及到整个国际国内环境，尤其是国家政治、经济、社会、思想、文化、教育等众多层面。自近代以来，中国被强行向世界市场"开放"、毫无准备地被纳入"经济全球化"轨道，加之国内长期处于社会动荡之中；因此，"三农问题"的解决"从来就不只是三农自身的问题"，而是同样涉及国际、国内社会经济政治的大环境，需要采取足以有效应对国内外涉及社会、经济、政治、思想、文化、教育等多个层面变动的根本性策略。当然，最根本、最切实有效的"解决之道"还在于完善整个国家与乡村的社会经济制度。辩证唯物主义强调，经济社会是基础，政治思想等是确立在经济社会基础之上的"上层建筑"；唯有改善经济社会基础，政治思想、文化教育等才有了根本性的前提和保障。由此，笔者首先从以下几个层面，尝试解读近代中国的"三农问题"——农村合作运动之大背景的社会经济史成因。

（一）耕地不足与分配不均

土地（更严格讲是"耕地"）是农业生产的第一要素，但中国农民普遍患有严重的"土地饥饿症"。从社会经济层面来看，耕地不足与分配不均是导致近代"三农问题"的关键性因素。从整体情况（包括华北）而论，这主要表现在三个相关方面。

第一，人地比例关系失调。中国人口从18世纪中叶开始大量增加，至20世纪初，已达4亿以上②；中国幅员虽广，可耕面积十分有限（至今尤是），加以80%的人口依赖农业为生，因此造成严重的人多地少、农场狭小的现象。据华洋义赈会的调查，若以面积10—25亩为标准，每户

① 董汝舟：《中国农村经济的破产》，《东方杂志》第29卷第7号（1932年12月1日），第21页。

② D. H. Perkins, *Agricltural Development in China* (*1368 - 1968*), Aldine Publishing Company press, Chicago, 111 inlis, 1969, pp. 209 - 216.

平均5人计，每人所得耕地为2.2—5亩之间农户才得以保证生活。[①] 刘大钧曾推算中国农民每人只有耕地3.4亩。[②] 即使据约翰·洛辛·卜凯（John Lossing Buck）于1921—1924年，对17省2866个的农家调查，农户田场的平均面积约18.5亩[③]；较前二种估算稍多，但同样显示中国农民耕地的不足。据李景汉调查分析，华北乡村按当时耕作状况下农民的生活程度，每人须5亩土地才能维持最低限度的生活[④]；5口之家须25亩地方可维持基本生活，可见农户耕地的面积明显不足。

第二，土地分配不均，租佃关系紧张。导致农民耕地不足的最主要因素，是由于土地分配不均的社会制度。据古谋调查可知，各地普遍表现出土地的分配不均（参见表1—6）。[⑤]

表1—6 **中国农户与土地分配比例情况表**（1927）

土地面积	1—10亩	10—30亩	30—50亩	50—100亩	100亩以上
农户%	44.45	24.73	16.21	9.57	5.33
耕地总面积%	6.16	13.26	17.44	19.10	44.04

资料来源：古谋《农村复兴与土地问题》，杨幼炯编《中国农村问题》，台北：中国社会科学会出版部1941年版，第44—45页。

如表1—6所示，拥有土地50亩以下的中小农户，占中国总农户的85.4%，仅占总耕地面积的36.86%；占地50亩以上的富农和地主，总户数不足15%，却占有耕地总面积的63.14%以上，可见中国农户土地的分配不均。

第三，华北乡村的土地分配及租佃关系

“耕地不足与分配不均”是近代中国乡村社会的一个普遍事实。这一现象所代表的土地占有关系，即地主、自耕农、佃农等的户数比例，却因地区性的差异而有所不同；这与华北农民行为相关，故须首先作一个特别

① 冯和法：《中国农村经济资料》，黎明书局1935年版，第15页。

② 刘大钧：《我国佃农经济状况》，太平洋书店1929年版，第17页。

③ ［美］约翰·洛辛·卜凯：《中国农家经济》（中译本），金陵大学出版社1936年版，第55页。

④ 李景汉：《中国农村问题》，商务印书馆1938年版，第37—39页。

⑤ 同上。

交待。

相比而言，华北区域的“土地集中”情形尚不严重，以自耕农占大多数；据调查统计，1912 年，北直隶（河北）和山东的自耕农平均占农民总数的 68%，半自耕农（19%）和佃农（13%）（平均占总数的 32% 左右）；直到 20 世纪 30 年代，这种租佃关系也没有太大变化。[①] 约翰·洛辛·卜凯的调查指出，华北确有 75% 的农民是自耕农，仅有 25% 的农民需要租佃耕地。[②] 据国民政府中国土地委员会 1934 年的统计，华北各省经营 100 亩以上的农户仅为 2.45%。[③] 按近代经营农场规模的划分，须 100 亩以上为大农场，可知华北乡村称得上是小农经营的汪洋大海。[④]

同时，华北诸省之所以自耕农占多数，是因其自然生态环境的差异性所致：北方耕地旱田多而水田少，田价比较便宜[⑤]，农民较易得到耕地；加以旱田每年只收获一次半至两次，其一亩地收益只值南方水田的半亩，农民唯有取得较多的耕地，才可以维持正常花消；佃农只要能佃得起足够的土地，也算是有田可耕的阶层，虽然收入要支付地租、杂税，若无灾荒，仍可以维生。但在因灾荒或战乱等导致农民生活普遍穷困的情形下，地权常易产生转移，或为土豪劣绅强占骗取，或为逐利之商人及高利贷者以高利借贷抵押方式所吞并，导致耕地分配及租佃关系不合理等农村社会的结构性紧张。[⑥] 一般情况下的传统乡村社会，地主与佃农不会发生严重的利益冲突，且有互惠之作用[⑦]；民国初期，华北农村的租佃关系也并无多大改变，只因人口压力、自然灾害、内战、政治变动及金融制度的失调等诸多影响，各种租额和捐税等逐年高涨[⑧]，农民负担愈来愈重，导致了

---

① 笔者认为，华北农村拥有土地的自耕农占总人口近 75% 的较大比重，似与其能够且有效组织农村合作社、全面推行合作运动不无关系；这也是该地区区别于中国南方各地一个显著特征。参阅罗克典《中国农村经济概论》，中华书局 1934 年版，第 41—43 页；冯和法《中国农村经济资料续编》，黎明书局 1935 年版，第 599 页“附录”。

② ［美］约翰·洛辛·卜凯：《中国农家经济》（中译本），金陵大学出版社 1936 年版，第 195—196 页。

③ 国民政府全国土地委员会编：《全国土地调查报告纲要》，1937 年，第 26—27 页。

④ 参阅李金铮《借贷关系与乡村变动——民国时期华北乡村借贷之研究》，河北大学出版社 1999 年版，第 33 页。

⑤ 罗克典：《中国农村经济概论》，中华书局 1934 年版，第 56—76 页。

⑥ 陈醉云：《农村经济概论》，中华书局 1935 年版，第 26—28 页。

⑦ 刘大钧：《我国佃农经济状况》，太平洋书店 1929 年版，第 1—30 页。

⑧ 曹鸿儒：《中国农业经济之发展》，三民学社 1931 年版，第 200—215 页。

农村经济社会内部的不安与日趋恶化。

（二）农业生产技术的停滞

中国是个农耕文明高度发达的国家，有着“精耕细作”的优良传统。早在春秋战国时代，先民们就已经注意到土壤、施肥、轮作、防治病虫害等耕种技术的改进；自汉唐以来，农具的专业分化与制作精细的复杂程度，以及讲求水利灌溉等诸种高度的精耕技术，都可谓“与时俱进”。[①]但由于人口的快速增长，影响到人民对于生产技术的选择；于是从南宋开始，农业技术的改进由节省劳力型转向使用劳力型。[②]节省劳力型的农业技术主要是在农具的改良，以期省工[③]；而使用劳力型的耕具，则是在人力过剩、畜力不足时，以人力操作运用，效力较低，[④]这对于引进农业技术的改变来说，毋宁说是一种倒退。

南宋王祯著《农书》，可谓集中国传统农业生产工具之大成；但直到民国初年，中国农村使用的农具种类仍大多数是该书中所载者[⑤]，可见自南宋始，中国农民似再未致力于农具改良；直到抗日战争爆发前，华北农民从选种、种植、整地、施肥，到灌溉、除草、病虫害防治、收割等环节，基本上仍旧沿用一两千年的老法子，农业生产技术鲜有改进。[⑥]然而中国的人口在1400—1913年500余年期间，却从6500万左右增加到43000万，人口增长近7倍。人口的大量增长有赖于农业总生产量的相应增加；在农业生产技术几无进步的情况下，这意味着只能以扩大耕地面积来增加农业的生产总量；有研究指出，过去几个世纪，中国粮食问题的解决，主要是依靠耕地面积的扩充。[⑦]

① 许倬云：《中华农业史》“导言”，沈宗瀚等编《中华农业史论集》，台北：商务印书馆1979年版，第1页。

② 赵冈、陈钟毅：《中国土地制度史》，台北：联经出版社1982年版，第430页。

③ 赵雅书：《中华农业史概论》，沈宗瀚等编《中华农业史论集》，台北：商务印书馆1979年版，第1—48页。

④ 陈明台：《中国手耕农具的发展》，《中华文化复兴》月刊第9卷第10期（1976年10月），第19页。

⑤ 20世纪初期在农村使用的农具如耕犁、水车之类和2个世纪以前民间的情况比较起来，并无不同，参阅赵冈、陈钟毅《中国土地制度史》，新星出版社2006年版，第430页。

⑥ 魏宏运主编：《二十世纪三四十年代冀东农村社会调查与研究》，天津人民出版社1996年版，第190—194页。

⑦ D. H. Perkins, *Agricultural Development in China: 1368—1968*, Chicago: Aldine, 1969, pp. 209 - 216.

应该说，自清末以降，历届中央政府对农业科技的改良和推广都曾予一定程度的重视。唯其未能注重土地分配问题，仅谋求生产技术方面的改进，故其成效不彰。清末民初这段期间的“农业改革”，只是鼓吹和倡导阶段，成就较大的仅有农业知识的传布与提高，以及各省农业组织从事农事调查与试验的推广；至于新作物的引介与推广，主要是商品化程度较高的经济作物，如山东、河北引进美国棉花种子（主要为当时的合作社在科技改良与推广方面的行为，详后），而粮食作物仅小麦品种有改良实验，这些对整个中国农业发展的整体影响不大。[①] 从19世纪中叶至1913年，由于耕地扩充迟滞及农民普遍的耕地不足，故在生产技术未能再次改良前，中国粮食生产已不足需用。[②] 徐秀丽的研究指出，19世纪末到20世纪初，中国农业粮食生产总量虽有所增加，单位亩产量也逐渐恢复到清代盛世的水平，但由于人口大量增长，其速度快于耕地面积的扩大，而农技改良无果，因此人均粮食占有量仍大幅度趋减，近代农业可谓处于“危机四伏”之中。[③]

（三）农村副业衰落与资金不足

农村副业（以家庭手工业为主）系以农家经营主计之剩余劳力，来经营主要职业之外的工作；由是增加家庭收入，以弥补小农业生产之不足，最大限度利用家庭人口和劳动力的重要方式或途径。[④] 据约翰·洛辛·卜凯调查，中国农家副业与农业相比较，其比例平均为20比80，即副业占有20%；副业所得收入平均占农家收入的40%[⑤]；可见，农村副业对于小农的生存、延续和发展起着十分重要的作用，对调节农村经济生产具有重大意义。

农村副业在农村中占重要地位，主要在于能增加农家收入。第一，可利用季节性变动而闲置的劳动力增加收入；第二，因耕地狭小，农户无法

---

① 张玉法：《中国现代化和区域研究——山东省：1860—1916》，台北：“中央研究院”近史所专刊第43种，1982年，第611—614页。

② 张玉法：《20世纪初期的中国农业改良》，《史学评论》第1期（1979年7月版），第122—123页。

③ 徐秀丽：《农业自然资源与粮食生产》，从翰香主编《近代冀鲁豫乡村》，中国社会科学出版社1995年版，第331页。

④ 陈醉云：《农村经济概论》，中华书局1935年版，第102页。

⑤ ［美］约翰·洛辛·卜凯：《中国农家经济》（中译本），金陵大学出版社1936年版，第128—131页。

充分利用所有劳动力，乃分出一部分从事别种工作，以增加家庭收入；第三，老弱妇孺虽不适合农耕劳动，如从事副业，可增加家庭收入。因为农业本身是一种季节性的劳作，因气候关系，一年中各地能从事工作的时间不同；华北平原为期约二百日，江南地区则为期达三百日。[①] 当春耕夏耘秋收时，必须把握时间，即使动员家庭所有劳动力，犹感人手不足；但秋收后至翌年春，有将近二、三个月时间为农村休闲期，人手过多，如能从事配合季节变动的副业，既可充分利用农闲期之劳力，且可增加收入。据约翰·洛辛·卜凯调查，农户耕种面积的大小与兼营副业的程度有相当关联。仅从1922—1923年间河北盐山150户农家调查的结果（参见表1—7）来看，其耕地愈小的农民对副业的依赖性愈大；另外，农民家庭从事副业者，妇女所占比例最高达42%，最低为20%；儿童最高达16%，最低为5%。[②] 由此可知，妇孺劳动对家庭经济实为一重要的补充。

表1—7　**河北盐山土地面积大小与副业之关系**

土地面积	兼营副业%	专营农业%
10亩以下	39.4	60.6
10—20亩	25.0	75.0
20—30为	11.8	88.2
30亩以上	17.1	82.9

资料来源：冯和法《中国农村经济资料》，黎明书局1935年版，第630页。

然而，自1840年鸦片战争后，外国工业品大量进入中国市场，这一方面导致中国农村家庭手工业遭受重创，所能涉及农村副业的范围也随之缩小——如农家妇女以绩麻纺纱为副业，不仅可解决自己的穿衣问题，同时可将剩余向市场出售而增加收入。自洋布洋纱输入中国后，农村纺纱织布大受打击，农家失此副业而减少收入，还须向外购买布料而增加支出。另一方面，洋货等外国经济势力侵入，加剧中国农业生产的商品化以及小农在商品市场交换中的弱势地位；这是一个关键性问题，不仅使得原本在中国农村经济上占重要地位的农村副业，在遭受资本主义商品化浪潮的打

① 沈宗瀚：《中国农业资源》，“中央文物供应社”1952年版，第13—16页。

② ［美］约翰·洛辛·卜凯：《中国土地利用》（中译本），金陵大学出版社1936年版，第391页。

击下，趋向没落，而且直接威胁到农产品的市场化交易。千家万户的小农完全处于千变万化的市场风险中的弱势地位，无力抗拒各种风险。华北乡村其他的家庭手工业如草编业、苇席业、面粉业、粮油业、造纸业、丝绸业、发钢业等，皆因外国工业品的涌入与天灾人祸的打击，很不景气。[①]

近代中国农村经济由成长转向衰落的症结，是由于土地、资本、技术三方面不合理的发展所致。在华北土地分配尚无严重冲突的情况下，农村资本应用于土地改良的工作及生产技术的改善，成为关系农村繁荣兴衰落的关键所在。首先，在通常的农业生产过程中，农家的资金大都固定于土地上，经营资本常感不足；其次，农业生产有季节性限制，如调剂不善，农民更易感到资金不足。此外，农家所需要的资金户头多，数额零星，农业生产受到自然灾害、价格变动等影响，使市场上的游资不肯流向农业投资，而农村以外的资金不但不会流入农村，甚至农村中原有的资金由于城市化、农产品商品化倾向日益显著而不断外流，导致农村金融枯竭，加剧了农家生产资金的严重缺乏。

（四）农产品的商品化与中国农业生产之本质关系

近代中国农产品的商品化，造成了农村经济对商品市场的深度依赖。[②] 每个农家一方面为了缴纳租税偿还欠债，必须把所收获的农作物出售，以换取货币；另一方面又须用货币从市场购买日用品，将全部生产收获用来保证自足或日用所需。不求诸市场的农家，几乎绝无仅有。商品化的农业与乡村自足农业在农村经济关系上，本质绝然不同：后者的中心问题是如何增加生产，前者的主要问题是市场的需求；如果商品生产供过于求，非但无用且有害。[③] 资本主义国家周期性的农业经济危机以及中国常出现的“丰收成灾”就是明证。

农产品的商品化迫使中国农民成为“经济全球化”市场的购买者及原料市场的生产者；农产品及农村日用品的商品化程度日益扩大，金融资本逐渐统制农业生产。同时，中国的商品市场也成为国际农产品倾销的尾

---

① 参见章有义《中国近代农业史资料》第三辑，生活·读书·新知三联书店 1957 年版，第 656、660、662 页。

② 约翰·洛辛·卜凯对中国农家经济的研究表明，农家生产总价值有 52.6% 出售，有 47.4% 自给；参阅约翰·洛辛·卜凯《中国农家经济》（中译本），金陵大学出版社 1936 年版，第 275 页。

③ 孙寒冰：《论中国农村建设之本质》，《东方杂志》第 32 卷第 7 号（1935 年 4 月 1 日），第 59—64 页。

间，农产品市场与价格完全被操纵在外人手里[①]，国际国内市场价格的变动已影响农民经济。在商品经济市场中，“大鱼吃小鱼”，大经营者对小经营形成排挤之势，在农业上与工业是一样的。中国小农经营的农业欲与资本主义发达国家大规模经营的农业在市场上竞争取胜，几乎不可能。

在中国当时的现状下，农产品的商品化也导致了农民在商品流通领域处于弱势地位。商品生产者一方面以极低的价格收买农民所生产的农产品和工业原料初成品，另一方面以高价销售农村日常生活所需要的工业品，形成工农业产品在买卖价格上的“剪刀差”，导致了都（城）市对农村的榨取；加之运输业的垄断化、买办制度及其市场网络的形成等等，也使得农民“处处吃亏”，使得乡村社会相对贫困。

农产品的商品化除了上述恶劣影响之外，中国农业商品化还有一个特性——缺乏真正统一的市场。中国农村经济虽然随着商业资本的发展及资本主义的侵入而失去了其独立性，但因民族工业资本的势力衰微及外国在华经济势力的竞争，中国国内并没有建立统一的农产品贸易市场，故在农业商品化过程中，农产品贸易就发生了重重矛盾和阻碍——即商品化的农产品需要流通的市场，而国内市场的分裂又阻碍了“货畅其流”。这种情形必然助长农村中高利贷资本的活跃，因而，农民所增加的农业生产量，只是满足了高利贷资本的吞噬，且促成了一般农业自身的衰落——使得增加生产的努力全归徒然。[②]

中国自外国资本主义侵入以来，农村经济关系虽发生了很大的变动，但数千年来的小农经营方式却并未因此而改变。造成这一现象的原因至为复杂，就农业经营的本身来说，有以下几个主要原因。

第一，中国农村处于“经济全球化”的过程中——资本主义发达国家在大规模经营对小规模经营的打击下，中小农户大多已联合组织合作社参与市场竞争，并逐步规模化，加大了竞争优势，而当时的中国政府对本国农村、农业经济缺乏有效保护，即使有也显得极为脆弱；农民一向被称为“一盘散沙”，缺乏有效组织，因此，具有一定规模经营的现代农场在中国很难真正建立起来。

---

① 钱俊瑞：《目前恐慌中中国农民的生活》，《东方杂志》第 32 卷第 1 号（1935 年 1 月 1 日），第 38—39 页。

② 孙寒冰：《论中国农村建设之本质》，《东方杂志》第 32 卷第 7 号（1935 年 4 月 1 日），第 59—64 页。

第二，资本主义发达国家工业品的输入，促成了中国数千年来与农业形影不离的农村手工业（包括家庭副业）的急剧衰落，进而造成相当过剩的农村人口。这些过剩人口无法“充分就业”，既不能全部进入工业区成为产业工人，家庭副业也日渐衰落，于是只能成为廉价劳动力的出售者；这种廉价劳动力的存在，使得农业技术的改良无形间显得成本太高，从而阻碍了新式农业技术的采用，甚至原有的畜力尚不及人力为贱，农业生产工具益形落后。

第三，由各种因素相互作用而产生的许多现象，如分散土地的经营阻碍了新式生产技术的采用，而生产工具的衰落又无法形成大规模的农业经营。这充分表明，改善农村这种错综复杂的生产关系，主要症结不在于自然关系的克服，而是社会关系的改良和完善。因此，孙寒冰进一步指出：“中国农村建设之完成，内则有待于中央政府强固政权之确立，外则须排除各国经济之羁绊和束缚，求得民族经济之独立与发展。是以中国农村建设问题，实际上是政治统一与民族复兴之一环”。[①] 这里，孙氏从更高的“文化建设”层面立论，似已触及了中国乡村社会发展问题的本质所在。

由于近代中国乡村经济存在上述普遍的严重发展障碍，“中国农民穷困的程度，已经到了无以复加的地步”。[②]“农村破产”是当时使用频率相当高的话语。华北乡村社会更因其相对特殊的社会生态环境以及天灾人祸等，导致农村金融的严重衰竭，大量农民背负着沉重的债务；如与当时的江南社会情况相比，华北乡村实际上处于“普遍贫穷”的状态之中。

二　华北农村“普遍贫穷”的社会生态

中国近代历史上“华北区域”有其特殊的社会生态，几乎发生过“戏剧性变化”；如罗澍伟所言，“在近代社会，华北区域的经济变动与经济重组之剧烈，没有哪一个区域可以与之相比。”罗氏这里所指的华北区域，系“以河北（直隶）为核心，在综合自然地理、人文气候、风俗习惯等方面均表现出许多内部的均质性；在经济活动上基本形成了一个相对稳定的交流范围，具有一定的内聚性”；同时，还是一个行政设置较为特

---

① 孙寒冰：《一年来中国农村经济及农村建设之回顾》，《文化建设月刊》第 1 卷第 3 期。

② 董汝舟：《中国农村经济的破产》，《东方杂志》第 29 卷第 7 号（1932 年 12 月 1 日），第 15 页。

殊的管理区域。[①] 然而，如前所述，有关“华北区域”的范围，论者多有不同，本书基本限定在河北及山东两省；这不仅因为在华洋义赈会指导下的农村信用合作社，最初仅有河北“一枝独秀”，而且因为在国民政府主导下的华北农村合作运动，也“以冀鲁二省为最发达”。[②] 选择富有成效的个案作分析研究，可资借鉴的经验教训或更大。

（一）华北地区特殊的社会经济生态

华北多为平原地区，地属亚热带季风性气候带。从自然环境和社会经济结构来看，华北既属于多灾、旱作、平原农业区，又属于低效农业与高密度人口紧密结合的落后地区，具有独特的社会经济特征。

华北平原大部分河流与黄河相似：河水发源于西部高原山区；河水流向平原时，沿途带来大量的泥沙；河流到平原，坡度减小，水流减慢，河床泥沙淤积。在春天作物生长季节，大多数河流因秋冬季节干旱，河水变浅。冀鲁豫平原的雨水 70% 集中在夏季月份，尤其是 7、8 两月最多。因此，在春季黄河流量减至每秒 100 立方米以下，许多较小的河道几乎干涸见底。整个华北平原的河流水量，估计仅为长江流域的 1/6 至 1/8。[③] 这些自然环境的基本特征，严重限制了农业体制。据中国地理研究所在 20 世纪 50 年代的估计，民国时期能灌溉的耕地面积，在河北约占全部耕地的 7%，在山东则不到 3%。而灌溉的水源大部分为地下水，而且几乎全靠水井，占河北灌溉土地面积的 80%，山东的 90%。[④]

在中国历史上，对社会政治经济结构起决定影响的两个地区——西北的关中平原和华北的黄河下游地区——均以旱作为基础。在冀—鲁西北平原，常年平均降水量仅约 500 毫米，加上缺乏人工灌溉，一般不可能种水稻。主要作物是高粱和小米，以及越冬的小麦和夏播的大豆。华北平原农作物生长季节的长短，也与稻作地区有显著差异。冀东的无霜期，每年只有 6 个月，鲁西北 7 到 7 个半月。这对复种的时间压力很大。春、夏一茬作物的收割和越冬作物的种植，都要在霜降节气前 6 个星期内完成。时间和用水的限制，使华北地区冬季土地使用受到限制。国民政府土地委员会

① 罗澍伟：《谈谈近代的“华北区域”》，见江沛、王先明主编《近代华北区域社会史研究》之“名家笔谈”，天津古籍出版社 2005 年版，第 5—6 页。

② 方显庭：《中国之合作运动》，南开大学经济研究所 1934 年版，第 6、14 页。

③ 孙敬之：《华北经济地理》，科学出版社 1957 年版，第 4 页。

④ 同上书，第 53、125 页。

曾在 1934 年对中国土地的复种指数作过一个系统的调查，所得统计数字是：河北平均 122.6%，山东 143.7%；而南方省份如江苏 167.1%，福建 204.7%，相对较长的生长期，使南方水稻区复种指数高于华北平原。[①]

此外，华北平原自然灾害极多。因地属“大陆性气候带”，干燥性西北季风常至，而滋润的东南季风，阻于北岭，不易降越，因此“祁寒酷暑，变化剧烈”，雨量及温度的起伏大，容易形成灾害；加之黄河横穿其中，河水含沙量多，河床淤积，常常泛滥成灾。[②] 据统计，历史上有文献可考的黄河决堤并造成灾害共 1593 次[③]；仅河北、山东两省的水灾，从汉代至清代统计共有 1521 次。在排水不良的河北平原东半部和山东西北部，7、8 月大雨时，经常发生积涝，华北平原每年平均有 3000—5000 万亩农地（约为全部耕地面积的 10%）遭受涝灾[④]；灾情最重的地区会变成沼泽，滋生蝗虫，形成区内另一主要的自然灾害——蝗灾；随着洪涝而来的往往是旱灾。在华北平原，旱灾是长期困扰本地区的主要自然灾害，也是直接诱发农村合作运动的要素之一。这一地区常年降水量极不均匀，多雨月份的雨量可能比干旱月份多出 7、8 倍；春旱尤其严重，春季的平均雨量只占全年雨量的 10—15%，从汉代到清末，河北、山东两省有记录的旱灾共 1078 次，几乎“无年无灾”。[⑤]

尽管华北平原有易于耕种的土壤（由风成黄土和冲积而成的次生黄土混成），却有一个十分不利的农业体制。华北地区一直是高密度的人口分布区，曾长期是中国文明的中心地区之一，也是中央政权的枢纽所在。历届中央政府的一系列扶植自耕农的措施，促成了该地区的人口增长。据许卓云估计，华北平原在汉代就已达到相当高的人口密度，人均耕地面积达到约 4—5 亩；宁可的研究指出，汉代华北平原每个农业劳动力平均耕地 15 亩。[⑥]这两位学者的估计，与 20 世纪 30 年代一般中国农场的实际状

---

① 南京国民政府土地委员会编：《全国土地调查报告纲要》，1937 年，第 19 页。

② 柯象峰编著：《中国贫穷问题》，正中书局 1935 年版，第 147 页。

③ 任美锷等编：《中国自然地理纲要》，商务印书馆 1979 年版，第 168 页。

④ 中国科学院地理研究所经济地理研究室：《中国农业地理总论》，科学出版社 1980 年版，第 352 页。

⑤ Yao Shan-yu, The Chronological and Seasonal Distribution of Floods and Droughts in Chinese history, 206B. C. - A. D, 1911, *Harvard Journal of Asiatic Studies*, 1942, 6. 3/4: 308.

⑥ Hsu Chuo-yun, *Han Agrarian Economy* 206*B. C.* - 220*A. D.*, Seattle: University of Washington Press, 1980.

况相距并不远：当时河北省农业人口每人 4.21 亩，山东省 3.70 亩。[①] 从农村人口的构成来看，华北地区自耕农的比率较中国为高，而佃农和雇农等所占比率则较小。[②]

总之，华北平原社会生态系统的典型特征是：第一，小型和大型的水利工程，与由个体小农和建于其上的国家机器所组成的政治经济体制相适应；第二，低产、多灾的旱作农业，与高密度人口的结合，造成了该地区社会经济的贫困，从而使该地区的生活水平明显低于长江中下游地区；第三，集结的居住，加之商品化程度低以及宗族组织的薄弱，形成该地区那种高度闭塞性的生态基础。[③] 这些生态特征不仅有助于了解华北平原乡村社会政治经济的演变，更有助于了解华北农村合作运动独特的发展历程及相应的社会变迁。

（二）普遍贫穷的华北乡村

华北农村不仅存在中国乡村发展的普遍障碍，还存在本区域独特的生态环境，如因“天灾”与“人祸”相随、“重租”与“杂税”交错，导致农业金融急速衰退，社会经济严重失调等问题，使它们成为华北农村“普遍贫穷”的内部要素。据华洋义赈会的调查：150 元是中国农家最低的生活费用；江苏农民 50% 以上、河北农民 80% 以上的生活状态是在这 150 元之贫穷线以下。[④] 同时，据约翰·洛辛·卜凯对河北盐山县 150 家农户全年收入进行抽样调查统计：平均每家农产总收入为 135 元。[⑤]从上述两个调查的结果看来，河北大多数农民处在贫困线以下。相对于其他地区发展较早的河北省还有 80% 以上的农户处于贫困负债状态，可想整个华北地区就更为“贫穷”了；难怪李金铮多次指出：“民国时期的华北地区是一个背负沉重债务的乡村社会”。[⑥]

---

① 南京国民政府土地委员会编：《全国土地调查报告纲要》，1937 年，第 28 页。

② 杜赞奇：《文化、权力与国家——1900—1942 年的华北农村》，江苏人民出版社 2000 年版，第 8 页。

③ 黄宗智：《华北的小农经济与社会变迁》，中华书局 2000 年版，第 63 页。

④ C. B. Malone（麦龙）and J. B. Tayler（戴乐仁），*The Study of Chinese Rural Economy*，China International Famine Relief Commission Publication，Series B，No. 10，p. 43。

⑤ John Lossing Buck（约翰·洛辛·卜凯），*An Economic and Social Survey of* 150 *Farmers*，*Yanshan*（盐山）*County*，*Chihli Province*，*China*，Publications of the University of Nanking，College of Agriculture and Forestry，June，1926，p. 94。

⑥ 李金铮：《借贷关系与乡村变动》，河北大学出版社 1999 年版，第 20 页。

1. 天灾人祸的肆意侵扰

天灾人祸对农民的生产生活具有突袭性、毁灭性，是导致农民贫困的致命因素。天灾虽是自然现象，但“每一现象，不能因为它是发生于自然界而作为单纯的自然问题，一个自然问题往往通过许多条件，形成一个社会问题”。[①] 政治腐败、战乱频生、破坏森林、水利失修等，都可成为天灾的助推剂。

华北是中国自然灾害的多发地区，历史上因气候失调、水利失修、森木逐渐消失，使得其地灾荒频仍。进入民国以来的情况并未改善（参见表1—8），其中尤以水灾、旱灾的次数最多，对农村经济的破坏规模最广；仅定县在1915—1926年就发生26次水旱灾害，平均2年就1次。[②] 实际上，整个华北大都如是，真可谓“无年不灾、无灾不烈”[③] 华洋义赈会秘书马罗利（W. H. Mallory）也称中国为“灾荒之国”，并说“中国几无年无灾。非此省，即彼省；非旱灾，即水灾”。[④]

表1—8　　1916—1921年间华北地区自然灾害情况一览表

年代	灾种类	灾期	受灾区域	受灾人数	备注
1916	水灾		淮河流域，灾区34000平方公里	不详	
1917	水灾	10个月	直隶省103县，灾区10000平方公里，	约635万	赈济费约460万
1920	旱灾	1年	华北各省317县	2000万	赈济费约3700万
1921	水灾		黄、淮灾区约27000平方公里	不详	堵口费约150万

资料来源：马罗利《中国灾荒之原因》，《东方杂志》第18卷第5号（1929年5月10日），第58页。

另外，病虫害为害农作物，往往造成乡村严重的损失；尤其是蝗虫形成灾害时，每每食尽田苗草木，赤地千里，甚至草原上白骨相望、饥民遍

① 孙晓村：《水利问题与中国农村经济》，《孙晓村纪念文集》，中国文史出版社1993年版，第269页。

② 李景汉：《定县社会概况调查》，中国人民大学出版社1986年版（重印本），第750页。

③ 参见邓拓：《中国救荒史》，北京出版社1998年版，第44—51页；李文海《中国近代十大灾荒》，上海人民出版社1994年版，第322—344页“附录”中国近代灾荒年表。

④ W. H. Mallory, *China*: *Land of Famine*, American Geographical Society of New York, Commonwwalth Press, Worcester, Masss, 1926;《中国灾荒之原因》，《东方杂志》第18卷第5号（1929年5月10日），第58页。

野。据一些地方志记载，当蝗灾时，华北农民立八蜡庙祭祀、贿赂蝗虫，期盼减少农作物损失。[①] 由此可见蝗灾为祸之烈。民国以来，自然灾害的地域愈来愈广，农业所受伤害及损失也愈来愈重。由于各种灾害的严重，加上田赋的繁苛，造成土地荒废问题日渐严重，从表1—9所列历年数据可知，中国荒地问题自1917—1920年间基本逐年加重（参见表1—9）。

表1—9　**1914年—1920年中国荒地面积统计表**　（单位：亩）

年份	亩数
1914	358867235
1915	404369948
1916	390363021
1917	924583899
1918	948935748
1919	943509809
1920	1623538721

资料来源：归廷辁《农村经济没落之原因及其救济方案》，《东方杂志》第32卷第1号（1935年1月1日），第87页。

注：1919年、1920年，因时局不靖，未提出报告之地方颇多，故无法作精确估算。

中国原本有限的耕地，此一时期本已不敷所需，而荒地的增加又进一步造成农产品总量的减少。农业减产造成农民生产意愿低落，进而弃田不耕，离村入都市谋生；同时，荒地增加又加速农产总量又进一步减少。

兵匪战乱是人祸，是典型的社会问题，更是社会动荡不安的直接表象。自民国成立以后，军阀混战，社会动荡不安，华北地区战乱相继，连年不断，内乱一年比一年凶，战区一年比一年大。据统计资料显示，1912—1920年间，平均每年战乱所及之地达四、五省之多，且有逐年增加之势。[②] 兵灾的危害不仅在于兵差摊派，还有军队的直接抢掠和战火的毁灭性破坏。如定县东亭区40村，1928年5月被兵丁直接掠夺近4万元，平均每家92元。[③] 在1925—1927年的山东济宁一带，农民共计损失

① 中国蝗灾的分布，以黄河下游为最多，尤其是河北、山东、河南三省；华中以南地区的蝗灾渐少。参阅蔡斌咸《中国蝗灾的严重性和防治的根本策》，《东方杂志》第32卷第1号（1935年1月1日），第75—76页。

② 金轮海：《中国农村经济研究》，中华书局1937年版，第77—78页。

③ 李景汉：《定县社会概况调查》，中国人民大学出版社1986年版（重印本），第781页。

了21.3万头牛，12万头骡和45万头驴子，近500万人受到战争波及。[①]

在中国，兵与匪几乎“难以分离”。军队被击败后其许多成员就变成匪；匪遇招安时，又变成兵。土匪多由这些历次内战之败兵散勇和一些丧失家业的农民所组成，虽然所占的人口比例不及8%[②]，但其对农村社会经济的危害却大。如占据山东省东南部抱犊山的孙美瑶部，为数颇众，靠焚劫农村、掳掠农妇及牛畜等财物和勒收赎金为活，地主及一般农民均同遭殃。其滋扰范围之广，历时之久，造成“被害之县达30左右，所过之处，庐舍为墟，人民死伤甚重，而官军之围剿军费、伤亡耗损亦巨，损失较稍大的内战有过之无不及”。山东省昌邑县部分地区于1928年曾被土匪占领，横遭劫掠；陶埠是个700户的村子，每日竟被勒索麦粉2500斤、粟200斤、草3000斤。[③]

天灾人祸直接导致农民贫困，而金融、借贷等方式同样造成农民和农村的衰败。这可从以下几方面加以说明：第一，加强商业资本的剥削；第二，加深高利贷的榨取，农民的负债增加，生活情形恶化；第三，土地加速集中；天灾是促进自耕农没落、土地集中的一个动因；第四，造成民众急性的饥饿与死亡；在灾荒的打击下，自耕农以高利贷或出卖田地苟延残喘，佃农与雇农则只有卖儿卖女，造成饥馑和死亡的增多，自杀事件层出不穷；第五，促进农民的离村与骚动。在饥馑与死亡之下，不愿意自杀的人多走上了流亡或骚动之路。这些都昭示人们：中国农村处于崩溃与动摇的状态中了。[④]

2. 重租杂税的剥削

佃农和半自耕农以全部租种或部分租种地主的土地为生，因而地租成为压在农民头上的“一把刀”。一般地租按形态分为实物地租和货币地租两类；而无论那一类，租额都不低。河北、山东1934年的实物地租占租地产值的比例分别为52.9%和42.2%[⑤]，即约一半的收入为地主所有。至

---

① R. H. Myers, *The Chinese Peasant Economy: Agricultural Devlopment in Hopei and Shantung, 1890 - 1949*. Cambridge, Mass: Harvard University Press. 1970, p. 277.

② 《第一次国内革命战争时期的农民运动》，人民出版社1953年版，第3—5页。

③ 冯和法：《农村社会学大纲》，黎明书局1934年版，第450页。

④ 达生：《灾荒打击下的中国农村》，《东方杂志》第31卷第21号（1934年11月4日）第35—42页。

⑤ 据严中平等编《中国近代经济史统计资料选辑》，科学出版社1955年版，第303页之“表34”计算而得。

于货币地租占地价的比例，河北、山东1930年的统计数字显示，分别为9.6%和10%，购买年（即几年的租额等于地价）为10.4年和10年。[①]这与第一次世界大战后英美等国的27—30年的买年相比，华北乡村地租的买年相当短，对佃户很不利。

地租对佃户的剥削还表现为押租、预租以及各种额外的索取。押租是地主出租土地时向佃户索取的地租抵押金（退佃时退回）；这在华北不是太多（约占29%的县份）。[②] 预租是佃农在收获前一年或耕种之前向地主预交的地租；1934年前，河北保定每亩预租额为2—6元[③]，这在当时并不算高额的。无力交纳押租、预租的佃农往往借高利贷完纳，或直接与地主订立借约，因此陷入地租与高利贷的连锁剥削之中。地主的额外索取主要有大斗收租、收礼物、佃户的无偿劳动以及替代负担差役等。[④]

在五花八门的各种负担中，赋税（田赋及其附加税）是农民交纳的大宗项目，最使农民苦不堪言。民国初年的军阀混战，不仅使农民负担军费的消耗，还要蒙受繁重的税捐；在所征的税当中，有直接税如田赋、营业税等，多直接取自生产者；也有名目繁多的间接税和附加税。而军阀割据，导致税制紊乱；除田赋外，军阀往往勾结土豪劣绅，利用各种名目如建设特捐、军事特捐、自治特捐等等，征收各项附加税。例如河北徐水县，田赋种类23种中，附加税占21种；附加税的税额多高出正税，最多超过正税30多倍。[⑤] 更糟的是，连年的内战，军阀还实行“预征”田赋制，可谓极尽敲剥之能事。[⑥]

以军事名义临时派征的兵差或摊派，更是农民的一大负担。兵差种类有兼力役、实物和货币形式，而以实物及力役征派为主。在清末时期，兵差为有兵事经过的省县，临时派摊供应人夫、车辆和牲口、船只等运输上

---

① 指旱地租价，参见张心一《中国佃农问题的一点资料》，《统计月报》第2卷第6期，第56页。

② 冯和法：《中国农村经济资料续编》，黎明书局1935年版，第504页。

③ 实业部：《中国经济年鉴》（上），商务印书馆1934年版，第G62页。

④ 参阅严中平等编《中国近代经济史统计资料选辑》，科学出版社1955年版，第293—299页。

⑤ 金轮海：《中国农村经济研究》，中华书局1937年版，第90页。

⑥ 王仲鸣：《中国农民问题与农民运动》，平凡书局1929年版，第160—161页“华北各省预征田赋实例表”。

所必需的物品。民国元年后的兵差成为军阀筹措军需的一种简捷办法；平时所有军队的衣食住行一切用品，都要靠地方人民供应，甚至战事一起，还要征调民夫，胁迫农民携带车马量械，替他们筑垒联防攻战。兵差征派最普遍且最繁重的区域是黄河流域各省；有调查显示，该地区负担兵差的县份竟高达87.12%。[①]

在灾害、战乱与苛税等诸因素压迫之下，部分农民无以为生，只好离村谋活路。据北洋政府农商部的调查，在1914—1918年间，中国平均每年有400万农户，约2000万农家人口离村，占中国农村人口的6%；而华北地区的离村率则还要高些，如山东东平，每年平均有20—30%的壮年农民出关谋生。农民离村造成荒地增加，土地生产力降低；农村人口减少，招致劳动力缺乏；最重要的是，在离村的农民中，有一部分是属于放贷者，此辈率先离村，将农村的资金集中到城市，使农村的金融周转更加困难，农民在缺乏借贷管道之时，只得仰求于条件更苛刻的高利贷者。[②]

3. 农村金融日趋枯竭

资金城市化流向导致了乡村金融的枯竭，这是中国近百年来经济发展过程中一个最显著的趋势。[③] 20世纪初，由于中国乡村社会的失控，乡绅阶层"蜕变"，再加以战乱、灾荒，中国基层社会秩序恶化，导致"货币多由内地农村流至城镇，由城镇流至通都大邑，再由通都大邑流往海外"[④]，使各地乡村渐趋于金融枯竭之景况。金融枯竭的直接后果是农民生产生活的资金无法周转，这也是"近年来农业衰败、农村崩溃的主因之一"。[⑤] 金融枯竭与高利贷起因于农民的贫困，反过来又加剧了农民的贫困；前后互为因果，形成恶性循环的局面[⑥]；加之典当业的衰落及合会制度的失调，均是导致农村金融的枯竭、农民日益走向穷困边缘的重要因素。

---

① 冯和法编：《中国农村经济论》，黎明书局1935年版，第363—364页。

② 吴至信：《中国农民离村问题》，《民族杂志》第5卷第7期（1937年7月1日），第286页。

③ 李紫翔：《资金集中都市与"资金回到农村"》，千家驹编《中国农村经济论文集》，黎明书局1937年版，第96页。

④ 董中生：《中国农村经济枯竭的原因》，《农业周报》第5卷第3期（1936年1月）。

⑤ 王世颖、冯静远：《农村经济及合作》，黎明书局1935年版，第278页。

⑥ 李金铮：《借贷关系与乡村变动》第二章，河北大学出版社1999年版，第41—49页。

（1）高利贷的盘剥

借贷所指的是私人信用的供给者，通常有地主、富农、商人及普通放债者四种，还有商店信用的供给者，通常包括米行、杂粮行、杂货行、油行等。[①] 他们与农民之间的借贷方式有现金借贷、现物借贷、预卖、预押作物、赊买等四种[②]，其主要的特征是利率高，通常都在三分以上，就河北、山东两省来说，就占到52.8%，所以这类借贷通称为“高利贷”（参见表1—10）。

表1—10　　河北、山东农民借款利率所占百分率（年利）

	1分—2分	2分—3分	3分—4分	4分—5分	5分以上
河北	6.6	46.7	43.8	2.5	0.4
山东	5.4	35.7	37.0	20.0	1.9
平均	6.0	41.2	40.4	11.25	1.15

资料来源：冯和法编《中国农村经济资料续篇》，黎明书局1935年版，第253、810—812页。

用现金或实物取得高利贷的方式有很多种，有时一种方法，各地名称却各异；有时同一名称的借贷，取息利率也不尽相同。现将流行河北、山东一带的高利贷名称及其偿还办法列表（参见表1—11）。

表1—11　　河北、山东一带农村高利贷名称表

贷款名称	本利及偿还办法	通行地
转子钱	借10交8，中人取佣金1元，外加利息，月利12%	天津一带
老一分（大加一）	借债100元，每月出利钱10元	山西、河北、陕西
印子钱	借款500枚，每日还款20枚，为期1月，利息10%	河北
赘钱	借洋1元，日利角6枚，约合月利45%	北平一带
阎王债	借款100元，1年为期每月付利息3元，年终还本	河北
出门十个月	借款不满10个月，皆以10个月计算，月利4分	河北赵县

① 有关借贷种类，坊间各家说法不一，本书论点系整理各家观点的综合说明。参阅林和成《中国农业金融》，中华书局1936年版，第470—471页；罗克典《中国农村经济概论》，中华书局1934年版，第204—205页；翟克《中国农村问题之研究》，中山大学出版社1933年版，第232—233页。

② 冯和法编：《中国农村经济资料续编》（下），黎明书局1935年版，第810—812页。

续表

贷款名称	本利及偿还办法	通行地
月银（月期）	期限1个月，借洋1元，月息1角	河北赵县
搭钱	期限3个月—5个月，月息3—5分	山东平原、汶上
倍倍钱	借洋10元，月息3三元，居期不还，利息加倍	天津（白庙村）
小费钱	借钱10元，月息2元，立契时须缴笔墨、茶水费	天津（席厂村）
八顶十	借洋10元，实交8元，月利以2分计算	河北赵县
青麦钱	春借款，以小麦为抵押，借1还小麦1斗作本利	山东（河南）一带
找钱	借款言明2分、3分，届时以5分、6分计算	山东青城
搭钱	期限3个月—5个月，月息3—5分	山东平原、汶上

资料来源：1. 冯和法编辑《中国农村经济资料续编》，黎明书局1935年版，第252—277、438、843—835页；2. 古希强《中国农村高利贷研究》，杨幼炯主编《中国农村问题》，中国社会科学出版部1941年版，第230—231页。

有时农民因种子及粮食的需要，常有借粮之举；有时小农缺乏农具，也多采借贷方式，如在山东省农民借耕牛耕地、或借牲口运货，皆按日给资，租借时期的草料，归借主供给，至于工资的多少，因农忙、农闲而异，大抵借牛马日需3至5角、驴骡日需2、3角。除借贷利息偏高外，放贷者为求信用保证，不论借贷数目大小，常要农民以土地或房屋作抵押品，期满不还则变为典地、典屋①，典物到期无法赎取或再需钱时，借贷者只有将土地房产出售。

此外，华北地区有俗称“预卖”和“支卖”的借贷方式。② 这表面上看是交易，但事实上则是高利借贷；因为在“预卖”或“预押”时，放贷者对农产品的估价很低，通常仅合市价的60%左右，所以这里面包含很高的利率，使农民遭受严重损失。华北地区各县的商业交易还有“赊买”习惯，农民向乡镇商店所赊买的物品，多是农具、肥料、牲畜以及农家日常用品等物，结账时，商店通常将赊出物品价格，按例账、赊欠

① 典地在华北地区通常采取卖契抵押与典契抵押两种形式。卖契抵押系借款者将自己所有的房产或土地以卖契形式抵给放款者，如到期不还，即成为正式卖契。典契抵押系由借款人将自有的土地或房产立典契交给放款者充作抵押品，到期不还，即将土地交给放款者耕种。参阅千家驹《中国农村经济论文集》，黎明书局1937年版，第245页。

② 冯和法：《中国农产的原始市场》，《中国农村经济资料续编》，黎明书局1935年版，第911—913、914页。

时间、利息等项计入，这笔利息对农民而言，负担也不轻。

由于私人及商店放贷的类型，能提供农民借贷简便、应付急需的功能，故在华北地区民间相当普遍；而中国农村又缺乏合理的金融流通制度，农民为求渡过难关，只得利用高利贷。更为严重的是，民国元年后天灾人祸不绝，部分提供高利贷的地主、富农相继离村，资金外流，农民借贷周转更加困难，而高利贷也更加猖獗。

（2）典当业的萧条

所谓典当业，就是经营放债取息的行业，这实际上也是严格意义上的高利贷，是中国民间金融流通较有组织和章程可循的主要行业之一。由于农民大多数不富裕，时常需要融通资金，以济急用，而高利取息的私人及商店借贷，除非万不得已，人们一般也不愿问津。典当业的经营特色是只要有可抵押的物品，即可贷予资金，既简便且又深入农村，所以俗谚有云："典当者，穷人之门"。仅以北京郊区挂甲屯村农民当物收入调查为例，当物收入在10元以下者占半数还多，由此可知典当业与贫农的密切关系。[①]

典当业的营业目标在于周转资金，因而也和农业生产季节有相当关联。如在春耕时期，农民需款维生，可持物品如衣服、棉被之类物品向当铺融资，不但物品可由当铺代为保存，还可得到一笔可代周转的资金；待新谷陆续登场，生活有着，农民可取赎回原物。[②] 这种以小额放款为主的典当业，原本对一般农民而言，有其正面意义；然而，自民国元年以来，典当业已被视为"变形的高利贷"。究其因素，一是业主故意压低估算典当物的价值与缩短借贷期限，二是变相提高利息。一般而言，农民典当的物品，多限于动产，如衣服、棉被、首饰、农具之类，甚至粮食、谷物也可入当。其中也有典地者，例如河北省房山县150个农家，其中三分之一拥有典当的田地。[③] 农民典当之物既多为价低物品，其差价必较大，损失也较多。[④] 这种非等价的估算，又因业主要避免利息负担及保管收藏的花

---

① 杨肇遇：《中国典当业》，台北：学海影印出版社1973年版，第1—2页。

② 同上书，第22—23页。

③ ［美］约翰·洛辛·卜凯：《河北房山县150农家之经济及社会调查》，冯和法编《中国农村经济资料》，黎明书局1935年版，第630页。

④ 李景汉：《中国农村问题》，冯和法编《中国农村经济资料》，黎明书局1935年版，第52页。

费等损失，就以缩短赎当的期限或低估当货价格，以索取利益，因而其所给的当价，最高不会到十分之三，低时甚至仅十分之一。[①]

典当所定的利息各地虽因规模大小而有高低不同，但大体以2分至3分为标准，较私人和商店借贷取息稍低，但也有高达4分到5分的。实际上，凡是因银钱行市变动而生的利益，全归当铺所得。[②] 此外，还有“月不过五”的习例，即凡当物超过5天，一律依1个月利息计算。由于当铺经营以个人自营者居多，官府乃至公共团体公营的数目较少；而个人投资经营的当铺，大部分是属于商人和地方阶层，因此具有商业高利贷的色彩，农民所受到的盘剥较向私人和商店借贷相差无几。陆国香指出，中国的当铺是高利贷—商业—地主“三位一体”的综合表现。

（3）合会的衰落

中国固有的农村金融组织，除典当业外，最普遍且历史最悠久的便是“合会”，也称“钱会”。这种传统的经济合作制度，历来称之为“会”或“合会”，此外尚有三星会、五圣会、十众会等不同名称，各地不同而普遍存在于各省农村乡镇之间。由于其主旨在使人民缓重相济、互通有无，故其性质偏于金融方面居多，但也有储蓄保险、防卫及各种乡村结社类的共同组织，这里仅限于农村金融的合会组织略加叙述。

首先，华北农村合会概况。

成立合会通常由一需要资金的人，主动邀集若干亲友，合成一会。请会者称“会首”，被邀参加合作者称“会脚”或“会友”；也有由会首邀请数人为会总，再由会总邀集会脚数人。成会后第一期由各会脚缴现金若干元，凑成一笔款项，整数归会首收用，以后每期由全体会脚及会首分别缴交若干元，交与一未曾得会之人使用，直到全体会员皆已得会，该会结束解散。因此，通常先得会者，每期会出数较后得会者多；所以先得会者，含有还本加利之意，也就是整借零还；而后得会者收得数目，含有本利并收之意，也就是零储整收，所以合会是兼有借贷与储蓄功能的小规模合作团体。[③]

合会既是亲友间个人信用的合作，有的以口说为凭，择一会规共同遵

① 孙晓村：《现代中国的农业金融问题》，中国农村经济研究会编《中国土地问题和商业高利贷》，黎明书局1937年版，第230页。

② 同上。

③ 杨西孟：《中国合会之研究》，商务印书馆1935年版，第1—3页。

守，并无书面之契约；有的则由会首将会约，包括会名、会期、款额、会款摊付办法及与会者的责任义务等等若干份，分交各会友收执，以表慎重；[1] 至于参加人数及款额则视需要而定。据调查，华北农村合会款额在100元以下占最多，约占72.5%，其次是100—200元之间，约占18.4%，200元以上仅占少数；一般而言，100元内是较适合农家经济承受能力（参见表1—12）。

表1—12　**河北、山东农村合会数额大小比例**（1934）　（单位：元）

	县数	件数	低于100	100—200	200—400	600以上
河北	105	76	72.5	18.4	6.5	2.6
山东	85	43	69.9	16.2	11.6	2.3
平均			71.2	17.3	9.05	2.45

资料来源：《中国经济年鉴续编》（E），台北：宗青图书公司1980年版，第181—182页。

至于入会人数，普通为十人左右；因为人数愈多，会期就愈长；虽然一般合会的年限，并无一定标准，但短期的至少在半年内完会，也有以上年为一期，10年以上才完会，但普通均在10年内完会（参见表1—13）。[2]

表1—13　**河北、山东农村合会年限**（1934）　（单位：年）

省名	报告县数	报告件数	5年以下	5—10年	10年以上
河北	105	128	35.9	53.8	10.3
山东	85	58	65.5	29.3	5.2
平均			50.7	41.55	7.75

资料来源：《中国经济年鉴续编》（E），台北：宗青图书公司1980年版，第181—182页。

此外，得会的方法因"会"的种类而不同，凡由会首指定或按次序轮流或抽定的，通称为"轮会"，又称作"认会"、"坐会"；由各会友以骰子摇点之高低决定得会者称之为"摇会"；"标会"则是各会友用纸投

① 冯和法《中国农村经济资料》，黎明书局1935年版，第569页。

② 杨西孟：《中国合会之研究》，商务印书馆1935年版，第8页。

票，纸上写明利息，以实收数目最小的得会。这三种会式既是信用情感的结合，又有调剂金融的作用，且其成立简单，无须任何抵押品，会额数不多，大部分农家均可参加，而其利息低微且便于偿还，远胜于农村其他借贷方式。①

其次，合会的缺陷及其功能失调。

华北农村各地由于合会利息低微，能使缓急相济，有无相通，尤其聚零为整，养成储蓄美德，"其利固彰"；但在民国初年，合会已逐渐流露出不少弊端。②

第一，会时供需不一致，款急难求。农民因特殊情况需用资金而动议合会，如婚丧、疾病、买种、下肥等，均有实际限制，每成一会，事实上没有一两个月不能发挥作用；因为，对会首而言，邀集亲戚朋友，不可能一言即应；对会友来说，如轮会、摇会，均不能因一时之需即可得会，事实上，往往需款时不能如期集会。标会可自由投标，却因较高的利息而得会，被视为"变相的高利贷"③；且常还会有意存诈骗的人，如有的会首臆造会脚姓名，重息连标数次后，即宣布倒会，"使良善之法，反为害人工具"。④

第二，会务耗时费力，浪费巨大。一般组织合会的动机，均源于会首有特殊需要，但在邀集会友的过程中，须奔走劳碌，费时费事，有时舌敝唇焦，一无所成，对于本身的事业无暇顾及；即使成立，还必须备酒酬谢，稍有欠佳，会友难免责怪。实际上，大多集会的招待都极为丰盛，无形间成巨额浪费。这说明，合会往往浪费许多的精力与钱财，常出现缓不济急的时候。

第三，会首任期过长，责任过重。合会是会友相互间的组织，全凭个人信用成立，无需任何抵押，仅以一会票为凭。这在农村经济急剧衰落，农民破产情况下，会友难免卷入旋涡，拖欠会款，甚至拒不缴付。在这种情况下，如系轻会，资金较少，会首原无重大损失；如遇倒会，会首必须承担催促、赔偿责任。发生倒会，实在于会首任期过长。

---

① 参阅张镜予《中国农村信用合作运动》，中国合作学社 1929 年版，第 23 页。

② 顾尧章：《合会与农村信用合作社致检讨》，《合作前锋》第 1 卷第 4 期（1937 年 4 月），第 28 页。

③ 同上。

④ 陈岩松：《中华合作事业发展史》，台北：商务印书馆 1983 年版，第 30 页。

第四，会金用是急迫，难事生产。普通会友，多为中下阶级财力单薄、经济拮据之人，集会也多在需用急迫之时；他们每得会金，数额几均为百十元之多；然而收会无定时，能够用于生产方面的为数太少；由于乡村缺乏平民金融机构的设施，存储方面存在许多问题，往往得会时就随意挥霍，等到生产需用时反而无法筹措；“轮会”虽定期收会，也难以真正合时需要。此外，轮会之债权，也因会期过长而难有保障，对农事生产，影响不小。

第五，缺乏科学运作方法，利益分配不尽公允。有关会金分配及其利息计算，几乎每种合会各有其独特的摊款方法，简单繁复各有不同，只是都非依数学原理精审计算，因此先得会者较后得会者的会金为重，且其他会次之会金大小分配亦不尽公允。再者利益的分配也无一定原则，如会规只列应缴金额，农民对利率损益程度无从知晓，但在经营、管理、组织方面，又因人因时因地而异，各种纠纷丛生，影响合会的信用。

在20世纪20、30年代，由于中国农村经济的崩溃，合会制度更受其影响，以至发生动摇，无法实施农村金融的流通和协调——既无法长期利用会员间的信用结合，扩大农村金融流通的力量，又不能使会员储蓄备急的福利得到有效利用。乡村传统金融制度功能的失调，对维护农村经济产生致命的打击。有识之士认为，近代信用合作制度有理论体系，在各国又有复兴农村经济成果的经验，中国可利用合会固有的互助合作基础，推行合理的金融创新，以达到调剂农民资金，振兴农村金融的目的。①

这里还要指出的是，社会习俗与乡村的发展也有一定联系。良好的习俗有助于乡村的发展，提高村民的生活水平；但各种社会陋习如赌博、吸食毒品以及婚丧铺张等，则阻碍了乡村社会的文明进步，可导致村民生活贫困。在中国的乡村，赌博之风可谓“相沿甚久，愈演愈烈”。吸食鸦片不仅残害个人的身体健康，也使其家庭经济陷入贫困和破产。定县在1933年5—8月仅登记在案的吸毒者就有1080人，而翟城村1937年7月前有100多人吸食“白面”（一种毒品），该县每年的毒品消耗多达280

---

① 王宗培：《合作事业与合会改造》，《浙江省建设月刊》第7卷第2期（1936年3月12日），第40页。

万元，最低也不少于 30 万元，平均每个吸毒者消耗约 10—90 元之间。[①] 婚丧铺张与农民的贫困关系更为密切，因为几乎每个家庭都要遭遇这个问题。[②]

如前所述，导致中国乡村社会贫困落后的原因众多；朱偰认为其“最重要者，不外以下四端：（a）捐税繁重，使农民负担加重数十倍；（b）公债滥发，使农村金融趋向枯竭；（c）洋米进口，使农产品价格暴跌，农民收入减少数倍；（d）各国汇价倾销，夺取农村副业，使自给自足的小农经济趋于崩溃。”[③] 朱氏从学术的某一角度发论，未必一语中的；然而，恢复与振兴华北乃至中国农村社会经济，实成为当时刻不容缓之事。

---

① 霍六丁：《河北省县政建设研究院实验部县政府成立五个月工作报告》，第 43 页，中国第二历史档案馆藏，全宗号 236，第 169 卷；《翟城村社会概况》，河北定州市档案馆藏，第 15 卷，“典型调查 7”。

② 详见李金铮《借贷关系与乡村变动——民国时期华北乡村借贷之研究》，河北大学出版社 1999 年版，第 46—49 页。

③ 朱偰：《农村经济没落原因之分析及救济农民生计之对策》，《东方杂志》第 32 卷第 1 号（农），第 27—34。

第二章

华北农村合作运动的兴起
——华洋义赈会的合作防灾试验

如前所述，民国时期华北区域的各种自然灾害频发——如1920年华北五省的特大旱灾（“民九大旱”），这场灾害把当时风行于世界各国的“合作运动”与现实中国乡村社会的普遍危机结合起来，成为引发以华北为代表的近代中国农村合作运动的最为直接的“导火线”；而民间自发性质的“河北合作防灾试验”的成功，即第一批农村信用合作社的建立，标志着华北农村合作运动的真正兴起。

如果说，因近代中国合作主义思潮而出现的“早期合作运动”已为中国的城市社会引进了“合作制度”的种子，那么，华洋义赈会则是中国农村合作社事业的“播种机”。她不仅把“合作社”种子洒向了华北，还洒向了更广阔的中国其他农村地区。就在中国早期合作思想广泛传播之际，华北地区一场特大自然灾害与一个特殊慈善救济机构的产生，几乎如当年德国合作制度的情形一样，雷发巽式信用合作社最早在中国华北农村被悄然移植并建立起来了。这或许不仅仅是一种历史的机缘巧合，更多的是中国人面对灾难而勇于自救之精神与智慧的生动体现。

第一节　华北大旱与华洋义赈会

古代中国，官府对于荒政一般也很重视，建有常平仓、义仓、社仓等预防饥荒、融通米谷的仓储制度。这三种仓储预荒的性质与方法，虽常因时变迁，但大体上是以平时在地方上置仓库储藏米谷，以预备荒年救济贫民为目的。[①] 这种制度曾长期行之于农业技术落伍、交通不便利且多灾荒的中国，确实使农民受益。但当宣统三年（1911）革命军兴起时，这种仓储措施已被破坏[②]，1912 年以后，连年遭受灾荒的灾民，只好仰靠中外慈善团体放赈救济。而这种义赈组织，则是开启官赈之外的另一种民间救济管道。

一　“民九大旱”——华北农村合作运动的导火索

民国九年（1920）夏，气候干旱异常酷烈，旱情之重历史罕见；广袤的华北大地，赤地千里，颗粒无收。据档案记载，这次旱灾涉及华北五省（今河北、山东、河南、山西、陕西）的 317 个县，灾民达 1979 万以上，约占五省人口的 40%。[③] 这就是“民九大旱”。由于受灾民众数目庞大，且死亡人数约 50 万左右[④]，灾讯远近传闻，举国上下竟起助赈。当时的北洋政府内务部会同财政、农商、交通各部机关，筹议组织“中国赈灾委员会”，讨论赈济方法。一方面调查各省灾情，赶办急赈，通商运赈粮[⑤]；设置收容所安置灾民，发行义赈奖券以及于道路、电力、邮政、海关加征附捐以充赈款；另一方面筹办国有道路工程、以工代赈等事以济灾民；此外，还制定有关条例规定“赈粮运费减价，赈粮免税”[⑥] 等。为此次赈灾起见，北洋政府特颁布《赈灾公债条例》募集赈灾资金 400 万银元[⑦]，确保赈务全

---

① 常平仓是以官府的财力买卖米谷，以平均市场上米谷之价格为其直接目的；但因一遇荒年，米谷价格必暴腾，此时官府再以常平仓贮藏之米谷出售，以维持米谷价格平衡，所以其目的虽不在预防荒年，其结果和预防荒年而贮藏米谷的实效是一样的。义仓及社仓则以预备荒年救济贫民为其直接目的。参阅汝得《我国古代之农荒预防策——常平仓义仓和社仓》，《东方杂志》第 18 卷第 14、15 号（1921 年 7 月 25 日及 8 月 10 日），第 24—27 页。

② ［奥］马罗利：《中国灾荒之原因》，《东方杂志》第 18 卷第 5 号（1929 年 5 月 10 日），第 59 页。

③ 中国第二历史档案馆编：《中华民国史档案资料汇编》第三辑“农商”（一），1993 年版，第 388—390 页；有关华北大旱灾的灾情，可参阅《政府公报》（1920 年 9 月至 12 月）报导。

④ G. H. W. Woodhead: *China Year Book*, Tientsin press, Limited 1922 - 1923, p. 821.

⑤ 《内务部呈大总统报明本部筹办赈灾第一期大概情形文》，《政府公报》（1920 年 12 月 9 日），第 331—333 页。

⑥ 《各省区筹赈办法大纲》，《政府公报》（1920 年 9 月 23 日），第 579—581 页；《国有铁路运送振济平粮食减价条例》，《政府公报》（1920 年 9 月 23 日），第 573—576 页。

⑦ 《赈灾公债条例》，见《东方杂志》第 17 卷第 24 号（1920 年 12 月 25 日）“法令”，第 131—132 页。

面顺利展开。

此外，各省多种“义赈”团体纷纷成立，其中，有官办、民办及官民合办的，有外国人办的，也有中外合办的。这种中外合办的施赈团体，被称为“华洋义赈会”。当时，各省此类团体不少，但彼此互不联络，唯一共通的目的就是劝募钱款，到东三省及张家口买红高粱，放给难民吃。[①] 因“赈团林立，各自为政”，赈务不易统一，于是由梁士诒、汪大燮、熊希龄、蔡廷干等于1920年10月1日发起，各义赈团体在北平（今北京）举行联席会议，即席联合成立一总机关，名为“华北救灾总会”；10月18日，又邀请美国、比利时、英国、法国、意大利和日本等6个外国驻华使馆组织的“国际对华救灾会”，联合组成“国际统一救灾总会”，由梁士诒、汪大燮、熊希龄、蔡廷干等16人主持会务，以期通力合作，惠及灾民。[②] 就在“国际统一救灾总会”着手建立组织机构时，天津、上海、济南、汉口、开封、太原、山西等地的华洋义赈会也次第成立。为谋求各地义赈团体间的相互合作，1920年11月间“国际统一救灾总会”特召集各地义赈会代表在南京召开联席会议，就被灾的华北五省划分办赈区域。于是，各省赈济团体的施赈活动才有统一步骤。据统计，这次中央政府及各省义赈团赈放的米粮财物，达3700余万元之多[③]，赈济华北灾民甚众。

民国十年（1921）秋，北方粮食作物收成情况良好，各地华洋义赈会停止办赈，但赈款尚余二、三百万元，“国际统一救灾总会”又发起召开“中国华洋义赈会议”，讨论善后事项。会议在上海及北平召开两次，与会者一致认为有成立永久性机关的必要，遂决议组设“中国华洋义赈救灾总会”（China International Famine Relief Commission，简称C. I. F. R. C.）。不久后，华洋义赈会在今河北省正式播下了农村信用合作社的种子。故此，“民九大旱”这一突发性的自然灾害，点燃了华北农村合作运动的导火索。

---

① 张镜予：《中国农村信用合作运动》，商务印书馆1930年版，第41页；于永滋：《本会农村合作事业之鸟瞰》，《合作讯》百期特刊（1933年11月10日），华洋义赈会编印，第5页。

② 《国际统一救灾总会呈大总统为国际统一救灾总会成立呈请备案文》，《政府公报》（1920年10月18日），第13—14页。

③ 关于1920年华北五省旱灾各赈团放赈统计资料，参阅《中国经济年鉴》，上海书店出版社1921年版，正编第11册，第76页的统计数。

二　华洋义赈会——中国农村信用合作社的播种机

如上所述，在华北地区发生“民九大旱”如此严峻的灾情时，中外人士纷纷成立各种“义赈”性质的救济机构。为统一领导、加强联络、协调管理，经反复磋商和筹备，各地华洋义赈会代表于1921年11月16日在上海集会，最终成立一个全国性的民间社会救济团体，定名为“中国华洋义赈救灾总会”。该会设立“执行委员会”，华洋委员各半，由总干事直接负责日常事务①，并颁布《中国华洋义赈救灾总会章程》，设总会于北京，各地原有义赈团体则一律改为分会。② 同时另设置稽核、庶务、文牍、工程、档案、农利等六股办事处，分别协理会务；此外，常设农利、合作、公告、章则、财务、设计等六个分委办会，以便进行各种筹赈天灾与防灾事业。③ 其中，作为常设机构之一的合作分委办会与协理会务的农利股分别负责合作防灾事务的筹划与落实，两者相辅相成、相得益彰，为华北农村开创出一派“合作防灾”的崭新气象。

（一）赈灾理念的转化与创新——合作防灾

所谓“合作防灾”，就是借鉴运用西方各国合作制度，让民众参与并组织各种生产性质的合作社，以此提高生产能力，从而达到救灾防灾的根本目的。在中国，这一理念的最早提出而后积极付诸于实践者，为留日归国学者于树德。1920年10—11月间，正当中外人士积极开展各种赈灾活动之时，还在日本留学的于树德在《东方杂志》上发表《农荒预防与产业协济会》一文，公开倡导“产业协济会（即合作社）是经济上预防农荒、直接增加生产的组织”，而“生产上底协济会尤以农业上为最盛最适宜”；“经济上预防农荒底办法，只谋小农细民经济上发展充裕”，产业协济会正是救济小农细民的组织，因为在中国人口中，小农占最大多数，且

---

① 首任总干事为原北京“国际统一救灾会”总干事、美国传教士艾德敷（Edwards Dwight），1922年艾德敷转任司库，美国传教士马罗利（W. H. Mallory）继任总干事；担任副总干事的是1920年毕业于美国康奈尔大学的中国人章元善，他从救灾之始即与美国传教士在一起工作，1925年马罗利去职回国，总干事一职由章元善继任。参阅 Andrew James Nathan, *A History of the China International Famine Relief Commission*, Camversify Press, 1965. pp. 9 – 13.

② 朱幼珊：《中国华洋义赈救灾总会办理合作事业大事记》，《合作讯》百期特刊（1933年11月10日），第1页；彭莲裳：《中国农业合作化之研究》，中华书局1948年版，第103页。

③ 《民国二十一年度赈务报告书》，华洋义赈会丛刊（甲种第三十七号），1933年11月刊行，前揭言。

"直接从事于农田耕种"。[①] 于树德这一理念可谓创新了中国传统的赈灾理论，振聋发聩；又恰遇华洋义赈会这一新型赈灾机构的出现。两者不期而遇，历史机缘得以如此巧合，于是乎，谋求中国农民经济可持续发展的"合作防灾试验"，已然悄悄酝酿开来。

华洋义赈会甫经成立，就计划种种预防灾害的方法及改进农民生活问题的政策，把其工作中心从被动性的救灾转向建设性的防灾。中国屡屡发生的灾荒表明，导致灾荒的成因不仅仅是自然气候等条件变化，更在于一般农民不具备抗灾的能力。艾德敷（Dwight Edwards）指出，中国农村存在四大不利条件，是形成灾荒更为根本的原因：第一，人口众多；第二，除了农业外没有其他谋生方式；第三，忽视水利、交通等基础设施的改进；第四，缺乏合理利率的信用制度。[②]在这些条件下，中国农民的经济能力极为脆弱，以至于气候一有较大变化便形成灾害。因此，在中国赈灾，不仅需要改良自然环境以减少天灾可能引起的损失，更须改良农民经济，将中国农村的经济思想和实践加以现代性的转化，以从根本上增强农民长期性预防灾荒的基础和能力。

据统计，在1920—1921年间，华洋义赈会赈务共花费近1500万元，数额之大，史无前列；然而，灾民却只能维持一个极短时期的生活，如果继而发生第二次、第三次水旱灾害，前面的努力均将会化为乌有。如何改良农民经济以增强预防灾害的能力？该会从繁复而严酷的的救灾实践中深刻认识到，"救灾不如防灾"，防灾比救灾更重要；只有防患于未然，才能事半功倍。凡是可以帮助农民增加生产力的一切设施，均具有防灾的效能，兴办这些事业就是防灾工作。[③]

华洋义赈会的这一认知促使其赈灾政策的转变，并进一步促使了农村信用合作政策的制定形成。于是，该会分两方面兴办防灾工作：一为

---

① "产业协济会"（Co-operative Industrial Societies），又翻译为合作社，即人民产业上自助互助的一种组织；此外，于树德为进一步阐明"产业协济会"与"合作防灾"理念，另著有《金融协济会经营论》、《购买协济会经营论》及《贩卖协济会经营论》（附农业仓库）三书，前两书已脱稿待出，后者正在编撰。参阅于树德《农荒预防与产业协济会》（上、下），《东方杂志》第17卷第20号（1920年10月10日），第16—30页、21号（1920年11月10日），第10—21页。

② Dwight Edwards, *The North China Famine of* 1920 - 1921 *with Special Reference to the West the Report of the Peking United International Famine Relief Committee.* Peking, 1922, pp. 7 - 10.

③ 华洋义赈会：《救灾会刊》，1937年版，第90页。

工程建设，如协助人民修渠、筑堤、修路、掘井等；二为从事农村经济建设。1922 年 1 月，华洋义赈会执委会第二次会议召开，决定建立工程水利分委办会和农利分委办会；前者发展防灾基础建设，后者致力于改善农村经济。显然，这在当时是最富有可行性的决策。而改善农村经济建设事业的指导思想就是“合作防灾”，即“提倡农村合作社”。由此，“合作防灾”这一崭新理念即将实施。它的意义在于，它不仅标志着近代中国的救灾工作开始发生转变，同时也为中国农村合作运动开启了全新的一页。

（二）农村信用合作制度的初步设计与规划

华洋义赈会认为，在当时的中国农村实施一种全新理念的“合作防灾试验”，可谓前无古人。中国农村之广、农民数量之多，而其可用作农村经济政策基金的赈灾余款仅有 230 万元，无法满足现实需要。当时自己所能做的，就是树立一项典范的经济制度，待行之有效后向农民逐步推广，推动中国农村经济向现代转化。[①]同时，改进中国农村经济，更需要适合各地不同情形的具体政策。因此，在实施这一试验之前，华洋义赈会尚需就中国农村经济社会状况进行详细的调查了解，而后才能确定相应的实施办法。

1922 年 4 月，农利分委办会正式成立，英国人戴乐仁（J. B. Tayler）任主席，许多中外经济学及农学专家受聘并开展调查研究，讨论防灾计划和改良农民生计办法。[②] 并一致决议：以提倡农村信用合作作为“合作防灾”的入手办法。[③] 因为“农民最缺乏的是钱，无钱固不能改良农业，提高生活；若能借钱给他们，使他们用去做生产的事业，例如买耕牛、凿水井、改良土地等，那么他们的境遇，定会一天比一天改善。”[④] 如前所述，德国雷发巽式信用合作社系由农民自己筹款、以自助方式组成一笔合作社基金，以低利贷放给为生产用途而借款的社员，通过发展生产来增强农

---

① China International Famine Relief Commission. *Annual Report*, *1922*, Peking, 1923, p. 9.

② 这与当时中国知识界对各种合作思想的传播，尤其是与“早期合作运动”开始由城市转向乡村的趋势几乎同步；受合作理论界对德国信用合作宣传以及于树德“合作防灾”理念的影响，华洋义赈会这次会议作出了效法德国雷发巽式信用合作社的决定。

③ 于树德：《本会农村合作事业之鸟瞰》，《合作讯》百期特刊（1933 年 11 月 10 日），第 6 页。

④ 董时进：《农村合作》，北平大学农学院 1931 年版，第 117 页；孔雪雄：《中国今日之农村运动》，中山文化教育馆 1934 年版，第 219—220 页。

民抗灾能力，免除高利贷的剥削。[①] 这种仿效、组织德国雷发巽式信用合作社，让农民获取无息或低利率的借贷资金，不仅可以防灾，还可促进农业生产，改善农村经济。因此，农村信用合作社成为华洋义赈会的新制度设计的首选，于是，提倡农村信用合作成为该会防灾事业的重心。

1922 年 4 月 27 日，农利分委办会举行第一次会议，筹组合作委办会，由戴乐仁、唐有恒、艾德敷、章元善等为委员，专理合作事项；会议同时决定：首先调查一定区域的农村社会经济状况，为推行农村信用合作制度作进一步论证，并请示总会拨发经费 5000 元作为信用合作社的试办基金。[②] 1922 年夏该会即请北京大学、清华大学、燕京大学、北京师范大学、金陵大学、浙江大学等校师生 61 人组织调查，调查区域包括河北、山东、安徽、江苏、浙江 5 省 240 村；这些参与者制作调查问卷，“一面调查农村经济，一面宣传合作”，所有调查报告资料有人口、家庭、居住土地、职业及经济状况，均由总会编辑成书、以《中国农村经济之研究》为书名并出版。[③]

1923 年 4 月 4 日，华洋义赈会执行委员会举行第八次会议，主要讨论通过农利分委办会提交的《农村信用合作社（空白）章程》草案。此前，农利分委办会根据国内的调查资料，经收集研究东西各国合作制度，参考各国成法，结合中国实际情况，由戴乐仁草拟、经章元善修正译述的华洋义赈会拟定之《农村信用合作社（空白）章程》（简称《空白章程》）草案提交会议讨论通过，并报中央政府备案[④]，这一《空白章程》草案遂成为之后中国合作社立法的雏形。同日会议还议定了《本会处理

① China International Famine Relief Commission. *The C. I. F. R. C. Fifteenth Anniversary Book*, Peking, 1936, p. 75.

② 这是 1922 年 4 月 27 日农利分委办会会议最初决定的试办经费。同年 6 月，总会执行委员会议决拨款 5000 元，用作农利分委办会试办农村信用合作社，后又拨充底款 55000 元，经费 13000 元，专家研究费 760 元，前后共计 68760 元，专由农利分委办会司其事。

③ C. B. Malone and J. B, Taylor, *The Study of Chinese Rural Economy*. Peking: China International Famine Relief Commission, 1924. 像麦龙和泰勒这些推动农村合作之人物，大多数是属于基督教青年会的教徒，由此可见基督教会对中国之影响及其事功。请参阅许仕廉《北京社会运动与基督徒》，《现代评论》第 5 卷第 107 期（1926 年 12 月 25 日），第 17 页；及章元善、于永兹《中国华洋义赈救济总会水利道路及农业合作事业报告》，第 131 页。

④ 张镜予：《中国农村信用合作运动》，商务印书馆 1930 年版，第 43 页。

农村合作事业方针》。[①] 该《方针》规定：本会为协助农民促进农业建设起见，“以信用合作为中心”提倡农村合作事业；设立“合作委办会，专司设计事项；农利股，专司执行事项；合作底款，专充贷款于各合作社之用；合作经费，专充办理合作事业之经常开支”；最初以河北省为试验区域，相继办理合作教育如讲习会、巡回书库等，并编印定期刊物，以资参考；等等，就总会发展合作事业的具体步骤和工作目的作出了初步规划，进一步明确了提倡合作社之目的在于“协助农民，促进农业建设”。在经过周密的农村调查和研究后，又结合考虑了中国传统的合会和欧洲各种合作社形式，华洋义赈会最终决定，在中国农村倡导德国“雷发巽式”信用合作社，首先以河北省为试验区，推行“合作防灾”新理念。由此看来，该会提倡合作事业的目的不仅仅在于“防灾”，而在于推进包括改善农村教育在内的整个农业建设。

1923 年 11 月，华洋义赈会聘请于树德（字永兹）为合作指导员。至此，“合作防灾试验”的制度设计、规划和前期各项准备工作基本完成，整个试验规划业已酝酿成熟。

（三）中国的“雷发巽”——章元善

如前所述，德国是信用合作社的发源地。雷发巽原是一名基督教牧师，他以宗教家的情怀，为德国农民创办了近代历史上第一家农村信用合作社。华洋义赈会的“合作防灾试验”决定以德国雷发巽式信用合作制度——组织农村信用合作社——为蓝本，并从一开始就注重于合作事业的全盘规划。这与中国的雷发巽——留美归国的章元善主持其事不无关系。

章元善（1892—1987），浙江诸暨人，1910 年考入清华学堂补习英文，次年考入美国康奈尔大学，1915 年学成归国；在 1915—1920 年间，先后担任直隶工业试验所技士、北洋防疫处技师、直隶交涉公署文案（秘书）、天津基督教青年会夜校英文教师、北京大学化学讲师、《京津泰晤士报·中国名人录》编辑、《华北明星报夜班助理》、天津剧毒会总干事等职。1920 年，目睹“民九大旱”灾情后的章元善内心极为痛苦，他决心投身于义赈救灾的事业中去。

---

① 该《方针》历经同年 8 月 20 日、1928 年 4 月 30 日、1931 年 5 月 2 日及 1933 年 3 月 9 日之多次修正后，内容调整较大，但无论调整前后，均为合作事业的指导准则。见《合作讯》第 92 期《特载——合作委办会议决案摘要》，第 3 页。

1921年11月，华洋义赈会成立后，他先后担任该会执行委员会副总干事和总干事，主持该会的日常工作，成为华洋义赈会及其合作事业的实际负责人。1922年，负责筹划合作事业设计事务的合作委办会成立，章元善成为其中的主要成员之一，参与拟定并主持修订了我国第一部《农村信用合作社（空白）章程》及《本会处理农村合作事业方针》等重大决策，与华北乃至全中国农村的合作事业结下了深厚的情缘。① 经历了多次赈灾实践后，章元善深刻意识到：赈灾虽然可以救活不少人，但放赈以后什么痕迹也没留下，人民的困苦生活依然如故。这种单纯救济只是治标而非治本，防灾比救灾更重要。② 他自始至终都认为，无任何时何地，自系统法规以至书表程式等，中国的合作事业均可充分参照各国成法，但须经过一番调制尝试，才可适用于中国的土地和人民。使之自有其中国的气味，并发挥其效用。③

这种结论并非空穴来风，而是他多年从事中国农村合作事业实践的经验之谈。1922年夏，章元善忙于永定河加固工程，偶于"固安局长行署看见永兹（即于树德）的农村信用合作社经营论"，之后在奔忙于永定河与长江各省的两个月中，这本著作就成为了他往返途中的"唯一旅伴"；"我的认识永兹，就在那时候；我的认识合作，就在那本书；那时华洋义赈会决计试办合作，我就把永兹找来，当我们的导师。"④ 这或许就是华洋义赈会在深入筹划"合作防灾试验"时特聘请于树德为合作指导员的来由吧。从此，章元善与于树德并肩共事，合力开辟华北农村信用合作防灾试验的新天地。

由于德国农村信用合作社具有低利融通资金之效能，适合农民的急需，且又比较容易经营，一旦农民经营能力增强，就可兼营它种合作事业。因此，华洋义赈会就明确了办理合作事业的具体步骤是"三先原则"：即"先从信用合作社入手，逐渐提倡他种合作社及联合会；先河北再逐渐推及中国；先办预备社，再转正式承认。"⑤ 如何有序组织合作社？

---

① 抗日战争爆发后，章元善曾回忆说：我与合作事业结缘有年，许多事实的产生，我自己往往就是"始作俑者"。参阅章元善《合作与经济建设》，商务印书馆1938年版，第1页。

② 章鼎等：《到人不到之地　做人不做之事——记农村合作事业先行者章元善》，《人物》1992年第6期。

③ 章元善：《合作与经济建设》，商务印书馆1938年版，第2—3页。

④ 章元善：《合作文存》（上），中国合作图书出版社1940年版，第1页。

⑤ 于树德：《中国初期合作运动在河北》，《合作评论》第3卷第2号。

华洋义赈会最初拿出了一个《组织合作社的步骤》[①]，作为各地组织合作社的统一规范。章元善指出，办理或经营一个合作社，一定存在一些不可忽略的问题以及各种不可或缺的手续。“社务”和“业务”为经营合作社的两大支柱。凡是关于合作社的组织训练监察等手续，为一般合作社共同的、基本的条件，都属于社务；那些对准组社的经济的目标与活动范围，而从事于技术上的工作，应属于业务。就社务与业务的关系而论，恰如一体之两面；就其作用来看，则又权能分开。社务属权，故对于业务，负促进、审核、监察的全责；业务属能，故应在社务执行者的指导与监督下，推进其经营业务技术的工作。由此可见，社务为合作社的基础，业务是合作的上层建筑。欲求业务发展，首须谋社务健全。[②]

作为中国的雷发巽，章元善强调，合作的使命在于提高生产力。因此，推行合作制度不仅要与国家的经济政策相适应，还要以之作为国家新经济制度的基石，新经济生命的源泉，使得它在一个有组织的政治经济体系内，有其确定的地位。推行合作去繁荣农业“是手段而不是目的”。因为中国新文化的创造应当从农业入手，新经济的基础应在农业上建筑起来。当合作的经济效用得以增强时，它的社会效用也随时引发，可辅助教育力量所未及。所谓指导工作，即把合作拿到民间去，这是一种技术——即经过整理的经验，这要有点“手艺”的人才能愉快胜任。[③]

章元善自1921年入职华洋义赈会后，专心致力于中国广大农村地区合作事业十余年，尤其致力于创建农村信用合作社及其联合会，堪称他“一生成就的最高峰”[④]，因而章元善也称得上是中国的“雷发巽”。如果说章元善是华洋义赈会农村信用合作事业的总设计师，那么，最早将这位总设计师的理想蓝图真正付诸于华北农村实践当中的就一定是是留日归国的中国合作学者、华洋义赈会首位合作指导员——于树德（字永兹）。

（四）中国农村信用合作社的开创者——于树德

于树德（1894—1982），字永兹，今天津市静海县人，早年曾参加中

① 见《农村合作社章则》第十辑，华洋义赈会丛刊（乙种第七十号），第86—96页。

② 章元善：《合作与经济建设》，商务印书馆1938年版，第88—90页。

③ 同上书，第5—6页。

④ 薛毅：《中国华洋义赈救灾总会研究》，武汉大学出版社2008年版，第122—123页。

国同盟会和辛亥革命，1914 年毕业于天津北洋政法学堂，与李大钊是前后同学；1917—1921 年就读于日本京都大学经济系，专攻合作经济；1921 年学成归国后，他在天津一所工余补习学校任教，并参与工人运动，经李大钊介绍加入了中国共产党，成为中国共产党早期成员之一。他在教学期间开设了有关信用合作的课程，并较早就在《平民》周刊、《改造》、《东方杂志》等刊物上发表有关合作理论和实务的文章①，是中国早期合作主义思潮的积极鼓吹者和农村合作运动实务的最早实施者。

早在日本留学期间，于树德就经常给《平民》周刊和《东方杂志》等刊物撰写文稿，积极参与西方合作思想与现代灾荒救治方策的介绍和传播。1920—1921 年间，华北大旱，于树德先后利用《东方杂志》这一舆论窗口，宣传现代防灾救灾思想，提倡用组织合作社的办法，来救济家乡的灾荒，并以此作为预防农荒的长期有效的方策；同时向国内其他宣扬社会主义的刊物投稿，把合作社与农业社会主义有机结合起来，最初的农业合作思想在国内的传播就此展开。

西方合作思想在中国传播早期，有关合作社的出版物正如"寥若星辰"，极为罕见。于树德于归国不久就出版了中国第一部信用合作专著——《农村信用合作社经营论》；该著"偏重于实际经营方面"，专就信用合作社的社务与业务经营作了极为翔实的介绍，为中国早期农村信用合作社的经营指导提供了极有价值的参考，并产生了重要影响。章元善曾评价说："于树德写的《农村信用合作社经营论》，其内容有理论，有方法，我对之大感兴趣，反复钻研，认为值得重视。"② 此后，于树德将在北京大学讲授合作论的讲义加以修订，取名为《合作社之理论与经营》，由中华书局编辑出版；该著"对于一切合作社之理论及经营方法皆大略

---

① 于树德：《邮政储金既储蓄银行储金用途的研究》第 17 卷第 10 号（1920 年 5 月 25 日），第 124—129 页；《农荒预防与产业协济会》（上、下）分别连载于《东方杂志》第 17 卷第 20 号（1920 年 10 月 25 日），第 16—30 页及第 21 号（1920 年 11 月 10 日），第 10—22 页；《产业协济会之经营》（上、下）分别连载于《东方杂志》第 18 卷第 3 号（1921 年 2 月 10 日），第 9—25 页和第 4 号（1921 年 2 月 25 日），第 15—30 页；《自由货币运动》见《东方杂志》第 18 卷第 6 号（1921 年 3 月 25 日），第 28—29 页；《我国古代之农荒预防策——常平仓义仓社仓》（上、下）分别连载于《东方杂志》第 18 卷第 14 号（1921 年 7 月 25 日），第 18—29 页和第 18 卷第 15 号（1921 年 8 月 10 日），第 18—33 页；及《农业社会主义论》，《改造》月刊第 4 卷第 4 期（1921 年 12 月），第 35—41 页；等。

② 章元善：《华洋义赈会的合作事业》，《文史资料选辑》（80），文史资料出版社 1981 年版，第 159 页。

述及”，内容堪称详备，为当时的合作制度研究者及合作社的组织者在“合作刊物缺乏、经验难求之时”，提供了弥足珍贵的“相当之参考”。他的所有著述，对于当时华洋义赈会倡导的农村合作防灾试验来说，无疑是“及时雨”，功不可没。就此而论，于树德首先是一位合作学界成就卓著的理论家。

于树德及时从合作理论研究转向合作实践活动，并最终加盟到华洋义赈会的农村合作防灾试验。这与华洋义赈会的掌门人章元善不无关系。最初，章元善为物色合作人才不遗余力，在得知于树德的合作学说及其对农村救灾事业的热情关注后，章元善当即亲自邀请于树德。于氏感受到章元善的诚意，经慎重考虑后最终同意并决定为华洋义赈会服务，被聘为华洋义赈会第一任专职合作指导员，每星期到会二天，负责农村合作防灾试验的具体指导工作。1922 年 11 月 18 日，于树德约请香河、涞水、定县、通县、唐县、深泽等 6 县的乡村领袖（即乡绅）到北京华洋义赈会总会驻地谈话，详细探讨组建信用合作社的有关问题，开始了华洋义赈会与直隶各地农民的第一次直接接触，并由此揭开了华北农村合作运动的序幕。

当时于氏家住天津，尽管从北京到天津的交通条件并不很便捷，但仍坚持每星期从天津家中到北京的华洋义赈会总会，并按照华洋义赈会总会要求，全身心投入农村合作社的组设工作；同时为便于指导服务工作的开展，于氏把杨性存介绍到华洋义赈会，当自己的助手；“如此日复一日，惨淡经营，下了不少苦功夫”，已在河北农村播下“合作种子”。[①] 1925 年 10 月 28 日华洋义赈会设立农利股[②]，聘请于树德为首任主任，负责农利股的全面工作。在合作委办会与农利股的共同努力下，华北农村出现了中国第一批雷发巽式农村信用合作社，推动了当时华洋义赈会“河北合作实验”的全面实施，于氏也因此成为中国农村信用合作社的真正开创者。

---

① 章元善：《于树德著〈合作讲义〉序》，《合作文存》（上），中国合作图书社 1940 年版，第 1 页。

② 农利股为华洋义赈会合作事业的具体执行机构，内分利用与合作两个组。其中，利用组负责掘井贷款及渠工经营事务；合作组专办合作社事务，如合作社收发、登记、通信、调查、放款、考级评估、定期编辑《合作讯》、举办合作讲习会、巡回书库、社务扩大周等。此外，合作委办会专司合作设计事项。参阅《合作讯》第 92 期（1933 年 3 月 10 日）“特载”《农利股见习规则》，第 4 页。

此前，除以华洋义赈会总会“合作指导员”身份公开活动之外，于氏还于1924年第一次“国共合作”时，以共产党员的身份当选为国民党中央委员会常委，同时秘密为国民党北平党部工作。为了不影响华洋义赈会总会的合作事业因己而遭受牵连，同时也为自己直接参加到南方国民革命军的实际工作中，1926年5月于氏向华洋义赈会提出辞职，由杨性存继任合作指导员，代理他的合作事务；在杨氏的主持下，于树德为华洋义赈会举办合作讲习会等编写的多种合作讲义一直在使用，其所培育的合作社也得到了扶持。[①] 对此，章元善曾有回忆说：“在北伐完成以前，北方党务尚未公开。（总会合作社事务）办了些日子，永兹为了奔走国事，唯恐因为个人连累合作前途，毅然地同华洋义赈会脱离了关系。他的爱护华洋义赈会及爱护合作的诚意，他的光明磊落的态度，使我钦佩他更为深切。”[②]

此后，于氏离开北平，到广州、武汉“奔走国事”，参加国民革命运动，特别是参加由青年毛泽东等开办的“农民运动讲习所”，主讲农村合作课程[③]，如《农村合作概论》、《合作运动与农村之关系》等，他的《农村合作概论》讲稿被推荐为指导性文件发表在国民党农民部机关刊物《中国农民》1926年第3期。他把自己在华洋义赈会倡导和推行合作事业的经验传播给了中国共产党领导的农民运动。通过讲课而使合作思想为广东、湖南、湖北、江西一带的农民协会领袖所接受。农民领袖纷纷通过开办合作社的决议案，积极开展合作运动，也为南方的乡村社会培养了第一批合作人才。其中，最为突出的一个案列是，江西寻乌的年轻农民领袖古柏就是在广州“农讲所”受训后，组织了当年寻乌最重要的农民运动组织——“寻乌人民合作社”。[④]

曾因“国共合作”而兴起的南方国民革命，却在“北伐”即将完成之际走向分裂——“大革命”失败了。这让于树德陷入了苦闷之中，之

---

① 章元善：《序》，参阅于树德《合作讲义》，中国合作学社1934年版，第1—3页。

② 章元善：《于树德著〈合作讲义〉序》，《合作文存》（上），中国合作图书社1940年版，第1页。

③ 林锦文：《广州农民运动讲习所资料》，《广州文史资料》第42辑，1983年版，第204—232页。

④ Steve Averill, *Local elites and communist revolution in the Jiangxi hill county*, in Joseph Esherick and Mary Rankin, *Chinese Local Elites and Patterns of Dominance*, Berkeley: University of California Press, 1990, pp. 282 – 304.

后他既与中国共产党脱离组织关系，又不愿与国民党继续合作，开始远离政治，转而进入北京大学执教，主讲合作经济学，继续从事自己钟爱的合作经济理论研究。在远离华洋义赈会七八年之久后，于树德再次接受章元善的邀约回归农利股，继续奔走在中国农村合作事业的开拓性道路上。

如前所述，他是华洋义赈会聘请主持农村合作事业的第一个合作指导员，也是近代中国农村合作运动史上的首位合作指导员。由此可知，于树德是中国农村信用合作事业的一个关键性人物，在整个中国农村合作运动史上占有相当地位。梁思达曾说："中国农村信用合作倡导之先进者，华洋义赈会实当之无愧"。[①] 方显庭也曾多次感慨，华洋义赈会无疑是提倡农村合作事业、倡导复兴农村经济的开路先锋。[②] 李文伯一再强调，华洋义赈会完全称得上是近代中国农村合作运动的"发动机"。[③] 诚如是，华洋义赈会也是中国农村信用合作社的播种机，毋庸讳言，于树德就是第一位在农村播撒合作种子的中国人。

第二节　河北合作防灾试验

上一节内容简要介绍了"民九大旱"与华洋义赈会的基本情况，即华北农村合作运动的导火索和内部组织结构，揭示了华北农村合作运动兴起的前奏——"河北合作防灾试验"的历史缘起。本节将重点回顾华北农村合作运动兴起的标志性事件——"河北合作防灾试验"的全部内容与过程，包括它的主要措施、进展历程、制度建设以及经验得失等。从时间上考察，华洋义赈会最初并未明确具体的试验期限，但随着试验区内农村信用合作社的逐步建立，华洋义赈会分别出台了不同的实施措施与制度安排，加以跟进、规范与完善；因此，笔者认为，自试验区内第一家农村信用合作社成立并获得华洋义赈会"承认"和发放借款伊始，至试验区内农村信用合作社普遍建立并接受华洋义赈会"考级"制评估，可划为

① 梁思达：《河北省之信用合作》，1937 年天津南开大学经济研究所毕业论文，第 42 页。

② 关于中国农村经济复兴事业，华洋义赈会倡导的农村合作运动实比后来盛极一时的乡村建设运动还早若干年，参见方显廷《中国农村经济之复兴》，《中国经济研究》，商务印书馆 1938 年版，第 164 页。

③ 李文伯：《华洋义赈会与中国合作运动》，《南大半月刊》"经济专号"，第 1 页。

试验的第一阶段；从基层单位信用合作社的独立经营到自发建立区域性联合社或兼营其他业务，可划分为第二阶段；由此再到试验区内基层单位社的业务经营范畴跨越信用合作、创立其他类型诸如运销合作社、产销合作社、贩卖合作社等，即农村合作社出现跨业或跨界等多种经营为止，应视为试验的第三阶段。这些不同阶段的相互界限并非十分明确，但华洋义赈会自 1922 年筹划合作事业开始，至 1929 年河北省政府开始参与农村合作社事务，并颁布《河北省合作社暂行条例》，“河北合作防灾试验”自然告一段落。

一　组社基本过程

1923 年 4 月 4 日，华洋义赈会执行委员会第八次会议通过了《农村信用合作社（空白）章程》（简称《空白章程》）。该《空白章程》分为名称、注册、宗旨、社员、资本、放贷、利率、赢利及公积金、管理、责任、储蓄共 11 条，共计 45 款；每款下列甲、乙等不同目。如第 3 条“宗旨”下之第 3 款“本社之宗旨如下：甲　以社员共同责任、由社外借款，即向社员放款；但以能指明正当用途之社员为限。乙　养成社员俭朴、自助及合作之精神。”再如第 11 条“储蓄”下之第 42 款“储蓄之目的：甲　养成社员简朴美德；乙　积成资本。”据此，乡村民众组织农村信用合作社有了一个基本规范。

据《空白章程》可知，华洋义赈会倡办农村信用合作社，并不是派人到各地替农民去组织、包办。首先，是通过各种途径（如于树德主动约谈各地乡绅、免费赠送《合作讯》、主办社务扩大周等）进行宣传、发动，等到农民自己萌生了组织合作社的念头，要求华洋义赈会帮助时，负责具体执行合作社事务的农利股才开始用“通信”的方式指导他们如何组织、如何登记，并寄给《空白章程》及各种表格，甚至注册、登记用的呈文等。其次，各社根据组社的步骤，先向县政府提出申请“注册”获准后，由该社理事向华洋义赈会函报其组社经过，再办理“成立登记”，并填写请求华洋义赈会农利股承认的申请书、社员一览表、社员经济调查表及印章图样等。再次，农利股在接到申请书以及各附件后，每年定期派人到各社进行调查，经过一次或多次调查后，若认为其条件达到《空白章程》规定的要求时，便提交“合作委办会”予以承认，并发给该社承认证书。最后，获得承认的各合作社，每年要接受华洋义赈会农利股派人调查，其结果作为各社年终考绩的依据。考核的标准分为24项内容，结果分为甲乙丙丁戊五等；农利股根据合作社考核等级和承认时间长短，决定放款的额度多少。

1923年6月，华洋义赈会经华北公理会美国传教士邵作德（E. K. Shaw）介绍，在河北省香河县城内的福音堂倡设了“香河县第一信用合作社”，成为中国历史上早期雷发巽式（无限责任）农村信用合作社的雏形。[①] 然而，此时决定农村信用合作社能否得到“承认”的机构——合作委办会尚为成立（注：1923年8月，合作委办会正式设立），最为关键的是，香河县第一信用合作社的社员多为教徒而非村人，并不符合《空白章程》的具体要求，该社未得能到真正的“承认”。因此，从严格意义上来说，香河县第一信用合作社并非河北合作防灾试验的肇始。直到1923年11月2日，合作委办会正式聘请于树德为合作指导员；11月18日，于树德约请香河、涞水、定县、通县、唐县、深泽等6县代表来华洋义赈会谈话，讨论组建信用合作社的问题；这才是华洋义赈会第一次与各地农民的直接接触，从此揭开了华北农村合作运动的序幕。[②]

1924年1月18日，合作委办会派助理指导员杨性存赴涞水县娄村调查合作社的详细情况。这也是华洋义赈会开创合作社调查员制度之始。从前次合作指导员于树德首次“约谈动员”各地乡绅代表回村组织信用合作社开始，到本次助理指导员受命“下乡调查”，前后不到2个月。此时，因农利股尚未正式成立，合作社调查只能由合作委办会派出；自农利股成立并聘请于树德为主任，华洋义赈会管理农村合作社的调查员制度才改由农利股派人执行并延续不坠。由此，河北合作防灾试验的整套运行机制得以基本确立。

经调查审核，1924年2月8日，合作委办会正式承认涞水县“第一信用合作社”及定县“悟村信用合作社”两社，这是华洋义赈会第一次正式承认合作社；2月17日，合作委办会核准放款给涞水第一信用合作社及悟村信用合作社两社各500元，这是华洋义赈会对河北省正式承认之

---

① 根据《农村信用合作社（空白）章程》即《空白章程》要求，该社因组织欠完善而未得总会最早承认，故后有改组。参阅华洋义赈会编《十年合作事业大事记》（单行本），1933刊行，第2页；孔雪雄《中国今日之农村运动》，中山文化教育馆1934年版，第220页。

② 朱幼珊：《中国华洋义赈救灾总会办理合作事业大事记》，《合作讯》百期特刊（1933年11月），第2页。

合作社的第一次放款。[①] 由此观察，合作社成立后，并非直接获得华洋义赈会放款，还须接受华洋义赈会“调查”，但从“接受调查”到获准“正式承认”，前后不到20天；同时，从“正式承认”到“核准放款”，前后更不到10天。需要说明的是，并非所有接受调查的农村信用合作社都能获得承认；但只要是调查合格、核准承认的合作社，均能得到核准放款。

当时为引起农民对合作社的兴趣，又使农民知道创办信用合作社并不是一种慈善事业，第一次合作社放款利率仅定为6厘，数额不大，以后利率、数额略有提高，但比农村的高利贷要低得多，故被称为“低利贷款”。

1924年4月2日，合作委办会拨250元作为乡村调查编制表册费用；4月29日，合作委办会承认深县第一、唐县第一、临城县第一等合作社，借给通县第一信用合作社350元，并议定由合作指导员着手筹备各社办理储蓄事项，成为华洋义赈会提倡储金之始，并于7月4日刊行《合作社储金章程》。[②] 1925年4月，合作委办会议定了《社务成绩分等办法》，开始对合作社进行社务考核分等。

为推动合作事业计划的切实开展，加强执行机关的力量，该会第一个专门执行合作事业的机关——农利股，于1925年10月28日正式设立，聘请于树德为主任；作为正式的执行机关，农利股下分利用组和合作组，具体负责各项合作计划的实施；其中，前者负责办理掘井贷款和渠工经营事务，后者专门办理合作社事务（包括收发、登记、调查、统计、通讯、放款、用品等项）。从合作委办会到农利股，华洋义赈会建立了一个由规划设计到正式执行、由设立调查员到全面实施合作运动的完整运行机制。

华洋义赈会对农村合作社采取“承认制”，先由各地依据章程组织合作社，规定一定的观察期，经华洋义赈会派员调查，确认合作社为组织健全者，始予以正式承认，并提供贷款便利。

1925年7月，同年7月，华洋义赈会执行委员会决议拨款22000元给农利分委办会，指明以20000元扩充为合作社的借款基金，以2000元作为组织、宣传及经营合作事业之用。开始印行半月刊《合作讯》（仅有5期）。

① 另一说：早在1924年2月，合作委办会应金陵大学介绍，议定借给江苏江宁县丰润合作社洋240元，这成为华洋义赈会对合作社正式放款的第一次，随后不断频繁起来。参阅朱幼珊《中国华洋义赈救灾总会办理合作事业大事记》，《合作讯》百期特刊，第2页。

② 《合作社储金章程》，《合作讯》第2期，第3—5页。

1925年10月，华洋义赈会设立农利股作为合作运动的具体执行机关，其责为调查、组织、承认、区分合作社之等级、放款及其他有关信用合作社的所有事务。为培养农村自助自立的能力，农利股采取的组社办法可谓“别具一格”：首先让农民必须有自动组社的动机，其次要向该股提出协助要求；农利股适时寄给《空白章程》及各种表格，一般以通信方式而不是以直接下乡方式来指导、协助农民组社。这样既可以激发农民的主动性，又可以训练农民对合作社的组织能力。1926年1月，恢复《合作讯》之刊行；随着合作社日渐增多，为提高社务经营效率，确定合作社的经营效果，华洋义赈会实行“社务考成制”，1926年4月，合作委办会议定《社务成绩分等办法》，开始对合作社进行社务考核分等。至此，华洋义赈会倡导农村合作事业的制度建设告一段落。

1926年2月，通县燕郊合作社召集附近各社开会联络，共策进行，是为各社自动联络之始；随着合作社的发展，华洋义赈会于1926年4月刊行《联合会空白章程》，以资实行；1928年4月30日，合作委办会及农利股议定农村合作社《视察员资格证书填发规则》及《持有视察员资格证书人服务规程》，这就开启了合作社社员参与相互间监督管理、指导实施之先河。[①] 这样，农村信用合作事业的整个实验遂稳步发展起来。

二　经营管理制度

河北合作防灾试验的进展较为稳妥，从最初动员组社到最终放款生产，整个过程前后不到3个月；选择的时间点恰逢农闲的冬季和年关；合作动员的方式是由享有乡村威望的领袖代表直接动员民众，华洋义赈会只是提供所需的间接指导；同时，组社社员所获得的指导非常专业，都是专家指导。

坚持在农民自愿的基础上，华洋义赈会采取切实可行的办法来引导农民，鼓励农民组织信用合作社，有意让合作社独立发展（给有些社发给承认证书，目的在于督促而非控制），从而使其成果在当时的合作运动中最为突出，并长期处于“一枝独秀”的状态中。

华洋义赈会指导下的信用合作社都坚持了以下原则：第一，合作社以

① 朱幼珊：《中国华洋义赈救灾总会办理合作事业大事记》，《合作讯》百期特刊，第3页。

给社员贷放必要的生产资金、为社员储蓄和举办他种附属及兼营事业为宗旨；第二，社员入社须年满20岁，认购社股、缴纳股金，并要两名社员介绍；第三，合作社收受存款以增加对社员的放款能力，社员对社中债务负有无限责任，即每个社员均以全部财产为整个合作社的债务保证；第四，社员大会、理事会、监视会都必须定期召开，以处理合作社各种有关事务。①

由此可见，"稳健主义"是华洋义赈会创办农村合作社的基本原则。该会在河北省独自创办农村信用合作社的历史经年，一则因为他们是真心实意地帮农民，既非为功利，也不图门面；二则因为他们指导协助有方、得力，既肯研究，又切合实际；这样经过长期的努力，有了相当的成绩。河北农村合作社的发展，实际上在"一年一年地增多"。之所以如此，一方面固然是多年的积累，另一方面则在于该会对合作运动采取"稳健主义"，步步切实做去，不徒慕虚名，不图一时铺张。

（一）承认制

具体步骤为：

第一，通信指导。

第二，调查事工。分直接调查和间接调查两种。所谓间接调查，系在未到社前，先向村民问询，了解第三者对合作社种种介绍或批评，如社员信用、职员人格等，对合作社情况加以把握；进而由农利股派员直接调查，以详悉了解合作社组织是否依据标准章程，经营是否有条不紊，更可了解办事人的能力与合作精神等，并提出建议，报告合作委办会参考。调查事工分定期调查和不定期视察两种；前者由华洋义赈会派员，后者利用承认社之理事或监事；因定期调查次数有限，不易洞悉各合作社的真实状况，故有派视察员在事前对未承认之合作社作不定期视察。其目的在于"力求改善，使社务健全"。

第三，承认经过。总会接到调查员报告，由合作专家组成的拥有决议权的合作委办会，决定是否承认该合作社；决定取舍的要素是"社员信用"、"职员能力"、"合作精神"等。"承认"有一个时限；唯有经华洋义赈会"承认"，始可享受放款的便利。

① 华洋义赈会编：《农村信用合作社（空白）章则》，华洋义赈会丛刊（乙种二十号），第14—18页。

华洋义赈会之所以对合作社实行严格的“承认制”，既着眼于合作社的组织，又关切业务关系。因承认后，合作社可请求放款；为保证放款稳妥必须在一开始就慎重行事。因此，合作社一经承认，就与华洋义赈会发生组织上的义务；各社必须将社员变动状况及营业帐目等，按月报告华洋义赈会；华洋义赈会即有到合作社查账等监查权，用此组织上及业务上的交接关系，以减少放款风险。

（二）社务考成制

合作社既经华洋义赈会承认，就必须对其社务和业务成绩分列等次；每年定期考成调查，以定升降，这就是所谓考成制。考成制系华洋义赈会给予各合作社以业务上的推进力，以提升合作社的进取心；华洋义赈会为防各合作社组织上不进步，业务上难有保障，故自1926年起每年举行社务考成一次。其社务考成的内容包括各社的业务、信用以及内部管理，并参照调查员和视察员的调查报告、平时与华洋义赈会接洽社务之函件及月报表等，来决定等次。施行以来，年有进步。

合作事业在中国确实为一种新事物，创办之初，农民未能了解，故没有多大信任；华洋义赈会深知在介绍这种制度时，一定要措施得当，否则难受农民欢迎。按照华洋义赈会《农村信用合作社（空白）章程》规定，合作社的宗旨有二：一是社员共同承担无限责任，由社外借款，即以向社员低利放债，但以能指明正确用途之社员为限；二是养成社员俭朴、自动及互助合作的精神。[①] 这种组织的根本目的在于“救济农民之痛苦”，应该为农民所欢迎；部分农民确因环境压迫能有所觉悟，自动起而组织合作社，但大多数农民深受传统观念的束缚，思想行动都相当稳重、保守，在没有了解新事物的真意之前，无论怎样有利无害，都不会轻易尝试。所以在设立合作社之前，从事合作的宣传和鼓吹，使农民明了合作的真谛，以免发生误会而有碍进行；又因为信用合作社完全是为农民自助互助的金融机构，并不是慈善事业，更没有宗教或政治的性质；所以，农民对合作须有正确的观念、明白的了解，而后才开始创办合作社。华洋义赈会正是本着这样的认识和信念，一以贯之推行农村合作事业。

华洋义赈会的“河北合作实验”，纯粹是民间社会团体独自倡办农村

---

① 华洋义赈会编：《农村信用合作社（空白）章程》，华洋义赈会丛刊（乙种二十号），第1页。

合作事业的典型代表，为近代中国农村合作运动开起了历史先河，在近代合作运动史上，建立了民间社团创办农村合作社的典型范式——姑且称之为“民间社会型”。纵观早期已经社务考成的合作社，以“教育”及“和衷”两项成绩最好，以“集资”最差。根据这三项，可证明各地农村合作社的情况均有以下三个特点：

第一，这些合作社社员识字的人数，大都在50%以上。据1927年所考察的63家合作社中，其识字社员的分配如下表（参见表2—1）。

表2—1　　1927年63家社社员识字率的分布情况一览表

百分比	20以下	21—40	41—60	60—80	80—90	平均
社数	3	14	17	25	4	55.8

资料来源：张镜予《中国农村信用合作运动》，商务印书馆1930年版，第222—223页。

当时识字社员占40%以上的合作社有46处，占总数的73%，识字社员平均为55.8%；可见，合作社社员的受教育程度比一般民众略微整齐。

第二，“和衷”一项得分最高。据《社务考成分等表》所载，合作社没有因不明合作原理或手续不清而引起纠纷者，可得满分。1927年所考察的63家合作社中，因丝毫没有内部纠纷而得满分者有59社之多，占93.6%。由此可知，当时华北（主要为河北省）各地乡村民众，“种性相同，感情融洽”，农民这种忠信诚笃的品性，实为中国发展信用合作制度绝好的基础；同时说明，从1923—1929年的数年间，在华北的农村社会，引进西方信用合作社这种现代平民组织的办法并无明显的不适应之处，而其经验也似乎表明：农民不假政府的助力所表现出来的自治精神是“如此之大”。按合作原理，信用合作社的关键点是人的问题，不是资本的问题；换言之，合作社的成败所系在合作社的社员人格信用，而非合作社的资金（当然，资金在合作社占有仅次于社员人格信用之相当重要地位；若社员没有信用基础，资金再多也成不了合作社，可能是其他性质的金融机构）。中国农民在自己组织合作社的过程中已经表现其可靠的人格，故可肯定，“合作社的发展前途定多顺利”。①

第三，华北各地农民最缺乏的是资金。“集资”一项包括社员的社

① 张镜予：《中国农村信用合作运动》，商务印书馆1930年版，第223页。

股、储蓄金、自筹资本及公积金。在被考察的63家合作社中，有45家社只有社员股而没有其他款项，即有71%的合作社除社员股金之外，无所谓储蓄金、自筹资本及公积金。这种情形表明，多数农民的经济能力十分薄弱，合作社社务范围较为狭小。

（三）华洋义赈会指导下的农村合作社的初步发展

由于形成了一套相当严格的经营管理制度，华洋义赈会的农村合作事业得以稳步发展，到1929年，共有合作社818家（246家承认社、572家未承认社），社员总人数达21934人，社员股金达35688.25元，已承认社的存款、储金和公积金共计6882.52元，总资本额达45277.27元（参见表2—2）。[①]

表2—2　**河北省合作事业历年发展情况一览表**（1923—1929年）

年份	社数	社员数	社股	股款	资本总额	分布县数
1923	8	256	176	286	286	8
1924	11	450	462	735	3739	10
1925	100	2332	2100	3523	10281.82	24
1926	317	8032	6682	11703	31453.47	43
1927	561	13190	11954	20697.96	39349.32	56
1928	604	15031	16373	23930.8	34597.89	58
1929	818	21934	22324	35688.25	45277.27	61

资料来源：（1）华洋义赈会《十年合作事业大事记》，1933刊行；（2）巫宝三《华洋义赈救灾总会办理河北省农村信用合作社放款之考察》，《社会科学杂志》第5卷第1号。

面对农村合作社发展较为可喜的发展局面，华洋义赈会为了进一步将同一地区的合作社组织起来，加强合作社之间的“合作”，提出在条件成熟的地方组织区合作社联合会或联合社，得到了不少合作社的响应；1927年，安平县西南区、涞水县西北区、深泽县西区的农村信用合作社组织了三处联合社。华洋义赈会在取得以上良好成绩的同时，始终坚持了以下原则：第一，合作社以给社员贷放必要的生产资金、为社

① 巫宝三：《华洋义赈救灾总会办理河北省农村信用合作社放款之考察》，《社会科学杂志》第5卷第1号。

员储蓄和举办他种附属及兼营事业为宗旨；第二，社员入社须年满20岁，认购社股、缴纳股金，并要两名社员介绍，使社员发生密切关系；第三，合作社收受存款以增加对社员的放款能力，社员对社中债务负有无限责任，即每个社员均以全部财产为整个合作社的债务保证，使彼此发生连带关系，巩固社员信用；第四，社员大会、理事会、监视会都必须定期召开，以处理合作社各种有关事务；第五，社中盈利，部分拨付开支，部分拨为公积金，开展公益事业。①

然而，1930年以前，华洋义赈会在河北省创设的合作社组织并没有相关的法律依据，也无所谓的“登记限制”；华洋义赈会为使合作社取得合法地位，一方面呈请中央政府农商部通令河北省各县对于合作社组织准予设立登记，另一方面印就呈文表格寄给各社填呈所在县政府登记。尽管如此，由于军阀混战及政权分割，当时的国家政权对华北农村合作事业缺乏应有的关注；事实上，不仅北洋政府曾下令“查禁合作社”，就连30年代前的河北地方政府对华洋义赈会的农村合作社也是取消极或限制的态度。②

一个无可否认的事实是，华洋义赈会在河北省倡导的农村合作社实验是基本成功的。华洋义赈会指导下的合作社除了在数量、地域上的扩展外，还有业务内容方面的扩展。华洋义赈会在1923年开始提倡农村合作事业时，最初选择了简单而实用的信用合作为突破口，协助、指导农民组设合作社；然后根据农民需要酌情发放贷款，在农村开展各项建设事业。“合作社社员们彻底明了合作的原理之后，不断的要倡办别种合作社”③，华洋义赈会就此正好因势利导，大力宣传供给合作社、利用合作社、运销合作社等各种类型社的形式、办理程序及相关内容。在由华洋义赈会主办的一年一度的合作讲习会上，华洋义赈会专门聘请专家向学员讲授各种合作社的种类、效用、业务及组建程序等。1932年，该会在河北省深泽县试办棉花运销合作社；在取得经验后，1934年又扩大到无极、晋县、束鹿、元氏、高邑、赵县等产棉县。由于棉花实现了运销合作，在很大程度上减轻了农民受中间商人的层层盘剥，棉农的

① 华洋义赈会编：《农村信用合作社（空白）章则》，华洋义赈会丛刊（乙种二十号），第14—18页。

② 章元善、许士廉编：《乡村建设实验》》（第1集）中华书局1935年版，第145页。

③ 章元善：《合作与经济建设》，商务印书馆1938年版，第88页。

收入明显增加，从而刺激了农民种植棉花的积极性。不少信用合作社在实践中主动兼营供给、生产、运销、消费等合作事业，不断扩大合作社的业务经营范围。此举既扩大了合作事业的影响，又使合作思想日益深入人心。

究其原因：

第一，华洋义赈会充分注意到了农村合作社是农民自己的组织，必须在农民自愿的基础上组建，才会有成效。该会的《推行合作事业方案》规定，“合作社乃农民自身之组织，其发达与进展，应基于农民自觉与努力。但在农民能力尚在薄弱之时，本会应尽全力，灌输关于合作之知识技能，及供给资金之便利，以冀引起农民之兴趣与热心，以达纯由农民自动组织合作社，及联合会之境地。”[①] 合作社在建立过程中及起来后，华洋义赈会对它只是起“协助”或“辅导”作用，对“承认社”按照一定的程序进行检查、指导，从旁扶植、发展其社务。合作社各自独立，在所在县申请登记，取得法人资格，如愿意继续接受华洋义赈会的辅导以至物质支援——如向华洋义赈会取得长期的低息贷款、收阅巡回书库等处的书刊、参加每年冬季举办的讲习会等——这些必须通过华洋义赈会的考核，获得承认才能有机会参加。因此，华洋义赈会指导下的合作社，其独立发展的能力最强。对此，华洋义赈会曾说，“凡敝会指导下的合作社，都是各地农民自动组织起来的，所以假使敝会自现在起停止提倡合作事业的工作，河北省的合作社一时固不免受点挫折，但是必然仍能前进不轰。”[②]

第二，华洋义赈会指导下的合作社，都是先从信用入手，然后再将业务扩展到其他方面。民国时期，舆论普遍认为高利贷是中国农村经济发展的重要障碍。当时的利率，各地差别不大，却根据用途、期限以及借贷人与债主之间的关系等不同而大有差别：从不到1%到超过10%不等。根据华洋义赈会1931年前在中国各地数百个村庄的调查，发现中国农村的一般信贷月息为3%，主要有两种保证方式：一种为“信用借款”，纯靠担保人和借贷人的信用，不用抵押品；另一种是“抵押借款”，借贷者多以田地、房产抵押。[③] 一般说来，期限短、数额小的贷

---

① 章元善、许士廉编：《乡村建设实验》（第2集），中华书局1935年版，第405页。

② 章元善、许士廉编：《乡村建设实验》（第1集），中华书局1935年版，第146页。

③ 李景汉：《定县农村借贷调查》，参阅冯和法《中国农村经济资料续编》，黎明书局1935年版，第865页。

款利息高于期限长、数额大的，同时信用借款的利息高于抵押借款。这一切意味着小农处于最不利的信贷地位：他们的抵押品有限，而且只能借小额、短期款项，一遇天灾人祸，他们最需要钱但却最难借到钱。20世纪20年代，借款难的问题不断加剧，不少农民即使愿意出高利、押房押地，也难以借到钱。因此，华洋义赈会倡导合作社时便从信用合作社入手，“因为信用合作社农民需要比较的急切，而又比较的容易经营，一旦农民团结坚固，经营能力增进以后，自然就可以兼营他种合作社了。”[①] 尽管华洋义赈会当初计划有信用合作社、供给合作社、运销合作社、利用合作社、生产合作社、消费合作社等，但基本上只指导建立了信用合作社，而后在此基础上兼营其他业务如运销、供给、消费、仓储等。从而避免了在同一地区重复建立性能单一的合作社，将有限的资源浪费掉。

第三，华洋义赈会对其指导下的合作社实行经常性的考核，并将考核成绩与放款数额联系起来，使各合作社都尽力办好社务，以获得低息贷款以及其他帮助。由于“承认社”和“非承认社”在华洋义赈会获得的待遇有很大的差别，非承认社就努力使自己的社务合乎考核标准，以获得承认；已被承认的社也得尽力，以获得更多的贷款。这也是华洋义赈会指导下的合作社比其他团体（或各级政府部门）组织的合作社成效更为突出的一个重要原因。

第四，华洋义赈会指导下的合作社，集经济、社会、教育三方面的功能于一身，并将这定为其推行合作事业的基本目标。在当时各种团体指导下的众多合作社中，有的被当作营利的工具，有的被少数人把持，成为土豪劣绅鱼肉乡里的工具，有的完全以借款为目的，失去社员自助或互助的愿意，相比之下，华洋义赈会指导下的合作社，始终保持其宗旨（给社员贷放必要的生产资金、为社员储蓄和举办各种兼营及附属事业），救济农村贫困，促进农业建设，复兴农村社会，并认为合作事业也可以解决当时公认的农村“愚”、“穷”“弱”、“私”的问题（参见图2—1）[②]，使农村合作事业成为一项系统工程。

① 章元善、许士廉编：《乡村建设实验》（第1集），中华书局1935年版，第132页。
② 同上书，第147—148页。

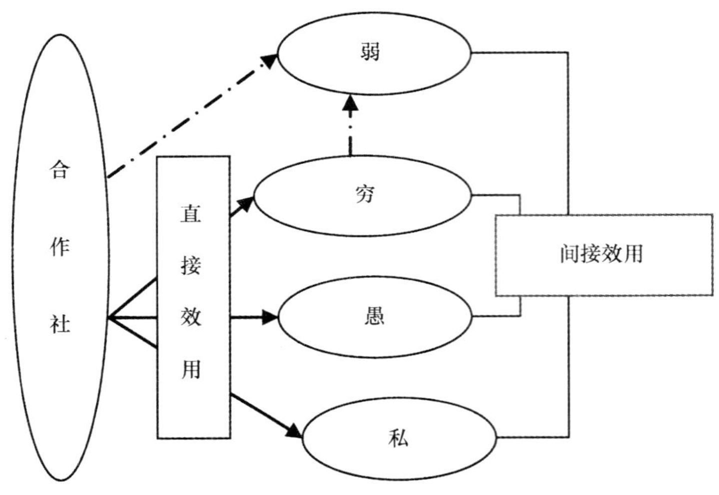

图 2—1　华洋义赈会指导下的合作社功能

第五，作为民间社会团体，受自身人力财力等各种条件所限，华洋义赈会的合作事业主要以试办为限，以创制为限。“合作运动是人民自己的事，应由人民自动去组织才是”；因为如非人民自动，政府或社会团体万万无力用以永久替人民兴办各种生产事业。华洋义赈会正是以此为目标，在十几年坚持不懈的努力下，华北农村合作运动有了一定基础，引起了中国上下的注意。然而，就中国整个合作运动来说，实际上还尚在幼弱阶段难以自立。毕竟，华洋义赈会只是一个民间社会团体，其自身的人力财力都极为有限，就中国广大区域的合作运动来说，它无法独立担当这个重任。正如章元善所说，这个责任“也不应该由一个社会机关永远独立担任下去”。[①] 故此，从华洋义赈会在华北农村合作运动的整个过程来看，基本上是立足于“河北合作实验”，从计划设计到组织实施，“不求速效，不图近功”，因势利导，逐步推广，从而建立并推出了不少行之有效的管理制度及技术方法，如社务考成办法、视察员制度、合作讲习会办法等，积累了大量的经验，作好了制度建设的充分准备，为农村合作运动在中国的推广，树立了榜样。而华洋义赈会开创的合作教育，始终被认为是其河北合作防灾试验获得成功的关键因素之一。

---

① 章元善：《政府办合作怎样下手》，《合作讯》百期特刊，第 39 页。

三 华洋义赈会的合作教育

为传达合作消息、普及合作知识及提倡合作事业，华洋义赈会于1924年6月1日出版了第一期《合作讯》[①]，这是华洋义赈会最早编辑刊发的合作文献，这也标志着华洋义赈会对农村进行合作教育的最初实施。在办社方针中，尤为突出的是该会对合作教育的规定："相机办理合作教育，如讲习会及巡回书库等，并将关于各种合作、农村经济、农村改良及农村副业等事项之材料尽量汇集，编印定期刊物和专刊籍供参考"，以增益社员的合作意识及合作精神，养成合作人才，奠定合作事业的坚实基础。[②] 华洋义赈会办理合作事业的基本动机，在于引起农民自觉，而不是刻意地灌注。在创意之初，就没有限于一地，而是预备推广数个省份或中国。培养办理合作人才及普及合作思想，因而合作教育成为必须的入门手段。自19世纪英国罗虚戴尔先锋社奠定消费合作的基础，雷发巽与许尔志更在德国确定信用合作的组织方式后，"合作"早成为专门的科学。在原则上已有理论根据，在组织上利用科学的方法，其运动并非像中国旧式民间摇会那样短暂、局部的组织，而成为农民中普遍的互助结合。华洋义赈会实施合作教育的形式多样，主要有举办合作讲习会、开设巡回书库与通信指导、出版刊物与调查资料等。

（一）合作讲习会

自1925年起，华洋义赈会为促进合作事业的发展，每年利用农暇，召集合作讲习会一次。这是模仿印度推行合作的方法，课程都是一些有关基本内容。自1928年第四次讲习会起，皆由各地合作社或合作社联合会自行召集举办，其原则是为了发挥各合作社的自动力量。经费则由华洋义赈会负担而变为各地自筹（如若不足时，总会可略加补助）。然在发起自动组织之前，因讲习会范围扩大，必须训练师资人才。因此第三次合作讲习会期间延长为3个月，专为培养将来合作运动之领袖。到1930年第六次合作讲习会时，与以前相比就更不同了，虽仍在各地举行，但各组课程可结合本地情形，以定取舍，仅由华洋义赈会划出相应范围。该次更附带

---

① 《合作讯》于9月1日出版第三期，第五期后因阅读者不多而中止；出于需要，该刊于1926年1月正式复刊，改由农利股按月发行，需求日益增多，到1936年每月发行达12000份。

② 于树德：《中国初期合作运动在河北》，《合作评论》第3卷第2号。

举行成绩观摩，在无形中给予以刺激，收效甚宏。到1932年因信用合作社已有了很大发展，兼营业务也因顺事实需要而萌发，故讲习会更进一步注意于运销及供给合作课程，其余除作理论讲述外，更多的是学员们讨论其推行方法与实际问题。

综观11年来，河北省举办合作讲习会已由1次而扩充到36次之多。听讲人数已由104人次增至1423人次；所涉及的县份由15县进而普及到47县；费用较第一次减少一半，而其中已有80%由合作社自负，而每次听讲人参加的踊跃与每年进展速度，均可看到合作教育所产生了的较大作用。

（二）巡回书库与通信指导

合作教育自非一朝一夕的功力，可得显示其效果。华洋义赈会根据数年来经验，深知人才缺乏为合作基础不牢固的一大要素。因此，为谋求合作事业发展，自1930年起试办合作巡回书库。此种书库是专为合作社社员而设，最初的困难不在手续上而在书籍的搜集。因合作社员多为农民，其读物必须文理浅白，以免阅读不便，更须宗旨纯正，避免引起农民的误解。

巡回书库有总库1所，设于北平，分库5所，分设涞水、安平、深泽、赵县、肥乡等地，此5地皆合作社集中区，计涞水有47社，安平71社，深泽48社，赵县69社，肥乡47社，共计282社，占河北全省合作社总数的29.62%。每库书籍达270余册，数量虽不多，已足够农民之用。巡回书库成立后阅读人数并不很多，就1931年下半年统计第二分库仅291人次，第三分库仅47人次，第四分库仅33人次，第五分库仅81人次，合计不过380人次，仅占社员比例的1%；到1932年上半年就稍有增加，计第一分库87人次，第二分库210人次，第三分库207人次，第四分库153人次，第五分库248人次，合计有905人次，占社员比例的3%。数量比上期增加了两倍，但与全体社员相比较，人数还是太少。

通信指导也是推进合作教育的方式之一，华洋义赈会以此为组织与教育的双关工作。所有外界（不止农民）关于合作事件垂询时，该会必详为释疑。无奈当时人士皆不知“合作”为何物，故1923年时收到文件仅55件，而各合作社来函也不过21封。此后年有增加，直到1929年“革命军”起，合作事业随革命高潮而引人注意。故该年仅合作社问询函件就达5442件，华洋义赈会指导复函的数量也相应增加。由于中原大战变乱等影响，1930、1931两年函件略有减少。1933年综合个人、机关以及合作社与该会往来文件，又行增多，冲破此前所有记录。由此可见，华洋义赈会的通信指导也逐步被人们所接受。

（三）出版刊物与开展调查

华洋义赈会为促进合作运动，除了举办“合作讲习会”与“巡回书库”之外，对于各种合作理论与经营、各地合作状况，农村经济的改善，农业改良方法与农村副业改进，以及一切有利于合作社及社员的事件，尽量收集，编印定期刊物与专刊。该会出版刊物最多时达百十种，另有定期的有关合作刊物《合作讯》，共出125期，每月一期；发行量由最初的50份增至1万份，每期印刷数目均有增加，由此可知，华洋义赈会的宣传越来越广。这种刊物内容较为浅显易懂，举凡合作理论研究，经营技术讨论，合作消息传达，以及农业改良介绍与副业提倡等，皆包揽无遗。且文字清晰，简明扼要，完全可作为合作社中的日常读物。

华洋义赈会还不时派工作人员赴各地调查合作事业，搜集材料，以做参考与宣传。国外调查专员已先后派遣三次，如1924年曾派合作委办会主席戴乐仁先生赴印度考察，费时约3个月，调查印度合作运动概况。因深知信用合作社为改良农村事业的中心，并引入印度短期讲习会的办法及合作联合会组织。1926年冬，总干事章元善曾赴日本调查并参观其合作机关。因为日本合作事业属于国家（政府）提倡，其训练合作人才为合作传习所，所授训练共分两种：一为长期即一年毕业，一为短期即三月完成。前者为培养专门人才，后者为训练合作社职员及合作师资。华洋义赈会于1927年举办讲习会时另将会期延长，即取法日本合作传习所的后种办法，予合作领袖以较长时间训练。第三次又派戴乐仁与艾德敷两人赴丹麦考察，因为丹麦农业发达，多赖各种合作社的兴旺发达。合作事业在丹麦农村，早已成为普遍现象，丹麦近代农业与世界经济网络密切结合，都是由合作机关编织而成；其组织不只限于信用合作，还包括运销合作、购买合作以及农业各部门的贩卖合作。

此外，华洋义赈会推广合作理念、宣传合作思想的方式还包括举办社务扩大周、开展有奖征文、新年谈话会以及发行纪念章等，不仅形式多样，而且喜闻乐见。

第三节 近代农村合作运动的“一枝独秀”

世界各国农村信用合作社的起源，可分为两类：一是自下而上的，一是自上而下的。属于前者的，西方各国差不多都是，德国雷发巽式的起源，纯系农民自动组织的借贷机关，待这种制度发展了，势力雄厚了，政府才采取一种鼓励政策，作为普遍的推广；属于后者的主要有东方国家的日本和印度。① 从华北农村合作运动的起源看来，它既不是完全由农民自动的组织，更不是由政府首先提倡，而是由一个民间社会救济团体即华洋义赈会，在了解农民的需要，抱着实验的态度，从事提倡和指导，由引动到自动，逐渐发展成为具有一定规模的农村合作运动。就地位来说，它处于德国与日本、印度两条发展路向之间。因中国人知识浅显、惯于保守而难以自动组织，故华洋义赈会采用了从旁指导、积极引动的组织合作社模式，其进展相对缓慢，而各合作社的基础也较为稳固，最为适合当时的中国国情状况。

一 河北合作防灾实验的特点及其成功秘诀

正如本章第一节所言，20世纪20年代华北农村社会与经济处于一种相当恶劣的环境之中，这种民间社会团体的合作事业何以在那种整个社会经济环境极为恶劣的情况下，却能稳步发展，取得为世人基本认同的成绩？总其原因，有以下诸端。

（一）从指导精神来看，做到了“办事诚恳、指导切实”

华洋义赈会在河北实验的合作事业之所以能有成绩而得农民普遍认可，孔雪雄认为，“长期沉毅之努力”固然是重要方面，最大的原因“在于总会办事态度的诚恳和指导的切实”。② 从指导机关的构成成分来看，

---

① 日本农村信用合作社的起源，系由于日本驻德国大使馆官员对雷发巽式合作制度发生了兴趣，介绍给日本政府，促其仿行。1899年，日本政府制定《合作社法》，采取欧美合作制度；其后合作事业逐渐推行。在财政方面，由政府设立银行，为之接济。印度与日本的情形略似，1892年，尼哥生作为孟加拉总督特使，到欧洲调查合作银行，1895年他提出一个详细的调查报告，1899年开始仿行雷发巽式信用合作社，并于1904年由印度政府通过了《合作社法法案》，其关于合作事业如组织、宣传、教育等，政府都处于积极提倡的地位。参阅张镜予《中国农村信用合作运动》，商务印书馆1930年版，第39—40页。

② 孔雪雄：《中国今日之农村运动》，中山文化教育馆1934年版，第257页。

农利股及合作委办会的工作人员“不但个个有学识有经验，而且人人能竭尽心力认真从事”；他们不仅对农村合作事业有着浓厚的兴趣，且当作自己的事情去做，所以办事诚恳，绝没有普通机关办事所流行的“敷衍塞责、懈怠疏忽”的情形。尽管农利股派出的办事人员未必、实际上也不可能亲自看过每一个合作社，但因其所拥有的“热诚的感格”，故乡村基本上不存在那种“有名无实”的合作社。北平社会调查所林猷敏曾说：“一个健全的指导机关，除了主持者对于合作原理必须有彻底的认识，对于合作事业的推行必须有相当的经验和适宜的计划外，还有两点应该特别注意：那就是指导的工作必须认真，而且具有忍耐性。糊涂的或凭着一时冲动的指导，固然不会发生什么效力，即是有计划而不认真去执行，或是执行而操之过急，结果仍然不免失败。”①

华洋义赈会作为一个健全的指导机关，有其指导措施的独到表现：从静的方面看，有专为合作社而准备的二百多种表格文件，这些表格文件都是经年累月，出于实际需要而精心构制或不断改良而成；从动的方面，有无数外勤人员，时常奔走在各合作社间，专司考察、启迪之责。华洋义赈会以此作为指导农村合作事业的基本方策，“对承认的合作社如此，对未承认的合作社也如此”。自始至终，毫无二致，真正做到了“认真”与“耐心”。正是基于这种精神，华洋义赈会指导下的农村合作社才得以“健全优秀”，华洋义赈会的合作事业才有了“坚实的基础”；不仅“农村已经发现了良好影响，且各社都有相当自动能力”。②

（二）在组织事工上，严格实施“承认制”和“考成制”

华洋义赈会经办处理合作事业的最高机关为农利分委办会，其下又设合作委办会与农利股，分别专司设计事项与执行事项。农利股之下又分利用组和合作组。合作委办会与农利股虽然所属有别，在该会合作事业组织上配合得十分密切。因前者主要事务多注意组织立法，而后者工作只限于组织推行。该会在组织上有管理权，但决不派人代替农民组织。他们认为，农民在接受合作之初，一定要有准确观念。华洋义赈会决定将雷发巽式信用合作社推广到中国农村，不外乎就是利用无限责任，使没有组织的农民间，在业务上可以获得团体信用，并因此增加个人信用。农民入社，

---

① 参见孔雪雄《中国今日之农村运动》，中山文化教育馆1934年版，第258—259页。

② 同上。

虽须认购股金，但在其借款时多以信用为凭，该会以经济力量，培养农民的责任心。虽如此，又恐有些农民组织的动机不纯，故华洋义赈会在未承认合作社前，难有借款的可能。这种长期的观察，主要用以测度组织人对合作社的信仰。可知，有关农村合作社的组织工作，主要职责在农利股；华洋义赈会自一开始就采取严格的"承认制"。

（三）从组织实施的过程来看，可谓设计周详、制度健全

信用合作社本为农民自助互助的金融组织，唯依农民要求，其业务才可推动；然中国农民一向缺乏自组织能力，故华洋义赈会在提倡之初，即请合作专家代为筹划，根据各国合作制度，结合中国农村的实际情况，订定各种合作社组织上与业务上的基本规章。华洋义赈会组织设计的工作，主要由合作委办会全权负责，其成绩最为显著者有：一是代合作社内部拟定各项规章，二是为关于华洋义赈会处理合作事业必须遵循的准则。那些属于章程的有拟定的《无限责任信用合作社章程》与《运销部及供给部章程》，有《保证责任信用合作社联合会章程》与《运销部及供给部章程》等。那些属于业务细则的有《社员信用程度评定规程》、《合作社储金章程》、《合作社储金规约》、《合作社储金存款准备金规程》、《储金票经理方法》以及《合作社兼营合作仓库及运销合作纲要》。至于该会处理合作事业的章程有《本会处理农村合作事业方针》、《处理兼营运销供给业务之方针》及《合作社借款须知》。此外，还有《合作社社务考成办法》、《调查办法》等。这些详细条款，确定了该会对各合作社组织关系，从而健全了合作事业实施过程中的各项制度，为合作运动顺利发展提供了相应的制度保障。

二 初期华北农村合作运动的障碍或缺陷

严密的组织工作为华洋义赈会合作事业成功的基础。合作社本身是一种新型的经济组织形式，在中国又完全是新鲜事物，一般农民不易接受，往往认为这种合作社为一种资助机关，而视合作社放款为慈善救济。因此，由资本加以操纵，各种社员混同一起，合作社往往纯粹因借钱而成立，更因借款无着而立行解散，这也是时人最为诟病农村信用合作社的症结所在，甚至斥合作社为"合借社"。然而，华洋义赈会却能力矫此弊，以章则规定，合作社的成立必须由农民自动组织，须严格考核才予以承认，各社内部组织更须每年考成分等。用此组织上的功能为业务的保证，

并促使各合作社为农民独立运用的组织。当然，如同19世纪德国农村信用合作运动一样，华洋义赈会组织农村信用合作社的社会经济条件尚显“先天不足”，存在明显的经济结构和社会结构方面的障碍。这可从以下几个方面加以说明。

第一，社会经济条件的“先天不足”。把19世纪中叶德国饥荒时期，农民自救互助的农村信用合作制度，应用到中国20世纪初期华北地区的旱灾区的用意是非常良好的。因为这是非救济式的长久之计，由农民自己担负无限责任的有条件贷款，用以增加农民自救的责任感，且无须依赖国家（政府）或其他个人的协助。但是中、德两国的经济结构、政治环境、农民能力迥然不同：德国当时的国民经济业已开始工业化了；而中国的天灾人祸是普遍性的、累积性的、常发性的，且当时华北农村依然停留在中世纪的自然经济的状态下，在这么脆弱的基础上，要借鉴德国，让民间来自助自救，无论在结构性和国民性的那一方面，实际上都是极为不容易的。

推行合作运动通常是在发展中国家或相对落后的国家如日本、印度等，由政府策划，自上而下，以相当的资金作长期普遍的推行，才有成功的机会；然华洋义赈会以起初的5千元资金在中国推广农村信用合作社，对整个灾区而言，完全是“杯水车薪”。农民要了解这套农村信用合作体制的运作、长期目标，绝非华洋义赈会那套粗浅的解说文字就能奏效。当时的中国农民没有、也难有那种观念，他们所期求的是贷款到手，以解燃眉之急，其他全属次要。加之农民受教育水平及缺乏知识的限制，虽有严密的防范规则，成立信用合作社也无法阻滞某些农民藉此获利的机会和行为，尤其在民间利率与合作社放款利率差额显著时，势必如此。①

第二，除了上述经济性与社会性不足之外，初期华北农村合作运动还遭遇了恶劣的战乱环境及无端的政治困扰。首先是战乱频生。农村合作运动实施初期的华北始终缺乏相对平静的合作运动环境，这成为阻碍华北农村合作运动的最大因素。北洋政府时期的军阀混战，使华北地区早已燃起了遍地的战火；1927—1928年间，南京国民政府的第二次北伐，华北实际上成为整个战事的主战场；再接下来就是1930年的中原大战以及随后

① 巫宝三：《总会办理河北省农村信用合作社放款之考察》，《社会科学杂志》第5卷第1号，第98页。

的东北军入山海关，战火又直接烧遍了华北各地。就国内的局势而言，人们原以为“中原大战”后，华北地区应该相对安顿一下了，然而，1931年爆发“九一八事变”，日本侵占中国东北三省，随之就进犯长城，屯兵华北，一直到抗日战争全面爆发的1937年7月，华北地区实际上都处在动荡不安的社会环境中。缺乏相对和平的社会政治环境，合作运动的既有成果也会在战火中消失殆尽。其次是政治困扰。1927年11月间，北京政府的农工部曾下令各地察明合作社的作为有无违法情事，理由是：合作组织是人民自组的团体，自当受国法检查和约束，华洋义赈会虽为国际慈善机构，但其经营有违法嫌疑。经数县检查，计有定县的大白尧、悟村两信用合作社，安平北关信用合作社、香河渠口信用合作社等，被警察机构取缔，停止营业。然而，当时农村合作运动，正在试办发展阶段，北京政府一方面通令取缔合作社，另一方面又想拟定合作法令；政府对农村合作的这种矛盾行动“使人无所适从”。[①] 不仅如此，华洋义赈会的农村合作事业还连续遭遇到河北省政府部门的阻碍而一度趋向衰落。由于1931年的江淮水灾，政府部门暂时放松了对华洋义赈会的压制，“无钱有人”的华洋义赈会在水灾之后就“充当了农村合作社推广的行政角色”。[②]

第三，资金不足、势单力薄、业务范围相对狭小。华洋义赈总会数年之间，集中人力与物力于直隶（今河北）一省推展农村信用合作运动，虽有若干成效，但若欲使华北其他省分的农村经济“合作化”，其力量终究单薄，合作基金更为有限；且其工作素以救灾与防灾并重，用在办理合作事业的费用，仅占支出总额的5%而已[③]。同时，该会是一个私人性质的民间慈善团体，能力本就有限，试办河北一省的合作社，已可谓竭尽所能。以后若要把合作运动扩大范围，推向中国，不能专靠这样一个合作指导机关去负提倡与协助的责任；政府、银行、教育机关、社会服务团体、经济学者及社会学者，须共同联合，制定远大而有系统的具体计划，务使中国乡村都合作化，乡村经济始能达到改造的目的，落后的农业国可得圆满成绩。所以政府政治力量的支持与否，才是真正影响农村信用合作运动发展的关键。农村信用合作社最大的障碍原本就是缺乏法律保护。合作立

---

① 张镜予：《中国农村信用合作运动》，商务印书馆1930年版，第234页。

② Andrew James Nathan, *A History of the China International Famine Relief Commission*, Harvard University Press, 1965, pp. 36—37.

③ 章元善：《合作与经济建设》，商务印书馆1938年版，第115页。

法承认合作社为法人，保护合作运动的自由进行权，使其维持特殊的地位，并予以组织的便利，然后合作社的各项活动就可进展顺利。

三　华北农村初期合作事业的影响

华洋义赈会是中国最早倡导并开创农村合作事业的民间团体，对合作社在中国农村的移植和推广起了重要作用。华洋义赈会所创办的合作社是以德国雷发巽式农村信用合作社为样本。雷发巽式信用合作社的主要目的便是设法解决小农的经济困境，其运营中的显著特点是无限责任制，即用合作社和社员的信誉担保，吸引贷款，对社员资格严格审查；公积金用于地方公益事业，不能在成员之间分割。华洋义赈会在河北农村组织合作社取得了明显成效：社员可以获得低息贷款，从而减轻了高利贷的盘剥。不仅如此，华洋义赈会还十分重视对农民进行合作思想及经营方面的教育，这对于提高农民及社员素质、培养合作人才都起了一定作用。华洋义赈会所制定的章程、宣传教育方法及指导方法以及一些合作社管理办法——如表格的制定、业务考核、存贷款方式等——都为官方和其他民间机构所采用。它所拥有的办社经验和合作社管理人才对其后在中国掀起的合作社运动起了重要作用。因此，华洋义赈会在华北的合作事业中占有重要地位，对近代中国农村的合作运动产生了广泛的影响。①

第一，使政府及各种关注农村的团体纷纷到农村举办农村合作社，从而形成了民国时期的农村合作运动和乡村建设运动。

华洋义赈会倡办农村信用合作社的最初动机是“防灾比救灾更重要”，即是把合作社作为一种防灾手段。随着合作事业的推进，华洋义赈会感到合作社除了防灾外，更能起到“促进农业建设及改良农民生活的效能”，因此明确规定其“目的在救济农村贫困，促进农业建设”②；并大

---

① 有关于华洋义赈会农村合作事业的评价颇多，参阅刘招成《华洋义赈会的农村合作运动述论》，《贵州文史丛刊》2003 年第 1 期及《华洋义赈会的农村赈灾思想及其实践》，《中国农史》2003 年第 3 期；潘劲《民国时期农村合作社的总体发展及评价》，《中国农村观察》2002 年第 2 期；薛毅《华洋义赈会与民国时期的合作事业》，《武汉大学学报（人文社科版）》2003 年第 6 期；蔡勤禹等《华洋义赈会农村合作事业述论》，《中国海洋大学学报》2005 年第 1 期及《二三十年代华洋义赈会的信用合作试验》，《中国农史》2005 年第 1 期；陈意新《农村合作运动与中国现代农业金融的困窘——以华洋义赈会为中心的研究》，《南京大学学报》2005 年第 3 期等，从不同角度和层次探讨了其历史影响。

② 华洋义赈会编：《救灾会刊》，1937 年印行，第 90 页。

力宣传并推行合作社，在社会上影响也就越来越大，许多团体（包括各级政府）都开始到农村组建合作社，到 1937 年时，中国合作社的总数已有 4 万多个①，形成了民国时期的农村合作运动。赖建诚指出：华洋义赈会在河北进行合作实验的这段经历，“在中国合作经济制度史上有其‘质’的意义”；其方法是现实的——直接施用于灾民身上，整体上“确实推展开来了”；这不仅在合作意识和合作理念的传播上多有贡献，同时更为“日后国民政府的合作政策”打下了现实基础，寻找到了一个“初始着力点”。②

最新研究指出，“作为改造农村的新生事物，合作社自始就注定其将不只是华洋义赈会的事业”，其影响和经验所及，首先有共产党人于树德把华洋义赈会办社的经验带给了共产党领导的农民运动，这“为共产党日后在苏区、抗日根据地和解放区的办社提供了经验参照”；其次是通过美国传教士出身的金大农学院农经系主任约翰·洛辛·卜凯——其农业经济知识最初对华洋义赈会合作政策的确立起到了重要作用——最早在苏皖农村联合举办合作社实验，从事更大范围的农村改良；当时由约翰·洛辛·卜凯的同事、美国康乃尔农学院毕业的徐澄主持其事，到 1927 年，金陵大学农学院开始独立办社，于 1928 年开始举办农村领袖训练班，以推进农村社会的改造。此外，20 年代后半期中国各地的乡村建设运动都程度不同地受到了该会的影响；当 1933 年第一次中国乡村建设工作讨论会在山东邹平召开时，几乎所有与会团体或采取与该会协作、或以该会为模式在自己实验区里办合作社。乡村建设“无论从晏阳初的平民教育还是从梁漱溟的村治人手，都需要提高农民生活水平，而华洋义赈会倡导的合作社正是直接促进改善农民经济利益的手段，使乡建运动因具备了物质基础而对农民更具吸引力”。陈意新强调：“华洋义赈会合作事业最重大的影响是使农村合作社成为国民党农村政策的组成部分”。③

第二，在合作人才、理论技术等方面，为其他合作指导机关创造了条件。

---

① 华洋义赈会编：《救灾会刊》，1937 年印行，第 94 页。

② 赖建诚《近代中国的合作经济运动——社会经济史的分析》，台北：正中书局 1990 年版，第 77 页。

③ 陈意新：《农村合作运动与中国现代农业金融的困窘——以华洋义赈会为中心的研究》，《南京师范大学学报（哲学社会科学版）》2005 年第 3 期。

华洋义赈会最初对于合作人才的培训，分合作社社职员和合作社指导人员两种；前者采取合作讲习会、社务扩大周及出版物的办法，使得合作社职员对合作社有较深的了解，并具备经营社务的能力；后者则通过合作讲习会（如 1927 年 10 月—1928 年 1 月的第三次合作讲习会）、组织励学社、农利股同人补习班、星期二谈话会、训练班等活动，对华洋义赈会内有关合作人员进行理论和处理实际问题能力的培养。华洋义赈会最早举办农村合作事业，并有专门机构和一批专业人员从事合作教育，故在这方面成效极为突出，使其他指导合作社的团体或各级政府争相向它调用有关人员。1937 年，华洋义赈会的一份报告指出："历年以来，各省公私合作机关，向本会调用技术人才的，接踵而至，近来更有应接不暇之势；本会训练出来的技术人才，普遍各省，这好算是本会最大贡献之一。"① 另外，经常还有其他一些机构、团体的人员前来见习。如 1933 年 1 月，接纳南京消费合作社 4 名学员来农利股实习。该会还利用其创办的多种刊物，如《救灾会刊》、《合作讯》、《合作资料》、《合作讲习会汇刊》等，将其多年来指导合作社的技术、经验等刊登出来，广泛介绍、提供给其他合作指导机关。

第三，使现代金融机制开始向中国农村延伸，促进了乡村借贷关系的现代转化。

当时的中国农村，除了高利贷外，几乎没有其他现代的金融信贷活动，而农民的生产与生活最缺乏的就是资金。农民一旦急需度过难关，就只有向高利贷者举债。由于经济环境的恶劣和农业生产经营的落后，其债务往往难以偿还，甚至陷入不能自拔的境地，以至于卖儿卖女、倾家荡产。农村信用合作社组建起来后，社员有余钱就可以存入合作社，钱不够用亦可到合作社去借。如果合作社钱不够时，可以凭借社员的信用及担保向外借贷——最初主要是向华洋义赈会借贷。由于深受高利贷之苦的贫苦农民很珍惜这个济困救难的机会，非常守信用，所以发生的借贷几乎没有产生过呆帐、坏帐之事，这使其他一些有城市竞争风险的金融机构开始注意农村的信贷活动，他们认为，虽然利息低微，但很可靠，于是就有上海商业储蓄银行、交通银行等十多家银行开始委托华洋义赈会放款，随后又出现了直接从事农村借贷的银行，如金城银行、中国农民银行等。可以看

---

① 华洋义赈会编：《救灾会刊》，1937 年印行，第 94 页。

出，中国农村出现的现代金融机构始于华洋义赈会创办的农村信用合作社，它逐渐将部分农村纳入了现代金融体系，抑制了农村高利贷剥削，为农村发展注入了一定的流动资金。所以，华洋义赈会很看重其合作事业，认为这是防救农村灾荒的“根本办法”，而且认为随着合作事业的推进，时机成熟时就可将各社联合组织起来成为“中央银行”，从而一遇灾荒，就可以从外面输入资金以救灾，无灾而五谷丰收之省，可以将其剩余粮食物资运往灾区，以达到“防灾救灾”的目的。

第四，促进了中国农村的复兴和社会结构的变化。

华洋义赈会在将近20年的农村合作社的实践活动中，通过采取一系列的经济、教育、社会等方面的措施，在一定程度上挽救了正在凋敝的农村经济，对中国农村复兴起了积极的作用，并引发了农村社会结构的变动。上海《大公报》曾发表短评，称“华洋义赈会十几年来的成绩，实在值得特笔大书，因其十多年来精神财力之所往，不仅是慈善家的救济事业，而是有建设性的社会事业。其所办的万余处农村合作社，便是最值得称赞的工作……应看作对于中国社会之最大贡献。”[①] 自古以来，中国农村除宗法家族组织外，基本上没有别的正式组织，而华洋义赈会举办的农村合作社，通过信贷、组织生产、实施教育、改良社会风俗尤其是社员之间的合作关系等，无疑在一定程度上起到了重组农村社会的作用，在某种意义上也成了农村社会整合的新机制。合作社的社会功用无疑在很大程度上取代了农村家族组织，有的甚至超出了农村家族组织的功用，如举办妇女夜校、改良农业等，加之组建合作社都是出于农民的自愿，这就根本不同于家族组织，给农村社会结构输入了现代性因素。

总之，华洋义赈会在华北农村的合作事业虽然还只是得到了初步发展，但对当时中国农村合作运动的发展历程仍旧产生了直接影响，而其真正触及到华北乡村社会各方面的纵深影响，也将随着合作事业的不断发展壮大而逐步加深、扩展。信用合作社的目的固不专在为贫民提供低利放款，它还提倡合作社均须尽力改良农业生产技术，改善农民生活，灌输农业知识，试验农作物等。此外，还可与其他机构合作，在改进乡村经济、社会、教育、卫生等方面共同推进。张镜予认为，信用合作社是其他各类农业合作的基础，其范围不应仅限于放款、存款，将来宜适当扩大合作社

---

① 参见《大公报》（上海版），1936年5月16日。

的业务范围，兼营其他如购买合作、贩卖合作、制造合作等，使农民收获利益更大。[①] 如果说合作主义已经是世界上农业国救贫和生产的经验良方，那么，合作运动在中国当尽力提倡和推行，务使中国农村实现合作化。查理·季特深信："用合作方法来经营小实业，世界各国没有像中国那么适宜者"。[②]

自1927年后，华北农村合作运动在华洋义赈会的指导协助下，农村信用合作社不仅在数量上有了增长、在质量上有了提升，而且开始由单一的合作社逐渐走向大小不一的区域内合作社的"联合"——即"区合作社联合社"和"县合作社联合会"；农村合作社的业务开始由信用合作社的储蓄、借贷向运销、供给、利用等多种业务"兼营"发展。1929年前，华北农村合作运动在华洋义赈会指导下，一直仅限于河北一省，可谓"一枝独秀"；在农村合作运动得到了初步发展后，则成为中国效仿的楷模。

---

① 张镜予：《中国农村信用合作运动》，商务印书馆1930年版，第234—235页。

② ［法］查理·季特：《合作原理比较研究》，彭师勤译，中华书局1935年版，第2页。

第三章

华北农村合作运动的多元化发展

1929年，河北省政府将农村合作作为主要政务，于次年（1930）颁布了《河北省合作社暂行条例》，华洋义赈会结束了独自推行农村合作社的历史，作为一支重要的民间社会力量，积极协助河北、山东各地乃至中国农村合作事业的开展——如1931年江淮水灾，华洋义赈会受命以合作方法实施“农赈”，从而将合作事业从华北地区扩展到长江流域；1934年2月，在华洋义赈会的帮助下，河北省深泽县建立了中国第一个县级合作社联合会。随后，元氏、肥乡、成安等县也相继组成县级合作社联合会。① 华北农村合作运动已由此进入一个新的发展阶段，即由单纯组织合作社向高级的县级联合社或合作社联合会发展、由河北省的“一枝独秀”向山东乃至中国逐步发展的新阶段。除华洋义赈会之外，华北农村合作运动还包括河北省政府部门、中华平民教育促进会、山东乡村建设研究院等多元指导发展的新形态。

第一节　多元指导下的华北农村合作运动

20世纪20年代，正当华洋义赈会独自在华北农村推行“合作实验”之际，整个中国社会也处在“风云变幻”之中：南方由国民党与共产党合作掀起的“国民革命”席卷了大半个中国，在南京建立了新政权——国民政府，结束了北洋政府时期军阀混战的动荡局面，实现了中国政权形式上的初步“统一”，开启中国现代化进程的“新时代”；与北洋政府不同的是，南京国民政府对华北农村的合作运动表示了极大的兴趣和关注，

---

① 据统计，到1937年，河北省共有区联合社63家，县联合社计44家。参阅华洋义赈会编《救灾会刊》，1937年印行，第92页。

将其作为即将实行的国家建设的重要政策，并决定首先在江浙地区展开实施。华北各地方政府也多在“复兴农村、救济经济”的合作政策的推动下，逐步主导了地方的农村合作事业，形成了国家机关与民间社团等多方推行农村合作事业的新局面。虽然，在运动中出现些问题，但各地合作事业均有快速发展。因此进入 20 世纪 30 年代，农村合作社已不再是河北省“一枝独秀”，华北与中国其他地区的情形一样，农村合作事业都得到了快速发展，大有“一日千里”之势。

一　南京国民政府的合作政策

南京国民政府的建立，标志着中国农村合作运动已进入了一个崭新时期。华洋义赈会在河北“合作防灾实验”的初步成功及早期国民党人如孙中山等对合作事业的宣传和关注，为国民政府制定合作政策、自上而下逐步推行农村合作运动提供了历史经验和路径依赖；而“救治乡村”，重新整合乡村社会，确立新政权的合法性权威，成为国民政府推行农村合作运动的现实需要，也是当时的新政权化解乡村危机、摆脱各种现实困境的必然选择。因此，有学者认为，国民政府农村合作运动政策的确立，应为 20 世纪 30 年代中国农村合作运动迅速发展的最主要原因。①

1927 年 6 月，刚刚成立的南京国民政府有关机构就致函华洋义赈会，对其在华北农村的合作实验就表示了关注。其实，国民党人对合作主义早有注意，较早就开始了对合作事业的宣传、鼓动；而国民政府农村合作政策经历了一个由最初的宣传提倡，到江浙等地方政府的初步实施；从江淮皖赣农赈等等，到最后颁布《合作社法》，设立合作司，统一合作行政，全面实施的渐进过程。②

---

① 李金铮：《借贷关系与乡村变动——民国时期华北乡村借贷之研究》，第 169 页。笔者认为，这提法有相当的合理性，事实确实如此，政府在计划变迁过程中，往往发挥关键性的作用。王晓毅指出：“中国近代社会的变迁在很大程度上是国家推动的结果。”［见《家族制度与乡村工业发展》，载《中国社会科学季刊》（香港）总第 16 期第 5 页］；不过，华洋义赈会农村合作实验的成绩表明，外部指导、引动要与乡村内部的实际需要相适应，且要有一定的结合；这说明农村合作与小农经营或具有较强的适应性，从而加强了这一需求。国外农业大国均有较为发达的农村合作组织，即是一个有力的证明。

② 参阅姜枫《抗战前国民党的农村合作运动》，《近代史研究》1990 年第 3 期，第 181—198 页；张士杰《中国近代农村合作运动的兴起和发展》，《民国档案》1992 年第 4 期，第 123—124 页。

（一）国民政府“合作政策”的成因

应该说，国民政府农村合作政策确立的过程也不是一蹴而就；其最终得以确立的原因相当复杂。笔者认为，首先是华洋义赈会农村合作实验及农赈的成功；其次是孙中山等国民党人对合作制度的提倡与鼓吹；再加之政府当局所面临的政治经济困境，确有救治中国乡村，重新整合农村，以确立当时的新政权统治国家合法性权威的迫切需要。正是在这些众多因素的相互作用下，才最终促成了国民政府农村合作政策的正式确立。赵泉民考察了国民党农村合作运动政策的确立过程，指其为一种“困境中的选择”①；而事实上确实基本如此！国民政府合作政策的确立本身蕴涵了较多的积极意义，是一种理性的合理选择。

1. “路径依赖”——孙中山等国民党人的合作思想资源

追本溯源，国民党注重合作运动的真正源头当在孙中山。

国民党人很早就对合作社有兴趣，其关注点是欧洲合作运动中的消费合作社。② 孙中山、廖仲恺等人为了寻求解决中国问题的方法，对西方盛行的合作主义有过一些探索。早年孙中山奔走革命，在伦敦蒙难之际，正值英国工人消费合作达到高潮之时；从后来有关“民生主义”演讲可知，孙氏对当时英国消费的情况较为熟悉，尤其是“费边社”的合作主张及《英国合作运动史》中的观点。③ 孙中山称赞消费合作是实现分配社会化和消灭商人剥削的好办法，主张地方自治团体应该积极办理合作。1912 年，孙中山提出，“将来中国之实业，建设于合作的基础之上”。1919 年，他在《地方自治开始实行法》一文中谈到：开始自治工作时，有六事如清户口、立机关、定地价、修道路、垦荒地及设学校等必须先行举办；如此六事“办有成效，当逐渐推广，及于他事。此后之要事，为地方自治团体所应办者，则为农业合作、工业合作、交易合作、银行合作、保险合作等事……总而言之，地方自治团体不止为一政治

① 赵泉民：《困境中的选择——国民党农村合作运动政策确立过程的论析》，《社会科学研究》2003 年第 6 期。

② 菊池一隆：《中国国民党农村信用合作社运动之研究》，《孙文研究会报》1988 年第 9 期。

③ 参阅张明贵《费边社会主义思想》，台北：联经出版公司 1983 年版，“序言”部分及第 81—83 页。《英国合作运动史》为当时的合作名著，1931 年由留法学者吴克刚翻译成汉语，由上海商务印书馆出版。

组织，亦并为一经济组织”。[①] 孙中山这篇文章的影响很大，后来成为国民政府“训政时期”根本法之一，其效力与约法等同，是一篇重要的文献；“中国国民党之重视合作运动，实以此为起点”。[②] 1924 年，在《民生主义》讲义中，孙中山主张以“合作”来解决民生问题，并表示出对英国消费合作运动的极为推崇。他还强调用合作社来平抑粮价；让农民“在合作方式下大联合，去组织团体，以恢复自己的地位，谋自己的幸福”等。[③] 在孙中山等人看来，“实现三民主义的最佳捷径是合作制度，合作制度不但是民生主义的经济互助，而且也是整个三民主义的动脉”。[④]

此外，廖仲恺曾就运用消费合作社解决分配问题作过详细的阐述。[⑤] 戴季陶对合作理论很推崇，1920 年草拟了《产业协作社法草案》，交给胡汉民等以广东为实点。[⑥] 国民党人立足于三民主义，以民生问题为核心，视合作制度为改良社会“最稳妥、最切实、最合于民生主义”的方法。基于此，民生与合作也就发生了深切的关联，合作运动由此成了“实现民生主义之第一步”。虽然，孙中山的合作言论并不成其为一个思想体系，其有生之年也没有任何组织合作社的具体实践活动；但他的言论已经向其追随者们表明了他的态度，更为重要的是，他在“民生主义”中所揭示的合作制度，“为北伐之后的国民政府在提倡合作运动时，先铺下了可供诉求权威性的道路。”[⑦] 凡是标榜以“三民主义为中心思想”的国民党掌权派，都不能不遵照“总理遗教”，继续奉行合作运动政策，因为

---

① 孙中山：《孙中山全集》第 2 卷，中华书局 1982 年版，第 492 页；孙文：《地方自治开始实行法》，《建设》第 2 卷第 2 号（1920 年 3 月）。

② 陈果夫：《十年来的中国合作运动》，秦孝仪《革命文献》第 84 辑，台北：中国国民党党史委员会编，1980 年版，第 193 页。

③ 孙中山在“民生主义”第一讲说：“现在世界天天进步……分配社会化就是新发明。这种新发明叫做合作社；这种合作社是由许多工人联合起来组织的……工人因想用贱价去得好物品，所以便自行凑合开一间店子；这种店子分利，因为是根据顾主消费的比例，所以叫消费合作社。现在英国许多银行和生产的工厂，都是由这种消费合作社去办理。由于这种消费合作社之发生，便消灭了许多商店……现在是极有效力的组织。”参见秦孝仪《革命文献》第 84 辑，台北：中国国民党党史委员会编，1980 年版，第 205—210 页。

④ 参阅寿勉成《三民主义与合作主义》，《东方杂志》第 25 卷第 2 号（1928 年1月 25 日），第 40 页。

⑤ 廖仲恺：《消费合作社概论》“导论”，《廖仲恺集》，中华书局 1963 年版，第 136 页。

⑥ 戴季陶：《产业协作社法草案及理由书》，《新青年》第 9 卷第 1 号（1921 年 5 月 1 日）。

⑦ 赖建诚：《近代中国的合作经济运动——社会经济史的分析》，台北：正中书局 1990 年版，第 36 页。

“三民主义”规定了国民政府在意识形态上的合法性，为其农村合作政策提供了可靠的“路径依赖”。

基于对孙中山“民生问题是社会进化的原动力”的坚定信念，经“国共合作”改组后的国民党积极提倡合作社。1926年1月，国民党第二次全国代表会议通过《农民运动决议案》，第一次正式提出：国民党应“引导农民，使成为有组织之民众”，“制止土豪劣绅垄断乡政，扶助农民之自治团体”，而且宜“从速设立农民银行，提倡合作事业”。[①] 同年10月各省区联席会议，再次通过“设立农民省县银行，以年利5%借款与农民”、“政府应帮助农民组织各种合作社”等决议案。[②] 这样，国民党以“政纲”形式使合作事业开始制度化实施。但当时政局未稳，合作运动尚停留在言论层面。1927年南京政府建立后，以合作主义为立足点，解决日渐严重的民生问题，已成为国民党领导人的一种共识。尽管当时还没有把合作事业作为一种运动大规模地推行，但为其上升到国策层面及制度化铺平了道路。

2. 成功范例——华洋义赈会农村合作事业的经验启示

华洋义赈会合作事业在当时的重大影响，或许就是使农村合作社成为国民政府农村政策的组成部分，总干事章元善发挥了其他人无可替代的作用。梁思达说：正是由于华洋义赈会在河北农村推行合作事业的历史最久、影响最大，才有国民“政府对于合作事业之所以日加重视，规定章则，监督实施者”。[③]

南京政府刚成立，有关机构就对华洋义赈会的赈济工作有过赞扬，对民间合作运动大加扶持。财政部曾函电华洋义赈会，调查该会推行合作的经历，并指示该会对合作社要“随时督促，俾臻完善”[④]；1927年底，国民党人在考虑中国合作事业时，派出楼桐孙等从南京北上向华洋义赈会取经，考察其农村合作社工作。其后，楼氏成为国民党《合作社法》的主要起草者，该法吸收了华洋义赈会的经验。[⑤] 国民党人开始大规模吸取并

---

① 荣孟源编：《中国国民党历次代表大会及中央全会资料》，光明日报出版社1985年版，第134页。

② 同上书，第286页。

③ 梁思达：《河北省之信用合作》，1937年南开大学经济研究所毕业论文，第51—52页。

④ 参阅姜枫《抗战前国民党的农村合作运动》，《近代史研究》1990年第3期，第187页。

⑤ 《楼桐荪先生在台言论集》，台北：中国合作事业协会1965年版，第641—644页。

利用华洋义赈会的经验是在1931年。章元善说：由于在皖赣办赈的顺利，华洋义赈会把河北农村信用合作社制度引进到江淮流域，为普及到中国准备了条件。[①] 而正在江西"围剿"红军的蒋介石注意到义赈会的皖赣赈务，于1932年10月下令在其"剿总"指挥机构成立农村金融救济处，以举办信用合作社作为赈济江西以及豫鄂皖农村中战争难民的手段。其后，蒋又把合作社视为其"三分军事、七分政治"的"剿共"战略的组成部分，当作与共产党"土改"相对抗的农村政策之一。[②] 在国民党人及其领袖认可下，农村合作社在1935年正式成为官方运动。是年3月，国民政府在南京召开中国合作事业讨论会，规划农村合作政策；10月，国民政府在经委会下组织合作事业指导委员会，作为中国合作事业的总机关，聘请章元善作为5名常委之一；11月，国民政府又在实业部下成立合作司，作为领导合作事业的最高行政机关，借调章元善任司长。[③] 从此，华洋义赈会的合作社经验为国民党承接，并如经济学家何廉所言，合作社运动成了国民政府20世纪30年代发展中国农业经济的主要路线。[④]

（二）国民政府农村合作政策的逐步确立

国民政府农村合作政策经历了一个由宣传、鼓动到提案倡议、制定政策再全面实施的过程。1927年6月，南京国民政府一方面派人向华洋义赈会调查合作事业的功用，另一方面由合作界泰斗、被誉为"中国运动合作之父"的薛仙舟，拟定了近代中国第一个"中国合作化"方案；该方案秉承孙中山的三民主义精神原则，认为三民主义归结为民生主义，实现民生主义的最佳途径就是开展合作运动，从而把中国本土的三民主义与近代西方的合作主义有机结合起来了，并强调指出，要在中国范围内实现合作化，必须借助国家政权的力量。这个方案不仅确立了三民主义作为中国合作运动的理论基础，而且详细设计了在中国推行合作的具体步骤，并有提案提交当时的国民政府以冀实行，虽终以政权未固，未能见诸实施，

---

① 章元善：《华洋义赈会的合作事业》，《文史资料选辑》第81辑，文史资料出版社1983年版，第171页。

② 中国人民银行金融研究所：《中国农民银行》，中国财政经济出版社1980年版，第16—17页。

③ 章元善：《合作与经济建设》，商务印书馆1938年版，第24—26页。

④ Ho Franklin（何廉）、Paul Sih（ed.），*The Strenuous Decade; China's Nation-Building Efforts, 1927—1937*, New York; St. John' University Press, 1970, pp. 195—203.

然而，此举却对以后国民政府的合作政策的确立以及中国合作运动的实施产生了深远的影响。[①]

蒋介石曾经指出，合作运动应为改造中国农村社会诸种运动之总发动机。他指出："1928 年中央规定的七项运动，合作运动为其中之一；其他六项运动之进展，均有赖于合作运动以为之倡。如信用合作社之信用评定，即含有识字运动、国货运动及保甲运动之意义，又如利用合作社于农村生活之设施上，即保护卫生运动、筑路运动及造林运动。故合作运动非仅囿于合作而已，且为改造农村社会诸种运动之总发动机。"[②] 1928 年 2 月，国民党中央执行委员蒋介石、张静江、陈果夫等人在第 4 次全体执监会议上，联袂提出《组织合作运动委员会建议案》，指出：如何解决民生的问题是"今日最切要的问题"，而在众多解决方案中，合作运动是最稳妥，也是最合民生主义的方法；故此，"本党应特别提倡合作运动！应把合作运动的理论，切实研究起来、宣传起来，然后实行起来。"同年 4 月，中央委员朱霁青又向中央第 137 次政治会议递交议案书，建议政府"速令各省设立乡村合作社，颁布合作条例"。8 月，中国合作运动协会也向国民党中执委上呈《提倡合作运动案》，要求设立合作训练学院与合作运动委员会；选派合作人员出国考察；颁布合作法；中国学校注重有关合作的课程等。据粗略统计，1928—1930 年间，国民党要人和政府发布的与合作有关的议案和通令多达 19 项。[③] 这些足以表明合作制度已引起国民党高层的注意，并获得了较大的认同度。

在此种情况之下，1928 年底，国民党中央宣传部颁布了《七项运动宣传纲要》，将合作与识字、造林、保甲、卫生、提倡国货等运动合称为"七项运动"，要求各级党部切实加以推行。1929 年 3 月，国民党第三次中国代表大会通过了"训政时期"开展民众运动的 4 项原则，指出：民众运动，必须以民众在"社会生存上之需要为出发点"，中国农工已"有相当组织者，今后必须由本党协助之"；在此基础上，又对国民党工作的重点做出更明晰的规定："今后之民众运动，必须以扶持农

---

① 参见拙文《乌托邦还是理想——〈全国合作化方案〉论析》，《历史教学》2005 年第 5 期。

② 蒋介石：《农村合作社条例章程说明书》，秦孝仪《革命文献》第 84 辑，台北：中国国民党党史委员会编，1980 年版，第 219—220 页。

③ 陈岩松：《中华合作事业发展史》，台北：商务印书馆 1983 年版，第 158—159 页。

村教育、农村组织、合作运动及灌输农业新生产方法为主要之任务。”①此时的南京政府一方面在努力扭转所谓军政时期“民众运动于妄动暴动之境”的情况，把其纳入到国民党政权控制之中；另一方面又感悟到民众运动兴起的缘由，是因乡村经济的崩溃和民众生活之艰难。两者结合促使政府把合作运动作为改良中国农村的一个重要对策。因此，国民党“三大”的召开，标志着农村合作运动得到了正式承认，并且被确定为“训政时期”民众运动的一个重要组成部分，并要求地方政府执行。

1931 年 4 月，国民政府实业部因各地农村合作社逐渐增多，各省颁布的合作法规名称、内容不一，管理困难，特颁布《农村合作社暂行规程》，对合作社设立的条件、社员资格及社务做了具体规定，此为中国合作社法之前身，系第一部中国性质的合作法规；规定在合作社法未正式通过并公布以前，各地农民所组织的合作社均以此为根据。② 国民政府主导的中国统一性的农村合作政策得以初步确立。1931 年 5 月召开的国民党第三届中央第一次临时全会通过了《训政时期约法》，其第 34 条规定：“为发展农村经济，改善农民生活，增进佃农福利”，国家应积极“设立农业金融机构，奖励农村合作事业”；第 43 条又言：“为谋国民经济之发展，政府应提倡各种合作事业”。③ 这样，国民党中央第一次清楚表明合作事业为“训政时期”必行职责之一；农村合作事业首次在国家“根本大法”中得以确认。

二　地方政府农村合作政策的初步实施

南京国民政府在中国农村推行合作运动，有别于其农村合作政策的确立过程，从最初的提倡到最初实施，只经历了一个较短的过程；首先是以江浙两地方政府开其端，先后于 1928 年颁布章程、成立农民银行，组织

① 荣孟源主编：《中国国民党历次代表大会及中央全会资料》，光明日报出版社 1985 年版，第 635 页。

② 由于缺乏统一的合作行政机构来负责具体实施，国民政府实业部颁布《农村合作社暂行规章》实效不大，仅对没有颁发相应《合作社规程》的省份具有指导意义，且于随后的《合作社法》后，该《规章》就失去效力。参见伍玉璋《中华民国合作社法论》，《合作月刊》第 5 卷第 3 期（1933 年 3 月），第 3—5 页。

③ 荣孟源主编：《中国国民党历次代表大会及中央全会资料》，光明日报出版社 1985 年版，第 947—948 页。

合作社，发放合作贷款。1931年长江水灾后，国民政府水灾委员会以200余万元委托华洋义赈会仿照合作原则及其河北合作实验经验，举办皖赣湘等省农赈，以促成合作社机构的建立。1932年，南昌行营在“剿匪区”颁布章程，实施农村合作。这些都是国民政府开始的区域性合作事业试点。这一时期，各地基本上还是“各自为政”。至1934年3月1日，国民政府正式公布了《中华民国合作社法》，规定于1935年9月1日全面施行。在国民政府的推动下，农村合作运动在全中国得到了蓬勃发展，原本“由区域性、民间性的农村经济活动，转变成为一项复兴农村，促进国民经济建设的中国性、政策性运动。”[①]

（一）江浙先行、各地效尤

在国民政府合作政策的推动下，江苏与浙江两省最早实施了政府主导的农村合作事业。

1928年初夏，江苏省农矿厅正式发布了《江苏省合作社暂行条例》，农村合作社可取得法人资格，并受法律的保护。同年7月16日，江苏省政府又组建了“江苏省农民银行”，其宗旨“辅助农民经济之发展，以低利资金贷与农民”，也就是说，用实力来协助农民合作社的发展；为培养合作人才，农矿厅还开办了“合作指导员养成所”，训练了第一批合作指导员共73人。自此以后，中国“各省竞相仿效”，形成政府推行合作时期。浙江省则早于江苏省，于1927年底就颁布了中国第一部《合作社暂行条例》，但内容尚欠完善；1928年，浙江省建设厅计划成立“浙江省农民银行”，后虽因故未果，但将拟筹办农民银行的基金约50万元及合作贷款基金38万元，委托农工银行杭州分行代办农民贷款事项。到1929年，浙江省政府正式颁布《浙江省合作社规程》，对农村合作社作了更为详细的规定。

除江浙二省之外，江南诸省如赣、皖、湘、鄂等的合作运动，多为1931年长江水灾后农赈的结果。1931年夏天，江淮河汉同时泛滥，波及湖南、湖北、江西、安徽、江苏五省，受灾面积达7万平方英里，灾情特重，损失达20个亿。[②] 这种空前灾害的救济极为困难，国民政府在当年

① 陈秀卿：《华北农村信用合作运动》，台湾师范大学历史研究所1986年硕士论文，第171页。

② 参见金陵大学农学院《1931年水灾区域之经济调查》，《国民政府救济水灾委员会报告书》，1934年版，第2页。

的8月14日设立救济水灾委员会，专司其责。水灾委员会将救济工作分急赈、工赈和农赈三种：急赈为灾民筹措衣食住居应急，以保全生命；工赈为以工代赈，修筑堤岸，以防后患；农赈为灾后重建，采取低利贷款办法，辅助灾民修理农田渠道，购办农具和种子等。除江苏外，其他4省的农赈事项由救济水灾委员会委托华洋义赈会负责办理。华洋义赈会参照河北合作实验的办法，将救灾款项和小麦贷与农民，让农民组织"互助社"，以团体信用为担保，由社员共同负责。在组织实施"互助社"的同时，华洋义赈会即注意宣传农村合作事业，希望能将"互助社"改组为合作社。[①] 因此，自1931年8月至1933年10月，湘、鄂、皖、赣4省的合作社数由39家激增至2225家，社员人数也由9741人骤增到94096人。[②] 其增速甚至超过了江浙。

此外，中国各地区域性的合作运动还有1932年南昌行营颁行《"剿匪区"内各省农村合作委员会组织规程》，组织合作社；江西省农村合作委员会因此而成立。1932年以后，国民党在历次会议中都特别强调农村合作运动的重要性；就在1932年春，国民政府继续委托华洋义赈会，照皖、赣先例，接办湘、鄂两省农赈；同时，举办合作讲习会，将"互助社"先后改组为合作社。1933年，鄂、豫、皖、赣4省农民银行开业于汉口，以推行合作为其主要业务，协助4省农村合作社发展；同年1月，鄂豫皖三省"剿匪"司令部也颁布了《"剿匪区"内各省农村合作条例》及其《施行细则》，成立"农村金融救济处"，派农村善后辅导员指导农民组织"合作预备社"。在汉口还成立了"4省合作指导训练所"，招收鄂、豫、皖、赣4省中学以上的毕业生予以培训，结业后分赴各地指导合作；同年5月，国民政府行政院召集农村复兴委员会、福建闽西善后委员会，通过《闽西各县农村合作社条例》；9月，行政院设立"华北战区救济委员会"，办理察、冀农赈。此外，苏、浙、赣、鄂、湘等省的建设厅、实业厅或农矿厅都纷纷成立了合作事业指导室或合作事业指导委员会，以促进各自的农村合作运动。

此外，国民党第三届四中全会决议于经济设计委员会内设立合作运动

---

① 参见《国民政府救济水灾委员会报告书》，1934年版，第5章；华洋义赈会编《合作讯》百期特刊，1933年版，第969页。

② 方显庭：《中国之合作运动》，南开大学经济研究所1934年版，第12页。

委员会，专司研究、宣传、提倡及指导合作运动；工商部拟定合作运动实施方案，南京合作事业指导委员会公布《合作社暂行章程》。中央大学商学部及中央政治学校组织消费合作社。此后，山东、河北、湖南等省及上海、汉口等市也先后制定了各自的合作社暂行规程或条例，加入到国民政府推广的农村合作运动中。农村合作事业在中国各地的快速发展，既可说是南方各省合作事业的优点，同时也映现出中国其他地区推行农村合作运动之不易。

除国民政府及各地方政府积极举办农村合作社之外，私人、社会或学术团体及银行各界等对合作运动注意者也不乏其人，且成为推动合作运动的重要力量（有关乡村建设和民众教育等社会团体的合作事业，将在第四章第一节作全面讨论，而对银行界之合作事实，笔者准备在第七章第一节作进一步分析，此不赘述）。作为民间社会团体，华洋义赈会积极在除华北之外更为广阔的合作事业平台上表现自身的能力；在南方，作为一个独立的合作学术机构，中国合作学社几乎与国民政府的合作运动相始终，在近代中国合作运动中特别引人注目。中国合作学社在1928年12月22日成立于上海；其创始人多为早年平民学社的同仁如陈果夫、王世颖、寿勉成等，他们同为薛仙舟的弟子，同时也是国民党的重要成员。该社以“集中合作同志，研究合作学说，提倡合作运动”为宗旨，规定每年举行一次年会，发行堪与北方的《合作讯》相比肩的《合作月刊》，该月刊成为南方各省及国民政府合作事业的重要舆论阵地；学社成员陆续编译、出版其他各种合作运动的相关文字，以广泛宣传和讨论，故此，有学者论及中国合作学社的所作所为，其“有助于国内合作运动之发展者实多”。①

（二）国民政府实施农村合作的初步考察及评析

自国民政府提倡农村合作事业后，各省政府纷纷发布合作社组织暂行条例，致力推行农村合作，合作社组织乃“日见普遍，数量之增加，实可惊人”，尤其是20世纪30年代后，因各银行竞相办理农村合作贷款业务，故合作社数量增加的非常迅速。根据“中央农业实验所”的调查统计，中国农村合作社的社数，在1928年尚未达1千家，至1935

① 方显庭：《中国之合作运动》，南开大学经济研究所1934年版，第9页；寿勉成、郑厚博：《中国合作运动史》，正中书局1937年版，第165—186页。

年已超过2万6千家，增加近28倍之多；另一方面，社员人数由2万7千人增加至100万人以上，增加更达37倍之多。[①] 各年数据是：1931年底有合作社数1575家；1932年有2763家；1933年有6946家；1934年已增至14649家，已是1932年的3倍多。[②] 此后，中国合作社数增加的相当迅速。如以合作社之种类而论，则中国所有的合作社中，信用合作社类为最多。根据1931—1933年的统计，信用合作社占各该年合作社总数的4/5强；在其余的1/5中，按其相对重要性排列，则依次为：生产合作社、消费合作社、购买合作社、运销合作社、利用合作社等（参见表3—1）。

表3—1　　**1931—1933年中国合作社种类分配表**　　（单位：社）

种类	1931		1932		1933	
	社数	%	社数	%	社数	%
信用	1379	87.5	2213	80.1	5720	82.3
生产	86	5.5	204	7.4	304	4.4
消费	54	3.4	122	4.4	125	1.8
购买	32	2.0	54	2.0	129	1.9
运销	15	0.9	36	1.3	61	0.9
利用	9	0.6	133	4.8	35	0.5
保险	1	0.01	1		1	
储藏					7	0.01
其他					564	8.1
总计	1576	100	2763	100	6946	100

资料来源：1. 陈果夫《中国之合作运动》，中国合作学社1933年版，第9页；2. 方显庭《中国之合作运动》，南开大学经济研究所1934年版，第16页。

国民政府决定用政治力量来推行农村合作，将农村合作确定为国家政策，从而表现出与西方合作运动最显著的差异：一方面在原发地西方自下

① 薛暮桥：《农村合作运动和农产统制》，《中国农村》第2卷第12期（1936年12月），第57—58页。

② “中央统计处”编：《全国合作社统计》，编者印行，1933年，第1—9页。

而上由民众“自发”进行的合作运动，在中国是凭借行政力量以自上而下的“强制”路径来运作；另一方面也导致了合作社性质、“功能范畴”的变化，即西方最初由“弱者结合”而成的合作社仅具单纯的经济性质，多与政治无涉，而在中国则既要有挽救乡村衰败、缓解农人疾苦的经济功能，还要有配合“剿共”、“善后”与稳固乡村统治的政治、军事功能，更要有整合意识形态、强化基层民众对政府及其主张顺从或认同之功用。蒋介石在初倡合作时曾明言：“合作事业不但可以发展经济，解决民生问题，而且在政治上和社会上，可以使人民的精神能够团结，行动能够统一，力量能够集中，即以造成健全的现代社会，而成为新政治上的坚固基础。”①

总的来说，20 世纪 30 年代以前，国民政府由于忙于武力统一地方，尚未顾及经济建设，对合作运动基本上停留在理论的阐释、宣传，法令的制订和机构的初步建立阶段，由政府指导建立的合作社“尚属少见”。20 世纪 30 年代初，在世界经济危机、1931 年长江中下游大水灾和“九一八事变”的狂击下，中国乡村的社会矛盾更加突出，内乱不断，人民生活恶化，社会动荡不安。一时间，“救济农村、复兴农村”的口号成为最时髦的话语。从客观实际的需要来说，出于挽救农村经济和消灭内乱的双重目的，同时也为了迅速摆脱中央政权及财政的困境，国民政府加紧了推行合作运动的步伐。②

国民政府主导下的合作运动，无论从合作资源优势还是合作社的成长速度来看，都以江浙二省最具代表性。有数据显示，1929 至 1933 年的 5 年间，江苏省的合作社数由 309 家增至 1897 家，浙江省由 143 家增至 1072 家，分别增长了约 6 倍和 7 倍；从社员人数看，江苏省由 10971 人增至 56192 人，浙江省由 4524 人增至 29078 人，也分别增长了 5 倍和 6 倍多。江苏省社员缴纳的股金由 46371 元增至 473164 元，增长了 10 余倍；浙江省也不逊色，其社员股金由 17217 元增至 137002 元，几乎增长了 8 倍（参见表 3—2、表 3—3）。

---

① 蒋介石：《总理遗教六讲——地方自治开始实行法之解释》，秦孝仪主编《革命文献》（84），台北：中国国民党党史委员会编，1980 年版，第 213 页。

② 李金铮：《借贷关系与乡村变动——民国时期华北乡村借贷之研究》，河北大学出版社 2000 年版，第 170 页。

表 3—2　　江苏省合作事业历年统计表

年份	县份	各类合作社（家）							社员数（人）	股　金（元）
		信用	购买	生产	运销	兼营	利用	共计		
1929	20	280	15	20	4			309	10971	46371
1930	31	605	12	47	4			668	21175	96453
1931	50	949	42	160	7	59	9	1226	38280	266885
1932	51	1159	82	227	12	233	8	1721	53512	434312
1933	54	1277	96	241	29	236	18	1897	56192	473164

资料来源：1.《合作月刊》第 6 卷第 1 期，第 9—11 页；2. 方显庭：《中国之合作运动》，南开大学经济研究所 1934 年版，第 10 页。

表 3—3　　浙江省合作事业历年统计表

年份	县份	各类合作社（家）									社员数（人）	股金（元）
		信用	生产	运销	消费	兼营	保险	利用	共计			
1929	15	143							143	4524	17217	
1930	28	386		5	6	14		4	415	11909	56424	
1931	30	510		5	8	14		4	541	14268	63738	
1932	36	688	13	9	13		1	7	731	20219	96078	
1933	40	858	150	26	15		1	22	1072	29078	137002	

资料来源：1.《合作月刊》第 6 卷第 5 期，第 26 页；2. 方显庭：《中国之合作运动》，南开大学经济研究所 1934 年版，第 10 页。

由此可见，南方各省的合作事业从一开始就进展很快；与华北农村最初的“合作实验”相比，其合作社数量的增长速度十分明显，与华洋义赈会在华北农村合作运动的“相对迟缓”形成鲜明的对照。江浙两省 5 年间的信用合作社之外的其他类型合作社数量也增长迅速，江苏省由 1929 年的 39 家增至 1933 年的 620 家；浙江省则由 1930 年的 29 家增至 1933 年的 214 家，非信用类合作社不仅在数量有较大增加，占合作社结构的比重也得到了较为良好的调整。

三　乡村建设团体的合作实验

“乡村建设运动”是 20 世纪 20 年代末 30 年代初在中国兴起的一种以

乡村社会改进为重要内容的社会运动，其创导者为中华平民教育促进会、山东乡村建设研究院、江苏省教育学院、燕京大学社会学系、齐鲁大学、金陵大学农学院等一些社会性学术团体和教育机构。他们几乎都有共同的主张，即从乡村建设入手改造社会，拯救中国，故称其倡导的运动为“乡村建设运动”。这个运动兴起的原因如梁漱溟所言：“近几十年来的乡村破坏，中国文化不得不有一大转变，而有今日的乡村建设运动”。[①] 就合作社建设而言，在华北，继华洋义赈会之后，最为著名的要属晏阳初领导的中华平民教育会所创办的定县实验区、梁漱溟领导的山东乡村建设研究院所创办的邹平实验区以及燕京大学社会学系主持的清河乡村社会试验区等。

（一）中华平民教育促进会的“定县合作实验”

中华平民教育促进会（在本书简称为“平教会”）在河北省定县农村的“合作实验”衔接着近代以来定县社会变革史上的“翟城村治”和“模范县”改革，也展示了中国农村合作运动的独特风景。

1. 从“翟城村治”到“平民教育实验”

关于翟城村的村政改革，早在清末就已经启动。清末“新政”时期，处于中国首善区的直隶（今河北省）翟城村，受“新政”之风的熏染，在士绅米春明、米迪刚父子及村正米琢、村副徐进的带领下，改革村政，大兴新学，从而使“新政”之风吹到了社会基础，推动了乡村社会的变革。1914 年，孙发绪就任定县知事，提出在翟城村仿效日本办“模范村”。刚从日本留学归国、决心继承父志的新式知识分子米迪刚对此深表赞同，并创办了因利协社。[②] 孙发绪在筹办模范村事业的同时，又对定县县政进行了初步改革，但继任者“因政见各异”，数年间终无任何成就。[③] 1926 年，平教会进入定县，开始“平民教育实验时期”，情况才又发生了改变。

平教会是一个社会性学术团体，正式创立于 1923 年 6 月，总部设在

---

① 梁漱溟：《乡村建设大意》《梁漱溟全集》第 5 卷，山东人民出版社 1992 年版，第 604 页。

② 米鉴三：《翟城村为我国第一个农村信用合作社所在地》，《山西财经大学学报（哲学社会科学版）》1998 年第 3 期。实际上，民国初年，这种类似“因利协社”性质的民间借贷组织在各地一度兴起，有流通乡村金融的实际效果，由于带有较多的高利贷性质，且没有相应的法规给予规范，因此影响不大，而未被视为农村合作社。

③ 李伟中：《二十世纪三十年代县政建设实验研究》，人民出版社 2011 年版，第 73 页。

北平，其最初的参加者大多为主张“平民教育”的教育界人士及社会名流，留美归国的晏阳初担任总干事。1926 年，在晏阳初的领导下，平教会将工作重点由城市转向农村[①]，开始了乡村平民教育实验。1929 年 11 月，平教会在定县士绅的帮助下，将总会从北平搬到了定县县城，正式确定以定县为平民教育实验区，开始了集中实验的时期。平教会在定县设立实验区后，首先努力于文字教育，在各村开办平民学校，教授“千字课”，从事扫除文盲的工作。他们一方面教民众识字、写字等基本技能，另一方面灌输各种生活常识如卫生、农业、合作等，使人民对此类常识有了一个深刻印象。平民学校学生毕业后，纷纷组织同学会，团结农村青年，成为乡村各种建设的基本成员。各地成立的平民学校同学会，一致要求平教会参与乡村实际建设事业的指导与协助，定县合作运动从此开始了。[②]

平教会的生计教育工作，最初偏重于利用科学、改进农业生产技术[③]，后受华洋义赈会推展农村合作运动的影响，逐渐参与发展农村经济组织，开始办理合作事业。因此，定县的合作事业可分为先后两阶段：最早由华洋义赈会倡导组设，后为平教会自己倡导[④]；此前的 1927 年，平教会计划将调查农村固有的各种借贷组合及农家记账，制成各种农业经济统计表，以为创办合作社及各种农业经济组织的依据[⑤]。1932 年 1 月，平教会在定县成立了第一个合作社——高头村消费合作社；该社成立后，一

---

① 起源于五四运动前后的中国合作运动，在 1923 年开始由城市进入农村，而起源于五四运动时期的平民教育运动，大概在 1926 年才由城市转向农村；由共产党人领导的革命运动，实际上也几乎在同时由城市转向农村。这几项运动之间虽然并没有什么必然的联系，却不约而同地选择了向农村发展的大方向，这是一个非常有趣的问题，其间所蕴涵的特别意味，应值得深入探讨和总结。

② 姚石庵：《定县农村合作组织之发展》，《民间》半月刊第 3 卷第 3 期（1936 年 6 月 10 日），第 1 页。

③ 晏阳初：《中华平民教育促进会定县工作大概》，收入章元善、许仕廉合编《乡村建设实验》第 1 集，中华书局 1936 年版，第 59—60 页。

④ 1923 年，定县旱蝗成灾，华洋义赈会赴该县放赈，并提倡农村合作事业，先后成立了 16 家信用合作社。当时经华洋义赈会承认的只有 8 家。参阅华洋义赈会编印的《民国二十三年度赈务报告书》，转载于《合作讯》第 122 期，第 3 页。1935 年 1 月，华洋义赈会为定县各合作社进一步发展，并尊重平教会实验区域完整起见，将该会在定县所属的农村信用合作社，全部移交平教会。参阅《定县合作社移请平教会处理》，《合作讯》第 115 期，第 5 页。

⑤ 冯锐：《平教总会兴办乡村平民生计教育之理由方法及现状》，《教育杂志》第 19 卷第 9 号（1927 年），第 12 页。

面积极提倡合作教育，一面扩大业务，主办信用兼营购买。该村农民在入社后，享受购买价廉物美的物品及分配红利。“风声所动，邻村羡慕”，当地士绅纷纷要求平教会推广合作组织，定县广大农村合作运动的时机至此业已成熟。1932—1933 年间，定县受兵灾，又遭歉岁；粮食缺乏，金融停滞。1933 年 6 月，平教会指定姚石庵主持合作事业工作，在生计教育部内加设经济研究一组，聘请合作专家张天放、李泰，在合作指导员米支山、李惠桢、李维中等指导下，全县先后成立 40 余家合作社，社员 1 千余人，这些合作社主要是信用合作，兼营购买业务。定县农村合作事业有了初步基础。

2. 晏阳初的“合作理念”

晏阳初，曾在美国耶鲁大学获得学士、硕士和博士学位，1929 年举家迁往定县农村，开始了一生的乡村平民教育。晏阳初认为，中国农村社会落后的基本原因是“愚、贫、弱、私”，认为农民缺乏知识、生活贫困、体弱多病、不善团结与合作。为此，他有针对性地提出了 4 种教育方法，即以“文化教育治愚”，以“生计教育治贫”，以“卫生教育治弱”，以“公民教育治私”，采取学校、家庭、社会三种教育相结合的教育方式。① 合作理念是晏阳初平民教育思想的重要组成部分。他认为，教育使人民“知自救”，经济使人民“能自救”，而合作制度便是平民教育兼经济的最好自救办法。因此，推行合作事业，属于生计教育的一部分。晏阳初的生计教育主要从三个方面入手，在农业生产上，“应用农业科学，提高生产”；在农村工艺上，“除改良农民手工业外，并提倡其他副业，以充裕其经济生产能力”；在农村经济上，“利用合作方式教育农民，组织合作社、自助社等”。② 可以看出，组织合作社是平教会进行生计教育、挽救农民贫困的重要措施之一。

同时，晏阳初还认为，中国的元气在农村，农村运动“耸着巨大的铁肩，担着‘民族再造’的重大使命”。他说：“对于民族的衰老，要培养他的新生命；对于民族的堕落，要振拔他的新人格；对于民族的涣散，要促成他的新团结新组织”。他还强调：乡村建设应该是整个社会结构的建设，

---

① 晏阳初：《中国平民教育促进会定县工作大概》，《乡村建设实践》（1），中华书局 1935 年版。

② 章元善、许士廉编：《乡村建设实验》（1），中华书局 1935 年版，第 59—60 页。

其内容包括文化、教育、农业、经济、自治、自卫等各方面的工作，“各方面工作的发展，合起来便就是整个乡村建设事业的发展。”[①]“在农村办教育固然很重要，可是破产的农村非同时谋整个的建设不可。”[②] 就经济方面而言，中国所需要的新经济制度，应适合自身特殊的社会环境，具备以下三种特质：即农业经济的特质、民族经济的特质以及须能实行有计划的统一的经济制度的特质。在这种新的经济组织之下，最低限度应该做到：第一，民族经济生活的改进；第二，利益分配的公允；第三，生产消费的均衡；第四，免除竞争，使物价协调安定。为此，他强调“惟有从事合作”，在真正的合作基础上，树立人民“自有”、“自理”、“自享”的经济组织；中国合作经济制度的建立，必须先有一个通盘计划，再从小范围着手，即所谓“大处着眼，小处着手”。因此，根据当时的社会条件，在合作运动的发轫时期，中国社会最适合以县为单位。因为县多为整个生活单位，经济生活也比较一致；由全县而全省，而中国，逐步推广，顺序渐进。[③]

孙中山认为，在近代中国救亡图存的危机时刻，关键要“唤起民众”。“教育民众，训练民众，组织民众”，发挥民众应有的力量；民族自救在此，民族改造在此，乡村建设之使命也即在此。然而，如何从现有各地乡村工作中努力“唤起民众”呢？晏阳初指出，这既可从合作入手，也可从政治教育着手；因地制宜，因人而施，务须以科学方法来改进农民生活。他认为，如果中国四万万人都能运用农业技术及合作精神，就能百战百胜。“合作社决不是仅仅为借钱而已，而是养成农民合作的观念、习惯和技能”。[④] 在晏阳初看来，用合作的方法去组织民众，“唤起民众”，不仅站到了“民族自救”与“民族改造”的高度，而且更是乡村建设的历史使命的本义所在。

（二）燕京大学清河试验区的合作实验

1928 年，燕京大学接受了美国罗氏基金一项捐款，该校社会学系遂决定以北京清河镇为试验区。试验区由杨开道教授负责指导工作。

---

① 《十年来的中国乡村建设》，《晏阳初全集》（1），湖南教育出版社 1989 年版，第 565 页。

② 《中华平民教育促进会定县工作大概》，《晏阳初全集》（1），湖南教育出版社 1989 年版，第 246 页。

③ 寿勉成、郑厚博：《中国合作运动史》，正中书局 1937 年版，第 253—254 页；《晏院长在第三届代表大会训词》，见《定县农村合作社县联合社民国二十四年度报告书》（油印本），1936 年印行，第 1 页。

④ 晏阳初：《农村运动与民族自救》，《教育与民众》第 7 卷第 2 期，第 214—218 页。

1930年6月16日，清河试验区正式开幕，其区域包括宛平、昌平、良乡县及北平市郊约40个村庄，试验期7年，经费最初由燕大社会学系负责，后逐渐由地方筹集。试验初创时期，因经费有限，规模狭小，工作简单；其后规模逐渐扩大，事业日益发达。然而，当时并无指导机关，故其事业的管理与指导都比较紊乱。为纠正此弊，试验区于1932年添设合作指导部，并与北平的华洋义赈会合作，以充实试验区内的合作教育及经济能力。到1934年9月，试验区由原燕大社会学系改隶燕大农村建设科负责指导，试验区的组织机构得以健全，其工作人员主要有正副主任各1人及会计1人；主任之下设有经济、社会、卫生、研究4股，每股设股长1人，股员3、4人不等；由主任、会计及各股股长组成执行委员会，作为最高决策机构，以决定试验方针及一切工作推进方法；每月举行1次区务会议，由全体职员参加。为能进一步集思广益，该区特设有顾问委员会，聘请当地绅商、各机关代表及热心赞助该区事业者为委员，作为试验区重要的咨询机构。①

试验区在提倡合作事业之初，即拟有《七年计划大要》；规定在7年内，每村设立1处合作社，第1年在5个村庄中实行。先成立信用合作社，等到合作社组织完备之后，再成立1个合作社联合会，以扩大合作范围。从第2年后逐年增加，而且各合作社开办储蓄业务；第3年举办生产合作、消费合作及其他各种合作。该计划还规定每年开办短期合作讲习会1次，向各社社员灌输合作知识，促进各社社员相互了解与沟通信息，联络感情，从而为将来扩大合作运动奠定基础。到1936年底，该试验区共成立合作社28家，社员450人；除信用合作社之外，还成立了有生产、消费、公用等多种合作社；全区先后共举办合作讲习会3次；统一的县合作社联合社，也成立2年有余。从整体来看，清河试验区在一定程度上推动了中国农村合作事业，但其所涉范围小，又属于研究试验性质，故影响较小。

（三）邹平乡村建设研究院的合作试验

在邹平乡村建设试验区的基础上，山东乡村建设研究院倡导实施了邹平农村合作运动。1931年6月，山东乡村建设研究院在山东省邹平县成立，梁漱溟任院长。梁漱溟第一次明确提出了“乡村建设”的口号，“我

---

① 杨骏昌：《清河合作》，《农村》第2卷第1期，第32—33页。

们在邹平原来并不是教育，而是乡村建设实验。”[①] 山东省主席韩复渠后来接受了梁漱溟的建议，把新成立的机构命名为“山东乡村建设研究院”，划定邹平为乡村建设研究院的实验区，从而在中国首先扛起了“乡村建设”的旗帜。

1. 梁漱溟的合作主张[②]

梁漱溟，祖籍广西桂林，出生在北京。1922 年出版《东西文化及其哲学》，为其乡村建设理论奠定了基础。1929 年任河南村治学院教务长，1931 年在山东邹平创办乡村建设研究院，先后出版《中国民族自救运动之最后觉悟》、《乡村建设理论》等，提出一套完整的乡村建设理论。传统中国社会从来都是以乡村为本，如其所说，中国的国命“寄托在农业，寄托在乡村，所以他的苦乐痛痒也就在这个地方了。乡下人的痛苦，就是全中国人的痛苦；乡下人的好处，也就是全中国人的好处。”正因为乡村在中国社会中如此重要，故乡村建设就是“民族自救”的最后觉悟了，所以他提出的理论学说，也以“乡村建设理论”冠名并因此著名。

梁漱溟认为，中国最大的问题是“文化失调”，而要重塑中国文化，就必须从乡村建设开始，建立“乡农学校”，“以乡学代区公所，以村学代乡公所”，校长由乡长兼任。乡村建设主要包括经济、政治和文化教育三个方面，而首要任务就是要进行农村经济建设，发展农业生产。他指出，中国社会是以家庭为社会组织细胞的“伦理本位、职业分殊”的特殊社会；当时中国的根本问题，即在于旧的社会秩序已经崩溃，新的社会秩序又未建立，整个社会处于无序状态，以至“各方面或各人其力不相益而各想碍，所以不抵所毁，其进不逮其退”，因此，乡建运动的任务就是“重建一新组织构造，开出一新治道”。他还认为，乡村建设的重要意

① 梁漱溟：《乡村建设运动中的三大问题》，《梁漱溟全集》（5），山东人民出版社 1992 年版，第 633 页。

② 尽管梁漱溟是一个乡村建设的理论家与实践者，但从其发表的所有关于合作的文字来看，似乎只有较为独立的“合作主张”而没有所谓的“合作理论”。因为，在其仅有的几篇有关合作的文章中，《中国合作运动之路向》一文，可谓是其合作主张的集中体现了，但该文实际上只是在其乡村建设理论基础上的一个新的发挥。梁氏的合作主张丰富了或者说拓展了其乡村建设理论的内容，但就其合作主张而言，并没有上升到理论高度。这正如梁氏自己所言，他对合作并没有多少研究；这句话几乎是梁氏在其合作讲话中一再强调的开场白，其中固然含有谦逊之意，却更应视为其坦诚直言。因为这样理解，更符合他的坦诚、率真的一贯性格及其终生信守的人生信条。参阅《梁漱溟全集》第 5 卷，山东人民出版社 1989 年版及杨菲蓉著《梁漱溟合作理论与邹平合作运动》，重庆出版社 2001 年版。

义除了消极的救济旧乡村之外，更紧要的是积极地创造新文化。这个新文化就是以中国传统的儒家文化精神为主，并融会西洋思想的某些精华。梁氏建设乡村的具体方案是，继承和改造中国古老乡约，建立乡农学校，培养乡村组织，走由农业引发工业的经济建设之路。实现此方案的手段，一是教育，二是合作。合作符合中国人的精神，无论是发展农业，还是抵抗外国的侵略和压迫，都必须走合作之路，以自觉自动自发原则建设合作社。[①] 可见，组织合作社是梁漱溟进行乡村建设的一项非常重要的内容。他曾说："要想救济农民，或农民自救"，非"合作"莫办[②]；还说，"如果经济事实不逼着使人改变，则新社会习惯、新组织能力亦很难养成"。而合作组织可以改变中国人的心理习惯，训练培养新的能力，因此合作事业为邹平实验区改进农村经济的重心，亦为乡村建设的基础。具体说来，梁漱溟的合作主张如下：

第一，中国农村合作，要从生产合作、利用合作做起；合作从增值财富上着眼，但合作与营利适成一反比例，合作范围增多，营利就减少，并最终达到不营利。

第二，中国农村应由合作社来加强社会保障，因为合作社不仅是经济组织，同时也是伦理组织。

第三，中国农村要走从容自然的合作之道，自下而上，由近及远，自小渐大，自少而多，并逐步以合作来促进农业之社会化。

第四，赞成"合作主义"，主张为消费而生产，认为合作既是"手段"，也是"目的"；它一面有社会团体，一面有个人，故合作最终能达到个人与团体均衡的理想状态。

第五，中国社会需要合作，也容易走上合作之路；凡是农业社会，就需要走合作的路。中国产业的开发、技术的进步、分配问题的解决，都有待于合作。从大势上看，中国必然要成为一个合作国家。

第六，中国农村合作需要一个"总的脑筋"或全盘计划，而这"总的脑筋"就是代表国家的强有力的政府。

梁漱溟认为，资本主义、共产主义在当时决不适宜于中国社会；中国的路向，只须使分散的民众能集合起来，往前进展，走到那里适合，便站

---

① 梁漱溟：《梁漱溟全集》（1），山东人民出版社 1989 年版，第 611 页。

② 梁漱溟：《乡村建设理论》，乡屯书店 1937 年版，第 404—405 页。

住在那里，将来可共产方行共产，不可共产决不共产。理想的社会，决不如共产社会之团体过分抬高，而抹煞了个人，而要使个人与团体保持均衡；要达到社会的均衡，则唯有“合作主义”。他相信中国所需要的是合作主义，且唯有合作主义的经济制度，方适合于中国的需要，更以为中国在当时的社会环境下，没办法不走合作之路，同时也很容易走上合作之路。作为具有中国特色之乡村建设派领军人物，梁氏曾经指出：中国国民的经济基础是建筑在农村的，唯有将农村的各种问题一一解决了，使农村具备条件之后，才能产生近代的中国；唯有兴办合作，使农村有了组织，产业才能发展；农民有了购买力，工商业才能振兴，国家才能强盛。这是一条迂回曲折之路。①

2. 乡农学校的设立

根据梁漱溟的设计，山东乡村建设研究院的主要目标是成为乡村建设问题的研究中心、乡村建设干部的训练中心和吸收青年从事乡村工作的指导中心；故该研究院主要由三部分组成：乡村建设研究部、乡村服务人才训练部和乡村建设试验区。乡村建设研究部主要研究乡村建设理论，制定有关计划、方案和政策；乡村服务人才训练部主要训练到乡村去工作的乡村建设干部，乡村建设试验区则是为了推行乡村建设计划，使理论与实际结合起来而划定的实验区域。在最初阶段，邹平实验的主要工作就是社会改进，它主要从事三个方面，即培养乡村建设人才，组织乡农学校，发展农业生产，组织生产运销合作社。梁漱溟认识到“中国内地农民百分之八十不识字，知识极浅”，因此他把民众教育视为乡村建设的第一要务；乡村建设的重点是创办乡农学校（即乡学村学的前身），这是梁漱溟乡村建设实验的出发点，也是梁氏乡村建设理论的核心；他借鉴了北宋吕氏乡约的组织形式，吸收了有关社学、社仓、保甲等思想，并根据现代社会组织的需要，设计出一种新型乡村组织——乡农学校。它原非一般意义上的教育机关，而是组织乡农、再造乡村社会的一种形式；也不是一种狭义的教育事业，而是一种政治经济教育合一的综合体；它的对象是乡村各种不同程度、职业及年龄的农民，办学方式既是学校式的又是社会式的；其内容是为满足乡村农民的各种需要和解决农民本身所感觉到的各种问题，其

① 梁漱溟：《乡村建设理论》，乡屯书店 1937 年版，第 404—405 页。

旨趣非限于教导个别农民，而在推动社会、组织乡村。[①]

乡农学校分为高级部和普通部两部分。高级部设在人口繁密、经济较好的大村庄，主要招收乡村中略通文理、年龄在18—50之间的乡民；普通部在农村普遍设立，凡年龄在18—40之间的乡民均可报名入学。1931年冬，在梁漱溟亲自带领下，乡村建设研究院训练部第一届乡村服务人员到邹平县的第三、四、五、六、七区实习，开始了筹建乡农学校，并由训练部第一届毕业生组成了“乡村服务指导处”，派员分赴各县巡回指导。在乡农学校设立过程中，联络地方士绅以取得他们的信任和帮助最为重要；在邹平，至今还流传着一个“梁漱溟设茶会乡绅”的故事。[②] 乡农学校的活动包括读书识字、教授农业常识及陶冶精神等。陶冶精神指重视对乡民的礼俗教育；注重传统文化的精神陶炼是乡农学校教育的一大特点，也是梁漱溟文化重建努力的表现。在梁漱溟等人的努力下，乡农学校逐渐得到了乡绅和普通乡农的信赖和支持，“各地的农人当初视我们为‘老总’、‘党员’、‘官吏’，其后即改变态度，而以我们为老师、为朋友、为可信的人士。”[③] 据统计，到1932年11月，邹平共办有高级部16所，普通部75所，收教乡农3996名，乡农学校可谓取得了较快发展。[④]

3. 梁邹美棉运销合作社及其他合作事业

“促兴农业”是乡建实验的重要内容，也是乡农学校的主要活动。促进农业技术发展，包括“改良种子、防治病虫、改良农具、改良土壤、改良农产制造”等；改革农业经济的主要措施，是组织农村合作社，如信用合作、产销合作、消费合作等。从某种意义上来说，开展农业改良、组织产销合作社，应该是山东乡村建设研究院开启邹平实验的“一把钥匙”。在农副业改良有了初步进展后，为进一步完善农民生计，乡村建设研究院又开始发展乡村合作事业。邹平县的合作事业，始于1931年乡村建设研究院农场之“推广美棉，提倡造林，指导养蚕等事”。当时为免除商人掮客的剥削，邹平县组织了机织生产合作社、林业生产合作社、蚕业生产合作社、

① 素贞：《从试验县说道实验县》，《民间》第2卷第10期，第7页。

② 郭蒸晨：《梁漱溟设茶会乡绅》，萧乾主编《海岱寻踪》，上海书店出版社1994年版，第34—35页。

③ 杨效春：《从乡村教育的观点看山东乡村建设研究院》，《中华教育界》第25卷第5期。

④ 梁漱溟：《山东乡村建设研究院工作报告》，参阅章元善、许士廉编《乡村建设实验》(1)，中华书局1935年版，第34—35页。

美棉运销合作社[1]；其中，以美棉运销合作社成立最早，也最有代表性。

1932 年秋收后，乡村建设研究院以试验区内的美棉种植农家为社员，分村组织了美棉运销合作社 15 所，办起了乡村建设研究院在邹平组织的第一批合作社；10 月 1 日，各社以孙家镇（古称“梁邹”）为中心，成立了梁邹美棉运销合作社。该社的宗旨为：“办理事业区域内各村美棉运销事项，以促进乡村经济之发展为要。”其业务范围包括收购棉花、发放美棉贷款、美棉加工、运销及指导社员植棉等 5 项。梁邹美棉运销合作社规定社员按棉花种植面积入股，盈余按交易量（运销额）返还，社员股金不分红利。邹平美棉运销合作社成立初期，共有社员 219 人，棉田 667 亩，该合作社当年收到改良美棉花衣 6762 斤，普通美棉花衣 5532 斤，于 10 月 20 日集中装运卖与济南“中棉历记”，每百斤花衣比邹平市场价多卖 6 元，除去各项开支，加上轧花所得的棉种收入，每百斤改良美棉比在邹平出售多卖 8 元 3 角，比普通美棉多卖 6 元 3 角。[2] 由于让农民得到了实惠，第 2 年该合作社增加了很多人员。

此外，乡村建设研究院农场在邹平的桑蚕业改良合作、机织合作及林业合作等也取得了一些进展。乡村建设研究院农场以南部蚕业改进区的乡农学校为中心，邀请青岛大学农学院的蚕业专家到各乡传授蚕业改进技术，宣传蚕业合作。1932 年，邹平有 10 个村成立了幼稚饲育合作社，入社社员 271 户，研究院农场和抱印庄、遂家庄设立了合作催青室及三个稚蚕饲育表征指导室，推广了 593 张改良蚕种，并解决了桑树害虫和养蚕技术等问题。同年，乡村建设研究院农场又在第二区组织了南马山、郎君庄等九个林业公会，有会员 4500 余人，造林 1500 亩，植树 19450 颗，成绩也颇为可观。[3]

四　农贷机关与农村信用合作的发展

合作社是一种经济组织，农村合作运动与金融机构休戚相关。北洋政府时期，河北省农村信用合作社的经营资金来源单一而且数量不大，只有华洋义赈会拨付的合作基金，而农民贫困且无储蓄习惯，以致社内

---

① 邹平实验农村金融流通处编：《邹平农村金融实验工作报告》，山东乡村建设研究院 1936 年版，第 21 页。

② 乔政安：《梁邹美棉运销合作社概况》，《乡村建设》第 2 卷，“乡农学校”专号。

③ 《本院第一年进行概况》，《乡村建设》第 2 卷，“乡农学校”专号，第 35 页。

自集资金如存款、储金等数额相当小，此外，最大的因素是缺乏省或中央农民银行之类的金融机构，作为社外资金的供给管道。1927 年后的农村合作运动，虽列为政府的政策性工作之一，但在扶植之初，中央方面既无中国性的推行计划，亦未建立完善的农业金融系统，作为农村合作社业务经营的后盾，仅仅议决并制定了一些有关于农业金融的制度与法规。至于地方性质的农民银行，则大多由各省自行规划设置。20 世纪 30 年代初，在“资金归农”与“复兴农村经济”的呼声中，国民政府陆续增设全国性的农业金融机构；当时商业银行为销纳城市里过度膨胀的资金与迎合农民缺乏生产资金的需求下，竞相办理农村合作贷款，于是农村合作社数量激增，而其紊乱现象亦随时可见。下面讨论 20 世纪 30 年代风行一时的商业银行投资农村的问题以及政府陆续成立的农业贷款机关对于农村合作运动的影响。

（一）新式农业金融机构的设立

中国新式农业金融机构的发展，可以 1927 年为界限，分为前后两期：在北洋政府时期，农商部筹议摹仿欧美以及日本的农业金融制度，举办劝业银行以兴实业；1914 年，会同财政部呈准颁行《劝业银行条例》，组织办法多采自日本法规。因政局扰攘，条例虽颁定，计划也制订好了，却终未兴办。[①] 劝业银行的筹设未成事实，农村对金融的需求却日益迫切。财政总长周学熙有见于此，于 1915 年 10 月着手拟订《农工银行条例》并呈准公布施行[②]；该条列主张模仿德国农业银行的规制，以股份有限公司的形式普遍设立农工银行，旨在“通融资财、振兴农工业。”[③]《农工银行条例》公布后，即由财政部设立中国农工银行筹备处，并由部派筹办处议员咨行各省长官督及当地绅商，斟酌地方情形筹设各该省农工银行。今北京地区先后成立了通县农工银行、昌平农工银行、大宛农工银行（1918 年成立，1927 年改组为“中国农工银行”）、与农商银行等多所。[④]

以“农工”或“农商”为名成立的实业银行，实质上并无特定的农

① 杉木正幸：《土地金融论》“附录”，黄通、罗醒魂译，台北：正中书局 1961 年版，第 142—143 页。

② 杨荫溥等编：《中国之银行史料三种：京兆通县农工银行十年史》（1），台北：学海影印出版社 1972 年版，第 4—35 页。

③ 同上书，第 1—3 页。

④ 贾士毅：《民国财政史续编》，商务印书馆 1934 年版，第 86—87 页。

业金融业务，所经营业务与一般商业银行业务无异。农民贷款，一律需以不动产或土地抵押[①]，多数农民虽极需资金融通，由于条件不符，无法向农工或农商银行申请贷款。尤为特别的是，这些银行一反其创立宗旨，不但未使其资金用作农业放款，却积极从事工商实业的投资[②]；而一般私营银行，既是以供给工商业融资为主，更无意调剂农村金融了。直到华洋义赈会在河北各地举办农村信用合作社，成为替代“农工”与“农商”银行、调剂农业金融的一个机关。然而，华洋义赈会只是一个民间社会救济性团体，兴办信用合作社、促进农业生产的资金也相当有限，且不为当地政府所了解与扶助。值得庆幸的是，华北农村信用合作社的建立与经营，加强了农民的信用，农民取得了农业资金的周转与借贷，对当地农业生产的发展与社会稳定起到了良好作用。

南京国民政府成立后，中央及地方政府都注意到农村经济困难的严重性，也了解到救济农村金融与促进农村合作运动的切要性，于是采取重要措施，制订农业金融制度与法规，设立省农民银行及中国农民银行等，又联合银行界组织农本局，以统筹农村贷款事项和合作社资金，并倡导农业仓库等。

1929 年 12 月间，国民政府农矿部举行了中国第一次农政会议，决议设立中央农民金融局及颁布《农民银行条例》[③]；之后农矿部根据农政会议的决议事项，召集了第一次农业金融讨论委员会，分别讨论拟定中国农业金融制度法规及一切进行计划[④]，其中关于调剂农业资金方面，筹划于中央及各省县设立农业银行和农民银行分支机构，办理长期与中、短期贷款。“农业银行”旨在促进农林垦牧生产事业的发展，由中央政府筹款设置，以供给农民个人或团体组织的中长期生产资金为主；“农民银行”旨在改良农村经济，由各省政府或民间社团筹办，以通融农村合作社资金为主；并拟定在中央及各省县设立农业金融委员会，以指导监督中国及地方

---

① 杨荫溥等编：《中国之银行行史料三种：京兆通县农工银行十年史》（1），台北：学海影印出版社 1972 年版，第 127—128 页。

② 林和成：《民元来我国的农业金融》，参见朱斯煌主编《民国经济史》（上），银行学会、《银行周报》社 1948 年版，第 107 页。

③ 农矿部编：《农政会议纪略》，《农矿公报》第 20 期（1930 年 1 月 1 日），第 100—103 页。

④ 农矿部编：《本部工作报告及行政计划》，《农矿公报》第 22 期（1930 年 3 月 1 日），第 104—149 页。

的农业金融机构，同时旁采各国法规，参照中国习惯，厘订《中央农业金融委员会组织条例》、《中央农业银行条例》、《农民银行条例》等草案。[①] 然而，因政府机关改组——农矿部与工商部在1930年底合并为实业部，议决草案被搁置。

1931年6月1日，国民政府公布《训政时期约法》，规定"设立农业金融机构，奖励农村合作事业"[②]；国民政府实业部依此规定，拟定计划及条例，并于1932年11月间召集第二次农业金融讨论委员会，将农业金融制度计划初稿及有关法规等详加研究和补充，拟由政府先行设立中央农业银行筹备处，筹议农业金融推行计划，同时拟定筹措农业金融机构资金办法8项[③]，以促进中国农村经济的复苏。

由此可见，中央各方面对于农业金融机构的设立虽多关切，但实际组设农业金融机构尚少，因此至1937年全面抗战以前，中国还是缺乏完善的农业金融系统。而各省已设立的农业金融机构，大多由各省府自行筹办，多分布集中于经济发达地区，如江苏省在1928年即已设立农民银行，并组织农村金融救济委员会，筹办农民借贷所等[④]；浙江省则在1929年，与中国农工银行合作，办理各种农业生产放款，以贷给农民所组织的农村信用合作社为原则[⑤]，故农村合作事业进展颇速。

至于华北地区农业银行设立的情况，则较迟缓而且数量少。据吴承禧调查，1934年中国农业银行总数有总行20家，其中80%分布在华中地区；华北地区仅豫、冀、晋、鲁各有一家，且资本少，业务不健全，名义上虽以农工或农民为重，但真正的业务却不重农也不重工，有的转变为商业银行，以地产买卖或公债投机为务，或者努力于钞票的发行。[⑥] 因此，华北5省虽以信用合作社作为调剂农民资金的组织，因缺乏农业银行的支助，农

---

① 秦孝仪主编：《革命文献》第75辑，台北：中国国民党中央常委会1980年版，第66、98页。

② 《中华民国训政时期约法》"第三十四条第二项"，《国民政府公报》第786号（1931年6月1日公布），第8页。

③ 《实业部农业金融讨论委员会章程》，《实业部公报》第91、92期合刊（1932年10月15日），第36页。

④ 彭学沛：《农村复兴运动之鸟瞰》，《东方杂志》第32卷第1期（1935年1月1日），第4页。

⑤ 全国经济委员会编：《中国农业放款报告》，1933年版，第14—48页。

⑥ 吴承禧：《中国的农业银行》，千家驹编《中国农村经济论文集》，黎明书局1936年版，第184—185页。

村合作社的贷款资金来源一直不广裕；直到20世纪30年代初，银行界转向农村投资，于是商业资本成为华北5省推展农村合作的有力援助。

（二）商业资本流入农村

20世纪30年代初，中国国民经济在世界经济恐慌的狂潮侵袭下，也开始急速地衰败。西方各国为了解决自身经济的不景气与银价下跌的危机，不断向中国倾销商品，所实行的汇兑倾销和收买白银政策，使中国原本脆弱的民族工商业及穷困的农村经济社会，濒于崩溃。本来不注意于工商业投资的银行，更争相把经营投机做为唯一途径。

此时，中国的银行业所经营的投机事业计有三种：公债买卖、地产投资和标金买卖，尤以前两项最为盛行。但20世纪30年代因农村减租运动的高涨，地产业已不能容纳大量银行资本；到1934年，白银大量外流；政府实施币制改革后，标金投机买卖也大为困难。[①] 银行界为销纳巨额的烂头寸，不得不转变投资方向；此时，又正当农村金融枯竭、农民殷切需要资金之际，各银行为谋其自身出路，亟谋转往农村投资发展，但又担心个别农家信誉问题，不仅危及放款安全，而且将增加办理贷款成本费用，因见华洋义赈会办理农村合作事业颇有绩效，显示农民组织团体的信用程度颇为可靠，于是决定通过合作社组织，在农村兴办农业放款业务。

商业金融机构对于农村投资的尝试，始于上海商业储蓄银行。这家银行的业务在许多方面都可列于先驱地位，开辟了不少投资途径，农村投资便是其中之一。1931年3月该行与华洋义赈会订立“搭成放款合同”，以2万元试办农村合作贷款，效果良好；于是，1932年6月，款额增至5万元；1933年复增至10万元。[②] 1933年该行拟扩大农贷事业并加强农贷组织，特在总行设立“农业合作贷款部”，聘请农贷专家负责设计及指导农村放款事项，就各省办理较优的农村合作社，试行直接放款。根据上海商业储蓄银行1933年的业务报告，该行贷予农村合作社款额共约100余万元。该行初期试办的结果，不但放款能如期收回，而且获得相当可观的余利[③]，引得其

① 伊景湖：《论农村投资的勃兴和应有的方针》，《中国农村》第2卷第12期（1936年12月），第27页。

② 《上海银行提倡农村合作事业》，《农林新报》第10年第6期（1933年2月21日），第107—108页；《银行参加农业之先声》，《合作讯》第68期（1931年3月10日），第10页。

③ 吴承禧：《中国银行界的的农业金融》，《社会科学杂志》第6卷第3期（1935年9月），第470页；郑作动：《商业银行投资农村的检讨》，《农声月刊》第210—211期合刊（1937年9月），第1—2页。

他银行颇多仿行者。

继上海商业储蓄银行之后，积极兴办农村合作贷款的还有中国银行和金城银行。中国银行于1933年3月以2万元（年底增至5万元）参加华洋义赈会合作放款[①]，同年又以2万余元贷与山东历城县的平陵、掖县等处的农村合作社预备社。由于办理顺畅，该行更进一步地利用自己仓库的设备，做农产品抵押放款及农民小额抵押放款业务，同时也直接放款给农村合作社，并与山东省政府建设厅订立合同，以100万元办理棉花运销合作贷款，农贷业务大为扩展，放款额也逐年增多。[②] 金城银行于1933年4月，以5万元参加华洋义赈会合作放款[③]，并逐年扩大农贷额度；1934年该行与南开大学及定县平教会共同组织华北农产研究改进社，专司农业生产放款，并设立仓库，办理农产品抵押放款，同时也与北平借贷处合办农工商小额贷款。[④]

1933—1934年间，银行贷款农村实际上仍是少数现象。政府为进一步促进商业资本投资农村，公布《银行储蓄法》，规定"储蓄银行的农业放款，不得少于储蓄存款的1/5"。但该法公布之后，各银行纷纷抗议，认为各储蓄银行对农村放款不熟习，各地合作社未普遍设立或多未健全，农村放款固定资产不易收回，要求修改法令。[⑤]《储蓄银行法》受到银行界的抵制，银行机关仍各自从事农村投资活动。

商业资本在农村的投资活动，有一个值得注意的机构，即1935年由交通、金城、上海商业、浙江兴业及4省农民银行等5大银行组成的"中华农业合作贷款银行团"，此银团自称"以发展农业合作及服务社会为宗旨"，举办合作贷款。嗣后四行储蓄会、中南、大陆、国华、新华等银行相继加入该银团。银团第一期贷款额预定为3百万，暂定投放到陕西、山

---

① 《农利股报告》，《合作讯》第109期（1934年8月10日），第1页。

② 姚崧龄：《中国银行二十年发展史》，台北：传记文学社1976年版，第163—164页；符致逵：《商业银行对于农村放款问题》，《东方杂志》第32卷第2期（1935年11月16日），第2页。

③ 《农利股报告》，《合作讯》第109期（1934年8月10日），第1页。

④ 符致逵：《商业银行对于农村放款问题》，《东方杂志》第32卷第2期（1935年11月16日）第11页；郑作动：《商业银行投资农村的检讨》，《农声月刊》第210—211期合刊（1937年9月）第2页。

⑤ 《储蓄银行法》，《河北实业公报》第40期，河北实业厅编印（1934年8月），第6—11页；万钟庆：《银行投资农村与农业金融系统之我见》，《民间半月刊》第2卷第5期（1935年7月10日），第14页。

东、河南、河北等省，办理棉花运销合作贷款业务，以后再扩充其他的农业贷款项目。①

在“商资归农”的同时，国民政府也督促国家金融机构共同致力于复兴农村工作。先是1932年10月间，豫、鄂、皖三省“剿匪”司令部认为豫、鄂、皖、赣4省“收复区”农民生计艰难，极需设法救济。但救济农村经济，则必先调剂农业金融，在维护社会秩序的宗旨下，他们一面成立豫、鄂、皖三省农村金融救济处，先行举办各种紧急农村救济贷款，一面积极筹设4省农民银行，以从事农业金融的建设。② 1933年4月，4省农民银行成立后，即与“农村金融救济处”联合办理豫、鄂、皖等省的15个县属的农村合作社预备社紧急救济贷款。截至当年年底，放款额达50余万元，指导成立借款合作社预备社1300余家③，同时也举办农民动产抵押放款业务，并于1934年在河南省极力倡导组织合作社，推广合作贷款，扩大农业业务。

4省农民银行成立两年，即在调剂农村金融、扶持合作事业方面颇见成效。之后因业务区域逐年扩大，国民政府为统筹调节其他各省的农村金融及合作贷款业务，于1935年4月间，将其改组为“中国农民银行”④，同时增加资本，办理各种农贷业务；至1936年秋，该行农贷业务已分布至中国13个省之多，可见其发展之迅速。

以上仅就各公私银行办理农村放款的情形概略说明，但由此可知，20世纪20年代各公、私金融机构对于农贷经营由消极转为积极；论地域则由1省扩至10余省；论放款额则逐年增多，方式则由借助合作社组织贷款给农民的间接法，趋向于直接办理农民动产或不动产抵押放款，这种农贷经营的转变，对农村合作运动的发展深具影响，因此，探讨银行界在中国农村放款的状况及舆论的反应，就可了解商业资本流入农村的利弊。

---

① 《交通等银行组织中华农业贷款银团》，《农村合作月刊》第2卷第2期（1935年2月15日），第23—24页；李士佳：《中国农村金融问题》，《农声月刊》第209期（1937年7月），第48页。

② 李厚芬：《豫鄂皖三省农村金融救济概况》，《银行周报》第18卷第2期（1934年1月23日），第7页。

③ 《豫鄂皖赣四省农民银行第一、二次营业报告书》，《银行周报》第18卷第23期，第19—20页。

④ 姚公振：《中国农业金融史》，中国文化服务社1937年版，第218页；《中国农民银行条例》，《国民政府公报》第1759号（1935年6月5日），第1—4页。

（三）银行界在中国农村放款概况与舆论反应

各商业金融机构在农村投资的状况，迄今尚无详确的研究报告，以下从各银行农村放款的地域分布、农村放款的方式、及其带给农村经济的效益等三方面分析商业银行办理农村放款的利弊。吴承禧于1934年对商业银行举办农业贷款的区域分布情况作过调查（参见表3—4）。

表3—4　**商业银行在农村放款的区域分布情况表**（1934）

银行名称	投资省别
上海商业储蓄银行	苏、陕、皖、豫、浙、湘、晋、鲁、鄂
中国商业银行	苏、陕、皖、豫、浙、湘、冀、鲁
金城银行	陕、豫、冀、晋
交通银行	陕
浙江兴业银行	陕
大陆银行	冀
垦业银行	浙

资料来源：吴承禧《中国银行界的农业金融》，《社会科学杂志》第6卷第3期，第477页。

由表3—4可知，各银行的农贷范围统计仅有10个省，这些省均为重要产棉区，尤其是陕西关中一带，在20世纪30年代，治安尚称平靖，兼以新品种长绒棉花的播植成效良好，各商业银行在办理农贷，因以安全为条件、求利为目的的前提，及在当时开发西北的声浪下，故大都以陕西为其业务发展的重心，其次才是河北与河南等省。① 江浙两省因有省农民银行和各级县农民银行和借贷所，故商业银行对这两省的投资显得并不突出。可见商业银行在华北地区的农村放款投资，似乎占有相当的优势。

至于商业银行在农村放款的方式，可分为直接与间接两种。直接方式即由银行办理农业仓库，对农民行抵押放款；间接方式为银行借助信用合作社或产销合作社组织向农民发放贷款（参见表3—5）。各商业银行的放款方式虽各有不同，但大致可归纳为农产品储押放款、信用合作放款、产销合作放款、抵押借贷所放款及农民小额放款5种②，其中多数倾向承办

① 吴承禧：《中国银行界的的农业金融》，《社会科学杂志》第6卷第3期，第477—478页。

② 符致逵：《商业银行对于农村放款问题》，《东方杂志》第32卷第2期（1935年11月16日），第15—16页。

有实物担保且资金回收迅速的农产品储押放款与产销合作贷款业务，尤以办理华北棉运贷款为盛。至于信用合作贷款只是其中一部分的业务而已。

表 3—5　**商业银行的农贷方式（1934）**

银行名称	贷款途径
上海商业储蓄银行	产销合作社、信用合作社、仓库、农业贷款所、耕牛会等
中国银行	信用合作社，仓库
金城银行	棉花产销合作社，仓库
交通银行	棉花产销合作社
浙江兴业银行	棉花产销合作社

资料来源：吴承禧《中国银行业的农业金融》，《社会科学杂志》第 6 卷第 3 期，第 480 页。

各银行多以月息 1 分左右的低利率贷款[①]，办理农村放款业务；虽对农民有减少高利贷盘剥及农产品产销之间的剥削行为，促进乡间金融流通的部分利益，但同时也产生若干弊端。

第一，放款数额偏少。据估计，银行界在 1934 年农贷款项总计约有 1500—1600 万元，这对于农民及农业生产来说，仅有一时的救济作用，因为单就 1934 年的大旱灾，冀、豫、鲁、陕等 10 个省农作物损失就达 144500 余万元[②]，更何况各地农民所能借得的款额，平均不过 20 元左右[③]，依当时的粮价，面粉每百斤需 3 个银元，小米每百斤约需 4 个银元[④]，这样额度的贷款额仅够贴补农民的生活花费，如以银行对于农民或合作社放款，通常每年只有 1 次，且以 6 个月至 1 年的短期贷款为主，欲以如此有限度的贷款期及少量的金额，来促进农业生产，实嫌不足！

第二，分布不均衡。各银行对于农村的放款，往往选择富庶肥沃且有利可图的农村，彼此竞争办理合作贷款业务，而对于穷乡僻壤、需要资金急切的农村，反而裹足不前，结果农村资金的流通“偏于一隅”，农村合

① 符致逵：《商业银行对于农村放款问题》，《东方杂志》第 32 卷第 2 期（1935 年 11 月 16 日）第 19 页。

② 吴承禧：《民国二十三年度的中国银行界》，《东方杂志》第 32 卷第 2 期（1935 年 11 月 16 日），第 33 页。

③ 蔡斌咸：《所谓今日之农村放款》，《新中华杂志》第 2 卷第 22 期（1934 年 11 月 25 日），第 1 页。

④ 《北平粮行价目表》，《合作讯》第 107 期（1934 年 6 月 10 日），第 15 页。

作社未能普遍得到商资的援助。[①]

第三，擅自组织合作社。某些银行认为，农村合作社的发展过于缓慢，于是径自指导农民组织合作社，希望在短时间内，利用这些仓促建立的农民团体，作为银行放款的对象；甚至设置农业仓库，操纵农产品买卖价格以牟利。[②] 因此，银行实际的农村贷款业务，并未按政府设想的发展，不仅未能使“资金归农”，反倒影响农村合作运动的正常进展。虽然，银行界也有持合理态度者，明白指导农村合作社是“社会事业”，银行只负责贷款工作，无须干涉合作组织[③]，但这毕竟是少数，无法改变整个银行界的趋利避害的本能做法。

银行投资农村的行为受到了社会舆论各界的普遍关注。舆论一则对于都市与农村经济能互相交流，农村金融得以在都市过剩游资资助下，逐渐复生，且使农村合作社能因之稳固，表示乐观态度；同时也怀疑商资流入农村，未必是农村金融的利好消息，有时反会成为农村金融的大害，甚至会使“合作社沦为金融资本掠夺农民经营的有利工具”。1935 年，舆论在发现银行界迳行组织合作社以谋利的行为后，《北平晨报》发表社论，严厉批判银行界放款动机不良，并呼吁政府干预防范农村合作运动走入歧途。[④]

国民政府对商资流入农村，影响农村合作运动发展的情势及其间接对农民造成盘剥的现象，表示关切并加以限制。1935 年 4 月 12 日，军事委员会委员长行营会发布训令，饬令豫、鄂、皖、赣 4 省政府严加取缔银行以合作贷款之名，贱价预约收买农产品，掠取农民利益的不法行为，并禁止银行巧立名目，自行派员分赴各处，劝诱农民组织合作社。[⑤] 又在 1935 年间举行的中国合作事业讨论会中，决议凡银行以农业为名而不从事农业贷款业务的，应予以有效取缔；凡一地有若干放款机关共同从事农村放款

---

① 邹枋：《农村放款中的几个实际问题》，《银行周报》第 19 卷第 5 期（1935 年 2 月 12 日），第 1—9 页。

② 章元善：《商资与合作》，《民间》半月刊第 2 卷第 1 期（1935 年 5 月 10 日），第 9 页。

③ 章元善：《商资与合作》，《民间》半月刊第 2 卷第 1 期（1935 年 5 月 10 日），第 8—9 页；冯和法：《商业高利贷宰制下之中国农村金融》，《前途杂志》第 1 卷第 9 期（1933 年 9 月 1 日），第 25 页。

④ 《农村放款应及早统制》，《北平晨报》之“社论”，1935 年 4 月 12 日。

⑤ 《关于银行放款农村的政令与舆论》，《合作讯》第 118 期（1935 年 5 月 10 日），第 8 页。

者，政府为避免重复或偏枯起见，得召集放款机关议定调整办法[①]；同时通过王志莘等人提出的“合作金融系统案”。王氏提案拟逐步建立中央、省市及县市的合作银行系统，使一切的农村放款都经过合作金融系统，做到有计划的分配，并维护农民利益，以防商业金融机构对农村放款之流弊。[②] 这些议决案或措施，诚为国民政府察觉农贷弊端后所应采取若干因应之对策。

另外，国民政府也认识到商业银行对于农村投资的不稳定性，即一般商业银行在资金充裕时，愿意将资金投资于农村；但在银根紧缩时，也无法顾全农村经济，譬如银行界在1935年间，因世界性金融恐慌而减少本已不多的农村放款金额。上海商业储蓄银行原预定农贷总额400万元，而实放仅有270余万元；中华农业合作贷款银团原定放款额为300万元，结果只放出80余万元，还不到预定额的1/3。[③] 可见，银行界已逐渐冷却对农村投资的热忱。而这些银行一旦停止对农民的合作放款，对农村合作运动的发展影响巨大。于是，在1936年6月，由国民政府实业部联合国内各银行组织“农本局”，预计5年内筹足固定资金及合放资金各3千万元[④]，以统筹各银行散漫的农贷业务，并拟通盘策划农业金融系统，及辅助各省县组设合作金库，以稳固农村合作社资金来源，扶持合作组织健全的发展；因此，在同年年底，国民政府实业部明令公布组设《合作金库规程》[⑤]，为建立合作金融体系迈出了第一步。

农本局自1936年9月17日正式成立，经过种种准备，至1937年1月开始推动各种业务，在华北地区择山东的济宁、寿光及河北定县为辅设合作金库的试办县份[⑥]，只是未及推广至他县，抗日战争全面爆发，农本局并未发挥调剂华北五省的农业金融与合作事业的实际作用。

国民政府时期，辅助农村合作运动发展的各农业金融机构并未形成一个完善的系统。既没有横向的中、长期的贷款机关，又缺乏一个在纵向上强有力的中心系统；而商业资本在农村的投资活动，也或多或少妨碍合作

① 李景汉：《中国农村金融与农村合作问题》，《东方杂志》第33卷第7期，第18页。

② 王志莘、万钟庆等：《银行投资农村与农业金融系统之我见》，《合作月刊》第6卷第3期，第12—13页。

③ 吴承禧：《民国二十四年度的中国银行界》，《东方杂志》第33卷第7期，第84—85页。

④ 《农本局定期成立》，《银行周报》第20卷第18期，第1—2页。

⑤ 《合作金库规程》，《实业部公报》第312期，第25—27页。

⑥ 姚公振：《中国农业金融史》，中国文化服务社1937年版，第275页。

运动的正常进展。但不可否认的是：当时华北地区农村合作组织的成长，得力于政府当局与商业资本的倡助。

第二节　华北地方政府主导下的农村合作

纵观20世纪30年代初期中国的合作运动，在国民政府合作政策的号召下，南方以江、浙、皖、赣、湘、鄂6省较有进步，在华北则“以冀、鲁二省最为发达”。[①] 不过，华北诸省因国民革命进程的影响，实际受国民政府控治的时间稍晚，故其以政府推进合作运动的时间比南方相应要晚一些。由于国民政府最初推动农村合作事业，并没有全国性的执行机构，就合作行政而言，完全是“各省为治”。华北各省情形也大体如此。其中，冀、鲁2省政府是从1929年才开始真正进入到各自合作事业的推进中。

一　华北各省农村合作的实施概况

如前所述，华北各省政府实施农村合作，有着比江、浙较为良好的基础——华洋义赈会在华北农村合作运动业已得到了初步发展。早在1929年初，河北省政府就考虑接收华洋义赈会系统的合作事业，于是成立了一个合作事业指导委员会，调查接管华洋义赈会系统合作社的可能性；同时，发布《河北省合作社暂行条例》，明确规定：境内所有合作社须向省政府登记，否则取消原已承认的资格。这表明，河北省政府已有主导农村合作运动的现实愿望。地方政府的这种意愿实际上与华洋义赈会的设想，即与政府和社会各界共同辅助农村合作事业是一致的。华北农村合作运动与南方各省农村合作运动所不同的是，政府只是主导合作行政，原有指导机关协助指导，由银行贷款和合作社自集资金提供合作放款。

一般来说，华北各地方政府实施合作运动有其“三步曲”：第一，合作行政主管机关的确立；第二，颁布《农村合作社暂行条例》；第三，合作基金或农贷资金机关的设立。然而，华北地区因华洋义赈会创导的“合作实验”而奠定了深厚基础；且受华洋义赈会指导农村合作方式的影响，各省在实施其农村合作时，大都有着与江南各省同样的“三步曲”：

---

① 方显庭：《中国之合作运动》，南开大学经济研究所1934年版，第14页。

首先确立省政府的合作行政主管机关如合作事业指导委员会、建设厅合作课等，负责该省合作事业的规划与设计、合作社的登记考核等；其次颁布《农村合作社章程》等，以谋求农村合作社的法律地位；再就是积极开展合作教育或合作人才训练，至于合作基金或农贷资金的来源，因各地财政紧张，多为外界银行的农村投资（包括纯粹商业银行的金融资本和国家农业金融机构的合作放款两部分）和农村合作社的自集资金等；因而，就实施步骤而言，华北各地方政府基本上沿着国民政府农村合作政策的大政方向前进，只是缺乏必要的合作金融设施而已。下面仅以河北、山东两省的合作事业实施情况，略加说明。

（一）河北省

河北省由国民政府推行的合作事业始于 1929 年。最初由农矿厅（1931 年与工商厅合并为实业厅，1934 年底再并入建设厅）将农村合作列为政务之一，1930 年由省政府工商、农矿两厅设立河北省合作事业指导委员会，在各县设“合作指导员”，兼负合作技术与合作行政之责。该会聘华洋义赈会总干事章元善及杨性存、董时进等为委员，参与其事①；并会同华洋义赈会订定合作社登记办法，将经华洋义赈会历年指导成立各合作社补行登记，以资由法规统筹保障。② 从此，河北省的农村合作事业，凡有关合作社申请许可设立、成立登记等诸行政事项，皆由省府机关办理；至于合作事业之促进与指导工作，则大体上仍由华洋义赈会依据实际情形的需要，负责规划办理。该委员会主要从培养合作指导人才着手，首先与北京大学法学院合办合作讲习班，要求交通便利各县选送学员入班学习；1930 年春，毕业生共 30 人，均由该厅分发回原县、派任合作或农业指导员。1930 年 10 月，河北省政府委员会第 171 次会议通过《河北省合作社暂行条例》，做为建立合作社的规则。于是，河北省的合作事业获得了应有的法律地位。③ 该省还同时制定农村信用合作社、消费合作社等模范章程和组织程序，分发各县进行倡导④。1934 年 8 月，省实业厅为发

① 《河北省政府积极办合作》，《合作讯》第 58 期（1930 年 5 月 10 日），第 3—4 页。

② 《登记办法大体已定》，《合作讯》第 63 期（1930 年 10 月 10 日），第 2—4 页。

③ 马森年：《河北省农村合作事业概况》，《河北月刊》第 3 卷第 10 期（1935 年 10 月），第 1 页；蒋汝中：《最近三年河北实业议案辑要》，《河北月刊》第 3 卷第 10 期，第 10 页。

④ 《农村信用合作社模范章程、消费合作社模范章程》，《河北农矿公报》第 9 号，第 19—27 页。

展河北省合作事业，将大成职业学校高级农村合作科当年毕业生 48 人，派赴各县担任指导员；同年，国民党河北省党部也从大成职业学校毕业生中增派 20 名赴各县担任指导工作。自是以后，河北省政府对合作事业的注意颇为努力。统计数据显示，自从河北省合作事业指导委员会设立后，河北信用合作社的数量大增，自该年以迄 1936 年 7 月间，社数由 946 家增至 4737 家，社员人数自 25727 人增至 122110 人。[①]

河北省内其他具有政府性质的合作指导（推进）机关，还有 1934 年由华北战区救济委员会演变而来的“华北农业合作事业指导委员会”[②]，1935 年成立的隶属于中国经济委员会棉业统制委员会且负责指导河北棉业改良和棉花产销合作社的“河北棉产改进社”[③]，以及 1935 年 8 月由河北棉业改进所与河北省政府、实业部天津商品检验局、北宁铁路管理局、华北农业合作事业指导委员会、华北农产研究改进社共同组成的“河北省棉产改进会”。[④] 这些半官方性质的合作指导机构在各自不同区域或行业内均发挥了各自积极的作用，成为华北农村合作运动的重要推动力量。据统计，到 1936 年 12 月，仅由河北省棉产改进会指导协助的棉花产销合作社已达 702 家，社员 17975 人。[⑤]

（二）山东省

山东省政府倡导的合作事业以 1929 年 6 月山东省政府农矿厅在泰安成立第一届合作指导人员养成所为发轫。从合作行政管理机构来看，“虽早已设立，却变动频繁”；最初由省政府农矿厅于 1929 年 10 月设立“合作事业指导委员会”，总揽全省合作行政，同时负责实际的指导工作；1930 年后，改由省政府实业厅负责合作社的推动和整理工作。该厅于 1932 年举办农村合作人员训练班，期满派赴各县推行合作事业。1933 年，实业厅并于建设厅，并重组合作事业指导委员会，改隶于建设厅；1934

① 梁思达：《河北省之信用合作》，1937 年南开大学经济研究所毕业论文，第 63 页。

② 华北农业合作事业指导委员会是一个横跨冀、察两省的省际合作行政机关，有关内容详见第六章第二节“地方各级合作行政机关”，此不赘述。

③ 该社当年（1935）就在邯郸、安次、漕河、军粮城等指导区组织合作社 21 家，社员 2088 人。

④ 该会除了由金城银行、南开大学、平教会组成的华北农产研究改进社外，基本上是一个官方机构。

⑤ 《河北省棉产改进会民国二十五年度工作报告》，1937 年印行，第 152 页“附录”第 33 页。

年，建设厅决定“另辟门径，推行合作事业先以特种生产为对象”，其指导制度也略有变化，即一地如有组织合作社之必要，建设厅就派合作事业指导委员会委员担任总指导，并调附近各县合作指导员前往协作。[①] 1936年3月，山东省“合作事业指导委员会”又被改组为“合作事业指导处”；不久，指导处被缩减为建设厅合作科，厅下又设合作事业巡回指导队三队，分赴各县任督导工作，并饬令各县政府设合作指导室。[②] 自此，山东省主管合作事业的行政系统确立。

山东省以合作教育为其合作事业的发端。1929年6月，山东省政府农矿厅在泰安成立第一届合作指导人员养成所，招收学生70余人；该批毕业学员被派赴各地组织合作社，因属初次提倡，成效并不太理想。1932年，实业厅举办“农村合作人员训练班”，招收中等学校毕业生，施以短期合作训练后，分派到各县充任县合作指导员，驻各县政府建设局，负责指导民众组设合作社，每县设合作指导员1名。同年11月，山东省政府公布《山东省合作社暂行章程》，确立了合作社的法律地位；饬令各县充实农民贷款所基金，贷给经营生产之合作社，以扶助农民经济的发展。[③] 从此，山东农村合作事业逐渐起步。据当时的“中央农业实验所”的调查，山东省自推行合作事业之后，在1931—1933年，其合作社总数居中国第4位，次于苏、冀、浙省的情况，到1934—1936年，跃居中国第二位，仅次于河北省。[④]

此外，山东乡村建设研究院对合作事业也极为注意，举凡该省合作人员的培养、合作组织的研究设计等均受到了该省乡村建设研究院的鼎力协助。因此，山东推行合作事业“仍有其特殊成就”，尤其表现为该省乡村建设研究院在邹平的合作实验。有关内容将在第四章第三节展开，此不赘述。

二 农村合作社的扩展——以华洋义赈会为中心

从华洋义赈会在河北省办理合作社的情况来看，自1923年6月香河

① 山东合作学会：《山东合作运动概况报告》，《合作月刊》第6卷第11、12期合刊（1934年10月）。

② 《山东省合作事业指导委员会章程》，《山东建设月刊》第4卷第1期（1934年1月），第3—5页。

③ 黄幹桥：《本省合作事业三月来之观察》，《山东农矿公报》第13期（1930年1月），第3—4页。

④ “中央农业实验所”编：《农情报告》第5卷第2期，第41页。

县成立了农村信用合作社后，当年增加到8家；1927年，华洋义赈会的合作社实验进入了新的发展。该会决定开始让农民自己领导地方一级的合作事业，把整个运动推入新阶段。这一年，河北省合作社发展到561家，涉及54个县；1930年，总社数发展到946家，分布达68个县；总社员人数为25727人；1931年，合作社数量因严格考核而略有下降，计903家，但合作社的社员股金额达25886元，资本总额达68336.33元，依然呈增长之势（参见表3—6）。

表3—6 **华北农村合作事业历年发展情况一览表**（1923—1931）

年份	社数	社员数（人）	社股	股款（元）	资本总额（元）	县数	备注
1923	8	256	176	286	286	8	1. 合作社和社员数均包括未承认社；2. 社股和资本总额均为当年年底统计数字。
1924	11	450	462	735	3739	10	
1925	100	2332	2100	3523	10281.82	24	
1926	317	8032	6682	11703	31453.47	43	
1927	561	13190	11954	20697.96	39349.32	56	
1928	604	15031	16373	23930.8	34597.89	58	
1929	818	21934	22324	35688.25	45277.27	61	
1930	946	25727	24644	45748.25	66835.54	68	
1931	903	25633	25886	45858.2	68336.33	67	

资料来源：华洋义赈会编《总会1936年度赈务报告书》，1937年，第25页。

从表3—6来看，华洋义赈会在河北省的农村信用合作社逐年增长，各地农民也逐渐自动组织起来。为促使更多的农民能自己办社，该会在1927年10月举办了第一届为期3个月的合作领袖人才讲习会，从28个县132名有1年以上合作社经验的报考者中遴选了40人，在北京郊区由华洋义赈会专家及燕京大学和清华学校的教授培训。①让农民有自己的领袖是华洋义赈会自始即有的方针，也是农村合作运动的发展趋势使然。面对越来越多的合作社，该会已有人手不足之感，需要农民自己负起合作社的责任。当农村合作社组织已然成为一场运动时（1926），华洋义赈会为了

① China International Famine Relief Commission, *Annual Report*, 1927, Peiking, 1928, pp. 7-23.

进一步将同一地区的合作社组织起来，加强区域间合作社的合作，决议按照“雷发巽”原则，在条件成熟的地方组织合作社联合会（联社），期望使农村信用合作社地方联合会成为地方合作运动的领导机关，指导和巡查农村合作社；同时也成为”与合作社的中介，发放和回收华洋义赈会的贷款。该决议很快得到了不少合作社的响应，1927 年，安平县西南区、涞水县西北区、深泽县西区的农村信用合作社组织了 3 个联合社。这批地方联合社成立后，虽因缺乏相应的指导与协助，维持时间较短，“为期不过一年”，但留下了组织地方联合会的经验和教训，为后来农村地方联合会的成熟发展提供了最早的演练机会和场所。[①] 此后，华洋义赈会制定详细章程，加以切实指导；至 1933 年，已有 16 个县共建立了 22 个联合会。[②]

从表 3—6 可知，河北省合作社数量在 1930—1931 年间有了下降（由 946 家降至 903 家，减少了 43 家），这或许是由于官方欲接管合作社的传言造成的，或许是该会新推行的考绩制度所致。1930 年，河北省政府成立了“河北省合作事业指导委员会”，聘请华洋义赈会总干事章元善和合作指导员杨性存为委员，并要求所有合作社向政府登记。[③] 鉴于官方显示了提倡和管理合作社的意愿，华洋义赈会认为，自己在河北的合作防灾实验已告完成，决定停止成立新社，整顿已有旧社，以便向政府移交。同时，该会决定把合作事业推广到山东。至 1930 年底，华洋义赈会已在山东协助农民建立了 59 家合作社。然而，河北省政府并没有在行政上和财政上显示出能够完成接管合作社的任务，因此，在停止和整顿了一段时间后，华洋义赈会在 1931 年又继续推广其在河北的合作事业。

在华洋义赈会指导下的合作社除了在数量、地域上的扩展外，还有业务方面的扩展。在开始倡导建立农村合作社的时候，计划先从指导农民组织信用合作社入手，再扩展到运销、供给、公用等业务。1927 年 7 月，该会协助安平县王家庄信用合作社试办“发业运销合作”，可视为第一次业务扩展，但规模不大；大规模的运销合作业务是河北的棉花运

---

① 有关“农村合作社联合会”，可参阅张镜予《中国农村信用合作运动》第 13 章“农村信用合作社地方联合会”，商务印书馆 1930 年版，第 201—219 页。

② 华洋义赈会：《十年合作事业大事记》，1933 年刊行，第 11 页。

③ 同上书，第 6 页。

销。由于河北省是国内重要的产棉区，而当时棉花总产量小，棉农无力待价而沽，被迫将皮棉卖给中间商，多劳少获，备受剥削。1932 年，该会说服产棉区的合作社自办运销，并派人协助，让棉农自办包装、运输，制止搀水搀杂，严格分等，树立市场信用，把产品直接卖给纱厂。到 1937 年 3 月，河北省共有 18 家联合社开办了棉花运销业务，5 年中运到天津销售的棉花达 10555 包。信用合作社的兼营业务除运销外，还有供给、仓储等。[①]

华洋义赈会规定：合作指导人员“应随时指导各社、各联会，在可能范围内兴办切身需要各种公益事业”，在“推行合作之时，应以物质增进及精神陶冶并重。庶于合作之推行，同时国民道德亦有向上之趋势与实践之机会。”[②] 因此，许多合作社不仅举办了多种公益事业，事实上还成了农村中举办各种公益事业的中心机构。

华洋义赈会在取得以上成绩的同时，始终坚持了以下原则：第一，合作社给社员贷放必要的生产资金、为社员储蓄和举办他种附属及兼营事业；第二，社员入社须年满 20 岁，认购社股、缴纳股金，并要 2 名社员介绍，使社员发生密切关系；第三，合作社收受存款以增加对社员的放款能力，社员对社中债务负有无限责任，即每个社员均以全部财产为整个合作社的债务保证，使彼此发生连带关系，巩固社员信用；第四，社员大会、理事会、监视会都必须定期召开，以处理合作社各种有关事务；第五，社中盈利，部分拨付开支，部分拨为公积金，开展公益事业。[③] 因此，合作社除了数量的增长之外，在“质”的提升方面也出现了良好势头。

最初，一受条件所限，二为各地社员并未能了解信用合作社的目的及业务范围，因此视“放款”为唯一业务；如涞水县第一信用合作社、定县悟村信用合作社、通县第一信用合作社等等，均以放款为唯一营业项目。[④] 华洋义赈会因合作社尚在草创阶段，对于储蓄、存款等业务尚未多加宣传；后来认识到：“唯有鼓励农民储蓄，才能达到农民自助互

① 参见李文伯《河北省之棉花运销合作》，1937 年南开大学经济研究所毕业论文，第 129 页。

② 《乡村建设实验》（2），中华书局 1935 年版，第 405—406 页。

③ 华洋义赈会编：《农村信用合作社章则》第 8 辑，1933 年刊行，第 14—18 页。

④ 《各合作社内容现状报告表》，《合作讯》第 1 期，第 6 页。

助之目的"，于是自1925年8月起，华洋义赈会督导各合作社开办小额零星的储蓄及各项存款业务。[①] 到1928年底，有储蓄业务的合作社43家，储金结存2千余元，每社平均5.84元；定期存款3千余元，每社平均约84.05元[②]；由此可见，农村信用合作社储金与存款业务情况，虽未成为农村合作社的主要业务，但随着合作事业的发展已不断壮大。

华洋义赈会对合作社"质"的考察，既要业务发达，又能社务健全；社务健全就包括社员的构成、社员信用、自集资金的比重等；而合作社"质"中最重要的是社员团体信用程度。关于社员的信用的良否，最初由信用评定委员会评定，最终可由其清偿贷款债务情况而知之。所以，考察合作社放款是否有呆账发生，就是社员信用程度的最佳检验方式。该会根据合作社月报表所作的呆账统计（参见表3—7），发现河北省合作社放款发生呆账极少。另据于树德报告，华洋义赈会对合作社的放款自始至终尚未发生呆账，也从未提起诉讼（经县政府协助催款1次，不过有数百元，经华洋义赈会认为社员不堪负担，特定豁免而已）。[③]

表3—7　　**1929—1931年河北省信用合作社放款呆账统计表**

年代	呆账数额（元）	放款总额（元）	呆账占放款百分比
1929	72.24	33040.00	0.19
1930	86.38	49859.00	0.17
1931	150.00	59834.00	0.22

资料来源：于树德《本会农村合作事业之鸟瞰》，《合作讯》百期特刊，第8—9页。

表3—7所列的极少呆账，是因为社员经济状况过于贫穷，无力负担所致，并非社员赖债所为。由此可见，华北农村合作社社员信用非常可靠。另外，社员延期还款，可视为信用不佳的表现。从各社对华洋义赈会申请展期还款的原因来看（参见表3—8），因天灾人祸者占80%以上，并从社员展期却并未发生呆账可知，完全不是社员恶意赖债。

① 《敦促各社开办储蓄通告》，《合作讯》第10期，1926年5月10日，第3—5页；《各地信用合作社宜开办储蓄》，《合作讯》第1—5期合刊本，第8页。

② 储金及存款平均数系笔者依据张镜予《中国农村信用合作运动》，商务印书馆1930年版，第158—172页数据，除以社员平均人数34人，所得结果。

③ 于树德：《本会农村合作事业之鸟瞰》，《合作讯》百期特刊，第9页。

表 3—8　**各信用合作社（已承认社）对总会申请延期还款原因情况表**

展期原因情形	次数		金额	
	实数	百分比	实数（元）	百分比
1 天灾	75	51.02	30849	52.75
2 兵灾	10	6.80	4072	6.96
3 匪灾	3	2.04	1438	2.46
1+2+3 或二灾	30	20.41	12185	20.83
汇兑不便等	2	1.38	915	1.56
社、职员失信等	1	0.68	500	0.86
未详	26	17.69	8529	14.58
总计	147	100.00	58488	100.00

资料来源：巫宝三《华洋义赈救灾总会办理河北省农村信用合作社放款之考察》，《社会科学杂志》第 5 卷第 1 期（1934 年），第 101 页。

据 1928 年底统计的华洋义赈会已承认社的社员数分析，平均每社为 34 人①；到 1932 年年底，各合作社的资本平均每社 59.78 元，每个社员的平均资本为 1.8 元；各项业务，无论是存款还是放款，历年皆有进步；各社合计社股 46811 元；已承认社之储金为 22398 元，存款 16244 元，公积金 4887 元，历年增长明显。社员识字率约占 50% 以上；各社对于复式簿记及各种书表大都能填写应用，社员对合作原理多有了解，社务较为整齐划一；社员中非农民或中农以上者占极少数，大多数是农民，约占 90.7%，其他阶层者则占 9.3% 而已。② 华洋义赈会对各社的放款多凭信用而不重担保，社员借款都能如期归还；请求延期还款的"不过百分之一二"，合作社的"呆账极少"，从来没有损失分文。这是因为社员及办事人员咸知责任，并且社员与社员、社与社之间均有一种良性互助，若遇有无力还款时，社员或邻社常能共同负责筹划如何化解危机，保证正常还款。由此可见，社员及各社的合作精神和信用程度非同一般。总的来说，随着合作事业的进一步发展，各合作社更能吸收社员储金，并逐渐取得银

① 社员人数与合作社历史发展的长短密切相关。华洋义赈会创导农村合作社的历史较短且农民需要迫切，故农村合作社社员的平均人数不多，比其他国家要少得多。德国在 1905 年时，每社社员平均数为 88 人；日本在 1916 年时，已承认各社的平均社员数为 151 人。参阅张镜予《中国农村信用合作运动》，商务印书馆 1930 年版，第 91 页。

② 张镜予：《中国农村信用合作运动》，商务印书馆 1930 年版，第 94 页。

行信用，由“专靠（华洋）义赈会接济放款的那意识，渐渐转移到自立基础方面去了”。①

综上所述，华洋义赈会在华北农村的合作社实验是基本成功的，并有了初步发展。农村合作社在数量、地域、社务、业务等方面均有所扩展。自1923年开始提倡农村合作事业时，华洋义赈会最初选择了简单而实用的“信用合作”为突破口，协助、指导农民组设合作社；然后根据农民需要酌情发放贷款，在农村开展各项建设事业。“合作社社员们彻底明了合作的原理之后，不断的要倡办别种合作社”②；华洋义赈会又因势利导，通过不断的总结，逐渐积累了一些经验。到1930年，该会在河北倡办的各种类型的合作社已有“946家，社员25727人。较1923年分别增长117倍和100倍”。③ 可以说，20世纪20年代中国农村的合作事业，是华洋义赈会“一枝独秀”时期。正如邵力子所言：“华洋义赈会之华北一带合作事业，成绩为中国冠，办理合作者，无不奉为圭臬，日后发展，正未可量。”④

三 合作教育——农村合作运动发展的重要保证

华洋义赈会在华北农村合作事业的拓展，其最大成就在于合作教育的广泛实施。该会认为，“一切事业的进行，非以教育的方式来推动不可；以中国农民知识的浅陋，若不施以教育，很难使之对于合作有深切的认识，因此本会乃有各种合作教育的设施”。⑤ 其中最重要的，就是举办合作讲习会。1925年11月27日—12月2日，河北省第一次合作讲习会在北平举行，到会听讲者有104人，代表15县52社。之后，该会在每年的农闲时期，都要举行一次合作讲习会，以训练社员、职员，或培训师资力量。至1937年共举办了12次合作讲习会，计252组，19884人，代表6635家合作社社，开销经费仅14444.75元，平均每次开支不到1204元。

由于当时的农民文化知识水平相当落后，极大地阻碍了农村社会的改良，所以华洋义赈会又在各地设立了“合作巡回书库”，以提高农民

① 孔雪雄：《中国今日之农村运动》，中山文化教育馆1934年版，第223页。

② 章元善：《合作与经济建设》，商务印书馆1938年版，第88页。

③ 巫宝三：《华洋义赈救灾总会办理河北省农村信用合作社放款之考察》，《社会科学杂志》第5卷第1号。

④ 邵力子：《在华洋义赈救灾总会成立十五周年纪念会上的讲话》，《救灾会刊》1937年版，第69页。

⑤ 华洋义赈会：《救灾会刊》，1937年版，第93页。

的知识水平。具体办法是：在华洋义赈会内设总库，酌量购买有关合作、农业、经济、社会等方面的书籍、报刊；选择合作事业发达、地点适中的地方设立分库，然后将书报分发给各分库，以便于附近的农民前来借阅。1930 年 3 月 12 日，华洋义赈会将创办“合作巡回书库”通知发给了各合作社，并着手采购书籍以建总库；次年 8 月建成 5 个分库，后扩展为 10 个。书籍总量分 317 种 1950 册，每年约有 4000 人次借阅。①

此外，华洋义赈会还利用合作社举办“社务扩大周”的办法，以推广合作教育。1935 年底，为促进河北省合作社组织健全，扩展合作社经营业务，举办了“社务扩大周”活动，即利用农闲时期，由各社自己举办，以宣传合作思想、扩大合作社的组织，该会为此编写了《社务扩大周手册》和《社务进展标准》等。据统计，1936 年举办社务扩大周的有 30 家合作社，参加者共计 5114 人（其中社员 987 人，非社员 4127 人）；该活动结束后，有 163 人入社。② 由此可见，社务扩大周对非社员农民所产生的积极作用。

由于当时农业生产技术落后，极大地制约了农村经济的恢复与发展。有鉴于此，华洋义赈会在 1928 年 10 月与清华学校、燕京大学和香山慈幼院联合举办了首届“农事讲习所”。当年录取正取生 30 名，备取生 6 名（共计 36 人），由该会给予生活津贴；1929 年继续招生，共录取 37 名学生；至 1930 年 7 月 1 日，农事讲习所改名“新农专业学校”，共招收了两个班的学生。该校于 1931 年 1 月停办，该校（含农事讲习所）共为华北农村培养了 100 多名农业技术人员。华洋义赈会举办的合作教育，已成为农村合作运动重要的运行机制，发挥了重要的功能，故笔者拟另就“合作讲习会”与“乡村领袖”两者在初期农村合作运动的关系作进一步探讨，此不赘述。

笔者认为，华洋义赈会在河北“合作实验”最成功之处在其合作教育的广泛实施。而其办理合作教育的最有效形式，就是在协助各合作社举办“合作讲习会”。该会组建合作社的一个基本原则是：排斥所谓的“土豪劣绅”（当然有部分热心公益的乡绅即所谓“正绅”在组织合作社的过

① 华洋义赈会：《救灾会刊》，1937 年版，第 93 页。

② 同上书，第 29 页。

程中发挥了积极作用[①]）和富农，而主要面向乡村的中下层农民。但在当时乡村精英流失，乡村出现文化“荒漠化”，一般民众知识低浅，社员识字率普遍较低，合作社缺乏有能力、懂经营的业务人才，因此该会通过举办合作讲习会，从各社选派若干名职员、社员，通过中短期（10天—3个月不等）合作技术和业务经营培训，为“听讲员”主要讲授一些偏重实用方面的知识，并特别注重实习。这不仅为巩固合作社基础，以图更进一步发展（如组织中层业务机关——即合作社联合会）迈出了必要的步骤，而且可以说，为合作社尤其是乡村社会培养了一批新型的“乡村领袖”。正如巫宝三指出，华洋义赈会最值得称道的是“办理合作讲习会，培养各地方合作领袖人才”。[②]

定期举办合作讲习会，从合作社内部培养各种经营性“乡村领袖人才”，扩大改造乡村社会的内生性资源，这是华洋义赈会在华北农村合作运动进程中，经最初尝试有效、并长期坚持的一个重要举措；这也是它此后能够源源不断地为全国其他各地举办农村合作事业提供合作人才的关键所在。正因为华洋义赈会为乡村社会重新培养了一大批领袖人才，从而奠定了合作社健全的组织基础，确保了农村合作运动的循序渐进，从而带动了乡村社会的变迁。

第三节　农村合作社的比较：华北和江南

以1934年之前的华北农村合作社与江南各省相比，可谓有两个明显的特点，即数量上落后，质量上略优。孔雪雄最早就华洋义赈会在华北的合作事业与国民政府在江、浙两省的合作事业作了对比研究。他指出，华洋义赈会在河北省的合作事业已有相当成绩，系由于“工作历史的久长”和工作所取的“稳健主义”，步步切实去做，不徒务虚名，不图一时之铺张；从表面上看，农村合作社的社数、社员数、社股及业务额，都以江苏省为第一，河北省只列第二；但从“影响”及“精神”两方面看，不能

---

① 如在谈到合作社“创办的动机”时，张境予曾提到最主要的一条是“由于村中士绅的提倡”。参阅张境予《中国农村信用合作运动》，商务印书馆1930年版，第81页。

② 巫宝三：《总会办理河北省农村信用合作社放款之考察》，《社会科学杂志》第5卷第1号，第104页。

不说河北省为最好。①

一 数量落后

尽管从农村合作兴起及培育的时间点来看，华北明显早于江南。② 但由于华北农村合作防灾实验最初纯粹系由民间社会慈善团体——华洋义赈会单独进行的，因此，华北农村合作运动的区域最初仅仅局限于河北一省，且由于受资金、人才、技术等因素的制约，进展相当缓慢。自华北各地方政府主导农村合作运动之后，虽有各民间社团的协助和指导，但因缺乏独立的资金来源与合作人才供给，故其合作事业也相对滞后。然而，如前所述，江南各省的农村合作一开始就是政府行为，且是在国民政府积极推行农村合作的政策引导下，资金和政策资源等具有相对优势，故其合作运动的进展极为迅速，堪称“一日千里”。因此，在1929—1934年间，华北农村合作处于地方政府负责倡导推行的情况下，在整体数量上要比江南诸省相对落后，这可从江、浙两省与冀、鲁两省之合作社总数的比较可知（参见表3—9）。

表3—9 1931—1933年度江、浙、冀、鲁4省合作社数比较表

年代	江苏	浙江	河北	山东
1931	1226	541	903	16
1932	1727	731	876	53
1933	1897	1072	952	260

资料来源：1. 方显庭《中国之合作运动》，南开大学经济研究所1934年版，第10页；2. “中央农业实验所”编：《农情报告》第5卷第2期，第60—66页。

由前述可知，因信用合作社占中国合作社总数的4/5，故欲比较华北与江南的合作社，自须对信用合作社略加考察即可，受可资参考的材料所

① 孔雪雄：《中国今日之农村运动》，中山文化教育馆1934年版，第221页。

② 关于江南农村合作社最早兴起的时间，有民间办社与政府倡办两说；其民间办社虽最早源于华洋义赈会1923年8月委托农利委员会委员、金陵大学教授约翰·洛辛·卜凯在苏皖农村办实验合作社，并为南京丰润门社发放了该会最早的合作放款；但当时约翰·洛辛·卜凯正忙于农村经济调查，后请其同事、美国康乃尔农学院毕业的徐澄主持其事。在徐氏指导的20个合作社取得成效后，金陵大学农学院在1927年决定独立办社，并从1928年开始举办“农村领袖训练班”以推进中国农村社会的改造，可见江南农村合作社发育较晚，几乎与政府组社时间（最早为1928年江苏省政府农矿厅《农村合作社暂行条例》的颁布和实施）同步。

限，唯有河北与江苏之资料较为完备，故对此二省加以分析，旁及浙江，以资比较。

二　质量领先

从效力上来讲，农村信用合作社的功用有二：一为鼓励存款，二为低利放款。放款需要资金，信用合作社所有社员的存款、股金及公积金等，在当时情况下始终不足为放款社员所用，故还须吸收非社员的存款，且须向政府或私人设立的银行借款，以资周转。印度农村合作社的资金来源就是很好的说明。据1929—1930年的统计，印度农村合作社周转资金来源如下：第一，来自社员者占34%（股金及公积金占28.8%，社员存款占5.2%）；第二，来自社外者占66%（省及县银行借款占61.4%，政府借款及存款占0.6%，非社员存款占4%）。[①] 由此可见，印度农村合作社社员和非社员的存款均占有一定的比例。而中国农村信用合作社的存款数额则微乎其微。因为，中国农村信用合作社多被认为是纯粹的借款机构，一般通过向农民银行或救灾机关借款。因此，中国农村信用合作社多无存款，其可用以贷放的资金，只有社员缴纳的股金。但河北省的信用合作社在华洋义赈会的指导下，虽然进步缓慢，却确有胜人之处。该省合作社的储金及存款，1925年时只占周转资金额的3%，1930年增至15.2%，1933年8月底已增至28%（详见表3—10）。

表3—10　1929—1933年河北省内华洋义赈会承认社流动资金一览表　（单位：元）

年份	股金	储金	%	存款	%	公积金	总会放款	%	总计
1925	2281	121	1.3	170	1.7	43	7160	73.3	9775
1929	14704	3465	6.3	2519	4.6	898	33040	60.5	54626
1930	17194	7745	9.6	4547	5.6	1507	49859	61.7	80852
1931	17700	11456	11.5	8777	8.8	1958	59834	60.0	99725
1932	23602	22399	16.5	16245	12.0	4888	68619	50.5	135753
1933	25784	29691	20.9	9982	7.1	7460	69441	48.8	142358

资料来源：方显庭《中国之合作运动》，南开大学经济研究所1934年版，第18页。

---

① 方显庭：《中国之合作运动》，南开大学经济研究所1934年版，第17页。

由表3—10可知，从合作社放款资金运用情况来看，最初华洋义赈会的放款占有较大的比例；然而，随着农村信用合作社的稳步发展，合作社的自集资金（股金、储金和存款）逐步增多，华洋义赈会放款的比例则逐步减少，到1933年该会放款所占比重已降至48.8%。就江苏省而论，自1931年7月至1932年6月，江苏省农民银行向合作社的放款金额共计3026240元；据1932年8月统计，江苏全省合作社的股金合计为438519元。由此可见，江苏省农民银行的放款足为合作社股金的6倍有奇。浙江的情形比江苏还差：1933年，农工银行杭州分行放款额为267419元，各县农民银行及贷款所放款额约为722215元，合计该省全年放款额约计100万元；但该省合作社1933年的股金总额为105694元，合作社放款总额是合作社股金的9.4倍，即股金1元钱借款9.4元，江苏省为1：6.2，河北省为1：2.7，三者相较，则优劣自明矣。[①] 但就社员借款额与借款人均平均数而论，江苏省合作社社员平均每人借款额为33.32元，河北省每人则为22.82元，江苏省因部分地区处于江南之乡且为首府重地，故其合作社的放款金额明显多于华北中心地区的河北省内的合作社。

有关合作社“质”的考察，除自集资金的构成、社员借款金额的大小之外，合作社借款用途及借期长短等，也是重要的考察内容。

从用途而论，借款用途多为农事生计所需。其中，甲为购买种子、食物、畜料或耕种；乙为购买车辆、牲畜、修盖房屋或购置用具；丙为掘河、筑堤、灌溉、排水等；丁为社会上必需责任如婚丧嫁娶等；戊为偿还旧债；已为经商或织布等。华洋义赈会对承认社的放款合计为285383元，其中用于购买种子、食物、畜料或耕种者计93564元，占32.8%；用于购买车辆、牲畜、修盖房屋或购置用具者为91145元，占31.9%；用于掘河、筑堤、灌溉、排水等计7105元，占2.5%；用于婚丧嫁娶等计8421元，占3.0%；用于偿还旧债者计56848元，占19.9%；用于经商或织布等计28300元，占9.9%（参见表3—11）。简言之，放款用于消费一途者，如还债及婚丧等占1/4，而用于维持生产之现状者占3/4。当然，这里所谓的“维持生产之现状”多为维持生存而已，并非为长远打算的改良农业技术。

---

① 方显庭：《中国之合作运动》，南开大学经济研究所1934年版，第18—19页。

表 3—11　　1929—1932 年河北省内华洋义赈会承认社历年放款用途分配表　　（单位：%）

年份	甲	乙	丙	丁	戊	己	合计
1929	29.1	30.3	0.7	1.5	23.4	15.0	100
1930	28.5	33.8	3.8	2.9	20.3	10.7	100
1931	30.1	32.9	3.3	2.9	21.5	9.3	100
1932	39.0	32.5	3.3	3.8	13.6	7.87	100
总平均	32.8	31.9	2.5	3.0	19.9	9.9	100
总额（元）	93564	91145	7105	8421	56848	28300	285383

资料来源：方显庭《中国之合作运动》，南开大学经济研究所 1934 年版，第 19 页。

另据方显庭研究，江苏省的合作社借款，其用于消费用途者较河北省各合作社为多（参见表 3—12）。

表 3—12　　1928—1929 年江苏省内合作社放款用途分配表　　（单位：%）

年份	甲	乙	丙	丁	戊	己	合计
1928	23	13.4	0.4	3.4	28.5	31.3	100
1929	32.6	15.5	0.8	2.2	30.5	18.5	100

资料来源：方显庭《中国之合作运动》，南开大学经济研究所 1934 年版，第 20 页。

就各合作社放款期限而论，河北与江苏二省大致相同，皆以放款期限为 1 年或少于 1 年者为最多，占 4/5 强。从总体上来看，1924 至 1932 年间，河北省合作社放款期限在 6 个月以内者计 36570 元，占 13.9%；6 个月至 1 年者计 180301 元，占 68.7%。江苏省合作社在 1928—1929 年间，放款期限在 6 个月以内者计 609902 元，占 46.4%；为期 6 个月至 1 年者计 667405 元，占 50.7%，为期在 1 年以上的放款，就百分比而论，则河北（17.4%）多于江苏（仅为 2.9%）；江苏省内合作社 2 年以上的合作放款十分稀少，河北省也不多，仅 9579 元，占 3.7%（参见表 3—13）。一般而论，放款期限与农业生产的关系密切相关，放款期限较长，更有利于农业生产的安排和资金的整体规划。

表 3—13　　江苏省与河北省合作社放款额及其期限比较一览表

期限	河北省（1924—1932）		江苏省（1928—1929）	
	总数（元）	%	总数（元）	%
6 个月以内	36570	13.9	609902	46.4
6 个月至 1 年	180301	68.7	667405	50.7
1 年至 1 年半	18299	7.0	21800	1.7
1 年半至 2 年	17532	6.7	16830	1.2
2 年至 3 年	9579	3.7		
总计	262281	100	1315937	100

资料来源：方显庭《中国之合作运动》，南开大学经济研究所 1934 年版，第 21 页。

通过比较可知，华北农村合作运动在 20 世纪 30 年代初期取得了较好的成绩，并在地方政府与民间团体、商业银行等合力推动下逐步得以发展，这是毋庸置疑的一个事实。问题是，华北各地方政府为什么积极参与到农村合作事业的进程中？是有如学者批评所谓的“利益冲动”还是为复兴农村而选择的“自觉行为”？从客观上说，这两者兼而有之。正如学术界普遍认为，国民政府以发展农村合作事业作为国家“复兴农村，复兴经济”的既定政策，华北各地方政府严格奉行中央政府的方针政策，必然大力推进农村合作事业，这完全是符合国家利益的“自觉行为”。

然而，广大农村提供了国家建设需要的诸多资源，谁占有农村就意味着谁拥有资源。这似乎是当时中国社会历史发展的一个基本规律。当华洋义赈会这种民间社会力量深入华北农村，势力所及或许超越地方政府所能达到的范围之际，地方政府不可能无视这种客观事实的存在而“任其自然”。实际上，正是由于北洋政府对华北农村社会危机的“无暇顾及”，客观上为华洋义赈会这样的民间社会机构提供了机会，它才有可能在河北省推行农村合作事业；也正因为有华洋义赈会等民间社团为华北农村合作培育了较为良好的环境及其一如既往地参与协助农村合作事业，才使得华北农村合作事业在品质上高于江南地区合作事业（纯粹由政府组织实施）。

第四节　中央及地方政府合作行政上的主要问题

一　中央及地方合作行政与促进机关的设立

国民政府推动农村合作事业的开展，初期仅是制订与发布各种提倡合作运动的议决案，既未颁制统一的合作法规，也无中国性的执行合作机构，全由各省地方政府自行办理。华北各省政府所自行设立合作行政与指导机关，因“名称屡易”，叙述不便，故将其沿革及组织状况，汇成下表。除此之外，华北5省还有一些乡村建设团体或金融机构、实验单位、教育组织等，相继投入农村合作运动行列。如在河北省有华北农产研究改进社、中国银行及金城银行，在山东省有山东合作学社、山东乡村建设研究院；在河南省有河南植棉改进所、农村金融救济处；在陕西省有华洋义赈会陕西分会、中国银行及交通银行等；在山西省有山西植棉指导所、中国银行及上海商业储蓄银行。①

表3—14　**华北五省合作行政机关沿革表（1936）**

省份		山东	河北	河南	陕西	山西	华北战区
成立年代		1929	1930	1934	1934	1936	1934
组织状况	主管机关	建设厅合指委会	建设厅第四科合作股	省农村合委会	农业合作事务局	建设厅	华北合委会
	隶属	省政府	建设厅	省政府	农业合委会	省政府	实业部
沿革概况		1929年农矿厅成立合作事业指导委员会。1932年由实业厅负责，1933年改归建设厅指导	1930年由工商、农矿两厅组合作指导委员会，1931年归实业厅第三科掌管，1934年即归建设厅第四科掌理	1934年依“剿匪区”内农村合作委员会组织规程之规定成立	中国经济委员会与陕西省政府合设合作事业指导委员会于1934年置事务局	1931年以前，经前农矿厅、前实业厅及前村政处先后主管，1936年移归建设厅主管	原先由北平政整会掌管，1931年华北战区战事结束，移交实业部掌管

资料来源：1. 秦孝仪主编《革命文献》（84），台北：中国国民党常委会编，1981年版，第127—128、156—164、167—168页；2. 华洋义赈会编：《合作讯》第123期，第9页。

至于中央合作行政及促进机关的设置，首先有1933年国民政府行政院所设的农村复兴委员会。该委员会内分技术、经济及组织三组；其中，由经济组决议关于农民银行及指导合作进行事项，再由农村复兴委员会设

① 秦孝仪主编：《革命文献》（85），台北：中国国民党中央委员会常委会1982年版，第507—508页。

专门委员会，协助内阁实业部及各省府督促该项工作的展开。[①] 其次是1934年，豫、鄂、皖、赣4省“剿匪行营”设立农村合作委员会，主管推行辖区内的农村合作事业。1935年，中国经济委员会、行政院农村复兴委员会及实业部鉴于国内各种合作组织蓬勃兴起，认为应对合作制度确立、合作法规厘订以及合作人才培养、合作指导机关设置诸事项进行规划，于该年3月间联合召开中国合作事业讨论会，其中议决“中国合作事业之主管机关属于实业部”，在该部设立机关办理。[②] 于是，实业部修改组织大纲、增设合作司，1935年6月1日由国民政府明令公布；同年11月16日，实业部合作司正式办公，中国最高合作行政机构自是确立，由章元善担任首任司长。合作司设两科，凡合作法规的问题及登记、监督等事，均归该司负责进行。[③]

此外，中国经济委员会为推广农村合作事业，于1935年10月设立“合作事业指导委员会”。该会内分秘书室及金融、技术两股，掌管中国合作事业的宣传、组织、指导以及金融调剂等技术推广事项。[④] 该会设立不久，因辖属事项与合作司“率多类似”，导致事权不一，至1936年4月，该合作事业指导委员会经办事务统归实业部合作司办理；同时，原由军事委员会指导的“剿匪区”内合作事业，也划归实业部接管。自此，中国合作行政、法令政策趋于统一。

二　合作行政上的主要问题

在政府合作政策的推动下，华北各地乃至中国合作事业确有惊人的发展，时人常用“突飞猛进”、“一日千里”来形容其事态，实不为过。然而，这种看似完全“人为”的快速增长，实质上潜伏着足以扼杀整个合作运动的危机，存在严重的实际问题：不仅合作组织自身形同“泡沫”，有量无质；且整个合作政策的运行机制均呈现各自特殊问题，如合作行

---

① 《农村复兴委员会之决议与实行》，《农林新报》第10卷第15期（1933年5月21日），第298—299页。

② 《全国合作事业讨论会规程、议事规则、办事处简章》，《实业部公报》第216期（1935年3月2日），第86—90页；《革命文献》第75辑，第367页；《合作讨论会之宣言及重要议案》，《合作讯》第117期（1935年4月10日），第3—4页。

③ 《修正实业部组织法》，《国民政府公报》第1757号（1935年6月1日公布），第43—48页；《合委会及合作司先后成立》，《合作讯》第124期（1935年11月10日），第11页。

④ 《经委会设合作事业委员会》，《合作讯》第123期（1935年10月10日），第5页。

政、合作指导、合作教育或训练、合作立法、合作金融及合作会计等。有关合作金融问题、合作教育问题及合作立法问题后叙，这里，笔者就合作行政与合作指导这两个直接与政府行为紧密相关的问题略加讨论。

（一）合作行政的主要任务

1. 合作社的登记

合作社的登记属于合作行政的重要内容。凡合作社的成立、变更、合并、解散以及合作社联合社的成立等皆须合作行政机关登记备案；凡未经登记而开始营业者被视为非法，并在取缔之列。登记的作用有二：一方面是为保护合作的顺利发展；另一方面是为防止流弊的产生。换言之，登记为保护良好合作社并取缔不良合作社的一种方法，是把握合作事业健全发展的第一道关口。这方法运用得当，则凡“合乎合作原理、宗旨纯正、手续完备的合作社，皆可取得法人资格，并受政府的保护与监督”；合作社因有这种法律地位，故能循序发展其业务，合作的效用也“自可逐渐显著”。若办理不当，则不仅合作社登记的意义“丧失殆尽”，真正形同“走过场”，且足以鼓励弄虚作假，对合作事业可谓“贻害无穷”。由此可见，“登记”与合作事业的发展前途关系重大。

2. 合作事业的计划、促进及奖励

合作事业的计划与规制实为各级合作行政机关设计之嚆矢。结合当地的实际情形，从整体上规划设计、积极促进并奖励农村合作事业，按计划循序渐进，以免盲人瞎马弊端的产生，促使整个合作事业步入健全发展之途，应是推行合作政策的各级行政机关的主要任务。而辖区内农村合作事业发展的普及程度，农民对合作意义的认识和了解等，皆为合作行政机关所应努力去做的工作。此外，如工作人员的奖惩，也是合作行政机关重要任务。

3. 合作事业的调查统计等

中央合作行政机关可依靠行政系统机构，责成各省合作行政机关转令各县合作行政机关及指导员，就近调查合作事业的概况及其进展情形，逐月或按年报告，制成调查统计资料，以备执行合作行政的参考。[①] 由此可

① 所谓“合作行政的参考”系指这种调查报告既为行政机关或指导机关设计、推行合作的参考，又是合作社社务考成及工作人员考绩的依据；指导机关对合作社及工作人员的考核，也以此为蓝本。

见，合作调查统计的重要性非同一般。以往各机关虽也进行调查统计，但因分类“每各异其旨”而无法综合统计，必须由中央机关负责划一办理，方可“一改前嫌”。河北省原有指导视察系统，其举办调查统计较为容易，如华洋义赈会及华北合委会各设有视察课，课内除科长外还有视察员及调查员若干人，专司调查统计事项。

4. 合作人才的训练

普通合作人才的训练多以合作行政机关举办训练班加以培训，用以充实各省的合作指导人员，以利于合作事业的发展。然而，这种行政机关所培养者多为低级指导人员，对于高级和中级合作人才则少有顾及，因此中国合作事业以往在负责计划、促进方面的高级人才及负责视察监督方面的中级人才极为缺乏。有关合作人才训练的详细情况，参见本书中“合作教育”的有关内容。

5. 合作人员及合作社的考核与监督

首先是对于合作工作人员的考核，即合作指导员工作勤惰的考绩。监督与考核原为合作行政机关用以砥砺工作人员尽心职守、提高行政效率的重要工具；且对推动合作指导的进展、校正指导的错误以及评定指导成绩等颇具切实意义。唯有严密的监察考核，才可能有健全的合作社组织。这种工作本应由中央或省行政机关派专员担任，但各省行政机关尚未履行这种视察制度，且各省的考核办法“虽有详细规定，多未能切实施行”。其次是合作社的考核，这与前述合作社登记一样重要。两者有所不同的是：“登记”是为防止非法合作社的产生及保护良好合作社的存在，“考核”则是对已成立的合作社加以成绩进度的考核，定其等级之优劣，以作放款及指导改进的依据。该项任务多由合作指导员担任，向合作行政机关报告；然而，指导员考核他本人指导的合作社，自不免“褒多贬少”，不足为据，还应由独立的视察机关加以考察与监督。①

（二）合作行政的主要问题

国民政府把着力推进合作事业作为既定的方针政策，除采用指导制度以辅助合作社发展之外，监督机构及参与计划推进的合作行政机关，也居于指导合作事业的重要地位。这是东亚各国推动合作事业的普遍政策，与

① 梁思达：《河北省之信用合作》，1937 年南开大学经济研究所毕业论文，第 215 页。

西欧各国合作行政机关仅负保护监督之责的情形“截然不同”。[①] 从总体上看，纵观前述中国各地方合作行政的多种机构，其最大的弱点即为缺乏统一的系统，各省皆有其自立的行政系统，与他省“格不相容”；其各系统内部也机构重复，“叠床架屋”，常造成相互竞争或冲突的结果。且从上述行政机关的主要任务可知，在合作政策作用下设立的各级合作行政机关，几乎涉及到合作事业的方方面面；因倡导者位高权重而使合作事业管理机构的职权也很重，诚可谓任重道远。然而，各省从当时实际情况来看，因严重缺乏合格的合作专门人才，各县仅有的1—2名指导员，大都是短期培训中“急就章”的产物。因此，无论在县级还是省府，合作行政人员均难以符合登记合作社的职务要求。当时的合作社登记根本没有发挥实际的作用和效果。这也是农村合作事业总体上有量无质的根本原因之所在。

1. 职权不分，亟须调整

合作行政机关的主事者害怕职权不集中，成为各级行政机关的突出问题。尤其是基层合作行政机关，既担任指导工作，也兼任合作行政任务。这种情形上自中央行政机关，下至各县，都时有发生。若不加以调整，则无言事业“改进”。调整之道，应结合各地实际情形，以省合作行政机关为中心点较为适宜。具体办法：其一，主张以独立机关如省农村合作委员会为执行机构，因其独立性而有利于合作行政的具体实施，少为政治变动所影响；其二，主张在省建设厅内设立一个专门的合作行政机构，将行政施行权集中于省建设厅，以利于用政治力量作有效处置，且节省经费。这两说各有利弊，应以职权两分为宜。论者指出：“合作行政职权的调整，应使合作行政与合作技术指导划分，完成一个独立监督与促进合作的体系。此为当前合作行政上所需解决的一大问题。”[②]

2. 合作行政缺乏效率，务须提高

提高合作行政效率与前述调整职权密切相关。如果合作行政能成为一个独立系统，则在本系统内人事安排就能运用自如，从而少受外界其他因素（如“人存政举、人亡政息”）的影响，那么工作效率或更能提高。但

① 梁思达：《河北省之信用合作》，1937年南开大学经济研究所毕业论文，第271—272页。

② 梁思达、黄肇兴、李文伯编著：《中国合作事业考察报告》，南开大学经济研究所1937年版，第95—96页。

在职权不分及经费无着等问题的纠缠中，各县的合作行政机构多未设专职人员，仅由县指导员代理。故所有合作行政的往来函件都需指导员一人办理，其身兼任数职（即合作技术指导与合作行政），欲下乡指导就不能在县办公，欲在县办理文件，就不能下乡指导，两者时常冲突；指导员与常人无异，故时有无法兼顾之苦。因此，合作行政与合作指导的效率“两俱减低”。是故，合作社请求登记者，常因指导员下乡而无法尽快办理；拖延登记时间而增加合作社社员精神与时间的虚耗，“殊不经济”。凡此种种，都亟须研究与改善。①

3. 登记问题

以往各省办理登记的手续颇不一致，更存在缺乏登记人才、登记手续繁复及登记时日稽延等实际问题。

第一，登记人才的缺乏。合作社登记本为一种专门技术，非仅为例行公事，实含有控制整个合作运动发展的作用。担任登记之人，除对合作原理及合作法规等有透彻的了解外，还须对于各地经济状况有一定了解“始能胜任”。在国外，印度各省的登记官都是由具备上述各条件而又富有办理合作事业的经验者担任。② 虽然，当时的中国与印度登记官类似的合作人才并非绝无仅有，但终感缺乏；且担任登记职务者多为其他公务缠身，无法专心于登记一职，导致合作社登记一事如同例行公事，没能发挥有效作用；从而使得合作事业的发展基础显得“不甚稳健”。梁思达指出：登记工作之所以未能审慎者，其症结恐在于高级合作行政机关缺乏登记人才，与低级合作行政人员职权混淆；这不仅河北省如此，其他各省也概莫如是。因此，他强调，中国政府欲以行政力量推进合作事业，并保持社员对合作的信仰与认同，维护合作社的健全基础，则应以充实登记人才及调整合作行政机关内部职权为开端。如何充实合作登记人才？梁思达认为，真正可行的办法是参照印度的“登记官制度”，积极培养训练。③

---

① 梁思达、黄肇兴、李文伯编著：《中国合作事业考察报告》，南开大学经济研究所1937年版，第96页。

② 有关“登记官”即“Registrar”，请参阅：Maclgan Committee on Co-operation: *Report of the Committee on Co-operation in India*. Chap. 5. Public Aid Calcutta: Government of India Castral Publication Branch, 1930. pp. 93 –95。转见梁思达《河北省之信用合作》，1937年南开大学经济研究所毕业论文，第275页。

③ 梁思达：《河北省之信用合作》，1937年南开大学经济研究所毕业论文，第273—274页。

第二，登记手续繁复。这是各地办理合作社登记的通病，或为过渡时期的常态；但究非所宜。各地合作社请求县政府“准予设立”的程序为：合作社申请人自己找寻合适的担保人—请赞助者联署—备文随附件送呈县政府—县长批阅—送主管科“拟办”—科长交指导员审核备案—科长盖引—再呈县长加盖印章发出。合作社收到“准予设立”的批示后，再须请求“准予成立”和“准予登记”，其程序大致相同，因而同样的手续须作3次。此外，县政府还要呈请省建设厅颁发登记证等手续。由此可知，合作社的登记手续繁复，“稽时误事，对合作行政效率影响甚巨”。①

第三，登记时日稽延。登记所需时间的长短，与登记程序的繁简及合作指导员事工轻重有关。根据指导员办理合作社登记的经验可知，合作社自请求登记到领得登记证的正常情况约为1个月。若遇特殊情形，其时间更为延长；某县合作社于1935年9月间请求登记，到第二年1月还没领到登记证，历时达5个月之久。② 这不仅消耗了社员的合作精神及时间，更影响到社员的借款用途和农事生产。

由于合作行政机关存在上述需改进的各重大实际问题，因此“努力于合作行政系统的统一，规定登记办法，以及高级合作人才的训练”等等社会呼声，常见于各舆论报刊；同时，进一步谋求实际问题的解决（如划一职权、充实行政人才、改善登记办法等），进一步提高合作行政效率，从而稳固合作事业基础之呼声也不绝于耳。

（三）合作指导存在的突出问题

中国农村合作运动并非农民的自觉运动，而是由外力根据合作原理，结合各地社会经济状况等情形所确定合作政策，促使农民“由被动而达于引动，由引动而达于自觉自动”；因此，无论是民间社团还是政府机构，合作指导非常有必要。合作指导负责合作事业的设计规划和技术指导等全面推进事项，其机构可分为专职指导（如各种“合作事业指导委员会、合作课、合作指导处”等）与部分指导（如各地“棉产改进所”、“民众教育馆”、“平教会”、“华洋义赈会”及合作放款银行等）两种；当然，“部分指导机关”均设有专职合作指导员。纵观20世纪20—30年

① 梁思达、黄肇兴、李文伯编著：《中国合作事业考察报告》，南开大学经济研究所1937年版，第97—98页。

② 同上书，第99页。

代华北农村合作运动的实态，各种合作指导机关可谓“遍及各地”，但整个合作指导系统却“倍极紊乱”：有设“指导员”负责各地实际指导工作的（如河北、山东省），有设“指导机关”负责各地实际指导工作的（如河南、华北战区及陕西）。各地指导员的隶属关系也甚为复杂：有隶属于县政府者；有隶属于县合作指导委员会者；有隶属于社教机关、慈善机关、实验机关或私人团体者。至于指导员在各县的隶属关系则更为复杂多样；这些指导员也常因隶属关系不同而有不同的称谓，如“视察员”、“调查员”等。各指导机关则有设驻县指导员办事处——如河南各县及华北农产研究改进社的棉运区域；有跨县设置区指导所或外勤办事处——前者如陕西棉产改进所，后者如华北农业合作事业指导委员会及陕西农业合作事务局；还有设驻省办事处者——如实业部合作事业驻某省办事处。指导机关如此“多样化”，其具体问题委实“层出不穷”。

1. 指导机构设置重复与冲突

因指导机关系统紊乱，其相互重复冲突的弊端自所难免，且指导方策也难一致。常见同一省内的同类合作事业，由两个指导机关同时负指导的责任，结果使合作社不知如何适从，且更足以引起两者暗中冲突发生。这种现象各地都有，但南方与北方不尽相同：南方多见于合作事业机关与放款银行之间；北方则常发生于信用合作与棉运合作两指导机关之间。两种指导机关同处一地域中则“时生冲突”，这对发展合作事业影响颇大，其中因相互冲突而导致的损失不知凡几。[①] 原以利民为目的的合作事业，结果反足以病民甚至害民。

2. 指导事务繁复

因合作运动指导系统紊乱，故指导事务必然无法分配平衡。各地合作指导机关常因其指导员的多少、指导事务的繁简不等，而导致分配不均。设有指导机关的县份，其工作人员较多，事务上的推进较快；故此发生指导事务因指导员地位不同而有繁简之别。一县中有指导员与助理指导员两层次，其中助理员无论在学识、经验及报酬上都比指导员要低，却往往负责具体指导合作社的数量较多，责任较重，似非合理。这着眼点虽小，“唯其对合作事业的前途影响甚大：一来使内部工作人员不易协调感情，

① 详情参阅梁思达、黄肇兴、李文伯编著《中国合作事业考察报告》，南开大学经济研究所1937年版，第102—103页。

二来将导致合作机关为政治机关化。[①]” 至于仅设合作指导员的县份，又常有事多人少、难以展开工作之感。据合作专家石德兰分析，每一位指导员以 50 家合作社为最高限度。而当时合作社发达的县份竟有指导员 1 人指导合作社数多达 80—90 家，个中困难，可想而知。

3. 指导员的资质问题

合作指导员能否胜任本职工作，资质同样是一个极为严重的问题。中国合作指导员学历程度高低不齐，有中学毕业生受过短期合作训练者（或未经训练直接招考者），有来自合作社实际工作的优秀分子（又称“合作匠”），也有大学或专科学校毕业生，其中以中学毕业生最多。合作指导员直接面对乡村民众，不仅要有吃苦耐劳的精神，更须相当才干和办事能力“始克胜任”。梁思达等认为，上述资历的合作指导员分别存在不同问题；而指导员最合适的人选为中学毕业生再加以相对时期（1—2 年）的合作训练者。[②] 合作社的指导工作虽有一定原则要求，却无刻板规律；若能灵活应变，解决困难，农民无不乐于接受。这不仅可增强指导员自身的信心，更有利于事工的推展。

有资质还须有长远计划。合作行政的变动对合作指导影响至为重大；人事调动、计划变更，均使合作政策的连续性发生极大改变。因为指导员要开展工作，须先了解其工作对象与环境，且须取得农民的信任；欲得农民信任，必须运用所学知识以做实际工作的表现，而求与农民发生感情联系。这种工作需假以相当时日“始克有成”。若常此变动，则指导者对环境永无熟悉之时，而指导工作就难有成效。

4. 指导方式存在严重偏差

指导员的工作范围不外乎社务与业务，但农村合作社中的社务充实甚难，而业务指导较易，尤其是当指导员一人负责全县合作事工时，除应付县政府与省建设厅之往来公函外，还须注意个人考绩问题，可谓责任重大。合作指导员最感苦闷且对事业渐行冷淡者，其原因有三：一因个人生活无保障；二因考绩无标准；三因主管机关无固定计划。生活无保障则视合作为临时职业；考绩无标准则养成个人的侥幸心理，希图蒙蔽取巧；主

---

① 参阅梁思达、黄肇兴、李文伯编著《中国合作事业考察报告》，南开大学经济研究所 1937 年版，第 104 页。

② 同上书，第 106 页。

管机关无固定计划则指导者无所适从，只能敷衍塞责。此足以使有为之士心灰意冷。因此，各地指导员往往一方求合作社数量的增加，以显示个人工作的努力；另一方求表面上业务的繁杂，以期耸人听闻，置合作社真实社务而不顾。如各地均以联合社为指导中心，其固然有业务方面的考量，但常常会因指导员个人精力和时间的限制，其指导方式多偏重于业务一项；因业务关系，导致各合作社社务进展不扎实。因此，各地村社多不健全，社员与合作社的关系，以及对社务的兴趣，都与理想相差甚远。

漠视社务指导为当时合作事业进程中的一大缺陷。合作原理虽与资本主义经营原则截然有别，但其业务经营当然要取法商业经营方式。然而，指导机关“但求业务之繁复，不问经营之效率；虽亏累甚多，却执迷不悟”；其原因或因还未达到组织联合社的时间，或因联合社的业务缺乏适当计划。因此，合作指导方式应预定计划，且兼重社务与业务双方的指导。

5. 缺乏指导上的考核制度

推动指导进展、校正指导错误、以及评定指导成绩等，首须实施严密考核。考核既可检讨指导员的事工，又可区别合作社的等级，非仅为内部事工的必要措施，还有关对外信用的保证。如前所述，华洋义赈会的成功之处正在此。通用制度有将指导员考核与合作社考核混合在一起，也有分别考核的；前者由各地督察员或巡回视察员掌司其事；后者由县政府及其上司联合考核指导员，再由指导员考核合作社。前者多见于河北、河南、陕西，后者多见于江浙，且指导员因考成关系而多取悦于县长，以期年终得好评及办事顺利，故常为县长指派到“保甲”、“筑路”及“土地陈报”等合作之外的工作中。不言而喻，这自然会影响本身的事工。

如前所述，由指导员考核合作社，实在不妥。因指导员为实际负责人，自无承认本人工作不努力或失败之理；势必滥评等级以图侥幸，如果以此为放款依据，则呆帐丛生，还会不断地延长还贷时间，放款机关也会怨声载道。如此考核制度，又怎能推进合作指导？

综上所述，当时合作指导问题共有五大问题。前四项直接影响到指导工作的推进，后一项则有关指导工作的监督。发展合作事业，如欲使合作指导工作进展顺利，只有先消除各合作指导机关间的冲突现象，进而协调指导员的事工，就能力所及，在现实环境下，才能求其两全之道。考核制度的症结在于缺乏合作事业的督察人员。即使合作事业较为发达的江、浙、鲁等省，基本上都未切实施行。故合作社成绩的评定不尽可靠，而对指导员的考核尤缺乏合理标准。因此梁思达等呼吁各省合作管理当局“加大合作经费投入”，“积极筹划”，并切实反省以往合作事业，“对症下药，从事切实考核”①，以便纠正合作事业推进过程中的诸多错误。

---

① 梁思达、黄肇兴、李文伯编著：《中国合作事业考察报告》，南开大学经济研究所 1937 年版，第 110—111 页。

第四章

华北农村合作运动的空前发展

在20世纪20—30年代的中国合作运动中，从最初的民间社团自发纷起的“合作实验”，再到国民政府以国家行政力量全面推行“合作政策”，此后，合作事业在“救济农村、复兴农村”的口号下有了“长足进展”，而旨在“挽救农村”的乡村建设运动，在经历了由乡村教育到乡村建设、由试验区到县政建设实验县的发展演变后，也先后在中国各地普遍兴起。各乡村建设团体根据乡村社会的实际状况与需要，因应当时的国民政府的合作政策，大多贯穿了同一个试验内容——发展农村合作社。参与合作运动者们都深信，合作组织是改造中国社会经济组织的最好办法；认定合作制度是中国社会最需要的经济制度；其中，“对合作运动有特殊的实验方法，而合作事业办有相当成效的，当推定县及邹平”。[①] 定县与邹平的合作实验可谓代表“国家与社会关系良性互动”的范例。这种良好局面的正式开启，实源于当时的县政建设实验。尽管邹平和定县的“县政建设实验”最终都失败了，但其开创的由国家权利机关与民间社会团体相互结合的社会改造模式，却带给人们更多的历史启示。

第一节　政府对农村合作的规范发展

南京国民政府建立后，各地方政府顺应时代需要，及时倡导，实予合作事业以有力推动；1931年沿长江灾区及1933年的华北战区，由农赈而进入操办合作，与1934年“剿匪区”以农村合作为战争“善后”之方策，又为中国扩大农村合作的一个机缘；加之各省农村合作日见发展，而主管机构未能统一，法规也多单行，酝酿政府统制合作之客观条件逐步成

① 寿勉成、郑厚博：《中国合作运动史》，正中书局1937年版，第252页。

熟。此外，一向视投资农村为畏途的商业银行，自上海商业储蓄银行在河北试办合作搭成放款、且对农民信用获得有力的信任后，其他各银行也争相向农村投资，并有自动组织农村合作社的发展倾向；各地方政府在推行农村合作运动过程中都出现系列问题，引起了社会各界的广泛关注，所以有 1935 年“中国合作事业讨论会”的召开。故以《合作社法》的出台为起点，以中国合作事业讨论会为契机，以最高合作行政机关——合作司的设立为标志，近代中国农村合作运动进入了“政府规范发展时期”。

一　合作运行机制及其职能划分

如前所述，世界各国在推进合作事业的过程中曾有两种性质不同的运行机制：合作运动与合作政策。每种运行机制的运作方式不同，但其内在职能划分同为行政、教育、金融、立法、指导等；即无论是“合作运动”还是“合作政策”，都是一种建立合作组织的有效运行机制；均由上述不同的职能部门构成，发挥不同的功能——如合作立法确立合作组织的法律保障地位；合作行政协调系统管理；合作教育（含合作指导）以加强训练与指导；合作金融调剂资金等。这两种运行机制的性质和侧重点或有不同——如“合作运动”更注重合作教育，“合作政策”则偏重于合作行政。然而，无论是“合作运动”还是“合作政策”，都必须注重合作金融与合作立法，这样才能确保合作组织的健全与完善。

（一）合作教育（含合作训练）

合作教育素有“合作运动之母”之称。之所以如此，是因为合作教育可以孕育适宜合作的环境。罗虚戴尔公平先锋社章程明确规定，“在合作社盈余中，至少要提出 2.5% 为教育基金，办理补习学校及图书馆之用”。因此，严格意义上的合作教育系源于近代西方的合作制度，是以合作原理为设施依据、以传授合作知识和技能且以供给民众实际生活的组织工具和技能为主要内容，以达到用合作社的方式，由做而学，由行而知，由此来改造一切现实社会生活为最大目标的专门教育活动。用胡昌龄的话来说，“合作教育是合作运动当中的一种行为或生活，是启发和传播合作思想、培养及训练合作精神或信仰，发挥和运用合作力量的生活或行为方式。”①

---

①　胡昌龄：《合作教育》，中央合作指导人员训练所 1935 年版，第 4—5 页。

合作教育的重要意义在于：它是健全合作社的根本保证，是启发人们正确的合作观念或澄清人们错误认识的唯一利器，是培养合作人才、确保合作运动顺利发展的重要措施。合作教育除了依据合作原理，训练民众合作知识及组织合作社的能力而谋改善人民经济生活之外，更进而谋民族道德上的修养、政治上的训练及教育之普及，其涵义至为宽广。总之，合作教育是合作事业的生命线的关键所在。[①]

合作教育的目的有广义和狭义之分。就广义而言，合作教育在于使受教育者均成为合作者；所有生活上的一切活动，皆趋向合作化。这是合作教育的最高理想，实现它有赖于精神方面的不断陶冶，潜移默化，促进人类社会的道德修养，以臻和谐社会。就狭义来说，合作教育的目的在于推动合作运动，实现合作事业的日益繁荣。故此，第一为培养合作人才，第二为启发与引导民众对于合作运动的自觉与自动，这是合作教育的最大目的。

从合作教育的具体实施来看，它应有一个从低到高、逐步完整和规范的网络体系。包括初级合作教育即合作实务人才之培养及普通民众的合作知识训练等；中级合作教育即初级合作指导人员之训练；以及高级合作教育即高级合作人才训练。从具体实施的角度看，合作教育与合作指导关系至为密切。合作指导制度唯一的功能在于推动合作事业的进步，在较短时期内，达到相当普遍的程度。然而不足之处有：第一，"计划变迁"的合作指导原为一种外力，且指导者常会急切求功，推进过速，因而忽视了农民自身的动力，结果造成"越俎代庖"；农民则误以为它是政府施惠的慈善事业。第二，农民易于养成依赖性，"一推一动，不推不动"，有人指导时，其合作社生气勃勃；指导人员离去后，则立即停滞不前，从另一个侧面造成所谓"人存政举，人亡政息"的状况。然而复兴农村，单靠他力或自力，均无济于事，"唯有以他力引动自力，以教育引发农人自身之力量，使他一致地用诸正常方面，才能复兴农村"。即实施中国农村合作事业，有赖于健全的指导制度；指导制度的成功，则有赖于合作教育的广泛实施。

值得注意的是，中国在新式合作事业未引入之前，本土的农民已有类

① 陈果夫：《十年来的中国合作运动》，见秦孝仪主编《革命文献》第84辑，台北：中国国民党党史委员会1981年版，第201页。

似的合作组织，如合会。[①] 但合会多系临时组织，缺乏永久性。新式合作事业系一种经济社会性组织，既具有永久性，又须以近代外来的商业原则来经营管理。由于中国农民对近代商业知识几乎茫然，如果不先施以相当的合作教育，合作事业难有乐观的前途。应该说，华北农村合作事业正因为有了华洋义赈会举办的合作教育的有效实施，并奠定了良好的合作环境和基础，才终有收获。农民若缺乏合作理论与实际知识，恰如一个未成年人做成年人的工作，即使参加合作运动，其失败是意中之事。

如何全面有效地实施合作教育，发展农村合作事业呢？时人贡献了不少合理的方案和方法。有主张充分利用乡村社会内部既有的合作资源，用合作社知识和方法，改造各地合会组织[②]；有主张发起组织中国合作联合会，作为中国合作社的中心和枢纽，藉此相互连通声气，交换经验，举办中国大会；并发行合作文字，建立合作图书馆等。[③]

（二）合作行政

近代最早的合作社多起源于民间的自发组织，国外亦不例外。英国罗虚戴尔公平先锋社定有“政治中立原则”，即最初并无所谓“合作行政”，仅限于合作社到行政部门依法登记经营。后来不少国家对其合作事业采取指导、奖励与扶持政策，实行统一立法与统一行政，由政府设立专职机构，负责推行督导，并制订专门的“合作政策”，因而，合作行政“是基于保育国民经济及公共福利之目的，根据政策之决定，从事合作事业管理的一种国家行为或作用”。[④]

合作行政实际涉及到合作教育、合作指导、合作立法等多项内容（有关合作行政的任务参阅本书第三章第四节），可谓任重道远。梁思达曾指出，中国政府以致力于合作事业的推进作为既定的方针政策，除采用指导制度以辅助其发展之外，其居于监督及计划推进的合作行政机关，也居于指导合作事业的重要地位；这是东亚各国推动合作事业的普遍方法，与西欧各国合作行政机关仅负责保护监督的情形可谓“截然不同”。[⑤] 需

① 参阅王宗培《中国之合会》，中国合作学社 1931 年版。

② 王宗培：《合作事业与合会改造》，《浙江省建设月刊》第 7 卷第 2 期（1936 年 3 月 12 日），第 40—41 页。

③ 方显庭：《中国之合作运动》，南开大学经济研究所 1934 年版，第 33 页。

④ 林嵘：《合作行政的基本概念》，经济部合作事业管理局编印《合作事业》1939 年第 1 卷第 1 期。

⑤ 梁思达：《河北省之信用合作》，1937 年南开大学经济研究所毕业论文，第 271—272 页。

要说明的是，合作指导、合作教育与合作行政机关同为推行合作的一种有效方法，三者之间关系十分密切。①

（三）合作金融

一般来说，信用是金融的基础，金融则为信用的表征。合作金融是合作运动不可或缺的重要运行机制之一；实质上，合作金融作为整个国家金融的一环，它应该是以调节合作社资金融通为职责，以完成合作社自身的金融系统为中心任务的独立的金融体系。也有称合作金融为“发展合作事业的金融机构”②；由于合作社是一种经济组织，从其内在关系看，合作运动与金融机构休戚相关。德国和日本以合作社联合会为其合作金融的调节枢纽，因为“联合会对其所属合作社，可尽其调节资金之能事，而充分发挥其能力，以完成合作社自身的金融系统”。③ 在农村其他金融资源枯竭、合作运动基础未曾健全的条件下，合作金融在整个国家金融体制中将更占有重要地位。

中国最早出现的合作金融组织是薛仙舟于 1919 年 10 月 22 日在上海创办的国民合作储蓄银行；但以国家统一的合作金融体制的形态出现的机构，则始于 1946 年 11 月 1 日正式成立的中央合作金库。二十多年间，合作金融的发展“兴革至多，演变也大”。就抗日战争爆发前华北区域的合作金融而论，并没有纯粹的合作金融组织产生，该地区的合作金融主要经历了信用合作制度时期（1919—1928）、农业贷款制度时期（1928—1936），即合作金融主要表现为信用合作与农业贷款两种形态。④ 信用合作是“合作金融”的初级形态。当时，政府既无合作金融政策，也无完整的制度可言，合作金融组织最初形态为华洋义赈会在华北所推行的信用合作社。在农业贷款制度时期，合作金融系附属于农业金融而无独立的机构；一方面是政府倡导奖励信用合作社，特别是农村信用合作社，

---

① 寿勉诚、郑厚博：《中国合作运动史》，正中书局 1937 年版，第 228 页。

② 参阅梁思达、黄肇兴、李文伯编著《中国合作事业考察报告》，南开大学经济研究所 1937 年版，第 124 页。

③ 于树德：《合作金融制度之研究》，《合作讯》第 116 期第 11—13 页；又见《大公报·乡村建设》第 31 期。

④ 前期合作金库的试办，以四川、江西两省为最早，共有四川、江西、浙江、福建、广西、云南、甘肃、重庆、南京等 12 省市组织成立，最盛时期县合作金库达 475 家参加单位；华北当时因日本侵华而面临危险，几乎毫无试办合作金库的可能。参阅陈岩松《中华合作事业发展史》，台北：商务印书馆 1983 年版，第 323 页。

作为合作金融的基层机构；另一方面政府又设立农业金融机构，以农业贷款的形式办理合作金融。此时的合作金融本身既无健全的组织体系，也无强固的财力基础；政府对于建立合作金融制度的完整体系“认识未足”，仅以发放农业贷款为主要任务。[①] 农村合作社的主要业务是合作放款，即为社员提供生产资金，因此农村合作社在一定程度上承担了调剂农业资金的责任。在合作放款专限于农村区域来说，合作金融与农业金融实为一致。

中国从事于农村合作事业的农业金融机构分全国性的和地方性的两种，都以贷款给农民组织合作社为主要工作内容，期达调剂农村金融之宗旨。由政府设立、办理农业合作贷款且具有全国性的农业金融机构有二：一为中国农民银行，二为前农本局。办理农村合作贷款的地方性农业金融机构，以 1928 年 7 月成立的江苏省农民银行为最早。该行除以资金贷放与合作社外，还会同合作行政指导人员，协助合作社业务开展，并成立农产运销处，指导合作社办理农产运销及抵押，对合作社业务的促进，裨益甚大。同年，浙江、山东省也在各县成立了类似的农贷机构。至于商业银行注意于农村投资，始于 1931 年上海商业储蓄银行与华洋义赈会的合作搭成放款，此后中国银行、金城银行等相继举办合作放款，成为 20 世纪 30 年代合作事业突飞猛进的重要因素。

二　合作立法及《合作社法》的颁布

如前所述，早在 1916 年，覃寿公就编辑出版了《德意志日本产业组合法汇编》，主张由国家立法，颁布“产业组合法”及其施行法；可惜没有引起当时政府的重视。1920 年 11 月，戴季陶主要参照德国和日本合作社法情形，结合中国实际，发表《产业协作社法草案》及其《产业协作社法草案理由书》[②]。这是中国最早的有关合作立法的文献。该《草案》分“产业协作社”与“产业协作社联合会”两章；前者又分“总则”、“设立”、“社员”、“管理”、“解散及清算”五节，与后者合计共六十一

① 梁思达、黄肇兴、李文伯编著：《中国合作事业考察报告》，南开大学经济研究所 1937 年版，第 125 页。

② 戴季陶：《产业协作社法草案》及《产业协作社法草案理由书》，参见秦孝仪主编《革命文献》（84），台北：中国国民党党史委员会编 1981 年版，第 268—304 页。

条。在《产业协作社法草案理由书》中，戴氏就“立法主旨”、“协作社的分类”、“设立与监督”、“协作社与社员的权利保障”以及“协作事业的宣传及计划”等五款加以详细说明。应该说，该《草案》设计较为完备，惜当时国民党没有稳定的政治环境，去付诸实施；其或为稍后华洋义赈会制定《农村信用合作社（空白）章程》提供了有益借鉴（目前尚缺乏可供证实的具体资料）。戴氏曾为民国领袖孙中山的秘书，是孙中山合作主张的重要支持者和建议者，该《草案》成为此后国民政府中央及地方各级部门合作立法的重要参考。因此，就近代中国合作立法过程而言，戴季陶占有开创性的重要地位。

（一）合作立法的初创过程

承前所述，中国最初的农村合作社经华洋义赈会承认后，仅向当地县署机关备案，并没有取得政府法令的法律保障，所以还曾横遭北洋政府的取缔；然而，华洋义赈会最初拟定的《农村信用合作社（空白）章程》，以此作为组织和规范合作社的基本依据，成为中国农村合作社规章的最早实施方案。国民政府奠都南京以后，各省政府陆续订颁合作法规和施行细则，作为组织合作社的准则。1928 年 2 月，江苏省农民银行筹备委员会已草就合作社规章[①]；1928 年 4 月 18 日朱霁青提交国民党中央第 137 次政治会议《改善劳动生活建议案》，建议政府令各省捐基金创立农民银行，在乡村设立信用合作社，并从速颁布《产业合作社条例》。[②] 1928 年 7 月 12 日，江苏省政府公布的《江苏省合作社暂行条例》，以及 1929 年 12 月 6 日浙江省政府公布的《浙江省合作社规程》等，开始了中国地方政府合作立法的工作。[③] 此后，河北、山东省政府也先后订颁《农村合作社暂行条例》[④]，作为设立合作社的依据。总之，各地方政府为指导组设合作社的实际需要，拟制法令，以资规范。

1931 年 4 月，国民政府实业部因各地农村合作社逐渐增多，各省颁布的合作法规名称与内容不一，管理困难，特颁布《农村合作社暂行规程》及《施行细则》，对合作社设立的条件、社员资格及社务做了具

---

① 张境予：《中国农村信用合作运动》，商务印书馆 1930 年版，第 78 页。

② 林养志：《抗战前合作运动大事记》，秦孝仪主编《革命文献》（87），台北：中国国民党党史委员会编 1985 年版，第 517 页。

③ 同上书，第 518、523 页。

④ 《河北省合作社暂行条例公布》，《合作讯》第 59 期（1930 年 6 月 10 日），第 1—5 页。

体规定；规定在合作社法未公布前，各地农民所组织的合作社均参照执行。① 同年5月，国民会议通过的《训政时期约法》规定，国家应积极“设立农村金融机构，奖励农村合作事业”。② 这是国民政府第一次在所谓《宪法》中明确表示合作事业为“训政时期”必行职责之一；换句话说，农村合作事业首次在国家“根本大法”中得以确认。1932年至1934年间，豫鄂皖赣等“剿匪区”内，在军事行动之后急需“善后”重建与复兴农业生产，以安定农民生活。“剿匪总司令部南昌行营”陆续颁制《“剿匪区”内各省农村合作社条例》及其《施行细则》，以及农村“信用”、“利用”、“供给”、“运销”四种合作社模范章程等十几项有关农村金融复兴与合作组织推展的法规③，饬令豫鄂皖赣4省遵行办理。上述法规的颁布和实施，虽为行政命令，但对于已经建立起的合作社的组织和经营来说，这些行政命令无疑推动了中国农村合作运动的发展。

（二）《合作社法》的拟订与颁布

按照道格拉斯·诺思的定义，制度是一系列被制定出来的规则、守法程序和行为的道德伦理规范，它旨在约束追求主体福利或效用最大化的个人行为。④ 这种制度具体区分为三个层次，即：第一，以规则和条令的形式建立一套行为约束机制；第二，设计一套发现违反规则和保证遵守规则和条令的程序；第三，明确一套能降低交易成本的道德与伦理行为规范。⑤ 具体说来，第一个层面是宪法。它的制定是以界定国家的产权和控制的基本结构，包括“确立生产、交换和分配的基础性的一套政治、社会和法律原则”。⑥宪法是制定规则的指导规则；这些规则一经制定，就很

---

① 由于缺乏统一的合作行政机构来负责具体实施，国民政府实业部颁布《农村合作社暂行规章》实效不大，仅对没有颁发相应《合作社规程》的省份具有指导意义，随着《合作社法》产生后，该《规章》就失去效力。参见伍玉璋《中华民国合作社法论》，《合作月刊》第5卷第3期（1933年3月），第3—5页。

② 荣孟源：《中国国民党历次代表大会及中央全会资料》（上），光明日报出版社1985年版，第947页。

③ 《“剿匪”总部亦提倡农村合作》，《合作讯》第88期（1932年11月10日），第3页。

④ ［美］道格拉斯·诺思：《经济史中的结构与变迁》（中译本），生活·读书·新知三联书店1991年版，第225—226页。

⑤ 同上书，第18页。

⑥ Davis and North, *Institutional Change and American Economic Growth*, London and New York: Cambridge University Press, 1971, p. 6.

难更改。第二个层面是执行法。它包括成文法、习惯法和自愿性契约，它在宪法框架内界定交换条件。第三个层面是行为规范，是合乎宪法和执行法的行为准则。这种行为准则是受同时代的道德伦理规范和意识形态的影响。[①]这三个层面在国民政府农村合作制度安排中均有体现：如第一层面在《"训政时期"约法》中规定，国家应积极"设立农村金融机构，奖励农村合作事业"；第二个层面颁布《农村合作社暂行规程》，作为合作社的执行法；第三个层面颁布《施行细则》，作为组织合作社的行为规范。但这一套"制度安排"连同上述各种合作社法规，多为"部令性质"，没有经过立法院的正式通过，几乎没有得到真正的实施；也就是说，各地合作运动还是"各自为政"。

到 1932 年，国民政府鉴于合作事业在各地已有基础，认为有将其纳入法制的必要，通过统一立法，配合合作运动的推展，使各省各自筹办的紊乱状况有所改善，而合作团体更能确切地获得法人资格，获得法律的保护。1933 年，立法院推选立法委员楼桐孙等人，起草"合作社法"。[②] 该法系根据上年（1932）9 月 28 日国民党中央通过的"合作社法原则"，由立法院拟定，分送各机关征询意见，讨论修正后，于 1934 年 2 月 13 日经立法院第 47 次会议正式通过，并在 1934 年 3 月 1 日由国民政府明令公布。[③] 国民政府制定的《合作社法》共 9 章 76 条，对合作社的性质、设立、社员、社股、管理组织、业务内容、盈余分配等项均作了具体规定。中国第一部完整的《合作社法》正式诞生，经 1935 年中国合作事业讨论会与会者的深入研讨，实业部拟定了《合作社法施行细则》，共计 41 项条款，经提交行政院第 222 次会议于 1935 年 7 月 23 日获得通过；8 月 19 日由实业部公布，并与《合作社法》同年 9 月 1 日起正式施行。[④] 在此期间的 1934 年 12 月，正值国民政府在重庆商定《宪法》草案时，合作界人士纷纷要求将合作事业列入《宪法》，于是在《宪法》草案第 145 条第二款中有了这样的规定，"合作事业应受国家奖励与扶助"。这在当时的

① Davis and North, *Institutional Change and American Economic Growth*, London and New York: Cambridge University Press, 1971, pp. 227—229.

② 《合作社法草案》,《大公报》（天津），1933 年 1 月 25 日。

③ 《合作社法》,《国民政府公报》第 1376 号（1934 年 3 月 1 日公布），第 1—12 页。

④ 《合作社法施行细则》,《实业部公报》第 243—244 期合刊（1935 年 8 月 19 日公布），第 74—78 页。

国家根本大法中再次明确了合作事业的重要性。[①] 从此，中国农村合作运动有了国家法律上的地位与保护，此举也被称作是中国合作运动史上“开一新纪元”[②] 之事。

从合作列宪、《合作社法》到《合作社法施行细则》的颁布与实施，标志着国民政府基本上完成了农村合作的“制度安排”，确立了合作社的法律地位，并在国人并不熟识合作社的环境下“自上而下”设计了一个合作社由国家主导发展的模式，对于合作社的规范化发展并在中国范围内开展合作运动奠定了基础。《合作社法》作为国民政府颁行的合作事业方面最高法律性文件，不仅确立了合作运动的法律地位及其规范体系，而且增强了中央对地方合作运动统一监管的力度，为中国乡村社会原有的社会经济结构提供了新的制度安排，从而引起了中国乡村社会广泛的社会变迁。

（三）合作立法问题

任何法律的颁布实施必须以事实经验为依据，古今中外概莫能外。中国制订的第一部《合作社法》诚为优良之法；然从初创合作社到《合作社法》的颁布实施，中国合作运动的历史总计不到 20 年；与西方各国合作运动长达百八十年的发展历程相比，“经验短少”是不可讳言的实际。合作法规有待于经验的修正，这一点与他国相同。该法自实施以来，遇上了不少实际困难与问题，如法定登记时间以三个月为限，实则由于中国幅员广大、交通不便、工作困难，尤其是合作社缺乏自动能力，登记工作几乎全部由指导员代办，是以欲速不能；加之各主管机关欲借重登记之际，对原有合作社加以整理和审核，致迟延时日，直到 1936 年 10 月底“犹未结束”。[③] 显示出合作社法施行的困难，其因可从合作社与合作立法两方面加以说明。

1. 合作社方面

这包括两方面，即合作社缺乏守法精神及社员缺乏守法意识。合作社守法精神的缺乏，实为合作社法实施困难的最大原因。由于合作社章程多系填抄“空白”或“模范”章程而来；这种“模范章程”例由指导机关

---

① 林养志：《抗战前合作运动大事记》，秦孝仪主编《革命文献》第 87 辑，台北：中国国民党党史委员会编 1985 年版，第 545 页。

② 梁思达、黄肇兴、李文伯编著：《中国合作事业考察报告》，南开大学经济研究所 1937 年版，第 79 页。

③ 同上书，第 79—80 页。

印发，应无违反法规之处。然因此产生一大流弊：合作社的创立者们对其设立所依据的社章鲜能透彻了解，只知依样画葫芦，而不明所以。指导员又往往不能详细解释，致章程填就后“形同具文”。这在成立时间较长的合作社最为普遍。还有部分合作社为章程配制镜框，悬于营业场所，“平时不常查阅”；章程既失实际效用，则社务业务“多凭少数职员意旨，左右一切”，“名为法治，实为人治”。[①] 而指导员注意力无法集中于一社，多有疏失；且为工作顺利计，又不愿得罪当事人，因循日久，合作社的守法精神益形涣散，终不可收拾。

合作社法实施困难的第二大因素为“社员缺乏守法之程度”，即社员守法意识薄弱。一般人认为，中国农民教育水准低，不从事乡村实际工作的人是“殆难尽悉”；强迫农民遵守法律很难，而让他们自觉运用法律更为不易。据梁思达等考察，社员初对合作社名称都训练三四次还难记住，故“欲了解数十条章程之精神与内容，其困难可想而知”。[②] 当然，合作社缺乏守法精神与社员缺乏守法意识，并非法律本身的问题，应加强合作社方面的训练与教育。

2. 立法方面

官方制订的《合作社法》因缺乏弹性和而且各地情况不同，很难完全按法律实施。如关于“盈余分配”规定得“太严”，合作社每为现实需要，深感有变通的必要，却为法律所不许。该种情形尤以运销合作社最为显著。[③] 又有关于“社股金额”与“社股数目”之限制，以及“公积金存储”的规定等，均缺乏弹性。另外，《合作社法》有关各种会议及开会期间的规定，合作社能遵行者恐“不及十之二三”；各种罚则的规定，主管机关若依法执行，中国合作社“几无一幸免”。这些都是因制定者不按现实可行性制订法律，使法律与实际严重脱节。再者，《合作社法》存在若干严重缺陷：第一，缺少免征印花税的规定；第二，缺乏对与合作社“恶意竞争”、打击破坏合作社行为的具体界定；第三，缺乏对法人社员的权利与义务的详细规定。这些均有损于合作社的公平性原则，而应在修订时加以补正。此外，《合作社法》及其《施行细则》还有不少在施行中

---

① 梁思达、黄肇兴、李文伯编著：《中国合作事业考察报告》，南开大学经济研究所1937年版，第81页。

② 同上书，第82页。

③ 同上书，第82—83页。

发生困难条文，均须修正；但原则是“宁少无多，应择其最切要而感困难最显著者”。[①] 如果说“法律是经验的积累”，笔者认为，中国第一部国家制订并颁布的《合作社法》因缺乏较长时期经验的积累，且制订者对中国现状缺乏应有的了解，因此《合作社法》肯定存在不少问题。现实中最大的问题在于，法律中规定的合作社性质缺乏合作原理所要求的严密规定，存在严重的“概念漏洞”，很容易因“概念模糊”而导致合作社性质的转变。

三　全国合作事业讨论会

中国的合作事业虽然列入了国家宪法的条文中，实际上却没有合作事业人员所强调的那么特殊。[②] 如上所述，20 世纪 30 年代，中国合作事业在突飞猛进的同时，确实遇上了层出不穷的实际问题。为集思广益，策划周详，举凡合作制度的确立、合作法规的修定、合作人才的培养、合作金融的筹划、合作指导机关的职权划分、合作业务的统一等等，亟应详为研讨，以促进合作事业的健全发展。故此，当时的中国经济委员会、行政院农村复兴委员会、实业部协商决议，共同召集中国合作事业讨论会，于 1935 年 1 月 26 日联合发布《全国合作事业讨论会规程》及《议事规则》，决定会议于 1935 年 3 月 13—17 日在南京召开，邀请全国各院部会、省市政府、各地推行合作之社会学术金融团体各代表与合作研究的专家齐聚一堂，由赵连芳、章元善、许仕廉、乔启明等 8 人组成筹备委员会，并设立办事处，具体处理各种事务。出席这次会议的有来自全国各地的代表 124 人，共收到议案 123 件，开会 5 天，分别就合作制度及合作法规、合作业务、合作金融及合作教育几个方面进行了深入讨论，共通过有关决议案 25 件，并交付各相关机关付诸实施。[③]

全国合作事业讨论会的主要议题有：第一，关于合作行政制度的确立与组织系统的规定，使此后中国合作事业以此为标准，且使各地合作事业由中央加以指导调剂，并由此确立中国合作经济基础。第二，关于合作金

---

① 章元善：《合作文存》（上），中国合作图书社 1940 年版，第 3—7 页。

② 赖建诚：《近代中国的合作经济运动——社会经济史的分析》，台北：正中书局 1990 年版，第 148 页。

③ 参阅秦孝仪主编《革命文献》第 84 辑，台北：中国国民党党史委员会编 1981 年版，第 353—424 页。

融机构的确立，是为调剂农村与都市间的经济，使相互间能够交流，此项金融机构在县以下者，以合作社的股金为主体，在省以上者，则暂以政府出资或辅助为主体，以资提倡；第三，关于合作业务上的问题，此次讨论结果，认为运销合作发达，可以兼收农工合作效果，因运销合作须利用工业，以改良农产品，使农业日趋工业化；第四，关于合作教育，拟训练高级、初级合作指导人员，以应急需。有关此次会议的详细内容，南京《中央日报》从该年 3 月 19—21 日分别就会议的决议案作了深入报道；陶镕成以《中国合作事业讨论会决议案纪要》为题，也分四个方面详为综述。[①] 会议最后发布了《宣言》，表达了社会各界在今后"更当各尽所能，分工合作……求国民经济之自主，合作事业之完成"的信念；宣言指出：中国地大物博，各地民情习俗"未尽相同"，合作事业应"确定原则，构成系统；通盘设计，分别实施"；还特别强调了"不求速效，勿贪近功，培养合作基础于民间"的必要性。[②] 会议参加人数多、规模大、讨论范围广，是中国合作运动史上空前盛会，也是自民国成立以来"破天荒第一次"。[③] 讨论会闭幕后，全国合作事业指导委员会及实业部合作司先后成立，中央合作行政与促进机关自此确立。

全国合作事业讨论会的意义在于，不仅促使了中国合作行政的趋向统一，而且表明了国家和社会各界对农村合作事业的重视，并向全国各界宣告了政府对提倡农村合作事业的力度和信心，也向社会各界尤其是知识界作了一次全面有力的合作总动员。

四　全国合作行政的初步统一

在国民政府实业部合作司设立以前，以往中央的合作行政也是由实业部主管，一切行政事项概由该部劳工司办理；其他全国性的中央行政或指导机构，有 1933 年行政院所设的"农村复兴委员会"，其下设专门委员会协助实业部及各省府督促进行，该会内分技术、经济及组织三组；关于农民银行及指导合作事项的机构即设在经济组中。还有 1934 年豫、鄂、

① 陶镕成：《全国合作事业讨论会决议案纪要》，《劳工月刊》第 4 卷第 4 期（1935 年 4 月）；另见秦孝仪主编《革命文献》第 84 辑，台北：中国国民党党史委员会编 1981 年版，第 401—423 页。

② 《全国合作事业讨论会宣言》，《中央日报》1935 年 3 月 18 日。

③ 文群：《全国合作事业讨论会致答词》，《中央日报》1935 年 3 月 18 日。

皖、赣4省“剿匪行营”设立的农村合作委员会，主管推行辖区内的农村合作事业。至1935年3月间全国合作事业讨论会召开，各地代表与专家均感“全国合作事业推行方针及处理办法类多各省各自为政，亟宜从速确立合作行政系统，设立中央合作行政机关，庶几事权统一，合作可得循序渐进”。该次会议中有关确立中国合作行政系统的提案计13件，大会的审查议决为“全国合作事业之主管机关属于实业部”，拟于该部设立独立的机关办理；由实业部会同有关部门，聘任专家组织全国合作事业协会。[①] 于是，立法院修改实业部组织大纲，增设合作司，于6月1日由国民政府明令公布；8月30日实业部下令委派章元善代理合作司司长。章元善11月16日到任就职，实业部合作司才开始正式办公。合作司下设一、二两科，各科设科长1人，设视察员、科员及办事员若干人，凡合作法规的问题及登记监督等事，均归该司负责办理。[②]

《合作社法施行细则》规定：合作行政主管机关在中央由实业部合作司具体负责，在各省为省政府或建设厅，在直属市和普通市为社会局，在各县为县政府。[③] 这样，中国各省市、各团体组建的合作社均被纳入统一的管理体系，并规定各类合作社必须在所属县政府进行甄别并重新登记；每一个合作社只有一个主管机关，只有一处可以取得合法的登记，且不得越级申请。[④]

此外，全国经济委员会为推广农村合作事业，于1935年10月间，设立合作事业指导委员会，下设秘书室及金融、技术两股，掌管中国合作事业的宣传、组织、指导以及金融调剂等技术推广事项。[⑤] 因所管辖事务与实业部合作司“率多类似”，导致“事权不统一”，1936年6月，行政院下令将各省由军事委员会委员长行营所办的农村合作社，及中国经济委员

① 《农村复兴委员会之决议与实行》，《农林新报》第十年第15期（1933年5月21日），第298—299页；《十来年中国之经济建设》第二章“实业”，第31页；《全国合作事业讨论会规程、议事规则、办事处简章》，《实业部公报》第216期（1935年3月2日），第86—90页；《革命文献》第75辑，第367页；《合作讨论会之宣言及重要议案》，《合作讯》第117期（1935年4月10日），第3—4页。

② 《修正实业部组织法》，《国民政府公报》第1757号（1935年6月1日公布），第43—48页；《合委会及合作司先后成立》，《合作讯》第124期（1935年11月10日），第11页。

③ 寿勉成、郑厚博：《中国合作运动史》，正中书局1937年版，第262—292页。

④ 章元善：《合作与经济建设》，商务印书馆1938年版，第66—67页。

⑤ 《经委会设合作事业委员会》，《合作讯》第123期（1935年10月10日），第5页。

会合作事业指导委员会所经营的合作机构，全部划归实业部接管，于是中国合作事业的管理“渐趋一致”，合作行政由“复杂而转为单纯，由零碎而汇为整体，意志统一，力量集中”，效能得到了极大的发挥。[①] 实业部合作司的政令也逐渐普遍及中国各省。

乡村社会改造是一个长期复杂而又艰巨的系统工程，在被纳入政府管理后，它要求政府对各个方面如土地制度、生活方式、经济结构、社会教育及各利益团体间的协调等方面做出努力。尽管国民党人已对合作事业的效用有深刻认识，蒋介石也对农村合作实施多有训词，强调合作的精神在互助，而合作的具体运用则“贵在系统与条理之分明贯晰，伦理精神与科学方法必须交互为用，方能适应于中国社会现况，得以顺利推进”[②]；然而，由于各种原因，国民政府的工作并不能真正达到所谓“救济农民，复兴农村”的目标，当然也就无法形成“新政治的坚固基础”。尽管如此，国民政府运用合作社在恢复农村、组织生产，改良或重组乡村经济方面所付出的努力，从外部为乡村社会的发展与进化植入了一种新型的“现代社会组织”，客观上还是代表了中国乡村现代化的方向，尤其是其舆论导向和合作社较低的放款利率，以及其对农村高利贷的冲击，在乡村社会可谓“开风气之先”，实有相当的社会效果。需要指出的是，国民政府合作政策的成功实施，并非合作行政的中国统一就真正达到目的，它只有在合作组织系统与合作教育、合作金融以及合作指导等整个合作运行体系均逐步健全和完善后，才能达到合作政策的理想效果。1937 年抗日战争全面爆发前国民政府仅在合作行政管理上基本建立了统一的系统，其他各系统尤其是合作社自身组织系统并不健全，这成为中国合作事业规范发展时期的最大问题。

第二节　县政建设实验与农村合作运动

所谓县政建设实验，用今天的话来说，就是“县政改革试点”。它是在 20 世纪 30 年代“天灾人祸、内忧外患”特定的历史背景下，由国民

---

① 秦孝仪编：《革命文献》第 84 辑，台北：中国国民党党史委员会编 1981 年版，第 2 页。

② 蒋介石：《1937 年 1 月对合作学院第一届毕业生训词》，秦孝仪将蒋介石的有关作言论集中汇编为《总裁关于合作事业之训示》，篇幅不小。参阅秦孝仪《革命文献》第 84 辑，台北：中国国民党党史委员会编 1981 年版，第 211—240 页。

政府的力量与社会团体力量联合实施，借鉴科学的方法，采用自上而下与自下而上相结合的方式，以县为单位，对中国乡村社会进行整体改造的一种试验性社会政治活动，其主要内容包括县政体制的改革与社会的改进两部分，涵盖了政治改革、经济发展、文教卫生、社会保障、风俗改良等诸多方面。[①] 国民政府推行县政建设实验，与其推行农村合作运动，其历史背景基本相同。20 世纪 30 年代的中国社会，尤其是中国的乡村社会，既受正在发生的世界范围的资本主义经济危机影响，又承受着“无年不有”的自然灾害的影响，原本已处于衰退之中的乡村经济几乎遭到了灭顶之灾，日本军国主义于 1931 年发动的“九一八事变”，更使困扰于内部政治斗争和共产党土地革命威胁中的国民党政权，遭受到政治和经济上的双重打击，处于“四面楚歌”之中。[②] 为应对来自内部和外部巨大的政治和经济压力，1927 年成立的国民党政权发起了这场县政建设实验，意图在重新整合乡村社会政治和经济力量同时，进一步巩固其统治基础，加强其统治的合法性。县政建设实验引领了中国乡村社会由传统向现代转化，显示出它与中国社会转型方向的基本一致性。从历史过程来看，它经历了从酝酿到启动两个阶段。

一 县政建设实验的酝酿与启动

县政建设实验的酝酿始于中原大战之后。当时，蒋介石在国民党内部领导权的争斗中基本上确立了自己的优势地位，然“大战方休，内患未除，其统治基础还急需巩固”，正蓬勃开展的乡村建设运动与试验区的影响越来越大，引起了内外交困中的蒋介石政权的关注，尤其是“对于定县、邹平的工作也很注意”。[③] 1931 年春，蒋介石邀请晏阳初与梁漱溟会晤，详细了解了乡村实验的有关情况。蒋介石对定县平教会的乡村建设实验十分感兴趣，曾派中央军校教官毛应章到定县考察；还安排晏阳初到革命军人学校和中央军校高级班演讲，赞扬定县实验是三民主义的基本工作。随着对定县和邹平等实验的了解日益增多，国民政府有关人士认为，乡村建设运动对于国民党正在推行然而效果不佳的地方自治很有借鉴意

① 李伟中：《二十世纪三十年代县政建设实验研究》，人民出版社 2011 年版，第 12 页。

② 程方：《中国县政概论》（上），商务印书馆 1939 年版，第 71 页。

③ 梁漱溟：《我们在山东的工作》，《梁漱溟全集》第 5 卷，山东人民出版社 1992 年版，第 1013 页。

义；同时，为防止乡村建设派与地方势力的进一步“坐大”，应将其纳入国民政府的掌控范围之内。不久，晏阳初与平教会的部分人员应蒋介石的邀请，到武昌商谈设立“农村合作指导员训练所”的具体事项。

“九一八事变”爆发后，在来自国内外政治、经济上的极大压力下，国民政府决定加快联合乡村建设派，共同推进“县政建设”。1932 年 6 月，在蒋介石的支持下，黄绍雄与甘乃光分别出任国民政府内政部部长和次长，负责筹备以推进地方自治和县政改革为主题的第二次全国内政会议。黄、甘上任不久，就组织了一个在华北、华中九省实行地方自治的九人委员会，并委任晏阳初为河北省地方自治指导员、梁漱溟为山东省地方自治指导员。在筹备会议期间，黄绍雄、甘乃光先后赴定县、邹平等乡村建设试验区实地考察。考察定县后黄绍雄对晏阳初说：“平教会的目的是政治改革，所用的手段是教育方法，想用单独教育的方法来达到政治的改革，就是有政权的关系，也不容易，如果离开了政权的关系就更不容易了。”[①] 因此，他希望平教会能进一步透过政府的关系，以期实验收到更大的效果。甘乃光看到平教会定县实验的实际情形后，深切感到：“为了促进并加速像定县所制定的乡村建设计划的执行，有必要重建县政府的机构。”[②] 在邹平，梁漱溟问甘乃光：“以前部内颁订的地方自治各项法令，实际诸多不合用，奈何？”甘乃光回答说，内政部目前打算允许各省实施一些乡村实验工作，可以不必拘泥政府法令。[③] 正是基于对定县、邹平等地的实地考察，以及晏阳初、梁漱溟等人提交内政部会议的《县政改革》意见，国民党与乡村建设派在设立县政建设实验的问题上达成了一致，县政建设实验也逐渐酝酿成熟。

县政建设实验在第二次全国内政会议后启动。会议于 1932 年 12 月 10—15 日举行，会议主题“尤以县政改善为当今之急务”[④]，会议讨论通过了《县政改革案》与《各省设立县政建设实验办法》两个议案。《县政改革案》指出了现行地方制度的若干缺陷，并有针对性提出了县政改革

① 黄绍雄：《五十回忆》，浙江人民出版社 1949 年版，第 236—237 页。

② 晏阳初：《定县的乡村建设实验》，晏阳初全集》（1），湖南教育出版社 1989 年版，第 277 页。

③ ［美］艾凯：《最后的儒家——梁漱溟与中国现代化的两难》（中译本），江苏人民出版社 1995 年版，第 242 页。

④ 史文忠：《中国县政改造》，县市行政讲习所 1937 年版，第 92 页。

的“十大”方针：“第一，制定地方行政系统，确立县之地位；第二，充实县政府组织，提高县长职权；第三，划分省县权限，增进行政效率；第四，确立县财政系统，实行预算决算制度；第五，设立实验区及研究院；第六，举行县长总登记；第七，增加县政府经费，提高县行政人员待遇；第八，整理县行政区域，增设新县治；第九，积极筹设县参议会；第十，提高县政视察地位，明确考绩标准。”[①]《各省设立县政建设实验办法》从总纲、组织及权限、经费、实施的方式与程序等方面对县政建设实验区的设立作了原则上的规定。[②] 会后，内政部将《县政改革案》与《各省设立县政建设实验区办法》一起呈交国民政府行政院，经行政院第 117 次会议表决通过后，由中央政治会议第 336 次会议决议备案。

1933 年 8 月，内政部正式颁布了《各省设立县政建设实验区办法》，通令各省尽快在各自辖区内选择一县或数县作为推行县政建设的实验区，报内政部转呈备案；10 月，内政部又根据各省县政建设实验县在设立过程中出现的问题，分 6 项详细地阐明了《各省设立县政建设实验区办法》的根本精神，并电告各省政府，县政建设实验在中国范围内迅速开展起来，全国共有 20 个县被定为县政建设实验县，“最著名的只有四个：一个是河北的定县，一个是山东的邹平，一个是江苏的江宁，还有一个便是浙江的兰溪”。[③] 其中华北地区就占了一半，定县提倡县单位合作经济制度，邹平利用乡学村学来辅助推进合作运动，各自组织合作社的方法多有特殊之处，值得总结和借鉴。下面就以定县和邹平的农村合作为主要对象，重点探讨农村合作运动与县政建设实验的关系及其所代表的发展农村合作新模式的意义。

二　定县农村合作实验——县单位合作制的创立

1933 年 5 月，根据国民政府第二次全国内政会议决议，“河北省县政建设研究院”在定县成立，根据内政部颁布的《各省设立县政建设实验区办法》，将定县划为河北省“县政建设实验区”兼研究院的实验部，于

---

① 朱汉国、周鸿编：《中国二十世纪纪事本末》，山东人民出版社 2000 年版，第 150—151 页。

② 《各省设立县政建设实验区的办法》，见《县政建设实验区资料汇要》，国民政府内政部 1936 年编印，第 3—5 页。

③ 胡长清：《什么叫实验县》，《时代公论》第 140 号（1935 年），第 7 页。

是，平教会在定县的实验便进入了县政建设的实验阶段，从而也开启了中国合作运动史上县单位合作经济组织的实验大门；指导、从事并实施县单位合作经济组织实验的主体为平教会与河北省县政建设研究院。就平教会与河北省县政建设研究院的关系来看，可从两方面加以说明：首先，从性质是上讲，平教会是一个私人学术团体，属于民间机构，不受官方政治的领导；河北省县政建设研究院虽属研究县政建设的机关，具有学术的性质，却由河北省政府设立，直接受河北省政府领导，属于政府机关。其次，从精神上看，河北省县政建设研究院是由平教会促成的，其内部机构的主要职员均由平教会担任，如第一任正副院长分别为晏阳初和陈筑山，实验部主任兼实验县县长为霍六丁，因此，其实验的精神也就是平教会的思想。在这个意义上讲，河北省县政建设研究院可以说是平教会与省政府合作的机构，也就是所谓学术与政治的联姻。[①]

1936 年 6 月，继实验县县长霍六丁去职后，河北省县政建设研究院进行了第二次改组，晏阳初和陈筑山分别辞去了研究院正、副院长之职，继任者为原河北省政府委员、军人张桐轩及其卫士长；平教会也因华北局势的紧张而将工作中心转移到湖南衡山县和四川新都县，定县的县政建设实验实际上就变得“有名无实”。然而，定县实验县开创的县单位合作制度，却为当时中国农村的合作运动带来了几许新意，尤其是整合民间机构与国家政治力量的尝试与努力，曾令人耳目一新。

（一）县单位合作制的创立

1933 年夏，河北省县政建设研究院成立，与平教会共同提倡农村合作。为推广合作事业计，河北省县政建设研究院首先指导农民组设自助社，作为合作社的预备组织；同时还定期举办讲习班，宣传合作大意，对自助社职员进行专业训练；也与各银行接洽在定县办理仓库抵押，设法谋求合作社资金的流通，这些工作奠定了合作事业在定县的基础。此后，河北省县政建设研究院对于合作经济制度的研究实验更加注重，其研究合作经济制度的目的，在于研究县单位合作经济组织，以达到“合理分配、改进生产和全县经济计划”的作用。当时，平教会推行农村合作事业的方法是利用平民学校毕业同学会，以教育为出发点，在组织合作社前，先派遣平民学校毕业同学会成员到各村对农民实施两种训练，分四步进行：

① 参见李伟中《二十世纪三十年代县政建设实验研究》，人民出版社 2011 年版，第 78 页。

第一步为普通训练。即利用演讲会、图画、书籍等方式说明合作的重要性及合作社的意义、办法和章程等，使农民了解合作社之大意，并使农民认识到组织合作社的必要性，从而取得组织合作社的思想基础，并进一步熟习合作社实际经营的技术。第二步为专门训练。即集合村中优秀分子及合作社职员社员等，讲述合作社的具体经营知识。第三步就是继续训练。即采用定期训练、互相参观、巡回文库种种方法，培养农民知识。第四步，按照经济区域，把全县划分为3区，每区设主任1人，指导员数人，分区巡回指导工作；农民受训练后，如果信仰合作，愿意组织合作社，就约志同道合的人依照一定步骤组织合作社。[①]

就理论而言，以县为单位的合作组织为3级，即村合作社—区联社—县联社；实际上，根据以往的实际经验，定县的合作组织为提高工作效率起见，仅实行村县两级制度，而在村县之间，由县联合社选择适宜地点，设立区办事处，实行上下联络，故县联合社在合作组织中实际上是村合作社的直接上级组织。村合作社由30多人自发组成，大部分是接受过合作训练且信仰合作的农民。所有已经组织的合作社，大都为无限责任性质。一般村合作社多以村为单位，其内部组织与一般合作社相仿，其业务则以兼营为主，凡信用、购买、运销及生产等各种业务都可以经营。村合作社以信用业务为中心，一面吸收存款，接收零星储蓄，一面将筹得的资金贷放与社员，遇资金不足时，通过联合会贷款或请联合会担保从银行等金融机构借款。按合作社的常规，县联合社由信用、购买、生产和运销等联社，以及负责宣传、指导及训练等职责的县合作社联合会和统制合作社联合社金融的农民银行组成。但定县只有1家信用联合社，除经营信用业务外，又兼营购买业务，是各村信用合作社及购买合作社的县单位组织。同时各村生产合作社及区单位运销合作社，因金融活动关系，均加入信用合作社县联合社，成为下属社。该社在县单位合作组织中占有重要的位置。

一县的合作经济制度在普通中等县及大县，可分为村、区、县3级，在小县分为村县2级。村组织是全县基本组织，每村组织1家合作社；区组织是全县中级组织，它的任务有三：第一，全区经营业务上的筹运；第二，行政上联合执行；第三，全区合作教育的实施。县组织是全县最高组织，主要工作是负责全县合作行政管理及合作教育、合作金融及统制商

① 平教会编：《定县的实验》，1935年10月版，第65—69页。

务。县组织除县联合会外，另组织农民银行及商务管理处。农民银行负责全县金融，商务管理处则经营全县农产运销、物品购置及直接支持县单位生产事业。尽管，定县的县单位合作制度的设计包括了信用、购买、运销和生产四个方面的活动，但实际上，定县农村合作社县联合社只有信用合作社联合社一种。

（二）定县农村合作实验

在实验县时期，主要工作以表征改良和信用合作为主。其农业改良活动系通过农民生计训练，根据“表征—推广”的模式，先确定表征农家[①]，再对表征农家进行培训，施行“推广训练”，来实施整个农业改良实验。据定县《醒民报》报道，到 1935 年 12 月 27 日，全县生计训练学校先后开办者达 39 所，受训农民 2400 人。总的说来，定县农副业改良研究成果虽多，但在 1937 年抗日战争全面爆发前基本上还停留在“表征阶段”，农民从改良中享受的实惠相对有限。但其以县单位合作制度为主要内容的乡村合作实验，却为当时蓬勃发展的华北农村合作运动增添了几分新鲜气息。

平教会于 1932 年开始在定县组织合作社，其组织以 1 村 1 社为目标，业务以兼营为原则。据统计，在平教会的指导下，到 1933 年年底设立合作社 33 家；到 1935 年，合作社增至 130 家，拥有社员 4768 人，股金 10516 元；其中，信用合作社所占比重最大（计 43 家），其余为信用兼运销、购买、生产合作社等。[②] 所有兼营合作社中，兼营购买者 69 家，兼营运销者 35 家，兼营生产者 10 家，社员数为 2814 人，资本额为 7293.3 元，借款总额为 44745.05 元，放款总额达 50143.81 元，储蓄总额 5398.76 元，购买组营业额为 38432.50 元，棉花运销数目 711 包，计 14000 斤。[③]

村合作社以外还有“自助社”。自助社是河北省县政建设研究院成立后指导组织的，其组织手续极为简单，由河道省县政研究院指导员和村中领袖接洽，举行一次宣传大会后，有社员 10 人以上便可成立；只需年满

① 所谓“表征农家”，是平教会为推广农业改良实验而选定的一些平民学校毕业同学会的乡村农户，其要求必须是经过生计巡回训练学校毕业，成绩优良，且家有自耕地 20 亩以上者；这种“表征农家”的定县实验县的特殊产物，也是其推广实验的重要媒介，主要负责推广的项目有改良农作物、改良家禽家畜等。

② 姚石庵：《定县农村合作组织之发展》，《民间》半月刊，第 3 卷第 3 期（1936 年 6 月 10 日）。

③ 《河北省县政建设研究院工作概况》，1936 年编印，第 43—44 页。

20 岁以上，品性端正的农民，都可以为社员，入社后可介绍到农业仓库去借款。1934 年底，定县的自助社约有 276 家，占全县村庄 3/5，共有社员 8142 人。[①] 自助社是村合作社的预备组织，组织健全，内容充实，便可改组为正式合作社；到 1934 年底已有 50 家合作社，其业务可归为信用、购买、运销、生产及仓库抵押放款等 5 种；至 1935 年 6 月，就增加到 95 个，社员有 3000 多人。到 1935 年 12 月，村合作社的数量较 1934 年底增加 1 倍以上，各村合作社的业务也较往年扩充（参见表 4—1）。[②]

表 4—1　　**定县各种农村合作社分类表（1935 年 6 月底）**

合作社类别	数量
信用（单营）	17
信用兼购买	44
信用购买兼运销	13
信用购买运销兼仓库	4
生产（单营）	3
购买（单营）	2
信用购买兼生产	2
劳作	1
信用购买运销兼生产	1
信用运销兼仓库	1
信用购买兼仓库	7
合计	95

资料来源：《河北省县政建设研究院工作概况》（3），1936 年编印，第 9—10 页。

表 4—1 中合作社兴办的业务，大多以信用为主，共 95 家，其中有特殊需要者，则分别兼营一种或两种不等的业务。从表 4—1 可知，定县农村合作社以兼营购买（供销）合作者最多；各种经营运销业务者达 73 家，尤以各种仓库兼营业务在中国都最著名。有学者认为，在当时国内坚持合作社兼营主张的团体中，平教会可谓坚守最力。[③] 据平教会定县实验

① 定县共有 472 个村庄。参见晏阳初《中华平民教育促进会定县实验工作报告》；章元善、许仕廉编《乡村建设实验》（2），中华书局 1936 年版，第 64 页。

② 晏阳初、陈筑山：《定县实验区工作概略》，江问渔、梁漱溟编《乡村建设实验》（3），中华书局 1937 年版，第 252—253 页。

③ 寿勉成、郑厚博：《中国合作运动史》，正中书局 1937 年版，第 255—256 页。

区生计教育组的报告，自1933年3—12月的10个月内，定县各合作社售货总值为11318元，合作社售卖的货物以日用品必需品如火柴、煤油、盐巴、面粉、棉布等为大宗，这类主要物品系由平教会定县实验区生计教育组及1933年6月成立的定县北区合作社联合会贩进者为最多。①

兼营合作社的建立给乡村生活带来了些许变化。合作社的销售处多设在理事家中，各理事轮流值日售货（纯系义务），售货不限社员；每日的交易额从1元至4元不等，视存货多少与季节变化而异；最小交易额为大铜元2枚，可换取香油1匙。方显庭在定县各合作社参观后说，合作社理事“类多以社址设于其家内为荣，其他社员除购物外，并时至店中闲谈；村中对购买合作社的发展，深为注意”。他曾设想：农村若以购买合作作为各种共同经济利益合作的开端，并妥善经营，则发展前途无可限量。②

因此，定县自创办合作社后的三年内，县里取息特重的“印子房”全部关闭。③ 而合作社除有经济上效用外，还取代平民学校毕业同学会，成为改良农业、技术推广的媒介，藉着这种组织将散漫的农民组合一起，形成一股新力量，以推展各项乡村建设工作。因此，章元善在参观定县实验后指出：平教会“从办平教而办合作，将来更会以经济的组织—合作社—为中心发展村治”。④ 由平教会利用近代合作经济组织的历程来看，农村合作运动对改善农村社会经济具有重要作用。

1. 定县农村合作社县联合社的成立过程、组织结构及相互关系

平教会于1932年在定县的高头、尧方头等十数村组织信用合作社。1933年9月，由高头、东建阳、水磨屯等13家合作社发起，选举段雪斋、李子纯、张文藻、张国士、贾玉珍等为筹备委员，并制定章程，召集股本，议定每股50元，负4倍保证责任，准备筹建定县农村合作社县联合社。9月2日，由参加各社选派代表2人，召开成立大会，选出理事4人，监事2人，余额俟新社增加，再为补选。郭阁臣、李清芳、蔡立芳为理事，在理事未选足额前，理事长暂时推姚石庵先生代理。段雪斋、高蓝田为监事，租定社址，于12月10日正式开幕，联合成立定县第一个农村信用合作社联合社。当时已增加25家，补选理事郑贵和、张庚星、王书

① 方显庭：《中国之合作运动》，南开大学经济研究所1934年版，第37—38页。

② 同上书，第38页。

③ 许孟瀛：《谈平教运动》，商务印书馆1937年版，第59页。

④ 章元善：《从定县回来》，《独立评论》第95号（1934年），第8页。

栋3人，监事马指南1人。1933年12月加入该联合社者共有47家合作社、社股48股。到1935年12月止，联合社共计成员85家（其中有3家因解散退股，共为82家），股额84股，股款4200元（已缴股款3576元），公积金6440.45元，放款达16497.225元，存款为11181.75元。同时，定县联合社设立了区办事处，介绍河北银行在乡村办理掘井贷款，每村以5眼水井为限，每口井借款7成，共借出6634.8元。[①] 该社经理一职由常务理事兼任，故信用组仅聘请会计1人，购买组聘请事务员2人，煤栈方面雇佣事务员7人，专司推销及联络各村社。该社为使各理事明了社内一切经营方法，俾得多数人才，群策群力经营该社业务，特采用常务理事制，由各理事轮流担任执行理事会所议决之一切事项。每年度终了之际，县联合社按照惯例须举行1次年度代表大会，各属社代表得以聚晤一堂，讨论种种提案，以谋社务上与业务上的改善，并选举理监事。该社自创立以来，至1935年底举行第4届县联合社代表大会，因社员“已渐能明了合作的真谛，而于实际活动上，亦渐能把握问题之症结，而思所以解决之”，故代表们踊跃参加，所提议案中肯，可以说农村合作运动已经能够深深打入农民心坎了。[②] 定县农村合作社县联合社是中国历史上第一个县级合作社联合社，这标志着中国合作事业进入了一个新阶段。[③]

定县农村合作社县联合社的内外关系如下。

从内部来讲，在县政建设机构层面，县政府设民政、财政、经济、教育、公安五科，而县政委员会及经济科下则设置农村建设辅导员及乡镇建设委员会，其下分设政务、教育、经济、保键4股。合作事业属于经济的性质，故与县政府的经济行为发生关系。就经济科来说，该社整个系统直隶于县政府经济科，并受其指挥监督。就农村建设辅导员及乡镇公民服务组织来说，各属社受农村建设辅导员的视导与考核，与乡镇建设委员会下

---

① 《河北省县政建设研究院工作概况》，1936年编印，第43—44页。

② 《定县农村合作社县联合社民国二十四年度报告书》，该社1936年印行（油印本），藏南开大学图书馆特藏部，第2—3页。以下该书所引，除特须说明之外，恕不再加注。

③ 华洋义赈会曾经颁布章程，协助指导成立了区合作社联合会，而真正称得上“县级合作社联合社”的是定县农村合作社联合社；1934年，华洋义赈会辅助成立“深泽县信用合作社联合会”，为其创办的第一个县级信用合作社联合会，此后我国华北农村县级合作社联合会多有成立，到1937年达44社之多。陈意新指“1927年2月，安平县建立了第一个县级信合联合会”及“至1933年，已有16个县共建立了22个联合会”，这里的“信用合作社联合会”是一个区级而非县级单位，恐有误。参阅华洋义赈会《1936年度赈务报告书》，1937年。

经济股的协助，且各属社社员又即为构成公民服务团经济组成员的重要分子。再因经济科管辖的县农场与生计学校，负着训练表征农家的任务，而表征农家与合作社，一为体一为用，前者在于推广训练，而后者则在于推广组织，两者相互作用，不能偏废，故此，该社与县农场及生计学校的关系也十分密切。

就外部关系来看，定县农村合作社联合社主要与平教会、河北省县政建设研究院、各银行以及华北农产改进社等在指导上或业务上发生一定关系。

第一，与平教会的关系。平教会生计教育的目的，一方面在于训练农民生计上之基本知识与技能，以增加其生产，另一方面则在于组织农民，使其成为农村经济建设的中心分子，从而推动整个的农村经济建设事业。该会对于经济组织的初步实验工作，即首先在各村实施识字教育，然后推行合作教育，使民众了解合作的意义及办法，引起村民自动组织的兴趣。从 1932 年 10 月起开始研究合作制度，成立高头尧、方头、水磨屯、东建阳等四社为试验社，以后增加至 13 社。当时关于材料之编辑、社员之训练、社务之考核及视导等均由平教会负责。直至 1933 年秋，河北省县政建设研究院成立，平教会鉴于农民对于合作已有相当认识，将合作社视导及考核任务交由河道省县政建设研究院负责；该会则继续努力于合作设计组研究和专门的教材编辑，与河北省县政建设研究院通力合作。因此，定县农村合作事业发展，得力于平教会者独多。

第二，与河北省县政建设研究院的关系。河北省县政建设研究院成立以后，对于合作事业努力提倡。因感觉到建立合作社组织非短期所能普通成立，于是先举办自助社，训练团体生活，待其相当成熟后，再进一步改组为正式合作社。同时由于农村经济困乏，有借助外来资金的必要，于是与各银行接洽，在定县办理仓库抵押借款，以活动合作社金融。为便于对合作社的视导及考核，特依照自然经济区域，划全县为 3 区，每区设区长 1 人，指导员若干人，专门负对于村合作社之视导及考核的责任。在一个相当时期终了，举行全县之总考核，填制考核表，评定各社经营情况的好坏，以资彼此观摩与借鉴。此外，更专派会计 1 人，常住该社，藉收指导、监督之效。在县单位合作组织未完全建立以前，河北省县政建设研究院的协助指导“实有莫大贡献”。

第三，与各银行的关系。中孚银行：1933 年春组织试验社，高头尧、方头、水磨屯、东建阳等四社，成绩良好，社员活动增加，请求借款援助，当时由平教会介绍向中孚银行借款，四社共借1000余元。县联合社成立时亦由该行暂借周转金7000余元。中国、金城两银行：研究院为积极挽救农村经济困窘，邀集津沪中国、金城两银行，先后来定县设立仓库，并与该社订立合同，办理农村信用贷款及农产品抵押贷款，并商议划分区域，县北部地区统由中国银行放款，南部地区则由金城银行放款。河北银行：定县以掘井灌田为改良农业急要之图，县联合社于1935年春积极提倡合作社掘井，并介绍各社向河北银行试行中期借款，在该年度内办理掘井贷款者，为数颇多，社员受惠不浅。

第四，与华北农产改进社之关系。县联合社于1934年提倡棉运，而该县属于西河棉区，因华北农产改进社范围所及与平教会连带组织的关系，1934年，棉运事业受该社在人才、经费资金各方面的颇多协助，1935年已由棉农在东亭镇自动组织，独立经营。

2. 其他工作概况

南区办事处经营概况。定县面积辽阔，南北长约百里，东西数十里，联合社设在城内，较远的村社往来办事“极感不便”，且依照平教会设计，在县村两级之间，应有一区组织为之联络。到1934年9月，联合社第3届代表大会，通过南区范围内20余村社提议的设立南区办事处案，并议决办事处设于李亲头镇，由联合社推举理事1人为该处主任，聘用会计1人协助办理，于同年7月1日开始办公，10月25日，因秋收完竣，补开成立大会，选举指导委员4人，出席者有26家合作社，代表40余人。南区办事处为县联合社成立的第一分支机构，其任务为代表该社对南区各村社办理业务及社务，为县联合社直辖机关，一切人才经费，均由该社负责。每年经费计240元。如经费允许，在较远之重要集镇，也正筹划增设数处，以便利村社往来。

合作教育的实施情况。定县推行合作，以教育为出发点，特别着重社员训练。在提倡时期，教育工作多半由平教会及河北省县政建设研究院协助进行，该社直接负责继续教育之一部，在成立县联合会后，有人专任指导员，教育事业成为该会专责。这些主要有：

第一，冬季讨论会。一年中农民以冬季稍闲，每年均利用此时开展各种合作活动。冬季讨论选择地点适中合作社，集合附近各社职员，一方面报告全县合作社的现况，交换各社以往的得失，讨论将来如何改善，另一方面灌输各种合作常识及训练技术。1934 年，共选择了李亲顾、安家庄、东建阳、清风店、于岩石五处，召集附近各社开会，讨论项目为合作常识、合作经营及合作会计等项。会期为 3 天。1935 年冬季，自 11 月 20 日起至 12 月 18 日止，全县共选择中心社 25 家，每处历时 4 天开展各种活动。此项利用传习办法，凡参加会议者均系各社职员，每人发讲义 1 份，利用各社开会时，对各社员报告一切，收普遍训练的成效。职员讨论题目主要有：定县的合作社、合作社职员应注意的事项、联合社代表大会、农民合作银行、办理合作社登记、农村经济建设机构、领导社员办公益事业及会计问题等。社员讨论题目主要有：社员的责任、社员大会的重要、理事会和监事会的职责、社员存款须知、社员借款须知、怎样看结帐表等。

第二，编印《合作》半月刊。每半月出刊一次，当时已出 23 期，刊载合作实际问题及常识、定县及外埠合作消息、联合社消息、各社通讯、国家要闻等内容，风格与《合作讯》一样，文字浅显，通俗易解。每期分送各社，悬在墙壁，方便社员观览。对于宣传及普及合作教育，裨益甚多。

第三，巡回书库。巡回书库为木制小箱内放置合作小丛书及平民读物多种，巡回传递于各村合作社间，社员得以披览，灌输合作常识。那时有巡回书库 4 份，正巡回在各村合作社。

提倡储蓄的情况。县联合社不仅注重合作教育，还特别重视提倡储蓄。当时，各社信用组既已成立，均感资金缺乏，只凭少数的股金还不易开展活动，虽有银行予以金融上的援助，但非永久的办法。故于 1933 年冬季，各方商定培养本身资金来源并由提倡储蓄入手。1934 年 1、2 月间，正值旧历新年，联合社开展宣传运动，每村分若干队，按户宣传，其能提倡储款最多者，给以纪念奖章，平均储金最多的村庄，给以奖旗，以示鼓励。1934 年储蓄运动结果，吕家庄合作社储金最多，获得奖旗；次为牛村；再次百余元者甚多。①

县联合社的辅助事业情况。联合社除了以信用为主要业务兼营购买业务外，并对各合作社的生产、运销、仓库、农业推广等业务，加以经济援助及技术改良的指导。生产业务虽属辅助事业，但联合社的最终目的还是发展生产，因此大力提倡；举凡新兴事业，都会提供充裕的资金，且利息特别低；技术方面，则代请平教会及河北省县政建设研究院专门人才，代

① 《定县农村合作社县联合社民国二十四年度报告书》，该社 1936 年印行（油印本），第 23 页。

为设计指导，除普通生产事业放款资助不计外，其主要新兴事业有以下各种：

第一，生产业务。县联合社的具体有关生产的业务包括副业生产、耕种合作及农业推广等三个方面。

首先来看副业生产，主要有水磨、织绳、织布及毛毯、编织草席及柳罐等类。①水磨与织绳。四合庄村在定县城南20里，临近多泉水沟，严冬不冻，水力颇强，置有水磨，该村组织水磨利用合作社，于1934年夏季工程建筑完竣，从事磨麦，到1935年还正在试验中，结果如何，尚无详细资料；该社股金每股为10元，县联合社曾参加3股加以帮助。另外，在城南60里的西湖村，附近环境与四合庄村相似，于1935年夏季，组织水磨生产合作社，在村外3里处建筑水磨1座，置磨两盘，日可磨麦粉40袋，成色颇佳，售价较本地小磨面略低；其所产面粉由联合社统一销售，资金也完全由联合社供给，实际上有如联合社专设的面粉厂。至于合作织绳，小五女村历来以打绳为业者几乎占全村户数70%以上，其间因受麻税限制不能维持者有半数以上；1935年夏季，该村组织织绳合作社，结果大部分人员复业，所织绳完全供东亭运销合作社打包时使用，联合社准备在该社产量增多后，由其代为推销。②编织布匹、毛毯、草席及柳罐等。定县北部各村多以织布为副业，东不落冈合作社备有棉纱，贷放于各社社员，待布织成售出，再行偿还；所收利息甚低，免受线店的一切剥削，社员获益很大。此外，如大西涨村，以织布为业者占全村半数以上，联合社提倡织布生产，兼试办运销合作，向“口外”绥远等地推销；该社出品颇注意分级，幅面上一律与密度整齐，为试办性质，当时尚无结果。联合社为提倡织布改良，由东建阳合作社办理纺织业务，专织改良宽布，幅面2尺4寸，加织花纹；由联合社负责推销，以宽面紫花布及合股线布为多。小涨村则一向出产毛毯，但幅面狭而长度短，销路甚小；联合社曾指导将毛毯幅面加宽加长，专为铺垫楼梯及甬道用，并为其开辟市场。至于织草席及编柳罐，主要有在城西15里许的超村，因临近唐河，多芦苇，故以织草席为副业者甚众，复从各地购买柳条，编制柳罐者也不少；该村已组织生产组，所出草席、柳罐及各种柳条箱等，极为合用。

其次来看耕种合作。当时因联合社对耕种合作缺乏经验，尚未专力提倡，但承认其为中国农业经营改良最重要的动向，如有自动组织者，该社尽力赞助，尤其对资金上无不全数低利贷予。其最初创办3家，具体情况概略如下：①小陈村耕种互助社。该社系由10名受过平民教育的青年社员所组织，社员吃饭及住宿俱同在一处，实行团体生活，共同生产。1935年共租地108亩，大都种植平教会所提供的棉花种子及抗旱谷种，成绩颇佳。收获后经计算，除去一切开销，净得盈余375.83元，资金均由联合社供给。②马王庄生产合作社。该社只有社员5人，共租地52亩，一切生产用农具均系借自各社员，食宿由各社员自理；与小陈村不同，该社在合作耕种上颇表现团结的精神。全部种植多系棉花，收获后销售所得，共盈余163.46元。③吕家庄生产合作社。该社共租地100亩，大部分种植棉花，兼办轧花及制造松花等副业，成绩颇佳，收获后销售所得，约盈余100余元。

最后来看农业推广。联合社为提高资金运用效率，监督用途，达到增加农业生产目的，与县农场及平教会生计部取得密切联系，介绍各村合作社从事农业推广，主要包括以下各种：①棉花新品种推广：棉花为定县重要农产，平教会改良脱脂棉增加产量在4成以上，该社与县农场合作订立推广办法，贷款5千元，专为繁殖棉籽，当时预计到1936年可推广上万亩；并拟继续繁殖另外一种“斯字棉”，其增加产量较改良脱脂棉多3成以上，当时也预计在1937年即可推广。1935年参加脱脂棉推广者有16家合作社109户农民，351亩4分地。②抗旱谷的推广：种籽良好，产量较丰，虽少雨水，亦能成长；1935年参加推广者有22家合作社、154户农民、614亩地。③红高粱的推广：1935年有7家合作社35户农民85亩。④农药碳酸铜的推广：碳酸铜拌种可去黑疸病，1935年推广370余包。⑤良种猪（波支公猪）的推广：这种猪所用饲料少，生肉多，且生长快，较本地种为有利。1935年推广种猪5头，放于指定合作社内，每村1头，供给附近猪种交配，每次交配费，社员户为2角，非社员户为3角。[①]

第二，运销业务。定县产棉最丰，种植面积约在20万亩左右，尤以东部为甚，每到收获季节，大农家尚可设法选择善价，而小农家一年辛苦下来所收棉花，常因还债急迫而受棉花贩子的榨取，损失惨重。联合社有鉴于此，于1934年与华北农产改进社合作，办理青苗贷款及棉花运销事业；随即成立棉运委员会专职办理。是年在东内堡、安家庄寨里及清风店等处设立打包处，以便各社农民运送棉花。凡参加运销的棉花，均可预支棉花

---

① 《定县农村合作社县联合社民国二十四年度报告书》，该社1936年印行（油印本），第48—49页。

市价 7 成，其垫款以 7 厘生息，余款待棉化销售后，连同一切开支再为清算。当时，凡有合作社的村庄均组织棉运组，办理收棉、送花、垫款事项，未成立合作社者，由自助社办理（参见表 4—2）。

表 4—2　　**1934 年定县农村合作社县联合社棉花运销情况一览表**

处别	种类	数量	第一批	第二批	第三批	第四批	第五批	合计	总计
第一处	西河棉	包数	25	3	14		10	52	711 包 差额：1138 元
		每担价	36.00	37.00	37.00		37.00		
		差价	60.00	10.00	40.00		10.00	120.00	
	美棉	包数		4		24	32	60	
		每担价		49.5		41.5			
		差价		20.00				20.00	
第二处	西河棉	包数	46	32	4	10	76	168	
		每担价	36.5	37.00	37.5	37.1	37.00		
		差价	100.00	100.00	15.00	25.00		240.00	
	美棉	包数		15	3			18	
		每担价		49.50	41.5				西河棉：600 包 计：858 元 美棉：110 包 计：280 元
		差价		80.00				80.00	
第三处	西河棉	包数	70	2			39	111	
		每担价	34.80	37.00			29		
		差价		8.00				8.00	
	美棉	包数		33				33	
		每担价		49.5					
		差价		180.00				180.00	
第四处	西河棉	包数	52	12	50	51	104	269	
		每担价	36.50	37.00	37.50	37.50	37.40		
		差价	150.00	40.00	100.00	100.00	100.00	490.00	
	美棉	包数							
		每担价							
		差价							
附注	1. 售价差价系较当时本地市价共多卖之数；2. 每担为 100 斤。3. 每担价单位：元。								

资料来源：《定县农村合作社县联合社民国二十四年度报告书》，该社 1936 年印行（油印本），第 51 页。

县联合社根据往年的经验，深感在组织管理及检验棉花质量上有太多缺点，于1935年谋求改进：①将原棉运委员会改组为运销合作社；②设立新式轧花厂集中轧花；③选择吸收高级品质产品的市场；④改进运销的一切手续，并将中区产棉各村，以村合作社社员为中心，组织棉运组；8月30日，各棉运组组长到定县城内开会讨论，议决共同组建棉花运销合作社，社址设在东亭镇，参加者有36村，社员共计637人；县联合社尽力筹划资金，承允供给资金1万5千元。1935年9月1日召开棉运社成立大会，选出潘偿雨、王喆如、杨文华、高蓝田、王逢会5人为理事，共推举其中1人为理事长；赵贺之、李风鸣、马洛士3人为监事，由理事长兼任经理，其他职员如会计、司库等，均由各理事充任，并由河北省县政建设研究院派指导员米铁章常年住社，随时指导一切。关于轧花厂设备安装，县联合社请平教会柳休先生代为设计指导，最初试验，共购轧车5架，借用农场3匹马力发动机1架，因感收集棉花过多，且集中轧花成本减低一半，故该社第四次理事会议决改购10匹马力大发动机，增购轧花车16架，当时均已装妥，每日可轧花15000斤左右，并于11月内往天津、石家庄、青岛各地陆续分批运销了。由于该社业务正在进行之中，到1935年年底尚未告终结，故没有详细的统计数字报告（参见表4—3）。

表4—3　　1935年定县农村合作社县联合社棉花运销概况表

社员数	区棉田数	社棉田数	参加村	已缴股款	社棉产量	已运销量	已运瓤花量
637人	38875.5亩	10112亩	36个	637元	1013200斤	341232斤	73857斤

资料来源：《定县农村合作社县联合社民国二十四年度报告书》，该社1936年印行（油印本），第53—54页。

总之，定县的棉运事业由县联合社提倡辅助，历时两年，始有端倪，改良棉籽已进入大规模推广时期，且两年所得经验，足资借鉴，当时预计来年全县棉运事业一定能够形成规模，有所成就。

第三，仓库业务。定县农产仓库，依河北省县政建设研究院经济计划，自1933年7月起，先后由中国、金城两银行合办，设立于城内、清风店、东亭、李亲顾、明月店，中心仓库共有5处，办理抵押放款；当时，有鉴于每逢收获季节，大宗农产品上市，以致供过于求，物价惨落，农民多受损失。自农产品仓库成立以来，便利很多；然而距中心仓库稍远的村庄，因运输不便，不能加以利用，当时由县联合社与两银行商议，请求在位置适中的合作社内设立了附库12处，以便普及。[①] 此外，县联合社在会计制度方面还有统一规定，各组业务经营如资金管理及经费等彻底分离，各自核算，如此则责任分明，管理便利，计算也较容易。该社所属村社均采用统一制度，订有详细会计规划，共同遵守实施，并做为训练的教材。[②]

特别值得指出的是，该联合社到1935年12月31日年终结算，信用组1935年盈利396.320元，购买组1934年盈利644.045元，1935年为1705.744元，合计为2349.789元，该年红利总数为2530.639元。从联合社盈余分配表来看，两年公积金共计1745.862元，职员奖励（以1935年购买组红利半数的20%）为156.955元，合作教育推广费为（以1935年购买组红利半数的20%）计156.955元，各社分配金占1935年购买组红利半数的60%，计470.867元。[③] 总之，定县合作社联合社在两年时间内，一直处于盈利经营状态，可见合作社的前途！

（三）定县农村合作实验的启示

定县农村合作实验在取得一定成绩的同时，确实带给人们若干启示。

第一，宜设立农民银行。根据对定县经济实况的调查可知，该县的经济基础原本薄弱，而合作社全年资金活动，几乎全赖各银行贷款维持，这实际上有背于农村合作自助、互助精神。集中全县资金，组织农民银行或合作银行，使其成为合作金融的中心，看上去是件不易的事，但考察该年度各合作社存款总额，已有4、5万元之多，流通全县合作金融，已相差无几，若能继续努力，提倡储蓄，不足的数额也很容易补足。如果能以这笔巨款供银行利用，已能周转而有余。至于股金，原非银行的重要资源，只须有5万元即能开办。如山东邹平金融流通处的开设股本仅3万余元，而全年资金活动能有数十万元之多。至于5万元资金，平均到本县470余村，每村不过百余元，以全县130家合作社计，每社平均不过4百元。如果当时大家意见相同，踊跃认股，定县农民银行肯定走向成功。

第二，建立全县合作社联合会。定县合作事业之所以蓬勃发展，完全

① 《定县农村合作社县联合社民国二十四年度报告书》，该社1936年印行（油印本），第55页。

② 同上书，第56—60页。

③ 同上书，第41、42页之“联合社损益总结算”和“联合社盈余分配表”。

依赖平教会及河北省县政建设研究院的设计训练与指导。当时，若村人自动参与自治，才能使合作事业长足发展。那时，该县合作事业已由“训育时代”进入“自治时代”，亟应成立全县合作社联合会，以总揽全县合作社的管理及合作教育。河北省县政建设研究院的指导考核工作，平教会的研究设计工作，都应由联合总会自身负总责，即各种合作社的训练视导工作，也将成为联合总会任务之一。成立联合会的好处有数端：①可藉实际服务的机会，发现农民领袖天才，使该县合作事业完全地方本土化。②可统筹全局利便，使产销与信用关系得以沟通，及生产与消费供求相适应，而收统制经济的功效。③全县合作社联合总会成立，可以集中全力，专司业务经营，收分工合作利益。定县提倡自治，训练公民之际，成立联合社，树立人民自治的先声，大有益于地方自治建设。

第三，发展生产业务活动。定县合作运动以信用为中心，渐向其他生产业务发展。定县农村的重大问题在于贫穷，而救穷之道则主要靠增加农民生产。从事放款而不引导生产，无疑是失策的。即放款于个人生产而不倡导合作生产，则能增加者也不多。反观该县合作事业，以信用兼购买者为大多数，从事于直接生产业务者，仅有少数耕种合作与副业合作，均未能形成大规模组织。运销合作，则棉花一项，已能渐趋于集中经营，是可喜的现象。当时，人们希望全县的各种特殊手工业，均能采取合作组织经营，增加农民生产收入；并从速组织生产运销县联合社，以实现县单位合作经济制度，由此促使该县成为一个经济自给自足的社会。

在平教会指导下的定县农村合作社，自 1932 年起就试办购买合作；这种合作社被称为“兼营合作社”，它除了办理信用合作之外，还兼营购买、生产及运销等业务。截至 1933 年冬，这种兼营合作社有 38 家，社员 1633 人，股金总额为 3788 元，已缴付的股金为 2258 元。从总体上来说，兼营生产合作范围较小，仅限于纺织、刺绣、编柳条、水磨、改良猪种及共同耕种；运销合作已试办土布运销，并将与华北农产研究改进社合作，举办大规模的棉花运销合作。定县的合作社除办理信用合作社外，已兼营者虽有生产及运销等业务，但覆盖范围狭小，只有购买合作为各社统一经营业务。据平教会定县试验区生计教育组未发表的报告载，自 1933 年 3 月—12 月，10 个月内，定县各合作社的售货总额为 11318 元，数量颇为可观。合作社售卖的货物，以日用品如火柴、煤油、盐巴、煤炭、碱、面粉、棉布等为大宗；此类物品由平教会定县试验区生计教育组及 1933 年

6月成立的定县合作社联合会贩进者为最多。销货处常设在合作社理事家中，各理事轮流值班售货；理事售货，“纯系义务，没有报酬”，购物“不限社员”，且“帐簿完整，按日逐笔记载”。每日交易额由1元至4元不等，一般随着存货的多少，与季节变化而不同，交易额最小者为大铜元2枚；为体恤贫寒人家，往往采取物物交易制度；如以一个鸡蛋，可换取香油一匙。这里值得注意的不在于交易额的大小，而是“通过这种交易活动，社员因购物而得会面，并以此孕育合作精神，造成合作环境”。据方显庭对定县合作社的观察所得，这种兼营合作社的理事，多以社址设在其家中为荣，其他社员除购物外，并不时到店中闲谈；村中对购买合作社的发展，也甚为注意。购买合作社成为其他共同经济利益合作的开端，当时认为，若能善为经营，则其发展前途不可限量。①

1936年初，因各合作社社员数量激增，业务繁杂，兼营确实不易②，故各兼营合作社改为信用、购买、生产、运销等单一业务社，并成立单一业务合作社的联合社，各联合社的经理分别为：信用合作社经理吴雨农，购买合作社经理李清芬，棉花产销合作社经理米铁章；同时，定县农村合作社联合会也改组为定县合作社联合总会，内分总务、技术指导、考核等股，由姚石庵、米支山、李惠桢等负责。定县农村合作事业已初具规模，成绩显现。1937年春，定县信用联合社又改组为定县合作金库，总资本为10万元，其中社员出资5万元，国民政府实业部之农本局出资5万元。1937年中日战争全面爆发后，定县沦陷，被日本军队占领，与华北其他沦陷区合作社的命运一样，这些合作社几乎全为日本人支持的新民会合作社所接收。③

三　邹平学制与农村合作

山东邹平在成为实验县之前，乡村建设已经展开，1932年第二次全

---

① 方显庭：《中国之合作运动》，南开大学经济研究所1935年版，第38页。

② 针对农村合作社的业务经营，曾出现过“单营”与“兼营”的激烈争论，如于树德、白德兰等中外学者发表各自的言论，展开了广泛的争论，最后无果而终。而农村合作社的业务经营多随着各地实际情形，因地制宜；最初，各种业务都比较单纯，社务也简单，社员需求量不大，故大多采取兼营；随后业务进一步发展，社务也逐渐增大，兼营确实不易，故各种业务还需单营，最后到县联合会的成立，又是一个兼营式的复合组织，因其业已成熟到可以经营复杂的业务了。总之，在单营与兼营两种形式之间，整个的调试与转变都有一个过程，“适可而行”应是坚守的基本原则，定县就是一个很好的例子。

③ 米铁章：《民国二十一年至二十六年定县合作社概况》，《民国河北省政府社会处档案》，河北省档案馆藏，全宗号622，卷号1786。

国内政会议的召开，则为邹平乡村改造试验的进一步发展提供了历史契机。1933 年春，山东省根据内政部颁行的《各省设立县政建设实验区办法》，制定了《山东省县政建设实验区条例》等一系列地方法规，将邹平划为县政建设实验县，同时被划为实验县的还有该省的菏泽县；1933 年 6 月，邹平乡村建设实验县正式成立，王怡柯为第一任县长。自此，邹平的实验进入到一个新阶段——县政建设时期，邹平的农村合作也同步进入新的阶段。

（一）邹平学制

邹平实验县合作事业的总机关是邹平合作事业指导委员会，具体到各乡、各村的推进力量，则全在乡学与村学。乡学、村学是已有的“乡农学校”转化而来的，是山东乡村建设研究院县政建设实验区邹平县特有的组织；它一方面是县政府下派的行政机关，另一方面又是“居于推进社会之最前线，而实施其推进社会工作”的社会改进机关。也就是说，它并非单纯的教育机关；在现行中国学制系统中，并无类似机构，姑且称此制度为学制，则“邹平学制”是一种“县有县学，乡有乡学，村有村学”乡村新制度。当时县学还未设立（由山东省乡村建设研究院暂代），所以，本书中的“邹平学制”主要指邹平的乡学与村学。

1. 乡学与村学的普遍设立

邹平在县政建设实验县成立后，梁漱溟根据该县第三区区长纪凌云所实行的“政教合一”，区公所与乡农学校归并一处办公的经验，对前期试行的“乡农学校”重新设计和调整。1933 年 6 月，山东省乡村建设研究院（暂代行县学功能）调查研究后决定，废除邹平县的原有行政区设置，按照历史习惯和天然的经济区域特征，将全县乡村划为 14 个乡 336 个村，在这些乡村设立乡一级的事务中心——乡学，和村一级的事务中心——村学。具体的调整办法是：在无中心乡农学校的乡，重新设置乡学，或将位于乡镇所在地的中心乡农学校扩充为乡学，乡学设置升学预备部和职业训练部，开设本乡需要而所属各村学不能办理的教育课程等。升学预备部由各乡原有的高级小学归并而成，职业训练部的高级班由原来乡农学校的高级部合并而成。乡学的管理组织为学董会，以本乡所属各村的村理事（或村长）为当然成员；并在全乡范围内聘请资望素孚、热心公益的乡村领袖担任学董。学董会推定威望最著的担任学长，并推定常务学董（即乡理事）呈请实验县政府委任。村学设立儿童部、成人部和妇女部。儿童部是合并原各村的初级小学而来，成人部和妇女部是归并乡农学校而来。村学的学董会人员构成与乡学相似，只是选任范围是一村之内。村学和乡学的教员由山东省乡村建设研究院的研究与训练两部的毕业生和经过培训的乡村小学教师、乡村师范毕业生担任。

2. 乡学村学与合作运动的关系

乡学村学在农村合作运动中发挥了什么作用，山东省乡村建设研究院认定两者的目标是要重新“辟造正常形态的人类文明，使经济上的‘富’操纵于社会，分操于人人”，其纲领表述为“如何使社会重心从都市移植到乡村”，“恰好乡村经济建设要走‘合作’的路，那是以人为本的经济组织……所谓富与权操于人人，便于是确立。”[①] 由此可见，乡村建设中的经济建设基本上是按照梁漱溟的规划，即“走合作的路”，以形成社会化的经济组织，而合作主义的最终目标也在实现社会化的经济制度，此二者的目标旨趣实是相同的。从事实上来分析，乡学村学组织也应为理想的合作运动的推进机关。其全部活动，也可当作合作精神训练，其社会教育活动，尤以合作运动为主要目标。故秦亦文认为，乡学村学在合作运动中实具有特殊的功能。[②] 作为乡村工作的中心机构（代行某些政府职能），一切乡村活动均由乡学村学来推动，合作运动的推进理所当然成为乡学村学的主要任务。因此，乡学村学无论对合作教育的实施、合作社的组建、合作社的业务以及合作行政各方面，均须负责，而尤以合作教育的实施为最重要。所以邹平的合作运动推进机关，上有山东省乡村建设研究院，邹平实验县政府的合作事业指导委员会，而下有乡学与村学，乡学与村学处在重要位置上。[③]

邹平县政建设实验区在其计划丙项“社会改进机关之设置”实验中规定：“本实验计划既集中力量于推进社会之工作，则自县政府以次，固悉为社会改进机关……各设置机关，有其横（向）的组织；又以一县面积之大，户口之多，则不能不划若干大区，更分若干小区，各置机关，上有统属，下有责成，而有其纵的组织……其纵（向）的组织置下级机关，

① 梁漱溟：《山东乡村建设研究院旨趣书》，《梁漱溟全集》5，山东人民出版社 1995 年版，第 98—101 页。

② 秦亦文：《中国合作问题研究》，山东乡村建设研究院 1935 年编，第 109—125 页。

③ 寿勉成、郑厚博：《中国合作运动史》，正中书局 1937 年版，第 261 页。

即因乙项计划中所编制之乡村若干大小区域而分别设置的，即是乡学村学。此项机关之设置，即因其地方原有之社会形势，又即以地方社会中人为组织主体，居于推进社会之最前线而实施其推进社会之功，特称为社会改进机关。”计划中有设立乡学村学办法 23 条，其中第 1 条规定，“本实验区为改进社会，促成自治，以教育的设施为中心，于乡设乡学，于村设村学”。第 2 条规定乡学村学的教育对象为“各该区域之全社会民众”。第 6 条规定，“乡学村学之一切设备为地方公有，应开放于一般民众而享用之”。同时，在“村学乡学须知”中，就乡村学的组织运用还有更详细的规定。① 乡学村学组织参与者为全乡村中的男女老少及乡村运动者，其工作方式系学校式教育及社会式教育的联合，一面对社会各类人员施行教育，另一面倡行各种社会改良运动。

正在施行的合作运动，不外乎用社会式教育及学校式教育，一方面对全社会施行宣传倡导，促进合作事业，另一方面对参加合作事业的个人施行合作教育；社会式教育主要是各项推进宣传组织工作，学校式教育主要是各种合作训练班、讲习会等。自 1935 年 7 月邹平合作事业指导委员会成立，对该县合作事业的历史、现状、社会情形及邹平实验工作中已有的安排与组织，制定了各种计划；因邹平合作运动本以乡学村学为基础，所以这些计划的全部，在精神实质上与乡学村学的制度相联通。例如邹平实验县《合作事业计划纲领》中关于“组织者”规定：“村有村社，乡有乡联合会，县有县联合会及县联合社，与村学乡学县学并立，一为经济组织，一为教育组织，二者相互为用。”这项规定有两种意义：第一，合作社是采用兼营制度，以村为组织单位，在一村之中只有兼营各种业务的一个合作社②；第二，联合会组织，县联合会以下，是否再设中间组织，是尚待解决的一个问题。县以下两级的实验，由乡学设组织从事其利弊有待调整。

在《合作事业计划纲领》“进程综述”项下规定：合作社的活动，是由社会改进的一般文化事业拓展；合作社的教育，是由乡学村学辅导，完善合作社自身教育功能，各级教育相互运用促进地方教育的发达。在

---

① 参阅《乡学村学须知》。

② 当然，这种制度不是一蹴而就的，在具体应用中另有顺序推进的计划，它比邹平实验县《合作事业计划纲领》更为详尽，且有不同年度进展的计划按排。

“实施指导原则”中规定，“多下教育功夫，少用政治力量，引发乡民之自力”，这都是因为有乡学村学的机构可以凭藉。至于各项涉及属于乡学村学本身的计划实施，如乡学村学推进《合作事业计划纲领》中，关于“合作教育”包括①实施民众合作教育；②在合作事业指导委员会（简称合委会）指导下，实施社员训练；③协助合委会实施职员训练。关于“合作社之促成”包括①提供设置促进意见于合委会；②实施促进上应有之宣传诱导工作；③协助办理组织手续。关于“合作社业务”包括①供业务指导意见于合委会；②受合委会之委托协助合作社业务经营。关于“合作行政”包括①受合委会之委托，施行调查；②受合委会委托，施行考核；③受合委会之委托，稽核合作社之帐目；④其他协助事项。乡学村学推进合作事业，应根据各项纲领，按照地方情形，制定工作计划，并将施行经过列具工作报告，按期呈报县府。

在邹平合作事业的农业技术方面，合作事业指导委员会以研究院农场为依托；合作金融则以农场金融流通处为依托；在合作组织方面，则完全依靠乡学村学实施。山东省乡村建设研究院农场、邹平金融流通处及乡学村学，是合委会的三大工作基础。以合作事业与农业推广机关及金融机构相互联络，并非邹平所独有，但以乡学村学作为运动实施主力，却是邹平合作运动所特有的方法。[①]

3. 对“邹平学制”评议

邹平原来的县政运作方式是依靠行政力量自上而下的推行，是一种单向度政治控制；改制后，邹平实验县通过设立地方会议、设置乡村辅导员以及县政府问事处，从而在县政运作上实行了上令下行和下情上达的双向互动。在乡村社会控制方面，特别重视乡学村学，采取传统教化与利用乡村习惯法的社会自控为主、政治力量的社会控制为辅的原则，充分利用地方士绅管理乡村社会，发挥民间自在的习惯法作用，尽量弱化政治对乡村社会的控制。

通过县政改革，邹平实验县的县政体制发生重大改变，政府职能也随之发生了转变；在地方上，乡学村学不再是单纯的教育机构，而是所谓“教政富卫合一”、“以教统政”的具有自治性质的组织，梁漱溟称其为

---

① 秦亦文：《邹平学制与合作运动》，《民众与教育》“合作事业专辑”第7卷第3期，第454页。

“教育本位的学治政体”。由于充分发挥了地方社会的作用，扩大了政治的参与基础，政令的下行和民情的上达并行不悖，决策有了科学依据，从而实现了政府与民间的双向互动，乡学村学在县政建设中发挥了积极的作用，把邹平农村的合作事业推向了一个更高的台阶。

（二）邹平农村合作实验

邹平在成为县政建设实验县后，“从县政府以至乡村一切地方行政、地方自治以及教育经济均可自定方案，进行研究实验”，实验县隶属于山东省乡村建设研究院并赋予该研究院在省政府授权下改组县政府、推荐或委任县长及其以下行政人员、审定县实验计划等多种权限，成为兼有“教育机关、学术机关、行政机关”三种性质的综合机构，并将“县境内之社会改进实验，包括产业振兴、经济进展、民智开发、风俗改善等”纳入到实验县的实验计划之中，农村合作就是社会改进实验的重要内容之一。

1. 合作指导机关

邹平的合作事业，始于乡村建设实验时期成立的梁邹美棉运销合作社。在山东乡村建设研究院农场主任于鲁溪等人的努力下，实验区各项合作事业“与农业改良打成一片，此应彼和，相互为用，故能于短时间内，使农民因实惠而生信仰，有长足之进展焉”。[①] 实验县成立后，邹平农村的合作事业采用院县合作的方式，由山东省乡村建设研究院农场负主要责任，实验县政府第四科的技术人员参与指导。为通盘筹划全县合作事业，集中指导，以促进合作运动的发展、经济制度的确立，实验县于 1935 年 7 月 3 日成立合作事业指导委员会，作为邹平合作事业最高指导机关。合委会以县长为委员长，并由县政府在下列人员中选聘：山东省乡村建设研究院讲授合作的教师及农场主任职员、县政府第四科科长及技术员、该县农村金融流通处经理及其他相关人员，聘 8 至 10 人为委员，组织委员会，合委会除委员长外，复设常务委员 2 人，辅助委员长办理会务，处理日常事务。合委会分 3 个小组：第 1 组办理关于从合作事业至调查统计考核登记及合作教育事项，第 2 组办理关于合作金融事项及信用合作社、合作仓库至指导等事项，第 3 组办理除了信用合作社、合作仓库之外的各种合作社事务的指导事项。各组设主任 1 人，由

---

① 任子正：《邹平合作事业概况》，《乡村建设》第 3 卷第 9 期。

常务委员或委员兼任；下设干事及助理干事各若干人，由委员会从山东省乡村建设研究院的工作人员中指调若干人兼任。合作指导委员会成立后，以“内分外合”、“分区指导”为原则，根据邹平的经济地理与各种合作社的地域分布，将实验县的第一、二、三乡划为第一指导区，第四、五、六、七乡划为第二指导区，第八、九、十乡划为第三指导区，第十一、十二、十三乡划为第四指导区，每区设一指导员。同时，合委会还着手全县合作事业的整体设计，拟定邹平实验县《合作事业计划纲领》及《实施指导原则及第一年度工作纲要》，全面推进邹平的合作运动。到 1936 年底，邹平县有生产运销、信用、消费等各种合作社 307 家，社员 8828 人，股金 12242.93 元。[①]

2. 各项合作事业

第一，产销合作社（或称“生产运销合作社”）。

邹平的乡村合作事业系从创办梁邹美棉运销合作社开始的，其成效也最显著。实验县成立后，为推动美棉种植和运销合作社的继续发展，县政府与山东省乡村建设研究院农场在经济、管理等各方面给予美棉运销合作社以大力支持。除了实验县农村金融流通处的经济支持外，1933 年，梁邹美棉运销合作社由山东省乡村建设研究院和实验县政府出面担保，与济南中国银行签订了以美棉为抵押、月息 8 厘的贷款合同，由梁邹美棉运销合作社以月息 1 分将贷款发放给社员，从而解决了梁邹美棉运销合作社的发展“瓶颈”。在内部管理上，实验县成立初期，梁邹美棉运销合作社的机构为总社、分社两级构成；随着业务的扩展和分社的增多，原有的架构已不适应发展需要。1934 年，实验县合作事业指导委员会对美棉运销合作社的体制结构进行了调整。新体制采用了会—社结构，原来各村的分社和新成立者，一律改为“某村美棉运销合作社”，每个合作社都具有一定的独立性；总社改为“梁邹美棉运销合作社联合会”，由各村合作社组成，其内部以各村社社员代表组成的会员代表大会为最高权利机关，议决联合会的重大事项；会员代表大会选举产生会务委员会，为最高执行机关。联合会设理事主席 1 人，由会务委员推举，总理一切会务，并对外代表联合会；又设监事主席 1 人，监督联合会的财务状况及执行事务的办理

① 罗子为：《邹平各种合作社二十五年度概况报告》，《乡村建设》第 6 卷第 17、18 期合刊。

情况；会务委员会下设总务、会计、工农业等部及打包、轧花等厂，各部主任由委员会委员兼任。为便于业务的经营管理，联合会还在花沟镇、高涯庄及县城东关设立办事处，直接负责轧花、打包等事；各村合作社也与联合会实行分工合作：各社负责美棉种植、借款、收花及轧花等业务，联合会负责棉花的集中加工与运销。①

随着美棉运销合作社业务范围的逐步扩展，梁邹美棉运销合作社联合会在盈余分配上也略有变动；经社员代表大会议决，各社将公积金比例降为 15%，社员红利提高到 70%。因美棉运销的良好收益，加之美棉贷款资金的到位，美棉运销合作社联合会得到了很快的发展。据统计，实验县成立的第 1 年，梁邹美棉运销合作社联合会的分社由 15 家增加到 20 家，社员人数增加了 85 人（达到 306 人）；社员种植改良美棉面积达 3464 亩，是初期的 5 倍多。随后的两年发展更快，1934 年，梁邹美棉运销合作社联合会的分社为 113 家，棉田 21341 亩；1935 年，分社再增加了 5 家，棉田 30111 亩；到 1936 年，合作社的规模空前扩大，分社达到了 186 家。同时，联合会的贷款业务也逐年扩大，1932 年的贷款由山东省乡村建设研究院提供，联合会共发放贷款 3583 元；从 1933 年开始，款项由济南中国银行提供，当年发放贷款 24128 元，1934 年为 130377 元，1935 年为 93017 元。② 这些数字表明，邹平实验县的美棉产销合作事业发展的蓬勃兴旺。

在邹平实验县，除了美棉产销合作社之外，还有蚕业产销合作社、机织（布）产销合作社、蜂业产销合作社等。邹平的蚕业产销合作社成立于 1932 年，主要在邹平的第一、二、三区，合作的事项主要有合作换种、合作催青、合作烘茧缫丝和合作运销；合作社成立当年有 10 村 271 户入社，1933 年又有 12 村 241 户入社，1934 年增加到 27 村的 339 户入社，1935 年有合作社 10 家，社员 522 户。比较而言，邹平蚕业产销合作社的发展要缓慢一些，成效不是太好，特别是 1935 年，国内蚕丝市场再次遭受国际市场的冲击，很多农民因亏本而拔掉新植的桑树，合作社随后解散。至于机织（布）产销合作社，最先以信义机织（布）产销合作社及印台乡机织（布）产销合作社最著名，后因日本生产的布匹大量倾销山

① 《梁邹美棉运销合作社第四届概况报告》，《乡村建设》第 5 卷第 16、17 期合刊。

② 同上。

东而使合作社瓦解。机织（布）产销合作社与蜂蜜产销合作社的发展情况几与蚕业产销合作社类似，命运也大体相同，由于现代国际市场分工基本定型后，传统的桑蚕、土布等产业因技术、管理、生产效率等因素，已很难找到适合自己的生存空间；同时，更应该看到，国际市场及帝国主义经济侵略对中国农村合作运动的负面影响。[①]

第二，林业生产合作社。

林业生产合作社是邹平农村合作事业取得独特发展，成效也较为显著的一类合作社。1932 年，山东省乡村建设研究院农场有鉴于邹平第一、三乡境内荒山秃岭较多，将其划为林业改进区，推广合作植树造林；村民在造林专家梁颉恒和山东省乡村建设研究院训练部学生的指导下成立林业公会，虽已具有合作性质，但还不是正规的合作社。实验县成立后，在山东省乡村建设研究院农场和实验县第三科的联合指导下，林业公会改组为合作社，并制订了严密的组织章程，规定本村居民均可成为社员，入社时缴纳社股银 1 元，所有灌溉及保护等费用由社员均摊；有关社务方面，规定“本社设正副社长各 1 人，由大会公选之，任期两年；每年开社员大会一次，商议社务具体事项”。此外，各合作社还制订了《保护树株规约》，规定“社员有共同保护树株之责，有共看秋苗之责”。据初步统计，到 1934 年，有 48 村的 28 家林业公会改组为林业合作社，拥有合作林场 780 亩，社员 1636 人，该年种植槐、杨、柳、橡子等优质树苗 8 万余株。[②] 1935 年春，又有 38 个村庄相继组织了林业合作社，该年播种了社员集资购买的枣、杏、桃等果木种子、松、柏等木材种子 112500 坑。到 1936 年，合作社共植树 31050 株，播种 110900 坑，并计划在 2 至 3 年内植树达 689150 株。[③] 随着林业生产合作社的发展，邹平的一些适宜植树的荒山逐渐变为绿岭，不仅改善了邹平的局部气候和土壤环境，各合作社的收益也逐年增加。

第三，信用合作社

山东省乡村建设研究院成立之时，邹平乡村社会的高利贷现象似乎并

---

① 任子正：《邹平合作事业概况》，《乡村建设》第 3 卷第 9 期；罗子为：《邹平各种合作社二十五年度概况报告》，《乡村建设》第 6 卷第 17、18 期合刊。

② 《林业合作社概况》，《乡村建设》第 5 卷第 11、12 期合刊；任子正：《邹平合作事业概况》，《乡村建设》第 3 卷第 9 期。

③ 《林业合作社概况》，《乡村建设》第 5 卷第 11、12 期合刊。

不严重，各地的贷款月利一般在2—2.5分之间，信用合作社并没有像生产运销合作社那样为社会所亟须。1934年，邹平发生了严重的旱涝灾害，粮食歉收，农民无法维持正常的生产生活，更无力偿还债务；而农村金融流通处因限于资金及人力，对此又力不从心，高利贷活动趁机猖獗起来，借贷利率上扬到3分。于是，山东省乡村建设研究院和实验县政府决定组织信用合作社，山东省乡村建设研究院训练部学生下乡宣传，农村金融流通处指导，终于产生了第一批全称为“无限责任邹平县+乡+村信用合作社”，其储备金由农村金融流通处的低息贷款和社员股金构成，主要经营储蓄和放款业务，其结算盈余的分配比例为：公积金50%、职员酬劳金15%、储蓄奖金15%、业务发展和公益15%。[①] 梁漱溟有鉴于邹平整个的合作事业发展较快，急需金融机构资助，于1934年10月将原县属农村金融流通处改组扩充，以调剂农村金融，以资助各种合作，减少高利贷剥削；当年信用合作社就贷放7000元。[②] 1935年，梁漱溟相继担任了邹平实验县县长和邹平实验县合作事业指导委员会委员长，信用合作社社员增至589人，原本贷款大多被控制在少数人手中，实验县合作事业指导委员会成立后，对信用合作社进行了整顿和重新登记，并制定了新的章程。[③] 到1936年时信用合作社的情况有所好转，并有了新的发展（参见表4—4）。信用合作社的成立，解决了邹平乡村社会金融匮乏的部分问题，缓解了农村金融流通处的压力。但由于农村经济发展不均衡，部分居于领导地位的士绅又常常假公济私，所以农村信用合作社的金融投资实际成效很有限。而要防止富农、地主垄断合作社是一个难题，加强农民的合作教育，使农民普遍懂得农村合作的真谛，才是邹平农村合作运动发展的当务之急。这实际上从另一侧面反映了“邹平学制”虽有其自身的独特优势，但也难免还存在一些相应的不足或缺陷：即乡村士绅和领袖难以真正融入农村合作运动的潮流中。

---

① 柴向清：《邹平乡村建设时期的金融业》，《梁漱溟与山东乡村建设》，山东人民出版社1991年版，第159页。

② 《邹平农村金融工作实验报告》，山东乡村建设研究院编印1935年版，第9页。

③ 邹平实验县颁订的农村信用合作社章程，大多借鉴于华洋义赈会所订合作社章程的内容，但也有一些明显的不同之处，如明确规定“社员以在业务区域居住、年龄20岁以上……有田地3亩者为合格，每社须有社员15人以上方可登记”等，参阅《邹平实验县信用合作社章程》，山东乡村建设研究院1935年编。

表 4—4　**邹平信用合作社历年进展情况表**

项别＼年度		1933	1934	1935	1936	合计
社数		1	——	33	13	47
社员人数		15	10	598	307	935
股社	已缴	——	20	1178	694	——
	未缴	——	——	270	210	——
借款数目（元）		300	——	9486	2738	——

资料来源：邹平实验县农村金融流通处编《邹平农村金融实验工作报告》，1937 年版，第 24 页。

第四，信用庄仓合作社。

邹平的信用庄仓合作社系由庄仓合作社演变而来。1933 年，邹平粮食丰收，农民因粮价过低而不愿意出售，从而造成了乡村金融紧张。县长王怡柯本着中国历代常平仓、社仓积谷之精意，参酌世界各国通行的农村各项产业合作先例，草拟了《邹平实验县普设庄仓合作社办法》，目的在于“举全县之农户，藉仓储合作，悉纳于经济组织之中，而有以吸收都市之资金”。庄仓合作社的组织架构与信用合作社并无明显不同，但其经营办法，却有较大差异。就庄仓合作社的组织架构而言，按照规定，庄仓合作社以原有纳税区划的庄为单位，由庄长（村长或村理事）担任庄仓筹办员，县政府加以委任；村民除土地不足 3 亩、所收不敷自用者之外，皆有加入庄仓合作社的义务；仓储粮食的征收，在种棉或花生等不便仓储救荒的庄村，应将所产变价，购进秋粮或小麦，依各家所有地的亩数，比例入仓；各庄仓积储粮食的数（量），以达全体社员家属平均每人 1 石为标准。至于庄仓合作社的经营办法，则规定“社员随时可以觅得社员 2 人以上的担保人，即可向庄仓借钱借粮，期限不得过 1 年，利率为月利 1 分 6 厘，但请借之数不得超过所存粮钱总数的 70%”；同时，各庄仓可以其全部存粮作押，向农村金融流通处抵借现金，也以存粮总额的 70% 为准，期限不过 1 年，利率不逾月息 1 分 2 厘；除发放贷款之外，各庄仓合作社还可在流通资金不足时，联合发行庄仓证卷（仅于 1933 年），由农村金融流通处负责兑换。庄仓合作社每年盈余分配的办法是：管理人员占 10%，社员入股占 45%，社员自由提取占 45%。[①]

---

① 参阅王怡柯《邹平实验县普设庄仓合作社办法》，《乡村建设》第 3 卷第 11 期。

实验县合作事业指导委员会成立后，庄仓合作社改组为信用庄仓合作社，业务范围包括保管、抵押、储蓄和贷款。由于信用庄仓合作社平准了当地粮价，又活跃了农村金融，解决了农民因粮价低落而缺乏现金的难题，加之农村金融流通处的支持，因此发展很快。据初步统计，到 1936 年底，已有信用庄仓合作社 58 家，社员 2914 人，股金 4481 元，其分支社的数量仅次于美棉运销合作社，社员和社股数均居实验县各合作社之冠。[①]

第五，购买（或消费）合作社。

邹平的购买合作大多由其他合作社兼营，需求并不迫切，因此成立时间较晚（1936 年底），数量也最少（仅有 1 所），且业务最单纯，仅合作购买煤炭一项；关于其内部组织与经营，与其他合作社类似，成效几无可述者。

（三）特点与评价

1. 纵观邹平实验县的农村合作事业，清晰可见其发展特点

第一，从实际需要出发，以发展生产合作为先导，由生产—信用—消费依次递进，是邹平实验县农村合作的显著特征。第二，以实验县农村金融流通处为后盾，整合县内财源与引进都市银行资金相结合；生产运销合作发展为先，信用和信用庄仓合作发展次之，购买合作的发展最后，其成绩也复类此。这与当时中国其他各地单纯依靠外来资金，先发展信用或消费合作，后发展生产合作的方式迥然不同。第三，实验县的农村合作事业在发展上，一方面以发展生产为根本，另一方面扩大消费促进生产，从而取得较好的效果。邹平农村的合作事业，可谓“生产与救济兼顾的乡村合作事业”。

2. 评价——文化上保守与经济上开放相结合的社会实验

首先，邹平实验在理论上有其保守的一面。近代以来的中国乡村社会转型，毫无疑问出现了不少社会失范，如乡村政治的痞化、文化荒漠化、经济的衰败化等，导致了整个的乡村社会危机；传统意识形态对社会行为的规范作用被弱化，新的社会规范尚在“襁褓”中，成为近代社会普遍共有的现象。应该说，邹平属于社会转型相对缓慢且传统文化影响依然较大的乡村社会类型。在推进社会改革的同时，协调社会内部矛盾、避免新旧冲突的激化无疑是必要的，而传统儒家文化无疑具有这样的社会功能。事实上，任何一种社会转型，都无法彻底抛弃固有的文化因子，这些早已融入到社会心理底层和民族生活方式之中的物质，成为厚重的历史感和社

① 《庄仓合作社之过去与未来》，《乡村建设》第 5 卷第 11、12 期合刊。

会积淀。然而，改造传统文化，使其获得创新或新的生命力，是中国社会现代化始终应该坚守的任务。邹平乡村建设理论致力于重建新儒学、创获新文化、开出新治道的大方向，无疑是正确的；当然，如何“扬弃”传统文化、实现传统文化的现代转化，这是一个“与时俱进”的历史话题，是不应该有一个所谓“结论”的。

其次，邹平实验在具体方法上又有其开放的一面。在面对乡村经济的社会化和商品化以及乡村问题日趋严重的大趋势下，邹平实验县积极应对，尤其在林农业改良推广方面，摒弃了定县实验县先研究再表证最后推广那种循序渐进的方式，而是以合作组织形式，将改良美棉及时大规模推广，以尽快改善乡村经济。事实证明，这种超常规的发展，成效最佳。以邹平合作事业为例，它立足于整体发展，展示了不少颇具自我特色的独到之处。如邹平合作事业的发展资金主要以乡村内部供给为主，外部的银行资金仅是其中的一部分，没有依赖性；在发展过程中，邹平实验县确实从济南中国银行得到了部分贷款资金，但主要资金来源于山东省乡村建设研究院、农村金融流通处以及社员的股金，其中，农村金融流通处的资金——来自实验县每年40余万元的各项征收和收入，占了绝大部分。因此，相比而言，邹平实验县的合作事业对外来资金的依赖性最小，且多为生产建设性合作，对于抵抗资本市场的冲击能力也最强；这种颇具开放性的新型合作经济，在20世纪30年代那种“风云变幻”的资本市场中，相对于弱小、分散的个体小农经济，无疑更适宜于自我生存与发展。在人才引进上，实验县也采取“拿来主义”的办法，从定县聘请了有多年农业改良经验的于鲁溪担任山东省乡村建设研究院农场主任，全面负责农业改良的推广和合作组织的发展，从而为邹平农村合作事业的发展奠定了基础。

在美棉运销合作过程中，实验县不仅形成了从种植—收购—初加工—运销等一整套比较严密的体制，严格质量关；而且比较注重树立“品牌”效应，主动将改良棉花送交上海华商联合会和南京中央棉产改进所进行质量鉴定，此后梁邹美棉运销合作社的美棉在激烈竞争的国内棉花市场上，立即占据了优势地位。1934年，该社所有棉花以每百斤56.8元的高价，被青岛华新纱厂和济南中棉公司抢购，比当时仅为42元的市场价高出三分之一![1] 为了从市场中获取更大的收益份额，实验县甚至还有过在孙家

---

① 于鲁溪：《山东乡村建设研究院农场四年来工作之回顾》，《乡村建设》第5卷第4期。

镇设立合作棉纺厂的构想，也有创办酱油厂、对大豆进行深加工的构想。从中确实可以看到，邹平实验实已释放出一种较为开放的商品经济甚或市场经济意识。

第三节　华北农村的合作事业

自国民政府提倡农村合作事业后，各省政府纷纷颁布组织合作社暂行条例，致力推行农村合作，合作社组织乃日见普遍，数量增加，实可惊人，尤其是20世纪30年代后，因各银行竞相办理农村合作贷款业务，故合作社数量的增加非常迅速。根据“中央农业实验所”的调查统计，中国农村合作社数量在1928年尚未达1000家，至1935年已超过2.6万家，增加几达28倍之多；同时，社员人数由2.7万人增加至100万人以上，增加更达37倍之多。[①] 若就地理区域分配而论，华北各省的合作社数都有显著的增加，数量虽仍以河北省为最多，但也有渐趋平衡的趋向；另外，各省有合作社的县数也随着合作社的增加而增多，即各省合作社的分布有渐趋扩散的情形。

若是以合作社的职能而论，在1934年以前，中国的农村合作社以信用合作社为大多数，占各种类型合作社总数的4/5强[②]，但自1934年起，各省除致力于组织信用合作社外，也注意到其他各种合作社，尤其是兼营与运销合作社。在华北五省，所谓兼营合作社，是为适应农村需要的缘故，多由信用合作社兼营运销、生产、供给、购买等一种或多种附属业务，可以说农村信用合作社是华北地区合作事业的重心。本节旨在分析华北五省信用合作事业，在当时的国民政府及商业金融机构倡助下，合作社质量进展状况，及其改善农村金融的效用。

一　河北省的信用合作事业

河北省农村合作运动的起源，可溯自1923年，华洋义赈会在香河县城内的福音堂，指导成立香河县第一信用合作社。其后，华洋义赈会即以

---

① 薛暮桥：《农村合作运动和农产统制》，《中国农村》第2卷第12期（1936年12月），第57—58页。

② 方显廷：《中国经济研究》，商务印书馆1938年版，第422—423、441页。

河北各地作为合作社试办区，逐渐扩展农村信用合作社数量，以为调剂农村金融的新组织。至 1927 年底，河北省所属 130 个县份中，已有 56 个县，共组有信用合作社 561 家，社员有 13190 人[①]；同时华洋义赈会多次举办合作讲习会及发行有关合作事务的刊物，并督促农民建立合作社联合会，以促进及加强合作社的功能；“信用合作”制度的意义已逐渐传布扩散于广大农村，因此河北省的农村信用合作奠下了深厚的基础。

河北省由政府推行合作事业，始自 1929 年，由省政府农矿厅将农村合作列为政务之一，以培养合作组织指导人才着手，首先与北京大学法学院合办合作讲习班，选送学员入班学习；1930 年春有 30 人毕业，均由该厅分配至原县，派充合作或农业指导员；随后颁订《河北省合作社暂行条例》，成为组建合作社的规范[②]；同时制定农村信用合作社、消费合作社等模范章程和组织程序，分发省内各县，积极倡导。[③] 同年 4 月，由工商、农矿两厅组立河北省合作事业指导委员会，华洋义赈会总干事章元善、杨性存、董时进等诸人，被聘为委员，参与其事。[④] 指导委员会与华洋义赈会共同订定合作社登记办法，将经华洋义赈会历年指导成立各合作社补行登记，以资由法规统筹保障。[⑤] 从此，河北省的农村合作事业，凡有关合作社申请许可设立、成立登记等诸行政事项，皆由省府机关合作事业指导委员会办理；至于合作事业的促进与指导工作，则大体上仍由华洋义赈会依据实际情形需要，负责规划办理。

1933 年春，入侵中国的日本军队进兵长城，热河、察哈尔、河北等省多县沦为战区，所属农村受灾严重，国民政府乃组织成立“华北战区救济委员会”，内设有急赈、工赈及农赈三组，按受灾程度实施赈救。[⑥] 急赈是实施战区救济的第一步工作，农赈则于急赈之后开办，由华洋义赈会代征河北省各县合作社工作人员协助办理，凡有关耕地的种种问题，由农民向政府申请无息贷款以资恢复农事，这些贷款主要用于修建房屋、添置器具、购买种子、补充耕畜以及下次农产品收获前必需的生活费等。[⑦] 赈借的方法为：由农民组织互助社，以互相社团体的名义承借，再分借给

① 孔雪雄：《中国今日之农村运动》，中山文化教育馆 1934 年版，第 225 页。

② 马森年：《河北省农村合作事业概况》，《河北月刊》第 3 卷第 10 期（1935 年 10 月），第 1 页。

③ 《农村信用合作社模范章程、消费合作社模范章程》，《河北农矿公报》第 9 号，第 19—27 页。

④ 《河北省政府积极办合作》，《合作讯》第 58 期（1930 年 5 月 10 日），第 3—4 页。

⑤ 《登记办法大体已定》，《合作讯》第 63 期（1930 年 10 月 10 日），第 2—4 页。

⑥ 蒋锡会：《本省对战区救济办法》，《河北月刊》第 1 卷第 9 期（1933 年），第 5 页。

⑦ 《华北战区将办理农赈并调用人员》，《合作讯》第 97 期（1933 年 8 月 10 日），第 1 页。

被灾严重的农民支用，并以互助社团体内所有社员连带信用担保还款。赈款到期归还之后，互助社可改组为合作社，继续办理农村改进事业。①

农赈的成果，至1934年7月战区救济委员会结束时，共计在河北省24个县、察哈尔省9个县，贷放赈款1434530元，指导组成互助社3794家，社员180457人。② 农赈工作结束后，除由华洋义赈会继续在河北省各县指导农村合作事业外，复由北平政务整理委员会成立“华北农业合作事业指导委员会”，共同推动华北农村建设工作。该委员会于1934年7月23日成立，主要办理收回华北战区救济委员会农赈项目下各互助社的贷款，并协助互助社改组为合作社，指导成立新合作社，续组互助社，发放合作社、互助社贷款及改善农村等工作。③

华北农业合作委员会于1934年成立之初，仅接收战区各县的农赈工作，协办战区各县农村合作事业，到1936年春，华洋义赈会将大兴等23县所属的合作社的指导考核工作，移交华北农业合作委员会继续办理。④河北省各信用合作社自创办以后，经华洋义赈会的努力推广，及省政府的维护，在数量及质量上，均有平衡的进展。该省信用合作社自1928年至1936年底止，历年进展状况分述如下（参见表4—5）。

表4—5　**河北省信用合作社历年进展概况表**（1929—1936）

年份	1929	1930	1931	1932	1933	1934	1935	1936
县数（个）	61	68	67	69	71	78	104	129
社数（家）	818	946	903	876	952	1251	3317	5646
社员数（人）	21934	25727	25633	24217	23753	29705	56797	118641
社股（元）	35688	45748.3	45858.2	46811	52491.39	67687.3	169893	507466

资料来源：1. 华洋义赈会编印《1933年底赈务报告》第37页；2. “中央农业实验所”编印《农情报告》第5卷第2期，第60—66页。附注：由于河北省各地合作社办理登记情形缓速不一，故华洋义赈会的统计与河北省建设厅的统计有出入，后者在1930—1931年的统计数目均少于前者，本书采前者的统计。

① 《华北战区农赈》(1)，天津《大公报》1933年9月16日。

② 行政院秘书处编印：《行政院工作报告》，1935年，第557页。

③ 同上。

④ 《大兴等县合作社移转华北合委会办理》，《合作讯》第128期（1936年3月10日），第6页。

由表4—5可知，在1934年以前，河北省信用合作事业的进展并无突飞的现象。1934年后，信用合作社的数量明显增多，由千余社增至5646家，遍及省境各县。究其原因，首先，除华洋义赈会仍一直初衷不断地促进合作事业发展外，1933年长城战役后，在华北战区施办的农赈，以及1933年秋黄河水灾农赈所组成的互助社团体，已逐渐改组为信用合作社。[①] 因为互助社以一团体信用为担保，向外借款的限度，最多不过一次，要想以其信用作若干次借款的担保，则必须改组为合作社，在政府机构进行登记，取得法人的地位才行。[②] 所以农赈是政府藉赈灾做推行合作社的初步准备，一方面是赈灾，另一方面是借此机会联合受灾农民，进行团体生活训练，并使受训农民明了合作意旨；其次，是各公私营银行由尝试性质办理合作社贷款，进而逐年增加农贷款额，积极参与合作运动，也是刺激该省合作社发达的因素之一。国民政府制订的《合作社法》于1934年9月公布实施，河北省实业厅即通饬各县遵照施行，并督饬各县政府简化合作社登记手续，对某些县政府将各社申请登记呈文经年累月搁置不办的情况[③]，使已经华洋义赈会指导成立的合作社，得以迅速办理登记。

河北省信用合作社数及社员数的增加虽相当迅速，但每社的规模并不大，每社社员平均不到30人[④]，也就是说，该省三四百户的农村中，往往只有二三十个农民是合作社员；不仅较1928年以前每社平均数33人没有扩大，甚至可说有点减少。华洋义赈会曾说：河北省虽最早提倡信用合作社，但社员人数增加甚慢，有不少合作社，成立已有多年，社务情况也还不错，但社员始终只有二三十人。[⑤] 华洋义赈会分析其中因素认为，主要是社员不完全了解社员人数是影响合作社资本额、业务进展及社员福利的重要因素，因此有些业务稍有绩效的合作社，大多不肯让别人入社共享利益，甚至有些合作社仅够立社法定人数，就立刻办理

---

① 王武科：《中国之农赈》，商务印书馆1935年版，第18—25页。

② 《合作社与互助社不同》，《合作讯》第93期（1933年4月10日），第1—2页。

③ 《河北各社登记当可较前容易》，《合作讯》第98期（1933年9月10日），第7页。

④ 河北省信用合作社社员平均数，系依据“中央农业实验所”的调查报告测算出来的。详情参阅“中央农业实验所”农业经济科编《农情报告》第5卷第2期（1937年2月15日），第60—66页及《各社宜注意增加社员》，《合作讯》第122期（1934年11月10日），第1页。

⑤ 《各社宜注意增加社员》，《合作讯》第122期，第1页。

向外借款事宜，自然不愿改进其社务[①]，所以华洋义赈会不断地在合作刊物上呼吁各社要努力吸收新成员。

至于业务经营方面，承办储存业务的合作社虽未有详确的统计，然就华洋义赈会1933年的赈务报告调查统计，已被承认的400多家合作社，其储存款项合计达6万余元[②]，显示合作事业创办之初，以放款为唯一营业项目的情况，已大有改观。由于华洋义赈会认为合作社如能收受更多数量的存款、储金，且款无大小，均使生息；又为鼓励社员踊跃储存，规定凡存款储金达于某一限度的合作社，该会应许额外借款。[③] 所以信用合作社办理储存业务者，在河北省已略见成效。

关于合作社放款业务方面，可分为两大方面来说明。第一为社员借款利率，1927年以前，大致以1分至1分2厘为标准，1927—1934年间则略有变动，以年利1分至1分5厘占大部份[④]，因华洋义赈会为吸收外界游资，及防止土豪劣绅从中牟利起见，于1932年11月改订存放款利率，规定各合作社放款利率，以1分5厘为标准，可视当地状况增减，但最高不得超过年利2分。[⑤] 虽然借款利率稍有增加，但仍是农民借贷所能承受的，且比私人借贷的利息要低。第二是各社社员借款数额、用途及期限。各社放款基金，除合作社的自集资金外，最初全赖华洋义赈会的贷款，起初仅以赈灾余款的一部分（5000元）作为贷款基金，后来随着合作社数量的增多，基金亦逐年加多；迄1931年以后，银行界及有关金融单位等也办理对合作社放款业务，合作社的贷款金额来源显著地增多，那么合作社社员所能享有的借贷利益是多少呢？这里仅以1933年华洋义赈会面向河北省农村信用合作社社员借款的统计略加说明（参见表4—6）。

---

① 实业部制定的“农村合作社暂行规程”规定合作社法定，人数最少为9人，而1934年公布的《合作社法》则规定7人以上，虽减少2人，仍无碍合作社的成立。参阅《实业部公报》第16期第1页；及《政府公报》第1376号，第2页。

② 参阅华洋义赈会编印《民国二十二年度赈物报告书》，1934年版，第37页。

③ 孔雪雄：《中国今日之农村运动》，中山教育出版社1936年版，第268页。

④ “中央银行”经济研究处编：《中国农业金融概要》，商务印书馆1936年版，第105页。

⑤ “改定利率及增加放款额”，《合作讯》第90期（1933），第2页。

表 4—6　　河北省信用社员借款数额分配表（1933）

借款额	借款社员（人）	借款总数（元）	占总数之%
10 元及以下	703	4888	5.4
10—20 元	1721	28074	31.3
20—30 元	742	19170	21.4
30—40 元	429	16087	17.9
40—50 元	226	11051	12.3
50—60 元	81	4701	5.2
60—70 元	36	2430	2.7
70—80 元	16	1262	1.4
80—90 元	7	608	0.7
90—100 元	8	787	0.9
100—150 元	6	720	0.8
共计	3975	89778	100

资料来源：华洋义赈会编《民国二十二年度赈物报告书》，1934 年，第 30 页。

表 4—6 统计显示，各社社员借款额在 50 元以内，约占 81%，而以 20 元—50 元的比较最高，约占 50%；其次 10 元—20 元的借款人数相当多，约有 30%；50 元以上的仅占 10%。这种情形较 1923 年至 1927 年期间，社员借款在 20 元之内的占 63% 的状况已渐有改善。各种贷款对于农民生活的改善及生产事业的促进，确有其实效，从农民向合作社借款的用途来看，也是如此（参见表 4—7）。

表 4—7　　河北省农村信用社社员借款用途分类统计表（1933）

用途		社员数（人）	借款数（元）	占总数之%	
生产方面	耕植	110	2578	2.9	约 62%
	肥料	820	17018	18.9	
	种子	186	3910	4.4	
	牲畜	667	17769	19.8	
	农具	623	13240	14.7	
	造井	39	1088	1.2	

续表

用途		社员数（人）	借款数（元）	占总数之%	
非生产方面	粮食	455	8601	9.6	约38%
	修盖房屋	384	9219	10.3	
	买地	172	3696	4.1	
	婚丧	103	3271	3.6	
	还债	137	3368	3.8	
	其他	279	6020	6.7	
共计	3975	8778	100		

资料来源：华洋义赈会编《民国二十二年度赈物报告书》，1934年，第30页。

如表4—7所示，农民借款的目的多半（62%）用于生产事业，与1923—1927年间农民借款额的50%用于非生产方面的情形相比较，有了增加，而且合作社放款给社员的期限，也由供给流动资本用途为主（1年内还清）的现象，渐趋向于供给固定资本投资（1—3年偿还），如购买农具、车辆等装备。[①] 同时，合作社的放款时期以春、夏、冬三季为主，颇能配合农民或因春耕期近，需要购买种子及肥料；或因青黄不接需要购买粮食；或因年关紧迫，需要偿付旧债，支用杂费等农村金融季节性的需求[②]，显然，信用合作社的工作已达到调剂农村金融的初步目标与实效。只是若以1933年的借款社员数3975人，与全部信用合作社社员数23753人相比，享有借款利益的社员，获得实益的农民并不多。这固然是华洋义赈会为督促合作社自立，而对贷放给合作社的款额凭考核成绩限制造成，然而最主要的因素仍是河北省缺乏省、县合作金库这样的金融机构来调剂合作社资金。1936年农本局成立后，虽有辅助各省县设立合作金库，以健全农村合作金融系统的方案，但因入侵华北的日军不断地在华北各地制造事端，扰乱政局，河北省政府当局无法兼顾，因此对农村合作事业影响极大。

合作教育是推展、健全合作事业的基础。河北省农村信用合作事业，在数量及业务经营方面不断有进展，主要得力于合作教育的兴办。华洋义赈会在河北省倡办信用合作组织之初，即已有计划地推行合作教育，如发行书报，

① 巫宝三：《华洋义赈救灾总会办理河北省农村信用合作社放款之考察》，《社会科学杂志》第5卷第1期（1934年3月），第89—90页。

② 同上书，第98页。

举办合作讲习会，鼓励各社社职员参与社会活动，组织合作社联合会，扩大合作社功能等。1928年以后，华洋义赈会更加强并扩充合作教育训练，其他相关的合作促进指导机关也相继举办各种合作训练教育。华洋义赈会协助各合作社筹办的合作讲习会，对于各社办事员了解合作真义及办事能力的培养，确有成效。合作讲习会在1925—1927年全由华洋义赈会统筹办理，1928年以后改由该会与各合作社合办，1931年以后又完全由各合作社自办，该会只提供讲课师资、费用津贴等协助办法，且参与讲习会之人数不断增加。

另各县建设局及华洋义赈会，一方面积极辅导设置合作社联合会，以充实合作社组织与扩大合作社业务和功能。故合作社联合社因适应需要而不断地成立，截止1937年4月底止，计已成立有区联合社63家，县联合社44家。① 另一方面，也积极培养合作社经营人才和指导人员，如华洋义赈会于1931年、1936年、1937年，各举办1期的讲员与社职员训练班，目的即为培养合作讲习会的讲员及联合社的办事员。② 而且还设置合作巡回书库，便利偏僻地区的社员学习③，鼓励合作社及联社自办演讲和联谊活动，例如：深泽县与邻近各县联合社，组成一个“合作讨论会”，相互沟通联合社筹措资金的方法，联合经营业务等事项。④ 种种的培训目的，无非是加强农民的合作知识与经营能力。而不少信用合作社及联合社，都已办理兼营业务，如兼营供给运销、消费、利用、生产等业务。根据调查统计，至1936年底，河北省已有1450个信用合作社兴办各项兼营业务，占该省信用合作社25%强。⑤

此外，华北农业合作事业指导委员会为加强社员对合作基本常识的了解，促进合作事业的发展，于1935—1936年2月底，共办理两期的合作传习会，其性质为初级的合作教育，与华洋义赈会协办的讲习会类似，参加人数多达3、4千人。⑥ 同时为培养传习会讲员及地方合作领导人才，合作事业指导委员会于1935年11月间，招考社员，从事训练。⑦ 省建设厅也不定期地办理合

① 《联社职员训练班计划》，《合作讯》第142期（1937年5月10日），第2页。

② 《讲员训练班听讲员评定后的几句话》，《合作讯》第134期（1936年9月10日），第1页。

③ 曹进学：《合作巡回书库报告》，《合作讯》百期特刊，第19页。

④ 《合作社渐能自动了》，《合作讯》第132期（1936年7月10日），第1页。

⑤ 河北省的信用合作社，凡有兼营他种业务者均列入兼营合作社种类内，故统计数字是由“中央农业实验所”编之《农情报告》第5卷第2期，第60—65页，逐一加以筛检的结果。

⑥ 《华北合委会招考传习会训练班——并举办第二期传习会》，《合作讯》第123期（1935年10月10日），第5页；《中国经济年鉴》第三编第十八章“合作”，第119页。

⑦ 华洋义赈会编：《合作讯》第123期，第5页。

作指导员养成所，培养指导员，以辅助知识程度薄弱的农民，认识合作组织。至于学校机关，则专以培养推展合作运动行政人才为主，如南开大学、燕京大学、北京大学及一般农事学校，均设有合作课程供学生选修。[①]

河北省各种层次的合作教育虽相当兴盛，但并不十分普及。以华洋义赈会历年举办的讲习会来看，听讲人员总数不过16000至17000人，以全部社员数11万8千余人相比，尚不及1/7；更何况其他指导机关并非定期地举办合作教育。所以河北省的农村信用合作社事业，在量与质方面固有进展，但仍有一些弊病。如社员人数过少；合作社自集资金不充裕，多数仰赖社外借款，一旦协助机关不予资助，业务就无法进行；推动合作组织与经营人才的缺乏等，均亟等改善。

二 山东省的农村信用合作事业

山东省推行农村合作运动始于1929年间；华洋义赈会在该省夏津、冠县、恩县、堂邑、武城、聊城6个县举办“掘井货款”，规定贷款由合作社经手贷放，倘无合作社组织地区的农民，如愿共同掘井，得联名该会申请。[②] 举办掘井贷款后，组织合作社的功用已引起当地农民的兴趣，于是先后有8个县成立35家信用合作社，函请华洋义赈会派员指导。[③] 华洋义赈会于是决议将试办合作社的区域，由河北省扩至山东省，并推派代表向山东省政府农矿厅商洽合办农村合作事业诸事项。[④] 1929年，山东省政局秩序渐次恢复，各种建设工作亦逐项展开。当时，省农矿厅积极提倡合作事业，首先开办合作社指导员养成所于泰安，培养推动合作组织的人才，并设立合作事业指导委员会，招收中等学校毕业生，施以短期合作训练后，分配给县充任县合作指导员。县合作指导员驻各县政府建设局，负责指导民众组设合作社。省农矿厅饬令各县充实农民贷款所基金，向经营生产的合作社发放贷款，以扶助农民经济的发展[⑤]，从此山东省的农村合作事业方逐渐起步。

1930年春，中原大战爆发，旧军阀的晋系、国民军系、桂系联合反

① 《中国经济年鉴》第三编第十八章“合作”，第117页。

② 《掘井贷款规则》，《合作讯》第41期（1928年12月10日），第6页。

③ 《合作将推行鲁省》，《合作讯》第72期（1931年7月10日），第1页。

④ 《合作委办会第五九次会议的结果》，《合作讯》第57期（1930），第2页。

⑤ 黄幹桥：《本省合作事业三月来之观察》，《山东农矿公报》第13期（1930年1月），第3—4页，及该期公报的各种训令，第18—19页。

抗国民政府，山东成为主要战场之一，因此山东省各项建设宣告停顿。同年9月山东省政局底定，省主席韩复渠重新整顿实业，积极从事建设。至于合作事业方面，虽然山东省政府当局与华洋义赈会接洽圆满，欲借重华洋义赈会办理合作社的经验、技术与人才，扩大倡办，却因1931年江淮水灾，该会人员纷纷南调，协助推行赈务工作，无暇顾及山东省；在工作人员不敷分配情况下，华洋义赈会暂停在山东省扩充试办合作组织的工作，并将该省各县已报告成立的合作社，开列清单移请山东省农矿厅合作事业指导委员会直接指导。[①]

山东省的合作行政机构虽早已设立，却变动频繁，对于合作指导的工作效率影响颇大。先是1930年底，省农矿厅改组为省实业厅，1933年省实业厅合并于省建设厅，并重组合作事业指导委员会，改隶于省建设厅，1936年3月合作事业指导委员会又被改组为合作事业指导处；不久，指导处缩减为省建设厅合作科，厅下又设合作事业巡回指导队三队，分赴各县任督导工作，并饬令各县政府设合作指导室[②]，自此山东省主管合作事业的行政系统方告确立。

虽然，山东省的合作行政机构常在变动之中，但该省有一协助推行合作事业的强有力机构——山东省乡村建设研究院，与省合作行政机关向有联系，对于山东省合作事业的发展，甚有帮助，后来所有的合作人员的培养，合作组织的研究设计，均得力于山东省乡村建设研究院的协助，因此山东省合作事业的推行仍有成就。这里将历年成立的信用合作社数、社员数、股金及办理概况列表如下（参见表4—8）。

表4—8　**山东省农村信用合作社统计表（1930—1936年2月底）**

年份	1930	1931	1932	1933	1934	1935	1936	共计
社数（家）	35	16	53	260	389	273	40	1066
社员数（人）	—	482	1051	6384	9352	5536	733	23538
社员股（元）	—	3269	7637	60190	83953	31624.5	4493	191166.5

资料来源：《民国二十年度农利股报告》，《合作讯》第85期，第7页。

① 《农利股报告》，《合作讯》第85期（1932年8月10日），第7页。

② 《山东省合作事业指导委员会章程》，《山东建设月刊》第4卷第1期（1934年1月），第3—5页，及《十年来中国之经济建设》第十四章“山东省之经济建设”，第1页。

表4—8所列的统计数字为山东省建设厅截止至1936年2月底调查的结果。另据“中央农业实验所”在《1936年度中国合作事业调查》专号的报告指出，截至1936年底，山东省108个县中已有合作社的共100个县，占县数的93%强。除专门合作社（如棉花、蚕丝、烟叶的生产运销）为该省建设厅侧重推进的区域事业、不予计数外，一般合作社共计为4965家，社员总数1311303人，其中信用合作社分布于83个县、社数1576家，虽仅占总社数32%弱，但仍为该省合作事业最大比例，社员人数39032人，占社员总数的30%。①

据“中央农业实验所”的调查，山东省自推行合作事业后，在1931—1933年，其合作社总数居中国第4位，仅次于苏、冀、浙省的情况，到1934—1936年，已跃居中国第2位，仅次于河北省；② 可见其发展迅速；就调剂农村金融的信用合作社而论，则并无大的突破现象。因山东省自耕农比例之多，为各省之冠；③ 该省农民历年赴东北各省开垦居住者，其数甚众，几占东北人口一半数量；每年山东农民由东北银行汇兑庄、邮政局等汇兑机关向山东农村汇款，可统计者在5千万元以上，大县每年收入1、2百万，小县约有20—30万，农民由东北回山东，自行携款回乡者，尚不在内。④ 在“九一八事变”以前，山东农村颇为安定；即使偶有水旱灾害，因有汇款挹注的资金，农民不致感受太多困难。但自东北失陷后，农村金融周转不灵，兼以1932—1934年间连续发生灾害，及受世界经济危机的影响，导致山东省农产品滞销，农产价格惨跌⑤，而洋货倾销侵入山东省农村者与日俱深，导致农村濒于破产，农民日益感受到强烈的经济压力。此时，农村信用合作组织方为省县当局所极力推行，而渐有进展，甚至成为山东省合作事业重心之一。另外，该省生产运销合作社也同时得到推进。

1933年秋间，黄河溃决。河北、山东、河南三省被灾县份共达25县，华洋义赈会在黄灾区域内举办农赈，先行设立第一农赈事务所于山东

---

① 山东省信用合作社分布的县数与社数及社员数的百分比，系按“中央农业实验所”的调查统计略加计算得到的。参阅“中央农业实验所”编：《农情报告》第5卷第2期，第68—72页。

② “中央农业实验所”编：《农情报告》第5卷第2期，第41页。

③ 参见“中央银行”经济研究处编《中国农业金融概要》，1937年，第27页。

④ 同上。

⑤ 《从对外贸易观察目前中国经济的危机》，《独立评论》第26号（1932年11月13日），第17—19页。

省荷泽县，指导农民组织互助社，以行赈济并宣传倡导合作组织与宗旨。[①] 同时，山东省乡村建设研究院亦在邹平设置农村金融流通处，不仅负责推展邹平县的信用合作事业，且与政府当局合作，指导各县设立农民贷款所，贷放资金予经营生产事业的合作社，同时也和中国银行、上海商业储蓄银行等商业金融机构共同举办农民放款。[②] 于是山东省的信用合作社由1933年的360余家，增至1936年的1500余家，增加5倍多。其中专营信用业务者有1180家，兼营运销、生产、及生产运销供给者396家，且已有26个县组织联合社36家。[③]

如以山东省各县农民融通资金的方式与利率而论，则以典当利息为最高，普通月息在3分至5分左右；次则为私人借贷与合会，为2分至3分左右；最低为合作社，以1分至1分2厘为最普遍。只是合作社所能贷款的数额与期限均有严格限制，例如邹平县合作指导委员会对于各乡信用合作社及社员贷款数额，均以该社成立时间的长短及社会成绩的大小作为审核条件。1933年，邹平县仅成立1家信用合作社，社员15人，每人仅能贷得20元资金。[④] 即使以1936年为基准，成立4年且考绩列为甲等的合作社，每个社员所能贷得的最高数目也不过是40—50元。但以山东省当时的农业工具价格而言，耕种用具如犁、耙等，每具价格最高为大洋20—50元，价格低的也要5—10元，至于灌溉用的水车或载物用的畜力车价格更在100元以上，区区数十元的贷款实际作用有限。1936年底，山东省全省信用合作社的社员总数与农民总人口（约3千万）作比率，则仅有1/1000人受惠。[⑤] 显见以新式金融制度振兴山东省衰颓的农村经济并没有应有的发挥，省合作事业的行政管理机关时常变更，无法长久推行能够培养合作组织人才与合作教育的长远计划，1935年以后，侵华日军极力煽动华北自治，韩复渠亟谋自保，决定大力发展山东省农村自卫组织，以游击战对抗日本侵略者，而以经济

① 《本会举办黄灾农赈之概况》，《合作讯》第102期（1934年1月10日），第5页。

② 山东乡村建设研究院农村金融流通处编：《邹平农村金融工作实验报告》，1936年，第26页。

③ “中央农业实验所”编：《农情报告》第5卷第2期，第68—72页。

④ 山东乡村建设研究院农村金融流通处编：《邹平农村金融工作实验报告》，1936年，第24页。

⑤ 山东省农民人口数系依据1935年《申报年鉴》第87页的统计，农户总数5918280户，乘以5口，得出约3千万人。

建设为主的合作事业不再被重视。1937 年抗日战争全面爆发后，山东省的农村信用合作组织益形萎顿。

第四节　华北农村合作运动的总体考察

本书用了 3 章的篇幅分阶段考察了 3 种不同运行机制下，华北农村合作运动的纵向发展历程；下面还将用两章的篇幅，主要就华北农村合作运动的整体，分别从合作社组织与经营、合作系统的运行机制以及合作运动在华北乡村社会产生的各种历史变迁这三个层面，从横向上作了进一步考察。其中，不同章节已就有关内容如三种模式的差别特征等给予了相应的评判，却似乎缺乏一个相对全面而系统的整体观察和评估。故此，笔者首先拟从华北农村合作社的时空分布结构和合作事业在乡村人口的覆盖率两大方面，就华北农村合作事业作一番整体考察，然后再就华北农村合作事业加以评判，以期得出一个更为科学、客观的结论。

一　华北农村合作社的时空分布结构

在华北农村合作运动的发展历程中，河北省的时间最长，到 1937 年前后持续经营了 10 余年；山东省次之，始于 1928 年（真正实施为 1931 年后的事），其余多自 1931 年后才“渐有发展”。据“中央农业实验所”对已登记备案的各种合作社调查统计，截至 1934 年年底，中国各省合作社数排名前 8 位的依次是江苏、山东、河北、浙江、安徽、江西、河南、湖北省，当时华北五省有 3 个省份且排名相对靠后；到 1936 年年底，中国各省合作社数量排名前 8 位的顺序已发生了改变，依次为河北、山东、安徽、江苏、河南、江西、陕西、浙江等省，华北地区不仅占有 50%，且排名相对靠前。[①] 这表明，国民政府全面规范农村合作事业前后，华北地区除个别之外，农村合作事业均有较为显著的发展，成为各省一项重要的经济建设。

---

① 在华北农村合作运动的总体考察中，为加强各地区的比较说服力，有关数据的统计包含了河南、山西和陕西，与河北、山东构成一个大华北地区。参阅“中央农业实验所”编《农情报告》第 5 卷第 2 期，第 39—41 页。

（一）华北农村合作社的时间分布

欲知华北农村合作社在时空结构上的分布及其特征，必先了解中国合作社的发展情形。据“中央农业实验所”及统计处的调查统计，中国合作社数量的进展情形：1931 年底为 2796 家；1932 年 3978 家；1933 年 6632 家；1934 年已增至 14649 家，高于 1932 年 3 倍多。[①] 此后，中国合作社数增长更为迅速，以 1931 年为基数 100，1935 年比 1934 年增长接近翻番，增长指数高达 937.9；1936 年总数为 37318 家，比 1931 年增长了 13 倍[②]，到 1937 年 6 月底，中国合作社总数已突破 4 万大关，可见增长之速。其中，农村信用合作社无论是其绝对总数还是占各类合作社总数的比重都相当高。统计显示，中国信用合作社的绝对数逐年增加，1931—1933 年间，其所占的比例均在 78% 以上，这甚至被称为“结构性缺陷”。[③] 1934 年以后虽然农村信用合作社占合作社总数的比重逐年下降，特别是 1934 年后各类合作社均逐渐发展起来之后，然而信用合作社总数却始终居各类合作社之首。由此可见，信用合作社一直是农村合作运动推展的重心。

从前述可知，中国农村合作社中以信用合作社为重心，几乎年有增长。华北地区在中国的地位如何呢？就中国合作社的区位分布情况（仅以统计较为精确的信用合作社为例）而论，截至 1936 年底，中国总计为 27091 社，华北各省（冀、鲁、豫、晋、陕）计 12327 家信用合作社，占总数的 45.5%；江南及华中地区的江、浙、皖、赣、湘、鄂等六省计 11350 家信用合作社，约占总数的 41.9%；其他如西南、西北地区共计 4224 家信用合作

① “中央农业实验所”编：《农情报告》第 5 卷第 2 期，第 43 页。

② 同上书，第 39—52 页。

③ 参见赵泉民《国民政府·合作社组织·乡村社会——民国时期农村合作运动研究（1928—1945）》，第三章第二节“合作社组织结构性缺陷——信用社的异常发展”。笔者以为，20 世纪前期的中国农村合作运动，无论是在民间创导还是政府推行下，最初以救济乡村经济、流通农村金融为出发点，为求尤以信用合作社较为简便易行，更切合农村实际，故多有发展；随着信用合作社业务的开展，乡村民众对合作社的认识和需求渐有增进，故才有各种类型合作社的应运而生，且自 1934 年后，农村合作社渐有走向“兼营性质”，各种合作社所占有的比重也日渐扩大，到 1936 年，信用合作社与其他合作社数量几乎趋于平衡。若将各类合作社的发展称其为“结构性弱点”或“结构性缺陷”，似有不妥。参阅秦孝仪主编《革命文献》（84、87）的有关统计及说明。

社，约占 15.6%。[①] 上述统计表明：华北地区尽管经济相对贫困，其合作事业却较经济较为发达的江南和华中地区要高出 3.6 个百分点，可见当时华北地区农村信用合作事业较为发达，在中国处于领先地位。

（二）各类农村合作社的结构分布

就华北各省合作事业的结构情况而论，大体与中国的情形相似，最初以信用合作社为重心，到 1934 年以后，各种合作社及兼营合作社逐渐形成均衡发展之势。所不同的是，华北各省的运销合作尤其是棉花运销合作社较为发达，占有不小比重；以 1934 年为例，河北棉业合作占其合作社总数的 9.2%，山东达 19%，山东为当时中国棉花产销合作社数量最多的地区。[②] 而就华北地区各省各类合作社数量而论，在总体上似呈现一种非均衡状态；河北省农村合作运动“向为华北诸省的先锋，兼以华洋义赈会辅助得法，引介商业资本赞助合作事业，河北省的信用合作社（数量）几乎一直保持领先地位”。[③] 再从 1934—1936 年，华北各省各种合作事业的发展情况来看，无论是合作社的分布区域、总社数，还是社员总人数，都以冀、鲁为多。这表明，河北、山东两省农村合作在抗日战争全面爆发前就奠定了良好的社会基础。

此外，具体到各县的合作社分布，实际上也呈现非均衡态势。譬如河北省拥有 100 家以上信用合作社的县份，约在 20% 之内，10 家以下者也在 15% 左右；其余县份皆在 50—100 家信用合作社之间；其中大名县的各种农村合作社数最多，计有 402 家，而平山县、灵寿县等 10 余县，仅寥寥 2、3 家。[④] 再举河北省乐城县为例：该县共有 165 个村庄，每村人口多则 2、3 千人，少则数百人，而该县的各种农村合作社共有 109 家，占村数的 66%[⑤]；以乐城县的村庄数为基准，河北省各县村庄享有合作组织利益者，大多数为 30—60% 之间，少则甚至仅占 1%。由于各种原因，农村合作社成立与解散者“变动频繁”，据“中央统计处”1932 年的调查，河北省信用合作社中成立有 9 年历史的不过 2 社，即唐县北放水村及

① 各数字系由“中央农业实验所”编《农情报告》第 5 卷第 2 期第 45 页“各地合作社数统计”核算而来。

② 各数字系由《农情报告》第 5 卷第 2 期，第 43 页之各地合作社数加以统计核算而来。

③ 林和成：《中国农业金融》，商务印书馆 1936 年版，第 99—100 页。

④ “中央农业实验所”编：《农情报告》第 5 卷第 2 期，第 60—66 页。

⑤ 同上书，第 6 页。

管家佐村信用合作社；其余社龄多在1—3年之内；1933年，河北省成立和解散的合作社数目几乎相等，信用合作社多因各种原因维系欠久。[①] 由此可知，华北农村信用合作运动的发展虽相对中国较为普遍、迅速，但其总体上实还不够普遍，合作社的稳固性也较差。这都可称得上是当时各地合作社的“通病”。

二 华北农村合作社的发育特征

（一）合作社总数及其结构构成

据“中央农业实验所”及统计处的调查，中国合作社数量在1931年底有合作社数2796家，1932年3978社家，1933年6632家，1934年已增至14649家，高于1932年三倍多。[②] 此后，中国合作社数增加的相当迅速，而信用合作社数量所占的比例相当高。据统计在1931—1933年间，信用合作社所占的比例均在75%以上[③]，直到1934年以后，其他各类合作社才逐渐多起来，信用合作社的比例虽有所降低，但其总数则始终在各类合作社中占第一位，显见信用合作社一直是农村合作运动推展的重心，其进展情形如表4—9所示。河北省在农村推广合作运动，向为华北诸省的先锋，兼以华洋义赈会辅助得法，引介商业资本赞助合作事业，故河北省的信用合作社数量在中国一直保持领先地位。[④]

表4—9 **信用合作社占总社数的比例表**（1931—1936）

年份	1931	1932	1933	1934	1935	1936
中国总社数	2796	3978	6632	14649	26224	37318
信用社总数	—	3237	—	9841	15429	27091
百分比	87.5	81.37	82.3	67.2	58.8	72%

本表参考了“中央农业实验所”编《农情报告》第5卷第2期，第68—86页的数据。

① “中央统计处”编《全国合作社统计》，1934年，第14—15页。据统计，1933年1年内全国各地各种合作社社员增加与退出合作社的总数相当（1047：1190）；1年内合作社增加与退出的股数比为1067：1132。参阅秦孝仪主编《革命文献》（85），台北：中国国民党党史委员会编1982年版，第124—172页表“37、38、61、62”。

② “中央统计处”编《全国合作社统计》，1933年版，第1—9页。

③ 寿勉成、郑厚博：《中国合作运动史》，正中书局1937年版，第135—137页。

④ 林和成：《中国农业金融》，商务印书馆1936年版，第99—100页。

（二）社员人数与人口数的比较

考察华北农村合作事业的整体发展水平，除了从时空结构上考察其分布特征之外，还可从合作社规模、成长时间的长短以及社员数占人口总数的比率加以考察。一般来说，合作社社员数占总人口数之比率的高低，与其合作事业的发展水平成正比例（当然也有例外，如强制性加入合作社的情况就是）。需要说明的是，首先，要统计清楚一地方实际社员数“确为不易”，因为合作社有不同种类，一个人或因不同需要而有可能加入数种合作社；此种情形在“1村1社制”的华北地区相对较少，故采用社员数与总人口数相比较的办法，具有一定的合理性。其次，社员加入合作社通常以“户”为代表，即“1户1人”，少有1户多人入社的情况存在，而在估算社员与人口总数的比率时，计算结果往往称之为“人均数”，而实际上应是“户均数”。当然，合作社的发育与社员人数也有一定关系，一般来说，合作社人数越多，其规模就越大，发育程度越高。据统计，到1935年年底，河北省平均每社社员人数为22人，山西省为15人，山东省为29，河南省为57人，陕西省为95人；[①] 就中国合作社规模来说，其最大和最小者均在华北。这里，仅以1935—1936年华北5省农村合作社社员人数与人口数加以比较（详见表4—10）。

表4—10　**华北农村合作社社员户数与总人口数的比较**

省别	总人口数	1935年		1936年	
		社员人数	‰	社员人数	‰
河北	28466530	135723	4.76	140202	4.93
山东	37196769	106143	2.85	131133	3.53
河南	32844462	100324	3.07	202202	6.19
山西	11561918	6692	0.58	5672	0.49
陕西	9752015	63690	6.53	82455	8.46

资料来源：1. 寿勉成、郑厚博：《中国合作运动史》，正中书局1937年版，第144—145页；2. “中央农业实验所”编《农情报告》第5卷第2期，第45页。

说明：1. 总人口数系根据中国人口统计试编；《申报年鉴》1935年本；2. 1935与1936年之统计数据系根据“中央农业实验所”编：《农情报告》（第5卷第2期），统计数据截至1936年底。

---

① 参阅秦孝仪主编《革命文献》（85），台北：中国国民党党史委员会编1982年版，第232—233页。

由表4—10可知，1936年华北五省合作社社员占人口总数的比率，较1935年增加不少。而截至1934年底，中国8大省区合作社社员占总人口的比例仅为1.38‰。[①] 1935年华北各省合作社社员占总人口的比例平均为3.56‰，1936年这一数据已上升到4.72‰，这证明，华北农村合作运动逐渐发育成熟，远远高于中国合作社发育程度。当然，合作社社员人数占总人口的比率仍然相当微小。[②] 若以“户均数”而论，以最具华北地区代表性的定县为例，其平均每户人口为5.8人[③]；那么，覆盖在农村合作社之下的总人口数，应为“社员数×5.8”。这样，原来社员占总人口之千分比或应改为百分比；虽然比重依然不大，但较原来的数据更客观些。陕西省因人口总数较少，故其比例可能高达4%—5%；就较为先进的河北省来说，其提倡合作事业有十余年来的成绩，到1936年至少应有3%的农村人口享有合作社带来的各种利益。[④] 至于《河北合作》所列举的优良社，如临城县梁村，总计有350户，人口有1762人，其合作社社员有60人[⑤]，则社员数与总人口数的比率仅为3.4‰，社员数与总户数的比率，则为17.1%，反差确实不小。尽管有些人希望以合作组织（互助社、合作社及合作社联合社等）来改革中国农村社会经济达实在不易达到预期目标，但笔者认为，在当时社会历史条件下，华北农村合作事业能取得如此可观的成绩，确实难能可贵。

虽然华北信用合作社社员占人口相当微小，若能持续地扩展，则可以

① 参阅秦孝仪主编《革命文献》(85)，台北：中国国民党党史委员会编1982年版，第53页“八大省合作社社员与人口之比较图”。

② 以往研究有关农村合作社的发育程度，多以社员数与总人口数的比率为依据，每以比率较小而视合作社发育的程度不够，这虽不无道理，但略欠精确；如参之以户均数与总户数的比率来考量合作社在乡村的发育程度，似更为妥当，也更有说服力。参阅寿勉成、郑厚博《中国合作运动史》，正中书局1937年版，第144—148页；秦孝仪主编《革命文献》第85辑，台北：中国国民党党史委员会编1982年版，第380页。

③ 李景汉：《定县社会概况调查》，中国人民大学出版社1986年版（重印本），第135页。

④ 3%系根据河北总人口数与“社员数×5.8”计算而得；由于总人口数中包含相当的城市及市镇非农人口如北平、天津、保定等城市以及各县市镇人口，故农村合作社的实际受益人口应高于该数；同时，在河北的农村合作社还举办大量的社会公益事业，不少非社员均受其惠，而此点往往被后人所忽略，故河北乡村社会实际际受益于合作社的人数，至少应超过3%。

⑤ 《河北合作——优良社之实况》，华洋义赈会丛刊（乙种第71号）1935年版，第13—14页。

使此运动更为普及。但如果合作社的数量增长与品质提高无法并进，则农村合作运动的前途是无法预测的。据曲直生调查河北省8县信用合作社社员耕地的结果，社员每家耕地亩数11—30亩，约占30%—50%；31—50亩者，约占20—30%；10亩以下及50亩以上者，则为数皆较少[①]，由此可知，不仅10亩以下的贫农被排除于信用合作社外，佃农更不得其门而入。这种情形应不只河北省，其他如山东省的阳谷县、山西省的孟县，均发生信用合作社被中农富户所把持的现象。[②]

此外，农村信用合作社以低利供给社员生产所必要资金，并使获得储蓄上的便利，从而促进社员生产事业发展。但根据现有资料，社员每人每年的借款额约为20元左右，即使是受华洋义赈会指导5年的优良信用合作社，每个社员借款最多也不过50元而已。[③] 农民借得此区区20元，若非用以抵补其1年的生活费，则仅是用以维持其简单的再生产能力，使得幸免1年的冻馁。至于储存业务，则仅河北省略有绩效，其余4省因系1930年后，为救灾济农方陆续辅导农民组设合作社，故其业务均以借贷为主。

农民由信用合作社借得的钱款，既不足以供其生产所需，且社员所占人口数比例相当微小，因此一般农民遂不得不继续求助于放高利贷者，传统的农村金融制度仍是农民的主要借款来源。根据1933年国民政府实业部“中央农业实验所”抽查22省850县农民借款合同的结果，其中借贷来源出自于合作社的，平均仅及1.3%，其中华北地区以河北省的百分比较大，也仅得10.5%。1934年，该所再次扩大调查，各省平均农民借款来源，出自合作社者只有2.6%，1年间似增进1倍，但与其他来源比较，则其百分比依然甚为渺小。[④] 而农村高利贷者及传统金融组织在华北5省农民借贷来源中占90%以上，银行与合作社则不过9%而已。即使是信用合作事业最为发达的河北省，也仅占11.9%（参见表4—11所示）。信用合作社及银行的农业合作放款数额如此小，如若不增加放款数额，以及提升信用社数量、社员数与提高业务经营品质，实不足以解除农民所受高利借贷盘剥及振兴农业经济。

① 曲直生：《河北省八县合作社农民耕田状况之一部分》，《社会科学杂志》第5卷第1期。

② 李紫翔：《中国合作运动之批判》，黎明书局1936年版，第207页。

③ 同上书，第218页。

④ 上海申报馆编，《申报年鉴》（1935年），第6页。

表 4—11　　华北农民借款来源百分比一览表（1934）

省名		河北	山东	河南	山西	陕西	平均
报告县数		105	83	63	75	42	
借款来源（%）	银行	3.3	6.1	1.7	4.9	4.1	4.02
	合作社	11.9	3.4	1.3	1.3	2.0	3.98
	典当	5.1	3.5	6.3	18.9	9.0	8.56
	钱庄	10.7	16.3	6.5	13.1	5.0	10.32
	商店	13.8	15.4	15.7	11.4	20.5	15.36
	地主	13.2	15.5	28.8	14.4	15.4	17.46
	富农	19.8	19.6	16.6	13.4	14.4	16.76
	商人	22.2	20.2	23.1	22.6	29.6	23.54

资料来源：上海申报馆编印《申报年鉴》（1934 年），第 7 页。

华北农村信用合作运动在各省的发展状况虽因地而异，但无论是就合作社数量的分布、社员数占人口比率或社员所得的利益等方面观察，均显示，这一改良式的社会经济组织运动，尚处于“幼稚”阶段，并未被人民普遍所了解与接受，其成效似限于救济农村而已。

信用合作社的组成代表农民的利益共享，至少反映农民对于本身利益的觉醒。然而自 1928 年以后，华北各地农村合作事业的发展，政府提倡之力多而农民自身策动者少，因此一般农民往往不知合作的真谛，不能充分地利用合作组织。政府虽极力提倡合作事业，但合作行政体系的建立缺乏规划，且由下而上，先是各省市自行决定合作行政机关，因此有于建设厅中设立合作指导委员会的，有设立合作事务局的，名称繁复，甚至主管机关时常变动。而中央合作行政机关——实业部合作司的产生，仅为因应事实的需要，导致合作事业的推行缺乏整体计划。故华北农村合作运动之成效有限，其根本的原因在于中国缺乏一贯的合作行政组织。

农村合作运动本非农民自动兴起，实为自上而下加之于农民的一种政策，因此要使农民了解合作意义而乐于组社，则须赖合作指导制度的推行。但因国民政府在财政上的困窘却往往使合作社指导制度无法完备地建立，而且各地指导员的缺乏以及对他们奖励失当、待遇过低，致信用合作社只有量的增多而无质的提升。譬如山东省的合作行政机关指出，该省各县指导员人数太少且工作纷杂，既要宣传指导合作，又要进行合作社登记管理，因而对各合作社不能兼顾，影响合作社质与量各方面发展。而且指导员也多因待遇过低、工作困苦而不安于职位，致合作社基础无法健全。[①]

此外，就信用合作社的组织及业务实况而言，组社手续过于烦复，组织合作社须经发起组织、草拟社章、呈请许可、征求社员、请求登记等多道程序后，才能正式成立，办完这些手续往往费时费事，减低农民组社意愿；合作社规章名词繁复，业务经营写算等各种知识，对于多数知识偏低的农民来说，不易明了也不易掌握实际操作，这不仅影响社务与业务的发展，且合作社还容易被地方豪绅所把持。[②] 又由于信用合作社往往是灾荒之时，政府鼓励农民组织互助社，在施以农赈等类属的救济工作后所蜕变而来的，因此有些农民误以为合作社是慈善救济机关或者借钱机关，如果社员借不到钱或不能即刻借到钱，便对合作社失去信心，甚至有退出合作社的事发生。如 1936 年期间，山西省登记备案的信用合作社仅 20 余家，而有 108 家宣布解散[③]，显见信用合作事业基础并不稳固，性质也不健全。

信用合作社既以自助与互助为宗旨，是否通过这个机构向外借款的问题，应与合作社的发展无连带关系，合作社本身可自筹资金、举办业务，但不一定要向外借款。由于华北农村经济枯竭已达极点，合作社如果不借助外来资金是无法开展其业务的。因此多数信用社的放款业务，实赖农业金融机构及商业银行或慈善团体的低利贷款来维持。农业金融机构在华北地区的数量稀少，力量薄弱，资金供给不足以应付合作社需要；而商业金融机构办理农贷业务，既有投机营利的心理，复有抵押、保证等严苛的贷款条件约束，放款额偏少并有地域性的倾向，故仅有部分救济农村的实际效果，难以促进信用社发挥流通金融，或改进农业生产的功能。

总之，华北农村信用合作运动的基础并不稳固。合作社品质粗糙，暴露出国民政府对此运动缺乏健全、周详的措施与政策的偏差。同时，合作社本身经营人才缺乏，社员穷困，受豪绅操纵等，也是合作社基础难以稳

---

① 黄幹桥：《本省合作事业三月来之观察》，《山东农矿公报》第 13 期，第 4—10 页。

② 邵仲香：《王胡子办合作社》，《农林新报》第 10 卷第 15 期（1933 年），第 285—286 页；该文深刻地描绘出地方绅士如何利用势力组织合作社并操纵社务进行的情况，这情形各乡间合作社普遍存在，影响颇巨。

③ “中央农业实验所”编：《农情报告》第 5 卷第 2 期，第 46 页。

固的重要原因。尤其是缺乏供给信用社资金的合作金融系统，更是合作社难以继续维持的重大原因。所以，国民政府时期，华北农村信用合作事业较北洋政府时代，并无显著进步，只是合作社数量增加而已。若以省份而论，河北省无疑是较有进展的一个。

第五章

合作运动与乡村社会变迁（一）

华北农村合作运动是一场由华洋义赈会、平教会、山东省乡村建设研究院、华北农村合作事业指导委员会、河北省及山东省地方各级政府机关以及国民政府实业部合作司等等团体及国家权利部门这些农村外力所倡导、推行并旨在“乡村救治”的社会经济运动。需要说明的是，这是一场由政府操控指导机关向乡村社会系统内部传播新思想或新技术，以促使乡村社会内部固有的系统结构和功能发生更替过程的“计划变迁”的合作运动。社会变迁应该是一个由局部到全面、由细微到宏伟之潜移默化、徐步渐进的改良过程，并不会、也不可能“一蹴而就”——如同“革命”成功那样，产生“翻天覆地”的变化；然而，综观抗日战争爆发前华北农村合作运动的整个过程，它不仅在原来濒临破产边缘的广大农村组织起了成千上万个各种新型合作社（如前各章所述）；不仅有所谓的“现代会计制度”（见本章第二节“合作放款研究”）强行进入了古老的乡村社会，而且出现了“商资归农”、召开“社员大会”、社员“1人1票”民主管理乡村事务等现象，这都是中国乡村民众以前从未想过、也不可能指望奇迹发生的特殊社会现象。然而，乡村中各种合作社的设立，首先把“一盘散沙”似的中国乡村民众初步组织起来了，并在不同程度上利用和改造了乡村中固有的社会结构——宗族组织；更因各地农村合作社经营的多种辅助业务，从而在某种程度上改进了农村的旧有风貌，出现了乡村教育制度的创新、农民养老、医疗等社会保障制度的初步尝试；现代农业金融制度的初步确立，使乡村借贷关系开始向现代转化；从农业生产的改良，农民收入的增长、购买力的增强，到提倡移风易俗，开创奖励，戒赌，提倡储蓄制度，促进乡村文明程度的提高……这一切确实给华北区乡村原来的社会制度或社会结构带来一系列涉及到全方位（乡村经济、政治、文化、教育、医疗、养老保障等）、多层次（宏观和微观）的社会改变，留下了无法抹去的历史印记。

第一节　合作组织与地方宗族（家族）

地方宗族（家族）[①] 是中国乡土社会最为普遍的社会组织，根深蒂固，源远流长。宗族制度可谓传统乡村社会结构的基本制度，是乡村社会基本结构及“乡村制度网络”的重要内容和范畴[②]，而且宗族组织和宗族制度是中国乡村社会这一主体的两个存在面。在现代化进程中，宗族组织这种传统乡村社会结构的基本组织形式的存在形态及其现代命运，备受国内外学者的广泛关注，有关中国宗族（家族）制度的相关研究，业已成为学界探索的重要内容，出现了相当一批成熟的研究成果。[③] 有分析认为，随着现代工业社会的自然演进，乡村社会结构在整体上必然呈现一种由传统趋向现代并逐步完成现代转化的变迁过程。[④] 那么，合作运动作为一种具有现代意义的社会经济运动，当其在农村广泛推行之后，对中国乡

① 宗族是宗法制度的产物；家族是继宗法制度衰落后中国社会变迁的产物，两者应有不同，但由于前后相承的关系十分清晰，所以在后人的使用中一般不加严格区别。雷海宗称其为“大家族制度”，认为从春秋—战国—两汉，该制度相应经历了一个极盛—转衰—复兴的变化过程。这个变化与整个政治社会的发展又有密切的关系。参阅雷海宗《中国的家族制度》，原载《社会科学》1937 年第 2 卷第 4 期，收入《伯伦史学集》，中华书局 2002 年版，第 169—185 页。

② 刘娅：《解体与重构：现代化进程中的国家与乡村社会》，中国社会科学出版社 2004 年版，第 1 页。

③ “宗族”的英文为“clan”，国外对其较有影响的研究有萧公权《中国乡村：19 世纪的帝王控制》（华盛顿大学出版社 1960 年版）、瞿同祖《清代中国地方政府》（哈佛大学出版社 196 年版）、何炳棣《中华帝国下成功发迹的阶梯》（哥伦比亚大学出版社 1962 年版）、莫里斯·弗里德曼《中国的宗族和社会：福建及广东》（伦敦大学，Athlone 出版社 1966 年版）、詹姆斯·沃森《中国宗族关系的重新考虑：从人类学的角度来论历史研究》（《中国季刊》第 92 期，第 589—622 页）等。国内有关宗族的研究与“传统绅士”和“乡村控制”的研究结合在一起，反映出的重要成果有胡如雷《中国封建社会形态研究》（生活·读书·新知三联书店版 1979 年版）、张仲礼《中国绅士》及《中国绅士的收入》（上海社会科学院出版社 1991、2001 年版）、王先明《近代绅士：一个封建阶层的历史命运》（天津人民出版社 1997）、张佩国《近代江南乡村地权的历史人类学研究》（上海人民出版社 2002 年版）、冯贤亮《明清江南地区的环境变动与社会控制》（上海人民出版社 2002 年版）、瞿同祖《中国法律与中国社会》（中华书局 2003 年版）以及 2005 年上海人民出版社策划出版的“中国家庭·家族·宗族研究系列”成果，如朱凤瀚《商周家族制度研究》、李卿《秦汉魏晋南北朝时期家族、宗族关系研究》、阎爱民《汉晋家族研究、张国刚《唐代家庭与社会》、邢铁《宋代家庭研究》、常建华《明代宗族研究》以及冯尔康《18 世纪以来中国家族的现代转向》等，代表了国内该领域研究的最高水平。

④ 罗吉斯：《乡村社会变迁》（中译本），浙江人民出版社 1988 年版，第 18 页。

村社会已产生或将产生哪些影响呢？农村合作组织与乡村社会原有的宗族（家族）组织之间将会是一种什么关系呢？这些都是值得思考的问题。考察华北农村合作运动的历史进程，将为中国乡村社会的现代转化提供一些有益的思考。

一　乡村社会结构的新变动

华北农村合作运动将近20年的实践，华洋义赈会、国民政府以及平教会和山东省乡村建设研究院等“变迁代理人”，通过采取一系列的经济、教育、社会等方面的措施，在一定程度上对中国农村复兴产生了积极作用，被当时的社会舆论界评为“最值得称赞的工作”、“是对中国社会之最大贡献”①。笔者认为，华北农村合作运动对当时乡村社会的真正贡献似并不只在经济方面，而且还在社会组织方面，为传统乡村社会结构提供了一新型的组织形态——合作社。正如罗吉斯所说：“乡村社会组织中一个重要的变迁，就是初级关系向次级关系发展。”② 农村合作运动广泛实施的结果就是普及农村的合作事业，这使原来传统社会仅以血缘和地缘——初级关系为联系纽带的乡村社会结构进一步提升到以业缘（共同的合作事业）——次级关系为纽带，从而有可能打破乡村中过去较为封闭的组织方式，使乡村社会结构更具有开放性。

在西方享有“社会之国”属性的合作社组织，所履行的多是国家的社会公共职能，如实业、教育等；从社会效能看，合作运动可促成农村社会的组织化，并维持其秩序；合作社的社会功用无疑在很大程度上取代了农村家族组织，有的甚至超出了农村家族组织的功用。因而可以说，农村合作社真正有利于中国传统乡村社会结构的现代转化。张难先似乎早有察觉。他说：“吾国数千年团结之大力，即在宗族制度。却因经济关系，此制天然破产。民族精神，无怪乎益成散沙。救此，唯合作一途……须急用经济合作制度，以代替宗族制度。此事关系至大。”③ 也

① 上海《大公报》，1936年5月16日。

② 所谓“初级关系”是指传统乡村社会赖以结成非正式组织的血缘（亲属关系）和地缘（邻里关系）；“次级关系”系指随着人类社会的自然演进，逐步以共同利益、共同兴趣而结合起来的正式群体关系——业缘，也就是罗吉斯所说的“乡村人的社会关系变得更加正式化、科层化”。参阅罗吉斯《乡村社会变迁》（中译本），浙江人民出版社1988年版，第10—11页。

③ 转引自薛毅《章元善与华洋义赈会》，中国文史出版社2002年版，第187页。

就是说，农村合作运动对中国乡村社会结构在宏观层面上的变动表现在两个方面：第一，为乡村社会关系结构输入一种具有现代社会经济关系因子的结构性要素——农村合作社；这种要素吸收、利用或改造传统社会结构——宗族（家族）组织的形态，从而能够实现乡村社会经济关系结构的现代转化；第二，为乡村社会制度结构输入合作制度这种创新性要素，可以实现乡村各种固有社会制度的现代转化。这实为中国传统乡村社会“一体二面”在全方位的社会变迁，即罗吉斯所言之“社会结构和功能的整体更替过程”。显然这种变迁是以合作制度的输入为开端。

（一）乡村社会经济关系结构的新要素——合作经济的产生

中国向以“以农立国”而著称，也就是说，农业是社会经济和民族国家赖以存在的基础，是中国人民赖以安身立命的根本所在；因此，乡村社会就成为传统中国社会的主体。传统社会也无所谓“城乡差别”，整个社会是一个“城乡一体化”的良性互补局面。在这种生产方式的社会土壤里，城市与乡村间在经济上具有同一性；这种同一性的基础是：城市在政治上统治乡村，经济上却依赖乡村；即自给自足的小农经济成为乡村和城市共同赖以存在的基础。① 也就是说，传统社会经济关系是一种地主（含自耕农）土地占有制、自给自足的自然经济以及城乡一体，是地主、商人、高利贷者的三位一体的复杂关系。这种经济结构“形成了较为完备的自给自足的封闭系统，也缩短了原材料与生产过程之间以及产品和消费之间的距离，从而具有廉价性，对商品经济有着顽强的抗御力”；加之“生活资料生产与人口再生产比例的周期性失调”以及“精耕细作”的传统小农业社会经济已达到了相当高的发展水平②，使整个中国社会陷入了一个“高水平均衡的陷阱”。

本书前文已述，首先，自资本主义侵入以来，随着农产品的商品化程度不断提高，中国农村经济关系发生了很大的改变。商品化的农业与原有的乡村自足农业在农村经济关系上，其本质绝然不同；后者的中心问题是如何增加生产，而前者的主要问题是市场的需求。如果商品生产供过于

① 傅衣凌：《关于中国资本主义萌芽的若干问题的商榷》，《历史研究》1980年第1期，第37—38页。

② 冯天瑜：《中华文化史》（精装本），上海人民出版社1990年版，第141—166页。

求，非但无用且有害。[1] 资本主义国家周期性的农业经济危机以及中国频繁的“丰收成灾”就是明证。其次，农产品的商品化迫使中国农民成为世界资本主义市场的购买者以及世界原料市场的生产者；农产品及农村日用品的商品化程度则日益扩大，金融资本逐渐统制农业生产。同时，中国的商品市场也成为国际农产品倾销的尾闾，而农产品市场与价格完全操纵在外国人手里[2]，国际国内市场价格的变动影响着中国农民经济。再者，中国农业经济虽然随着商业资本的发展及资本主义的侵入而失去了独立性，但因民族工业资本的势力衰微及各国在华经济势力的竞争，中国国内并没有建立统一的农作物贸易市场，故在农业商品化过程中，农产品贸易就发生了重重矛盾和阻碍。即商品化的农产品需要流通的市场，而国内市场的分裂性又阻碍了“货畅其流”。

尽管近代以来的中国的商品化农业有了上述变动和发展，然而，数千年来小农零碎土地经营方式却并未因此而改变。造成上述现象的原因至为复杂，就农业经营的本身来说：第一，在中国农村经济“世界化”的过程中，因资本主义发达国家“大规模经营”对“小规模经营”的打击，而中国政府对本国经济的保护又极其脆弱（几乎是完全无力），现代农场自然难以建立起来。第二，资本主义发达国家工业品的输入，造成了中国数千年来与农业形影不离的农村手工业的急剧衰落，并造成大量相对过剩的农村人口。这些过剩人口不能全部进入工业区成为产业工人，于是就成为廉价劳动力的出售者；这种廉价劳动力的存在，使得农业技术的改良无形间显得成本太高，从而阻碍了新式农业技术的采用，甚至原有的畜力尚不及人力为贱，农业生产工具自必更形衰落。第三，有许多现象是各种因素相互作用而产生的，如零碎土地的经营阻碍了新式生产技术的采用，同时，因生产工具的衰落又使得大规模的农业经营成为不可能。这表明，改善农村这种错综复杂的生产关系，主要症结不在于自然关系的克服，而在于社会关系的改良和完善。[3]

---

① 孙寒冰：《论中国农村建设之本质》，《东方杂志》第32卷第7号（1935年4月1日），第59—64页。

② 钱俊瑞：《目前恐慌中中国农民的生活》，《东方杂志》第32卷第1号（1935年1月1日），第38—39页。

③ 孙寒冰：《论中国农村建设之本质》，《东方杂志》第32卷第7号（1935年4月1日），第59—64页。

那么，在现实客观条件下，如何改良和完善乡村社会经济关系呢？这些是民国先贤和仁人志士引入西方合作制度，组织合作社，发起农村合作运动的用意所在。提倡农村合作运动者的基本信念是：中国农村社会问题的症结是农民的“穷”，因此解决中国农村问题，应先振兴农业经济以建立乡村政治与教育建设的基础。合作社作为近代经济组织，不仅具有流通金融的经济效能，更蕴含着训练与培养农民自治、自卫能力与受教育的社会效能，中国农村在这种合作化目标下，必能迈向合理富庶的“民生社会”。[①] 故此，“改善农村组织，应以提倡合作入手；增进农民生活，当以发展经济为先。”[②] 这是当时社会各界在全面救治乡村社会、集中探索解决农村问题的主要途径过程中所取得的共识。因此有人主张以农村合作社为依托来从事农村建设。农村合作制度对于解决中国小农土地的不足与经营面积碎裂、缺乏规模效益的农业经营、生产的衰落、农村金融的枯竭、高利贷的剥削、买卖的不公、有能力组织机构的缺乏、公共精神的薄弱等种种问题，确有补救的效力；发展以公共利益为本位的农村合作，实为实现民生主义最和平的方法。[③] 邹秉文等都特别强调指出，“农村合作是解决农村问题最适合的一种经济制度”。[④]

如前文所言，合作社是近代新兴的一种依据合作原则而组织的、具有近代产业经济形式的团体组织，而合作运动为近代西方继产业革命后普遍兴起、以组织合作社为核心内容的一场社会经济运动，合作运动发挥着社会和经济的双重作用；合作社实际上是一个有着“一体两面”——即“经济”和“社会”两种功能和属性的团体组织。从经济上看，合作社是为社员谋生产及生活上之安固与发展而组织的社会团体。根据于树德对合作社下的定义，它应该是经济上的弱者，对于经济上的强者，为着保存及发展自己的产业及生计，以合力协作、共用共享为目的，结合其资本及劳力，进行经济活动的团体。这种团体最初基本上寄生于资本主义社会之中，却超然于资本主义之外，其“外部活动”

---

① 楼桐孙：《合作与复兴》，《东方杂志》第 32 卷第 13 号（1935 年 7 月 1 日），第 97—101 页；于树德：《本会农村合作事业之鸟瞰》，《合作讯》百期特刊，华洋义赈救灾总会编印（1933 年 11 月 10 日），第 12 页。

② 邹秉文：《解决中国农村问题之途径》，《东方杂志》第 32 卷第 1 号（1935 年）（农），第 15—21 页。

③ 李景汉：《中国农村金融与农村合作问题》，《东方杂志》第 33 卷第 7 期，第 24 页。

④ 邹秉文：《解决中国农村问题之途径》，《东方杂志》第 32 卷第 1 号（农），第 20 页。

与其他盈利团体相同，依然受“自由竞争”法则的制约；而其“内部活动”则可规避“自由竞争”自身的弊端，无论在生产或分配上，皆以团体资格、合作共享为基础。唯其为资本主义社会的寄生物，故合作社的组织法及经营法都无法脱离盈利团体的范畴，不过其出发点及归宿点与盈利团体实大相径庭。[①]

那么，近代合作经济制度的主要特征，既是一种“经济弱者自由结合”的特殊制度，也可以说是“不同于公私企业”的一种经济业务的经营方式；而这种经济制度的组织单位，通称为合作社，是“社员自享自有的团体”、“社员有平等支配权”，“系依据利用额来分配其盈余”。简言之，“凡对某种经济事业有共同需要的人，按特定的合作法规与合作原则，组织团体而共同经营业务”[②]；此一组织具有补救或防止经济上各种流弊与改善人民经济生活的功用。由此可见，合作经济是一种以合作社和合作社联合会等合作组织为载体而发展起来的近代新兴的产业经济。这种产业经济既强调“以人为本”，又注重“资本”的效能；既具有现代经济的形态和特征，又遵循现代生产方式的规律及要求；因此，它可以容纳到任何一种社会经济形态中，具有广泛的经济扩张力和兼容性。华北农村合作运动在各地普遍组织合作社，并以合作社为载体，业已发展出一种新的产业经济形式，如果达到相当规模，就可能为中国乡村社会嵌入“合作经济”这种现代社会经济的结构性要素。

（二）乡村社会制度结构的新安排——合作制度的输入

何谓“合作制度”？合作制度是一种近代以来规范系列合作组织（合作社）行为的制度安排。正如合作社有“经济”和“社会”这“一体两面”的情形一样，合作组织在经济制度上表现为“合作经济”，而在社会制度上表现为“合作制度”。从社会角度而论，合作社应属于自助的社会政策中之一种经济组织；它没有严格的职业或身份限制，只是参加合作社的所有社员均是“缺乏资本之人”，即在资本主义社会中同立于“弱势者”地位的人，他们互相团结，组织这种自助互助的团体；这种团体虽多多少少含有排斥资本主义的性质，实际上“只不过藉此组织以维持其生存于资本主义制度之下而已”。因此，于树德认为，合作制度是一种

① 参阅于树德《合作社之理论与经营》，中华书局1929年版，第1—4页。

② 张德粹：《农业合作的原理与实务》，台北：商务印书馆1953年版，第5—6页。

“自助的社会政策”。[①] 那么，这种“自助的社会政策”能否适应乡村社会的需要？它与中国乡村固有的宗族（家族）制度是否面临相互冲突呢？

现有研究表明，宗族（家族）制度构成了传统中国农村社会的基本社会结构，在基层社会的运行中发挥重要作用。[②]近代以来，华北农村的宗族（家族）组织的实态远不如江南及华南一带的强盛与壮大，且有日渐弱化的趋势。[③] 如何重新组织农民、凝聚乡村，这是中国乡村建设必须解答的问题。华北农村合作运动举办了多种类型农村合作社，通过信贷、组织生产、实施教育、改良社会风俗尤其是社员之间的合作关系等，无疑在一定程度上起到了凝聚和重组农村的作用。合作社在某种意义上也成了农村整合的新机制。从乡村社会结构变迁的角度来说，农村合作与宗族（家族）组织似乎存在密切的相关性：传统经济的逐步解体，导致了地方宗族（家族）的衰落，引发了乡村社会结构变迁的内在需求；而乡村社会内在的变迁需求无法自足，故有从外部输入变迁“基因”——农村合作社的需要，建立新型农村经济，以重新整合乡村社会。在农村发展合作社，或以合作社替代地方宗族（家族），使得初级关系在乡村的重要性相对降低，而次级关系的重要性则相对提高，这种真正促使乡村社会组织由传统走向现代的变迁，或许是中国乡村社会组织现代化诉求的最终目的；张难先所言“用经济合作制度来替代宗族制度”在华北农村合作运动实际进程中可谓“初见端倪”。[④]

蒋介石就曾在《农村合作社条例章程说明书》中明确提出，改造、利用地方宗族（家族），应该是农村合作运动的重要范畴，真正认识到了宗族（家族）这种乡村社会的固有组织与合作社之间的相互关系。他强

---

① 于树德：《合作社之理论与经营》，中华书局 1929 年版，第 1—2 页。

② Martin King Whyte, *The Social Roots of China's Economic Development.* The China Quarterly, No. 144, Dec. 1995.

③ 雷海宗：《中国的家族制度》，收入《伯伦史学集》，中华书局 2002 年版，第 169—185 页。黄宗智对华北乡村的实证研究表明，20 世纪前期华北地区小农经济的商品化发展，导致了当地乡村不同程度的分化和解体。社会分化程度较微的自耕农村庄，如后夏寨和冷水沟，其宗族（家族）关系较为密切，这在冀—鲁西北平原的边区或生态稳定的地区“比较多见”；“部分无产化”的村庄如沙井村和寺北柴，其宗族（家族）组织因村庄的分化和半无产化而消失，只在一些单姓村还起一定作用；但像吴店村和候家营这种“分裂了的村庄”，即使是单姓村，其宗族（家族）纽带关系在村庄生活中起的作用都不大。参见黄宗智《华北的小农经济和社会变迁》，中华书局 2000 年版，第 269—283 页。

④ 转引自薛毅《章元善与华洋义赈会》，中国文史出版社 2002 年版，第 187 页。

调指出：欲健全农村的组织，适应时代的需要，则除采用合作制度而外，是没有其他途径的。故设立各种合作社，自经济方面而言，既利于农业生产，尤便利农村生活；自社会方面而言，经济关系团体生活一旦改变，则以往的家族观念、封建积习，不难徐图打破，而国家民族的新意识，也能逐渐养成，故合作社组织，不仅在农村中为经济上重要改革，且可替代宗法社会而兴盛。①

实际上，从华北农村合作运动的事迹中可以发现，不少农村合作社正是充分利用了地方宗族（家族）——这种乡村内部具有广泛凝聚力的社会资源，于是保持了较长时期的优良社的佳绩；也正式对地方宗族（家族）组织实施了有效的改造和利用，合作社才真正成为乡村中新型的势力。当然，农村合作社的社会功用可能在很大程度上超越或取代了农村宗族（家族）组织，如举办妇女夜校、改良农业等，并且组建合作社取开放态度等，完全出于农民的自愿，这些做法根本不同于宗族（家族）组织的行事方式，因而给中国农村社会结构输入了现代性因素。②

二　对《河北合作》内容的历史考察

华洋义赈会于1935年9月刊行的《河北合作——优良社之实况》，汇集了河北省内合作社考核成绩列为甲、乙两等共计64家优良社的详细情况，其中不乏各地宗族（家族）联合组织合作社的典型案例，可称之为“宗族社”。这类“宗族社”是具有现代性因素的合作社输入农村后与原有地方宗族（家族）组织相互融合的产物，是一种带有一定地方宗族（家族）色彩的农村信用合作社；该书认为解析了华北农村合作运动与地方宗族（家族）关系的核心概念，认为它是“与宗族明显有关，并具有一定显著特征的合作社”。《河北合作》中的宗族社都是优良社，这就为解析合作运动与地方宗族的相关性找到了一个较为合适的切入点。需要首先加以说明的是，实际运营中的宗族社并非都是“优良社”；因受可供解读的文本材料所限，关于这种“非优良”的宗

---

①　蒋介石：《农村合作社条例章程说明书》，参见秦孝仪主编《革命文献》（84），第217页。

②　刘招成：《华洋义赈会的农村合作运动述论》，《贵州文史丛刊》2003年第1期，第67页。

族社，虽然暂时无法解读，但必然是存在的。另外，这里已经暗含了另一个与之对应的概念为“非宗族社”；之所以不加以明确区分，是因为在这些所谓的非宗族社中，其与宗族（家族）发生联系的因素在材料中没有明显地体现出来；然而，实际上并不排除其与地方宗族（家族）存在的各种相关性，故此可以认为，华北农村的合作社中“宗族社”的比率可能更高。[①] 这种宗族社成绩普遍良好，且在优良社中占有较高的比重，值得深入考察。

从农村合作社社务考核成绩的内容来看，成为优良社的因素很多，其中包括对合作社的管理、社员的理解、教育、和衷、集资、书件、听讲共7类22项内容（详《社务成绩分等表》[②]）；但归纳起来大致有5项：第一，社员明了合作社的意义；第二，职员素养好，明白、能干、忠心、有信用；第三，注重合作教育和储蓄；第四，社员能力一直较强，有一定的恒心；第五，社员忠心尽力，和衷共济等。也就是说，优良社成功的因素或条件多有不同；然而，可以在逐一考察各社的实况后发现，这些优良社不少与地方宗族的关系十分明显；如果把地方宗族因素——形式和内容两方面加以利用或改造或替代的合作社称为宗族社，就需要对宗族社是怎样改造、利用地方宗族要素进行分析。

从合作社社员的构成上来看，宗族社的一个显著特征就是职员或社员构成以一姓占多数或绝对优势，或者为少数的几姓——如蠡县贺家营社、肥乡县东北庄社等社员80%以上为同姓，而肥乡县的东漳堡社、李白庄社、深泽县的王家梨园社、南宫县的赵明桥社以及大名县的东代固社等合作社则表现为职员结构明显的单姓化或1、2姓占优势。这就

---

① “宗族社”概念的提出受到了折晓叶、王晓毅文章的启发。折氏认为万丰村是创造性地利用了内部的传统社会资源和组织、制度遗产，在新的合作主义原则上，重新组织起来，完成了村庄再造的历史性任务；王氏则通过对两个宗族村落——东莞雁田村和温州项东村的实地考察，强调了乡村工业发展对家族制度产生了深刻影响。而《河北合作》所载各社有关“宗族”的材料，尤其是若干以宗族成分突出的合作社，反映出一些共同的特征。参阅折晓叶《农村再合作的制度体系和社区基础——对南部中国一个超级村庄的实地考察》和王晓毅《家族制度与乡村工业发展——广东和温州两地农村的比较研究》，分别见《中国社会科学季刊》（香港）1996年，总第15、16期的主题研讨“中国乡村社会变迁”；及《河北合作》，华洋义赈会丛刊（乙种第71号）1935年版，第6—8、93—94页及第20、63、100、128、173页的图表。

② 参阅张境予《中国农村信用合作运动》，商务印书馆1930年版，第274—280页之“附录2·19”。

是说，宗族社首先从人员构成上体现了合作社与地方宗族的结合。

再从实质性内容或功能特征来看，宗族社已用各种政府制订的《合作社组织章程》或《信用合作社（空白）章程》替代了原有的族规族约，用开放性的理事会和监事会替代了族长和族尊；同时按照文件要求，从合作社盈余中提取公积金和公益金，替代了原有宗族（家族）的族田、族产，对传统地方宗族（家族）实施了真正的“改造”；至于享有“宗族标志”之称的宗祠，更是宗族社加以利用或改造的核心内容，有宗族社的事务所直接设在宗族的祠庙中；这种实例不少，如高邑县东塔影村社设在曹氏家庙，肥乡县南阳堡社设于刘氏祠堂内，南宫县赵明桥社设在本村的张氏宗祠内；[①] 而南宫县赵明桥社还在张氏宗族祠堂召开筹备会议和社员大会等，充分利用祠堂办理主要的社务活动，利用宗祠的固有功能为合作社服务，从而就原有宗族（家族）资源与现有的合作社事务作了有效对接，产生了良好效果，它与蠡县贺家营社一样，堪为地方宗族与新型合作社有机结合的典范。浏览贺家营社职员及社员产业状况一览表（参见表5—1、表5—2），即可得到宗族社最基本的观感。

表5—1　**贺家营社职员任职及产业状况一览表**（1935）　（单位：亩）

姓名	职业	所任职务	田地	宅园及林木	合计
贺八士	农	理事会主席	31	4	35
贺鸣金	农	司库	21	12.5	33.5
贺凤桐	士	书记	24	8	32
贺举增	视察员	理事	28	5	33
贺呈祥	农	理事	11	—	11
贺德身	商	监事会主席	35	1	36
贺云梦	商	监事	28	—	28
贺凤池	农	监事	30	5	35
贺　楷	士	事务员	31	5	36

资料来源：《河北合作》，华洋义赈会丛刊（乙种第71号）1935年版，第7—9页。

① 《河北合作》，华洋义赈会丛刊（乙种第71号）1935年版，第96、142、126页。

表 5—2　**贺家营社员产业状况表（1935）**　（单位：亩）

姓名	田亩	宅园及林木	合计	姓名	田亩	宅园及林木	合计
贺凤喜	24	1	25	贺廉让	15	1	16
贺淡溪	25	1	26	贺梦森	22	2	24
贺廉平	89	3	92	贺规森	9	0.5	9.5
贺慰慈	68	9	77	贺保华	21	3	24
贺大水	18	2	20	贺振永	13	1	14
贺鸣歧	21	—	21	贺贯一	21	—	21
贺振恺	19	5	24	贺稀侠	24	2	26
贺铭勋	20	1	21	贺玉山	31	8	39
贺安名	19	2	21	贺　卯	20	0.5	20.5
贺月辉	18	1	19	贺素民	11	—	11
贺廉五	24	1	25	贺吉林	23	—	23
贺汝舟	12	—	12	贺庆生	18	5	23
贺德芳	26	1	27	王尽忠	25	—	25
贺汝廷	25	—	25	王　亮	25	1	26
贺清波	25	1	26	贺振山	18	1	19
贺　闹	24	—	24	魏冠雄	28	—	28
贺青峰	20	3	23	朱锡章	100	3	103
贺刁林	18	2	20				

资料来源：《河北合作》，华洋义赈会丛刊（乙种第 71 号）1935 年版，第 7—9 页。

各宗族社的具体情况并不相同，但大多表现出某些共同的特征，如村民的入社率高①（以自耕农为主）、各种业务进展顺利、社员的识字率较高②，及其家族的教育状况普遍良好、有比较切实可行的发展规划或进行计划、地方领袖多能积极参与并尽心社务、保持优良成绩的历史较长等；若以上述标准和特征来识别宗族社的话，在《河北合作》一书中，这种宗族社共有 33 家之多，在所有 64 家优良社中占有的比例几为 50% 强。

① 村民入社率最高者为香河县叶家屯村信用合作社，该村共 47 户，有 41 户入社，高达 90%。参见《河北合作》，第 110 页。

② 有肥乡县李白庄社、赵县瓜家庄社、大名县孔村社、成安县东大姑庙社、大城县西子牙社等社员识字率均高达 100%。参见《河北合作》，第 101、22、163、148、75—76 页。

下面仅以蠡县贺家营合作社为典型，作进一步分析与说明。

三 贺家营合作社——宗族社的案例分析

（一）贺家营合作社的发展历程

贺家营村合作社是一个以贺姓为主的经典宗族社，社员44人，以1人1户计，社员占全村总户数的40%强；在44个社员中，贺姓计40人，占91%，全体职员工作人员均为贺姓，事务所设在社员贺慰慈家外院。该社最早创设于1925年3月，系贺鸣金在蠡县城内福音堂圣诞会中得知信用合作社与民生大有裨益，回村后即在本村小学校宣讲合作社的意义。当时表示愿意加入者不下60余人，旋即开筹备会，公推贺鸣金为临时主席。择32人组成合作社，每人股金3元，当时交清；到当年7月间，经华洋义赈会调查员杨嗣诚到社指导，将自助与互助的精神引入；10月间华洋义赈会举办第1次合作讲习会，即派社员贺鸣金、贺凤桐前往北平听讲；2人回社后，首先整理一切，贺鸣金执行社务，贺凤桐管理文件及帐目等。

自此，该社完全改用新式簿记记账，又增加新社员10人，社务焕然一新，实行自助互助精神，每遇到婚、丧、凿井、盖房等事，社员无不共同协助；12月24日，该合作社正式成立，并得到了华洋义赈会及时的正式承认。1926年春，该社向总会借款800元，到期本息归还；9月，参加第2次讲习会，公推贺梦森、贺凤桐前往听讲，从此社务渐次发展。1927年春，鉴于环绕村庄的道路崎岖不平，交通阻碍，乃于3月17日，由全体社员出发修治，整理一番，村邻称便；11月经贺鸣金提议，乘农暇之际，附设平民学校一所，推定贺凤桐、贺楷2人为义务教员，计毕业30余人，成绩颇佳；平民学校所有费用全由合作社承担。此举扩大了合作社的附属事业，加强了合作教育，为贺家营社的健康发展奠定了重要基础。

贺家营合作社还积极介绍各村组织合作社，计有南大留、北大留、西河、滑村等9村在该社的介绍下相继成立。1928年5月，为筹集合作基金，贺家营合作社提倡社员储金；先以零星小额款项储存，年终结算，储金已达500余元。1928年秋后，合作社派贺举增、贺廉让赴第四次合作讲习会，积极参与合作活动；到1929年3月，出于共同需要，合作社邀同南大留、西河社、胡村、赵峭庄、郑村社、桑园村、滑村等7社发起成立蠡县西北区联合会（但不久就解散了）。1930年正月，社员举办禁赌会，违者罚洋 1 元，作为储金；终无犯者，村民仿效，赌博风气因以大戢；8 月 15 日开理事会，决议推广储金，推贺鸣金、贺凤桐、贺揩为储金专员，每逢月 15 日，到各社员家中劝导，以便养成储蓄习惯；9 月 1 日，开社务委员会，因业务日见发展，深感人才缺乏，又正值农暇之际，于是在该社事务所开讲习班一星期，以资练习社务，并推贺凤桐、贺楷分任讲授。1933 年正月，该社借蠡县城内福音堂，开办合作运动讲习会共 7 天，成绩斐然；是月下旬，又恢复西北区联合会，与胡村、南大留、刘村、桑园、大宋、滑村等社，共同组织；该社社员贺鸣金被推为联合会主席。1934 年春，筹办新的合作讲习会，蠡县西北与西南两联合会共同组织，参加听讲人员中有 9 人来自于贺家营合作社。①

合作金融充分反映一个信用合作社的经济状况，是确保合作社正常运营的核心要素。就 1934 年的情况来说，贺家营合作社合作金融包括两个部分：第一，放款金额：计社股 132 元，储金 82 元，定存 159 元，活存 18 元，借入 540 元，共计 931 元；第二，存款：计准备金 130 元，现存 19. 5 元，股金 30 元，共计 179. 5 元。从贺家营社的资金流通状况来看，其自有资金（包括社股、储金和存款）占放款资金的 42%，且合作社既有放款，又有存款，表明该社的合作金融较为良好。

（二）贺家营合作社的社务、业务考察

从贺家营合作社历年来社员的职业情况表来看，该社社员中“士农工商”传统社会成员的构成相当完整，以业农者居多，占 64%；士、商次之，分别为 9% 和 22%，且有逐年上升趋向；业工者最少，也有 5% 的比率（参见表 5—3）。

表 5—3　**贺家营社历年来社员职业情况表**　（单位：人）

年度	士	农	工	商	共计
1925	3	25.	1	7	35
1926	2	26	1	8	37
1927	4	24	1	7	36
1928	4	24	1	7	36
1929	5	27		6	38

① 《河北合作》，华洋义赈会丛刊（乙种第 71 号）1935 年版，第 3—6 页。

续表

年度	士	农	工	商	共计
1930	3	27	2	10	42
1931	6	27	3	13	49
1932	7	26	4	12	49
1933	5	20	1	7	33
1934	4	28	2	10	44
1934 各类所占比例%	9%	64%	5%	22%	100%

资料来源：《河北合作》，华洋义赈会丛刊（乙种第 71 号）1935 年版，第 9 页。

从社员土地占有的情况可知，该社社员多系自耕农，富农佃农极少；耕地情形，自耕农的土地（包括田地、宅园及林木等）至多不过百亩，20—30 亩者最多（又见表 5—2）；田地可以种植庄稼，宅园和林木地可以种植果树或其他林木等，故社员的产业状况，由此可知一斑。该社对于新社员的加入有一套严格而具体的实施办法，如入社前须先评定报名者对于公益是否热心、平日信用如何、入社是否主动提出、品行是否端正，再经社务委员会及社员全体大会 2/3 人数同意通过方可入社。

贺家营合作社通过多年的努力，在乡村社会中还取得了人们在观念上和精神上的认可。合作社成立之初，合作区域内的贫农及工商业者对于合作社的观念都不太在意，随着“合作事业的日渐发展，合作社社员不但经济上已较前宽裕，互助自助精神发挥尽致。因此一般村邻都一改往日的冷淡态度，而为热烈之附和矣”。应该说，该村合作社的出现和发展，对于移风易俗、转变乡村社会观念，起到了一种“潜移默化”的作用。尤其在乡村经济危机逐步加深、农村社会问题层出不穷的阶段，贺家营合作社采取了相应的对策和发展计划。如“合作社竭力提倡储金，筹办仓库，举办运销，供给业务”等，以全力救济；并先后部署 8 项工作，分头实施：第一，提倡储金；第二，兼营运销；第三，兼营供给；第四，提倡生产农具合作利用；第五，附设平民学校；第六，筹办合作仓库；第七，设立阅报室；第八，筹设合作医院。贺家营合作社自创设以来，在历年的考成分等中，先后多次被评为河北省合作事业中的甲等优良社。可肯定地说，上述措施和计划的实施，确保了该社历年来考评优良。

贺家营合作社具体业务部门有二：信用部和运销部。主要分工为：信用部了解社员的产业状况，确定征求社员的具体办法、储金办法以及该社长期发展的各项计划等；运销部负责调查棉产状况和棉花改良，兼营运销资金，制定棉运方案和具体办法等。由于该村的农产品以棉花为大宗，谷类次之，有高粱、玉米、红薯等；棉花向外出售，粮食等则备足自给。为避免中间商人的剥削，合作社特举办棉花运销，由运销部具体负责；当时并不是全数交运，估计有40%的棉花由运销部负责运往外地销售。因棉花的收成产量和市场销售价格各年均有不同，故需加强棉花运销业务、开阔市场视域。运销部的运销员主要由职员兼任，运销资金主要来自社员入股和借入款（含联社预支付款），利率月息8厘。为确保业务顺利开展，合作社制定了严格的管理规章，诸如对于鉴定员鉴定的等级，社员有遵守规则的义务；为非本社社员的棉花运输的规则与本社社员相同；凡故意造伪作弊者，一律拒绝运销，并处以市价1/10的罚金等。①

（三）贺家营合作社的典型特征

从以上的介绍和分析可知，贺家营合作社在当时华北农村合作运动中，无论从社员构成、经营规模以及业务发展等多方面情形来看，除了具有一般宗族社更完备的特征外，还有其他特征。故可以此作为一个典型，以解析宗族社独特的结构特征。

首先，从表5—1的数据可知，士在社员中所占比例仅为9%，因其拥有一定的知识、技能和财产（并非仅仅是习俗中形成的“权威”），多成为合作社组织的中坚人物；商的参与程度有一定比例，这主要表现在棉花运销合作或其他兼营合作业务中，因其特有的商业技能和市场经验，故多能承担经营和监督的职责；就贺家营社来说，在9个合作社职员中，士和商占到了5个席位，故其能基本把握合作社的发展方向。一般说来，合作社职员构成的所谓“权威”领导模式，对合作社未来的发展，实际上隐含了两种可能性：一方面，士商们利用自身的优势，积极谋划合作社的社务和业务，为着合作社宗旨和目标的实现，带动社员共同努力，由自助而互助，逐步走向良性而健康发展的路径；另一方面，就是士商们（或地方绅缙）可以把自身优势作一种畸形扩大化或者异化，操纵社务和业务、剥夺普通社员。实际上，第二种可能性脱离了合作社的原理和精神，使合作社的发展陷入一种恶性循环的歧途。从贺家营合作社的实际发展情

① 《河北合作》，华洋义赈会丛刊（乙种第71号）1935年版，第8—10页。

况看，基本上还是属于第一种可能性。这在整个华北地区的农村合作社来说，也具有一定的普遍性，也是华北农村合作运动在整体上比江浙等其他地区较为健康发展的一个重要因素。

其次，最能清楚反映宗族势力在农村合作社组织过程中相应作用的要算表5—2。从贺家营合作社的组成人员来看（全体成员44名），差不多是全村一半的村民，这在当时要算参与率较高及组织规模较大的个案了；除了4名社员为他姓之外，91%的大多数社员为贺氏一族，这说明，宗族（家族）的凝聚力量在合作社的组织和发展过程中起着一定的作用。尤其从合作社的经营和管理层面的职员成分来看，掌握控制权的全是贺氏人，这无形之间更可看到一种凝聚力的存在。事实上，贺家营信用合作社除了极少数社员（3人）的土地较多之外，大多数同姓职员的土地占有或产业状况，与其他社员的情形相差无几，这保证了社员构成主体成分的一致性；合作社社员在这种几乎（相对）平等的起点上结合，至少有利于社员相互之间互助精神的激扬和挥发，从而共同走向合作的目标。同时，占有土地资源较多的3名村民（贺廉平、贺慰慈、朱锡章）愿意加入合作社，这在一定程度上也增加了社员构成的多样性，3人没有因具有优势而进入合作社管理层，这就减少或避免了以优势资源“操纵”社务和业务的可能性；从照顾自身利益的角度而言，这种社员构成的多样性与社员主体构成的一致性并不矛盾，相反，更有利于发挥社员民主监督和管理的作用，更加凸显合作的精神和旨趣。当然，社员构成成分的多样性与主体的一致性也体现在他们不同的职业上，合作社中这些目标的实现或作用的发挥，均与对该社宗族力量的“因势利导”存在极为紧密的关系。贺家营合作社只是河北省许多优良社中一个较为成功的例子。这再次说明，合作社组成成分的多样性与一致性的合理结合，是确保合作社成功的必要条件。贺家营社的发展轨迹留下了地方宗族（家族）势力——一种传统的非政府组织，可以顺利向现代非政府组织——民间自发性合作社组织转化的宝贵记录，完全可以成为中国乡村社会发展史上具有深刻启示意义的典范。

最后，从贺家营合作社的发展历程还可以看到，由于地方宗族（家族）与合作社都有相同的社会功能——即热心社区公益事业，因而宗族社在乡村教育、婚丧嫁娶、修桥补路、改良社会风气等诸多方面均有建树，并以此作为合作社自身发展、壮大的一些“附属事业”；这些附属事业对于活泼乡村风气、引领社会文明与社会进步，发挥了农村新型合作社应有的社会作用。正如时人所认识到的，“农村有一个健全的合作社，整个的农村便会活泼起来”；“农村中因为有了合作社，空气从沉闷枯燥，变为活泼振作”。[①] 河北省大多宗族合作社后来几乎都把原来创办的“附属事业”变为农村合作的“主业”了，具体表现略举如下：成安县东大姑庙社办理村仓积谷，修治道路，注重公共卫生，设立戒烟赌会、息讼会、保卫团等；广平县南张村社公议息讼，遇有婚丧时，社员全体帮工，修治村道；大城县西子牙社每于春冬农暇举办社员训练班，提倡注重公共卫生，成立社员戒烟（鸦片）赌会，社员一律禁烟酒及赌博，违者罚金2元，其中一半充公益金，另一半作本人储金，并公举李洁如、李秋云、李玉田3人为监察员，实施以后，效果良好；肥乡县西刘家庄社全体社员曾多次修复街中道路，给行人往来多有便利；肥乡县河北堡社开办社员训练班，并组织了戒烟酒会，规定违犯者罚款章则：如犯烟酒一次者，即罚金2元，充作本人储金，限3年内不许支取，如犯2次者再罚2元，犯3次则令其出会；该会自成立后未见1人犯者，足见个人信用良好，而村民有烟酒嗜好者被拒绝入社；改良婚丧，由监事会王清泉负责时常与村民讲解。[②]

（四）乡村社会的现代转化

宗族（家族）生存发展的生态空间大多是村落社区，这是一个不容置疑的事实。宗族（家族）成长，植根于乡土中国，适应中国乡民的传统习俗，改造乡村必先改造宗族（家族）；乡村作为一个与现代社会发展有些差距的公共领域，宗族（家族）势力的兴衰与国家的控制能力紧密相关，二者呈此消彼长的关系；因而可以说，国家权利在乡村治理中实施和渗透的历史，也就是农村社会结构变迁的发展史。

华北区域的地方宗族（家族）既没有南方宗族（家族）的势力强大，也不可能与国家政权的力量相抗衡，实际上处于一种相对弱势的地位，为确保自身的利益、积极寻求自身的发展，一般宗族（家族）既有与农村合作社结合、自主向现代转化的较强的可能性，也有适应国家政权需要、

① 孔学雄：《今日中国之农村运动》，中山教育馆1934年版，第273页；章元善：《合作与经济建设》，商务印书馆1938年版，第88页。

② 《河北合作》，华洋义赈会丛刊（乙种第71号）1935年版，第148、85、75—76、56、53页。

以合作运动来整合乡村社会的可能性。上述华北农村合作运动与地方宗族（家族）组织相结合的实证分析表明：第一，华北农村合作运动已促使本土乡村社会结构变迁；第二，华北农村地方宗族势力相对弱小的生存状态，并不影响其自身向现代的转化；第三，农村合作与地方宗族能够保持和维护一种良性互动、有效结合的相互关系。从历史事实上看，农村合作运动带来了两个相关产物：农村合作社及以合作社为载体的新型经济形式——合作经济。农村合作社的基础刚刚建立，故合作经济未必发育完善；然而，农村合作社普及和健全，合作经济必然发达；这既是对传统小农经济的有益补充，又是改造传统经济的重要经济形式。

现代研究表明，宗族（家族）组织尽管出现于生产力极不发达的自然经济时代，自给自足的小农经济与封闭的社会环境是它产生的社会条件；但是，宗族（家族）组织自身——无论其强大还是弱小——有着高度的灵活性，它对社会变迁具有一定的适应性，即宗族（家族）总能够根据社会环境的变化，灵活地调整自身的组织结构、组织原则和活动方式等，使其保持着旺盛的生命力。[①] 因此，从现代的角度看，结合中国的传统和现实，若改造传统的乡村社会，就要从经济结构上改造传统的小农经济，还要从社会结构上改造传统的宗族（家族）组织，而要完成从经济和社会两个层面的彻底改造，没有国家权利的参与不可，故最有效的办法似乎可以归结为：在国家权利适当参与的情况下，合理利用宗族（家族）自身的适应性资源，积极引发农村合作运动，以此来建立、健全农村合作组织，发展并壮大农村合作经济，最终实现中国乡村社会向现代的转化。

第二节　商资归农的历史考察

从“资金集中都市”到“商资归农”，可谓20世纪20—30年代中国乡村社会变迁的一个重要方面。李景汉说：在中国，“商业资本回流农村，成为‘复兴农村’的重要力量，这不能不归功于农村合作运动的兴起和发展”。[②] 李紫翔也指出，合作运动成为“复兴农村”的唯一救星，

① 黄世楚：《宗族现代化新探》，《社会科学研究》2000年第4期，第62页。

② 李景汉：《中国农村金融与农村合作问题》，《东方杂志》第6卷第7期，第23页。

为金融机构农村放款（即商资归农）的重要对象。[①] 在世界合作运动史上，各国金融界对合作社多取反对态度，唯独在中国，一般金融机构对于合作事业多有赞助。这是中国与其他各国合作事业发展史上最大的不同点。[②] 因此，探讨合作金融与商资归农的相互关系，或许能更深刻地揭示乡村社会变迁的丰富内容，而在中国最早的商资归农就出现在农村信用合作较为成熟的华北乡村。

一　商资归农的原因

（一）都市资金膨胀，农村金融枯竭——商资归农的根本前提

资金由农村集中到都市，是中国近百年经济发展过程中一个最显著的趋势。自鸦片战争以来，西方列强挟其物美价廉之工业品倾销到中国内地，使中国农村自给自足的自然经济逐渐走向解体，农民被迫成为世界资本主义市场的购买者以及世界原料市场的生产者；于是，农产品及农村日用品的商品化程度日益扩大，金融资本逐渐统制农业生产。金融资本它一方面以可造成破产的低价收买农民生产的农产品和工业原料初成品，另一方面以高价销售农村日常生活所需要的工业品，于是工农业产品在买卖价格上形成“剪刀差”；这种交换价格“剪刀差”式的发展，导致了都市对农村的榨取；加之运输业的垄断化、买办制度及其市场网络的形成、地主的地租剥削以及苛捐杂税等，使得农民“处处吃亏”，乡村社会日益贫穷、濒于破产。到20世纪20—30年代，中国农村资金几乎流尽，而都市资金却膨胀到无出路；最终导致了农村金融的枯竭，加剧了农村破产的危机；膨胀过度的都市资金却呈无法生利的苦状，近代大都市统统陷于资金过剩的恐慌之中。[③]

---

① 李紫翔：《资金集中都市与“资金回到农村”》，载千家驹编《中国农村经济论文集》，中华书局1935年版，第108页。

② 由于合作金融的资金来源主要分为国有金融机构（如银行等）的农贷资金（官资）与普通商业银行的合作放款（商资），国有银行的农贷资金本身就负有提倡合作事业的使命，而“商资归农”最初是一种自发行为，政府既不提倡也不给予保障。从经济学角度来看，“商资归农”既不符合经济原则，又不符合金融资本的特性要求；同时，西方合作运动最初就是一种反资本主义的产物，因此在中国和西方国家金融资本的流向看来，两者的差异可谓“天壤之别”。参阅于树德《合作金融制度之研究》，《合作讯》第116期，第11—13页；又见《大公报·乡村建设》第31期。

③ 李紫翔：《资金集中都市与“资金回到农村”》，参见千家驹编《中国农村经济论文集》，中华书局1935年版，第96—109页。

（二）华北农村信用合作实验的初步成功——商资归农的重要保障

20世纪30年代，中国普通商业银行对农村合作事业的踊跃投资，可谓是农村合作运动进程中的一个显著特征。在农村金融枯竭日益严重的背景下，"纯粹商资流入农村"确实给乡村社会变迁带来新气象。合作运动经过实验时期证明，其对于中国农村具有良好的适应性；华洋义赈会的合作运动为商业银行的资金投向农村开启了先导。[①] 合作社是团体组织，其借贷可形成规模足以让银行开展业务，其对资金的自行管理也可以使银行不必增加交易费用。虽然农业投资只有薄利，但整个农村却是广大市场。除了战争的特殊情形外，河北各农村合作社从未发生拖欠银行贷款现象，所以银行无需担心资金的流失。商业银行有鉴于华洋义赈会办理农村合作事业颇有绩效，农民组织团体的信用程度又颇为可靠，于是决意透过合作社组织，在农村兴办农业放款业务。这里，信用合作社的团体信用保障成为银行农村放款的保证，而向农村释放膨胀的剩余资金本是银行的无奈选择，能够实现银行投资效益是其农村放款的最终目的。"在商言商"，理所当然，唯在确定有保障的前提下追求利润最大化，才是金融资本的真正目的；至于"救济农村、复兴农村"，或只是极少数银行人士的逐利动机与其"爱国心"的巧妙结合罢了。

（三）合作金融组织系统的缺乏——商资归农的历史机遇

最初，合作基金有利于合作社的组织与指导，其对合作事业的提倡"功用甚大"。随着农村合作事业的初步发展，"四位一体"（合作行政、合作指导、合作教育与合作金融四位一体）的华洋义赈会，受自身条件的限制且合作基金十分有限，因此其合作放款的大宗资金来源只能仰仗外来渠道；华洋义赈会在1927年就认为，许多所谓"未承认社"实际上已具备"已承认社"的条件，只是华洋义赈会自身资金有限，无法向它们贷款，不得已才让它们持续作为"未承认社"。[②]到了1930年，华洋义赈会用于河北合作运动的放款累计达十多万元，但远远满足不了正在兴起的合作社的资金需求。[③]然而，当时的国家金融机构如农民银行或农工银行等，因资金"力难兼顾"，或因业务方针"多有放弃职责而作商业投资"，而且"中国

---

① 陈意新：《农村合作运动与中国现代农业金融的困窘——以华洋义赈会为中心的研究》，《南京大学学报（哲学社会科学版）》2005年第3期，第98页。

② China International Famine Relief Commission. *Annual Report*, 1927. Peiking, 1928, p. 7.

③ 华洋义赈会：《十年合作事业大事记》，1937年，第14页。

的农业银行很多是名不副实的。在名义上，它们虽然都是以农工或农民为重，但实际上它们既不重农，又不重工，它们有的只在努力于钞票的发行；有的转变为商业银行”。[①] 这表明，不仅整个国家金融机构的组织不完善，更缺乏统一的合作金融组织系统，因而为资金雄厚的商业银行创造了机遇，得以“越殂代庖”。实际上，早在办合作社之初，华洋义赈会就期望在未来数年后，合作社有了一定的历史和信用，能够支付银行贷款的利息，让银行家刮目相看，就可以不再通过华洋义赈会而直接与银行交易。[②] 而在1930年，华洋义赈会的合作社事业已经开展的有声有色，为挽救农村的经济危机，商资的农贷便应运而生。

当然，由于国民政府对合作事业的积极提倡，而中国农村濒临破产、农民益发感觉有合作组织之必要，同时许多爱国之士都欲致力于乡村建设却苦于无可投入场所，因而转向注重合作事业。因政府与社会各界对合作事业的普遍关注，对资金膨胀的银行界也产生了相当的刺激和推动作用，或有银行人士也深悟工商业之不振，以农村破产为其最大的原因；又以资金集中于都市无法运用，坐耗利息终非长策，故思投资于农村，以救济农村之凋敝，同时开辟都市游资之尾闾。正是在这种特殊的历史条件下，商业资本最初选择了华洋义赈会在华北的农村合作事业。

二　商资归农的发展过程

（一）上海商业储蓄银行——商资归农的拓荒者

商业金融机构对于农村投资的尝试，始于上海商业储蓄银行。该银行总经理陈光甫从事的业务在许多方面都属开创性的，农村投资便也其中之一。1931年春，陈光甫在北京访问了华洋义赈会的合作社后，立即指示北平分行经理金仲藩与章元善接洽，订立搭成放款合同，确定上海商业储蓄银行由华洋义赈会支配的2万元转为合作放款，开启了商资流入农村的先河。上海商业储蓄银行的利率为7%，向合作社放款的实际利率按华洋义赈会章程办理。这笔放款在当年全部按时收回。陈光甫决定把1932年放款额度升至5万元，并成立了上海商业储蓄银行农业合作货款部，聘请美国康乃尔大学毕业的农学家邹秉文担任该部经理和总行副经理，使农贷

① 吴承禧：《中国的农业银行》，天津《益世报》1934年9月1日。

② 华洋义赈会：《第一次合作讲习会汇刊》，1926年，第31—32页。

成为一项事业。[①] 1933年该行扩大农贷事业，加强农贷机构，特在总行设立“农业合作贷款部”，将合作搭成放款增至10万元；聘请农贷专家，负责设计及指导农村放款事项，在各省较优的农村合作社，试行直接放贷。据上海商业储蓄银行1933年的业务报告，该行贷予农村合作社款额共约100余万元。该行试办农贷的结果，不但放款能如期收回，还获得相当可观的利润[②]，因此，其他银行仿行者颇多。

继上海商业储蓄银行之后，中国银行和金城银行也积极兴办农村合作贷款。中国银行于1933年3月以2万元（年底增至5万元）额度参加了华洋义赈会的合作放款[③]，同年又以2万余元贷与山东历城县的平陵、掖县的新城等处的农村合作社预备社。由于业务情况良好，该行更进一步地利用其仓库的设备，作农产品抵押放款及农民小额抵押放款，同时也直接放款给农村合作社，并与山东省建设厅订立合同，用100万元办理棉花运销合作贷款[④]，中国银行的农贷业务大为扩展，放款额也逐年增多。金城银行于1933年4月，以5万元参加华洋义赈会合作放款[⑤]，并逐年扩大农贷投资规模；1934年该行与南开大学及平教会共同组织华北农产研究改进社，专司农业生产贷款，设立仓库，办理农产品抵押放款，同时该行还与北平借贷处合办农工商小额贷款。[⑥] 1933—1934年间，银行界向农村贷款实际上仍是少数现象。1934年后，参加放款的银行才多起来，商业资本经华洋义赈会放款的地域也不再限于河北省。实际上，从这年开始，商资已嫌华洋义赈会的合作社发展方式过于谨慎，开始自办合作社、自寻地域、自创项目，开展农贷业务，所放款额远超通过华洋义

---

① 《上海银行提倡农村合作事业》，《农林新报》第10年第6期（1933年2月21日），第107—108页；《银行参加农业之先声》，《合作讯》第68期（1931年3月10日），第10页。

② 吴承禧：《中国银行界的的农业金融》，《社会科学杂志》第6卷第3期（1935年9月），第470页；郑作动：《商业银行投资农村的检讨》，《农声月刊》第210—211期合刊（1937年9月），第1—2页。

③ 《农利股报告》，《合作讯》第109期（1934年8月10日），第1页；王士勉：《商资流入农村之先河》，《实业部月刊》1936年第7期。

④ 姚崧龄：《中国银行二十年发展史》，台北：传记文学社1976年版，第163—164页；符致逵：《商业银行对于农村放款问题》，《东方杂志》第32卷第2期（1935年11月16日），第2页。

⑤ 《农利股报告》，《合作讯》第109期，第1页。

⑥ 符致逵：《商业银行对于农村放款问题》，《东方杂志》第32卷第2期（1935年11月16日），第11页；郑作动：《商业银行投资农村的检讨》，《农声月刊》第210—211期合刊（1937年9月），第2页。

赈会经手的总量。[①] 国民政府为进一步助使商资投资农村，此时公布了《银行储蓄法》，规定“储蓄银行的农业放款，不得少于储蓄存款的20%”。但该法公布之后，遭到了各银行反对，银行人士认为，各储蓄银行对在农村放款不熟习，各地合作社未普遍设立或多未健全，农村放款固定资产不易收回，要求修改。[②]《储蓄银行法》在银行界的抵制下，并未真正实行，银行机关仍各自从事农村投资活动。

（二）中华农业合作贷款银团——商资归农走向联合

各商业银行为放款安全起见，不惜在相同区域放款引起业务竞争，且集中于交通便利之区及经营较好的合作社。放款重复的区域，业务竞争激烈，而且合作社也对贷款容易的资金管理利用趋向松懈，流弊滋生益多，因此政府和社会各界要求规范合作放款的呼声渐高。于是，国民政府新颁《储蓄银行法》，要求各银行协调并鼓励向农村贷款，“以发展农业合作及服务社会为宗旨”，上海、金城、交通、浙江兴业、4 省农民银行等 5 家金融机构组成五银团，举办合作贷款，于 1934 年 6 月联合进行豫、晋、陕 3 省棉花产销合作社放款，总额约 90 万元。这是银行界首次以联合形式的合作放款。1935 年 4 月，大陆、国华、新华、中南、四行储蓄银行等相继加入五银团，正式组成“中华农业合作贷款银团”，按农业经济区域划分贷款区，设办事处。该银团第 1 期贷款额预定为 300 万元，由银团贷给办事处，办事处再将贷款转贷合作社。首先在山东、河北等省区范围内，办理棉花运销合作贷款业务，以后再扩充其他的农业贷款。[③] 此外，河北银行、山东省民生银行也分别对本省的合作社发放过贷款。华洋义赈会通过这种方式，为信用合作社提供了一笔为数可观的合作基金。仅上海商业储蓄银行一家“最后达到 50 万元，基本上解决了合作社贷款来源问题”。[④]

---

① 吴承禧：《中国银行业的农业金融》，《社会科学杂志》第 6 卷第 3 期（1935 年 9 月），第 471—473 页。

② 《储蓄银行法》，《河北实业公报》第 40 期，河北实业厅编印 1934 年 8 月，第 6—11 页；万钟庆：《银行投资农村与农业金融系统之我见》，《民间》半月刊第 2 卷第 5 期（1935 年 7 月 10 日），第 14 页。

③ 《交通等银行组织中华农业贷款银团》，《农村合作月刊》第 2 卷第 2 期（1935 年 2 月 15 日），第 23—24 页；李士佳：《中国农村金融问题》，《农声月刊》第 209 期（1937 年 7 月），第 48 页。

④ 章元善：《华洋义赈会的合作事业》，《文史资料选辑》81，文史资料出版社 1983 年版，第 167 页。

(三) 商资归农的合作放款方式及其趋势

商业银行是怎样进行合作放款的呢?据梁思达考察,商业银行参与合作放款的方式主要有两种——直接放款和间接放款。当时,由于各种原因,直接向合作社放款者,"各地甚为少见"。银行向合作社间接放款分为两种:其一,放款核定权由银行自己保留;其二,放款核定权由指导机关行使(较为少见)——仅有最初的上海商业储蓄银行与华洋义赈会签订的合作基金搭成放款属于此类,而第一种间接放款方式几乎"通行各地,较为普遍"。实质上,各地指导机关与商业银行评价合作社的标准完全不同,但向谁放款又不得不听从银行的意见;银行甚至还对接受放款的合作社业务"越殂代庖",横加指导,故而合作社对于合作指导机关的训示"渐形藐视"。当时这种事"司空见惯",对合作指导制度的发展前景影响甚大。于是,社会各界普遍呼吁对商业银行投资农村的方式"亟须缜密规定"。[①]

20 世纪 30 年代,各金融机构对于农贷经营的态度转为积极,地域也由一省扩至十余省,贷款额度也逐年增多,原多借助合作社将贷款发放给农民的间接法,趋向于直接办理农民动产或不动产抵押放款;然而,商业银行对农村投资并不稳定,资金充裕时投资于农村,但银根紧缩时就不再顾及农村。如各银行在 1935 年间因世界性金融恐慌而紧缩农村放款金额,上海商业储蓄银行原预定农贷总额 400 万元,而实放金额仅有 270 余万元;中华农业合作贷款银团原定放款额为 300 万元,结果只放出 80 余万元,还不到预定额的 1/3。[②] 随着银行对农村合作放款额的增长,农村合作社的亏损也越来越多,银行于是渐有加紧收缩贷款规模的趋势。银行对农村投资的热忱渐冷。梁思达等通过对各地合作事业的实地考察认为,"益觉商业银行之资金,将来可资为农村金融周转之用者,其可能性殊不多也"。[③] 而银行一旦停止对农民的合作放款,对农村合作运动的发展影响很大。

---

① 梁思达、黄肇兴、李文伯编著:《中国合作事业考察报告》,南开大学经济研究所 1937 年版,第 127 页。

② 吴承禧:《民国二十四年度的中国银行界》,《东方杂志》第 33 卷第 7 期(1936 年 4 月 1 日),第 84—85 页。

③ 梁思达、黄肇兴、李文伯编著:《中国合作事业考察报告》,南开大学经济研究所 1937 年版,第 128 页。

三 商资归农与农村合作的关系

章元善在谈到合作运动时曾告诫人们：“无论那种运动，当其起时必有许多力量紧随而起，直接间接，相激相荡，以推动或帮助推动运动，而使之继续发扬光大。所以这附随的力量万不可轻视，必须严密分析它的来源，深切关注它的发展，正确引导它入正轨，使之相助而不相离、相成而不相消，而后这个运动始能发生伟大的力量和作用。”[①] 对农村合作运动与商资归农的关系正应作如是观。

（一）商资归农的积极意义

从小处讲，商资归农有助于农村合作运动的发展。合作专家于树德出于对农村合作与商资归农的深切关注，将自己多年对农业合作金融及商资归农现象的研究与思考，写成了全国合作事业讨论会上的两个议案。他认为，一般金融机构对于合作事业群起赞助是中国合作事业的显著特色；只要银行对农村投资办法得到妥善规范，“重新规定原则，以为进行标准，诚以城市农村相成为用，都市资金之助力，足以引发农民经济之自救”。在华北农村合作运动发展的过程中，整个中国银行的资金流动呈现一个非常奇特的现象：由乡村到都市单向流通的不调和状况，造成国民经济的巨大损害。集中都市的“游资”回流到农村，以供给农业生产资金之不足，形成的城乡之间资金流动的循环互动，不仅农村、都市双方受益，也是整个国民经济的福音。梁思达指出：“近年来，各商业银行之踊跃投资，使合作基金增厚甚多；今后各社放款或不至再感缺乏。”他认为在当时条件下，“满足社员生产方面的需要，增进社员对于合作社的信仰”对合作社的发展前途实有重大意义；然而，“非从贷款机关、贷放方法及数额方面着手调整不为功”。[②] 可见，“商资归农”业已成为公众舆论的普遍期待。在20世纪30年代，各银行确实将一部分资金通过合作社投放到农村，暂且不论农村合作运动的利弊，农村金融（主要是信用合作）因得商业银行的投资而获长足进展，确是一个不争的事实。

向华北乡村合作社放款的银行主要有中国农民银行（1935年4月，原4省农民银行改为“中国农民银行”）、中国银行及各省银行。其他银

---

① 章元善：《组织与力量》，见南京《新民报》1936年7月10日。

② 梁思达：《河北省之信用合作》，1937年南开大学经济研究所毕业论文，第270页。

行指上海商业储蓄银行、金城银行、中华农业合作贷款银团等。1934 年官资和商资银行的农贷已达 1878.622 万元，其中上海商业储蓄银行为 444 万元。到 1936 年，仅中国银行的合作贷款、农产品押款、农民小额押款三项农贷总额就达到 5163 万元，相当于 1244 家典当行或全国 1/3 典当业的资金。[①] 在农村金融银根紧迫时，虽然商资的农贷总额也不算大，但商资银行通过农村信用合作社发放农贷的逐年增加，对活跃部分地区农村的生产、金融和市场的作用还是有的。这对银行资本与农村金融来说，可谓利己利人，共生共荣，“两全其美”。

从大处而论，商资归农有助于中国现代农业金融制度的建立。华洋义赈会创导的合作运动最有意义的成就，就是促成中国现代农业金融制度的形成，而“商资的规模性进入农贷使得现代农业金融制度最终形成”。[②] 如上所述，为避免金融机构在农贷中的无序竞争，1935 年有 10 家商资和官资银行决定按各行资本规模比例共同提供 250 万元，成立“中华农业合作银团”，由邹秉文任团长，在各地设立办事机构，实现联合贷放。[③] 这一银团的成立开启了“农贷”在中国范围的制度化投资，带动了国家力量开始正式组织和掌管农贷。林和成曾经指出：“根据中国的经济情形，农村信用合作社若仅赖商业银行之供给，必无任何希望”；而现有的农业银行也因资力有限，未能够实现其目的，故足以周济农业银行及农村信用社者，政府应当效法欧美各国，“亟应设立中国农业金融制度，须由中央农业银行放款资给各地农业银行，转放农村信用合作社及农业仓库，而普及于农民也”。[④] 国民政府也认识到商业银行在农村投资的不稳定性，为杜绝商资银行对经济相对发达地区合作社投资的偏好与竞争，国民政府在 1936 年 9 月决定终止“中华农业合作银团”，改由官资和商资各出 3000 万元成立农本局，实施统一的农贷。农本局以合作社作为基层单位，建立县和省的合作银行，最后以中央合作银行作为“农业金融中

---

① 中国银行行史编辑委员会：《中国银行行史》，中国金融出版社 1995 年版，第 278—279 页。

② 陈意新：《农村合作运动与中国现代农业金融的困窘》，《南京大学学报（哲学社会科学版）》2005 年第 3 期，第 96 页。

③ 章元善：《华洋义赈会的合作事业》，《文史资料选辑》81，文史资料出版社 1983 年版，第 158 页。

④ 林和成：《我国农业金融制度应该怎样》，《东方杂志》第 33 卷第 7 号（1936 年 4 月 1 日），第 57—74 页。

央银行”。农本局的成立标志着中国现代农业金融制度的正式建立。1936年底，国民政府实业部明令公布《合作金库规程》[①]，为建立中国合作金融体系迈出了第一步。尽管1937年全面爆发的日本对华战争打断了这一制度的运作，但农本局随后很快在后方组建了400多个县级合作金库，以阻止农村既得利益者的干扰，在兴办合作社、建设农仓、发放农贷，开展运销合作、向农民配售良种等方面取得了一定的成绩。[②]

（二）商资归农的弊病与评析

随着商资归农的逐步扩大，时人以乐观的态度观察这一事件时，更多的是对商资归农的理性思考；尤其是大量商资在农村竞相投资，事实上产生了诸多问题，而引起人们普遍的反思。有学者指出，以往中国农村合作运动之所以不能发展的原因，最大的问题就是资金缺乏，贫困太甚，差不多是一种“贫血症”般的表现。但各银行争先恐后地向一处投资，一时金钱过多了，正如一个病人吃的补品太足，反而伤身，如“脑溢血”就是一个很可怕的病症。[③]

商资归农呈现以下弊症：第一，各行参加，办法分歧：合作金融既然没有完整的组织体系，各国家银行如中国、交通、中信、农民及农本局等行局以及地方性银行，都自由参与所谓合作事业的贷款，且各行局既无切实的联络，更无统一办法，各自为政，划区贷款，各行其是而缺乏必要的沟通；国民政府主管方面既无一贯的方针，也缺乏通盘的计划，数额或多或少，期限或长或短，起初就没当作国策来实施，并以此为准绳。第二，割裂破碎，竞争无序：各行局均参与农业贷款，而互不配合，自必陷于割裂破碎的局面，且相互争取有利的区域，贫瘠县份均不愿投资，区域一旦划定，就形同“军事防区”，久为有识者所诟病。第三，对象偏枯，方针消极：从开始时期，合作金融即以农业贷款的形式出现的，农业合作乃可获得资金的调剂，其他合作事业即不能得其实惠，致使合作事业失去平衡发展。且各行局贷款多来自存款，合作金融的基本特质“低利、期长、无抵押”等均难切实体现。[④]

---

① 《合作金库规程》，《实业部公报》第312期，第25—27页。

② 何廉：《何廉回忆录》，中国文史出版社1982年版，第145—161页。

③ 参见章元善《合作运动》，见《北平晨报》1935年5月1日。

④ 寿勉成：《我国合作运动之重要及今后应有之改进》，经济部合作事业管理局编印《合作事业》1939年第1卷第1期。

或许正应了中国一句古话，“天下事有一利必有一弊”。商资流入农村也是如此。于树德认为，合作社的特质（就农业合作社来说），是在救济中产以下的农民，以商业金融机构加入农业投资，并不符合经济原则。如果再对含有救济性质的合作社，作零星的投资，则恐更不是以营利为目的的商业银行所愿承担的。他指出，都市游资借营利团体或银行，通过农业合作社而流入农村时，有以下弊害：第一，其投资只能为一时的游资利用，一旦工商业发展或都市金融恐慌，势必立即撤回；第二，这种投资可形成商业金融家操纵农民生活的危险，最终还会使农民变为商业资本的奴隶，唯商业资本之命是从，丧失其独立性、自尊心，其国民精神上的损失将非金钱所能估量；第三，合作社本是依平等原则，在互助组织之基础上，以共同经营方法，谋社员经济利益与生活改善而组成的团体；国家提倡奖励建立这种组织，实具有特别的意义及目的。如放任营利团体或银行操纵，则这种组织将变为营利团体或银行的附庸，失去合作运动的原本意义。为防止上述弊端，应由国民政府确定营利团体或银行投资农村合作事业的原则，并让其遵守。具体办法就是由国民政府制定营利团体或银行投资农业合作社的条例，详加规范，在农业合作金库未成立之前，政府应指定类似农业合作贷款团，代行农业合作金库的责任。①

还需要指出的是，商资归农的发展并没有满足商资归农的需要。政府由于财政窘迫，无法自行拨付巨款以推行信用合作事业，必须靠资金充裕的银行家不可；银行家手头固然有大量的游资，却顾虑“内战……及农民无力偿还本息”。因此，商资归农的政策可谓“雷声大、雨点小”，其投入的资本远远无法满足农村的实际需求。如商资归农的主要先驱——上海商业储蓄银行，在1934年头7个月农村信贷部的贷款总额，共计不过75.4741万元。② 同时，银行家林康候也说，“年来银行界对内地农村的投资，总共不过400—500万元，而内地流向上海来的现金，每月的入超额差既不多，也总有500—600百万甚至1000多万”。如此看来，关于各银行在内地农村的投资，称之为“杯水车薪，无济于事”，实为中肯之言。按理商资归农直接关注的对象应该是农民，然而，就合作放款与农民来说，银行家对于利息的注意，实远过于合作事业推行之本身。譬如上海、

① 华洋义赈会编：《合作讯》第117期，第4—5页；第118期，第6页。

② 参见1934年8月25日《时事新报》所载该行总经理陈光甫的谈话。

中国、金城三家银行与华洋义赈会对合作社搭成放款时，该会感到最大的困难是“其中利率定得太低，银行不干；定得太高，合作社不上算”①，就是很好的证明。李景汉的研究指出，“金融资本随着信用制度的发展与普及而侵入农村，使农民由抵押信用、借贷契约的方式而丧失土地”；“农民债务的继涨增高就是由于信用制度的发展，其结果使许多中农没落为小农，自耕农没落为佃农；还有一个可注意的现象，农村合作社已变为剥削农民之金融资本的工具”。②

也有学者指出，农村信用合作的组织，是最适宜于农村金融的基本组织。问题是，信用放款的风险较大，因此银行趋向或者说热衷于仓库储押与运销垫款等放款方式；即使信用放款，在借款用途上也更多严格限制，如肥料种子，每须由银行经手代为批购；至于担保，更须以田契作抵。放款条件相对苛严，实与融通农村经济之道、且以人格为基础的合作原理背道而驰；因为农村信用合作社是集合个体农民，依凭各人的信用，以合作方法而流通金融的一种新组织；它能给予一般贫农以通融金钱的资格。故合理的农村金融机构的独立系统，应是由信用合作社发展出来的合作银行来担负农村金融全责，而非普通商业银行。③

实际上，商资归农与农村合作的关系，可能是“两全其美”，也可能是“两败俱伤”。④“两全其美”是处置协调合理化的结果；倘若处置不当，则难免发生弊害造成“两败俱伤”。逢农村经济凋敝之际，一般农民获得享用都市资金的机会，故可以减轻一时经济压迫；但假如投资银行漫无限制地自由放款，则都选择在较为富裕农村，必然产生相互竞争，而在较为贫困的农村又都选择回避，其结果则易使前者滥用贷款，而后者偏枯向隅，失其普遍协调的宗旨。若各银行只以盈利为目标而忽略其救济农村之旨趣，则与原来高利贷性质相似，“昔日受压迫于土豪劣绅者，今则为银行而已”。银行放款若不受到法律的约束，容易造成农村新的资本阶级。因此，李紫翔坚持认为，“资金回到农村”的真实意图，“不过是为患脑溢血的都市资金作部分的疏通作用”，而所谓对农村的投资，“实际上是对农产原料在流通上的商业投资”，最大作用也只能减少某种中间商

① 华洋义赈会编：《合作讯》100 期，第 2 页。

② 李景汉：《中国农村金融与农村合作问题》，《东方杂志》第 6 卷第 7 期，第 15 页。

③ 同上书，第 18 页。

④ 华洋义赈会编：《合作讯》第 118 期“谈话”，第 1—2 页。

人的剥削，不仅对农业生产改良不会产生多大影响，对盘踞农村的高利贷资本，也要采取合作的方式，而合作社造成的新土豪劣绅、新高利贷者，这已为无可否认的事实。故商资归农终极目的仍是“促进资金继续由农村流向都市集中”。[①] 无疑，李紫翔等采取的是一种批判的态度；这种批评虽“过犹不及”，却不无道理。因为真正融通协调的合作金融，就如同人体的血液不断循环流通，即首先由都市流向农村，再由农村流向都市，城乡流通，方可协调发展；任何停滞、集中的趋势，都会造成整个体系的崩溃和灾难。

章元善是商资归农的“牵线搭桥之人”。他认为，商业资本到数百年来无人问津的农村去投资，总是一种新经验，银行界最初难免有琢磨不住、把不稳舵的困难；再则，银行是以营利为目的的，“复兴农村”是补救已往的事业，要放钱下去才行。然“羊毛出在羊身上”，若“希望银行在适当保障下，供给合作社资金的便利是可以的；然希望直接利用商资来救济农业是不可能的。”[②] 针对商资归农过程中的两种主要现象：（①在富庶肥沃、有利可图之地，彼此竞争；穷乡僻壤，需要资金最切之区，裹足不前。②超出投资范围，进一步组织合作社，作为投资的尾闾；设立仓库，为集中工业原料的设备等），章氏指出：第一种现象“只要他们有序、正当地竞争，无可厚非，且对农业不无裨益”；不过合作运动“不能普遍得到商资的接济，而使富者愈富、贫则愈贫而已”。要使合作运动普遍开展，让穷乡僻壤、需要合作最急迫的农民都得到合作的好处，“那是政府机关或社会团体的工作，银行是顾不到的”；所谓“开荒”工作，不应该让站在银行立场上的人去做。[③] 第二种现象则是出于银行界的错误判断：合作社不具有独立地位。由于合作运动发展太慢，运用资金能力太薄弱，于是银行自己组织“合作社”，希望在短时期内建立起来的农民团体，做银行放款的对象。这不仅会将合作运动引入歧途，如同其他舶来品一样，“合作”将被滥用到使人“谈虎色变”的地步，且银行本身也将蒙受巨大的损害。这样原来“投资农村、促成合作的可能希望，将被这种设施完全消灭，以至于不可挽救的境地”。这是一种“两败俱伤”的行

① 李紫翔：《资金集中都市与“资金回到农村”》，载千家驹编《中国农村经济论文集》，中华书局1935年版，第109页。

② 章元善：《商资与合作》，《民间》（半月刊）第2卷第1期。

③ 同上。

为，应引起人们充分的警惕和防范。

有必要指出的是，20 世纪 30 年代的这种商资归农，是在商业高利贷资本控制农村经济的状况下，银行界（即金融资本）所出现的投资农村的活动。银行对农村的投资或放款不外两个途径：其一是信用或抵押放款，其二是农产运销。这种势力的扩张自然给予原来存在的商业高利贷资本以致命的打击。但需要注意的是，金融资本虽为农村资金的流通和农产运销创造了条件，但其本身并未开辟新需要的市场，且其不可能消除农业生产大经营驱逐小经营的经济规律的作用。因此，孙寒冰指出，商资归农未必能真正救济濒临崩溃的农业危机；中国农业经济危机最显著的特性是：农产品和农田的价格过低及农作物出口量减少。他认为，“中国农村建设之完成，内则有待于中央强固政权之确立，外则须排除各国经济之羁绊和束缚，求得民族经济之独立与发展。是以中国农村建设问题，实际上也是政治统一与民族复兴之一环。”① 这是精辟之言，值得三思！

第三节　合作放款研究

在研究了信用合作社放款资金的主要来源后，须进一步研究的是农村合作社如何放款，这是经营农村合作社的核心问题。当时，信用合作社的放款业务，几乎为初期合作社的唯一业务；该项业务为社员生活与生产提供资金便利，与之相关的主要内容有放款的手续、种类、数额、用途、期限、利率及时期等。下面以华洋义赈会所办的农村信用合作社为主，展开重点探讨，以加深对华北农村合作社之组织与经营的全面认识。对合作社放款的全面考察，不仅可以使人们更直接地对华北农村合作运动的社会经济作用有一个更为直观的了解，同时也能揭示出其中存在的问题。

一　放款手续与放款时期

（一）放款手续

华北农村合作最先在河北省进行。河北省办理信用合作社的放款手

---

① 孙寒冰：《论中国农村建设之本质》，《东方杂志》第 32 卷第 7 号，第 59—64 页；《一年来中国农村经济及农村建设之回顾》，《文化建设月刊》第 1 卷第 3 期（1935 年 12 月 21 日），第 86 页。

续，是华洋义赈会最早制订的，故此后的合作社放款，大多仿效华洋义赈会的做法。该会放款主要以该会评估承认的合作社为限，而在其《农村信用合作社（空白）章程》中又进一步规定“合作社放款仅限于社员”，社员欲借款，须先向合作社领取借款“愿书”（申请书），填写姓名、住址、借款金额、用途、期限、抵押品、担保人及还本付息日期等项，交付合作社理事会审查，审查结束，如认为合乎所定条件，即通知司库放款。所定条件有：

第一，信用良好。社员的信用程度由合作社理事会及监事会召开联席会议评定，并记录专册，作成社员信用表，由理事会主席保管，用作借款时审查参考。

第二，用途正当。社员借款，必须合乎《农村信用合作社（空白）章程》所定的下列各项用途：①购买种子食粮及饲料；②购买牲畜农具及偿还旧债；③修治水利及灌溉；④婚丧必需费用；⑤发展乡村工业。如不符合这 5 项，则可拒绝贷款。

3. 抵押品及担保人要确实可靠。合作社放款时，除注意借款人信用及用途之外，尚须下列一种或数种担保：①社员 2 人或 2 人以上自愿担保；②不动产；③动产，如车辆、家畜及灌溉用具等物；④已种未收获的庄稼（即青苗）；⑤典进的财产。

第四，经过理事会过半数同意。

除上述条件外，还规定，已经借款一次的社员，只有在其他社员均无借款要求时才可另借新款。如此看来，合作社放款条件虽甚严密，若是仅在社内能完成借款，其手续还较为简便；若合作社须向外借款时，则颇费周折。据巫宝三考察，就 1930 与 1931 这两年间各合作社请求借款与总会拨款所相隔的日期来看，其中，日期相距在 1—2 个月者占 50%，在 2 个月以上者占 24%。[①] 加上社员向合作社请求借款与合作社实际拨款间的时日差，社员整个借款与得款间的日期过长，影响了借款的时效性，且至为明显。

（二）放款时期

放款时期即指合作社放款所集中的不同时间段。据巫宝三调查统计，

---

① 巫宝三：《总会办理河北省农村信用合作社放款之考察》，《社会科学杂志》第 5 卷第 1 期，第 76 页。

河北省合作社放款时间，若按季节，则冬春两季借款的次数最多，历年均占华洋义赈会放款的30%以上；夏季次之，却高低不等；秋季最少，大概在17%以下。[①] 这种放款时期之分配，正好显示了农村金融的季节性。因秋季为收获季节，农民的生活有所保障，借款就自行减少。春夏冬三季，则或因春耕期近，需要购买种子及肥料；或因青黄不接，需要购买粮食；或因年关紧迫，需要偿还旧债，借贷之事当即增多。信用合作社放款因这种季节性变化，结果必有“借时同借、还时同还”的现象发生。故此，筹划地方合作中级机关或合作银行，确为调节农村金融流通的切要措施，是举办农村合作事业所应改革的实际问题之一。[②] 巫宝三认为，农业金融的季节性强，亟需调剂和周转；华洋义赈会虽为河北省合作社最高金融调剂机关，但其职能主要为供给合作社放款资金而无暇顾及吸收合作社过剩资金以扩大调剂能力，如能建立地方合作社联合会、县合作社联合会、省合作社联合会等信用合作制度的中间调节机构，则“不但各方运用调度便利，且可完成其独立发展之生命”。[③]

二 放款种类与放款金额

（一）放款种类

就合作社放款而论，大致可分为对人（信用）放款和对物（抵押）放款两种。所谓信用放款，即专凭借款人的信用及还款能力、偿还意志为决定放款要素；抵押放款则为以实物（包括动产和不动产）作担保、抵押的放款。一般来说，农民比较纯朴敦厚，多缺乏知识教育，个人信用较好但偿还能力有限，故以社员相互负连带责任——无限责任，以保证贷款安全回收，至为必要，前述“以社员2人或2人以上之担保为借款保证”者，即属于此性质；放款数额较小时，对个人信用易于树立，放款数额超过个人信用时，多以实物作抵押。据巫宝三调查统计，在1924—1931年间，就合作社放款种类而论，最初以抵押放款为多（70.17%），1929年后，社员信用较著，信用放款渐占主要（69.35%），与之前“恰成一

① 巫宝三：《总会办理河北省农村信用合作社放款之考察》，《社会科学杂志》第5卷第1期，第98—99页，特别是第99页之“表十八：放款时期之统计”。

② 梁思达：《河北省之信用合作》，1937年南开大学历史研究所毕业论文，第201页。

③ 巫宝三：《总会办理河北省农村信用合作社放款之考察》，《社会科学杂志》第5卷第1期，第100页。

相反之趋势”。[①] 这表明，近代中国尤其是华北农民，尽管贫穷负债，但诚信之本犹存。因为传统中国的乡村社会崇尚儒家学说，教重道义，习尚推诚；乡村民众惯于保守，耳濡目染儒家精神教义，素来就是传统文化最深层的“草根”社会。因此，乡村社会习于信用借贷，每以抵押担保为耻辱；况且合作社社员相互熟悉，在借款数额既小、期限又短的情形下，合作社放款不存在严格意义上的风险，确无须以实物为担保。这虽与现代信用制度的原理相背，却也是中国传统乡村社会的优势所在。

（二）放款金额

河北省合作社放款数额，在最初一二年每笔金额几乎全部在20元以下，进入20世纪30年代数额始见增大，但每年放款数额仍以20元以下及20—50元为最多。据时人统计，1924年，河北省合作社放款在20元以下者占94.87%，20元—50元者占3.76%，合计为98.63%；至1936年，放款在20元以下者减少为41.46%，放款在20—50元者已占47.77%，二者合计仍然占放款总数的89.23%。[②]

借款原因固出于需要，但借款多少则定于信用。河北省合作社放款限额在20元以下及20—50元两类为多，完全是社员的信用地位所决定的。社员的信用地位以对物信用而论，如前所述，则主要以地契——即社员占有的土地——为依据。据曲直生对河北省八县合作社社员耕地所作的调查可知，合作社各社员每家农场亩数，大多在11—50亩之间，平均亩数约为30—40亩，其中，11—30亩者占社员数的30%—50%，31—50亩者约占20%—30%，其余10亩以下及50亩以上者，所占较少。[③] 由此可知，合作社社员的主体既非无地少地的贫农，也非拥有众多土地的地主，而是拥有一定土地的中农。实际上，中农不仅拥有对物信用的相对优势，而且

① 这种现象健全与否，不能一概而论，值得深入研究。巫宝三认为，现代贷款制度既应顾及借款人的便利，更须保障贷款人的权益，两者应兼顾；现代信用制度的演变，由原初的对人信用，渐已偏重对物信用，而忽略对人信用，实有所致。农村借贷如以对物放款为必需，不仅为贷款人求保障，且可训练借款人的责任心；印度农村同时期的合作放款种类就是如此。导致中印两国农村合作放款种类之不同，有历史因素及放款本身的缘由在。详情参阅巫宝三《总会办理河北省农村信用合作社放款之考察》，《社会科学杂志》第5卷第1期，第78—82页。

② 巫宝三：《总会办理河北省农村信用合作社放款之考察》，《社会科学杂志》第5卷第1期，第82—84页；梁思达：《河北省之信用合作》，1937年南开大学历史研究所毕业论文，第185—187页。

③ 曲直生：《河北省八县合作社农民耕地状况之一部分》，《社会科学杂志》第4卷第1期，第55—56页。

也是乡村社会农民群体中，对人信用较为显著的部分；在以信用为前提、同时追求放款保障的农村合作运动中，中农是普遍被看好的重要力量，因而，农村合作运动呈现出一种所谓的“中农化”趋势。

小农生产以单个家庭为单位，本来所需资金就不多；而合作社对社员的放款金额，是以合作社拥有资金的多少及社员实际需求为标准。需要进一步探讨的问题是：河北农民社员当时借得的50元以下资金，能否满足其从事基本农家生产的需要？是否充分满足了社员的借款需求？应如何进一步调整？按照1933年金陵大学农业经济学教授约翰·洛辛·卜凯的调查所得，河北省盐山县150户农家农场的平均面积为24.5亩，应该比巫宝三与梁思达调查社员的平均农场面积（30—40亩）要小；但据约翰·洛辛·卜凯计算，盐山县农家每年平均可得56.48元的家庭纯收入，也就是说，河北省八县的合作社社员的年收入至少应超过此数。社员有如此的收入，则其负债能力当可数倍于此。据外籍农学家M.L.达利（M.L.Darling）对印度旁遮普地方农民的研究可知，一般农民的负债能力应为其土地收入的12倍；普鲁士农民还超过这个数。[①] 以此推论，那么，河北省农村合作社放款数额在50元以下占最多数的情形，则远远没有满足社员的借款需求及其负债能力；因此，社员势必要利用私人高利贷借款这一途径。针对这种情况，华洋义赈会特意就63个合作社社员的经济状况及其在合作社外的负债情形作了调查，结果显示：平均每社员负债额为24.72元。[②] 这说明，社员或在入社前的旧债未能还清，或因合作社借款数额太小而不能满足其需要，迫不得已再向外借贷，或是社员在社内借款额（据巫宝三统计1931年平均为25元许）仅足够偿还其社外负债，而其他生产用途势必求助于私人。区区50元以下的放款金额，只可满足部分社员的借贷需求，但无法满足所有社员的负债能力或借款需要。这恰好说明，既使在农村合作运动推行后，农村高利贷依然长盛不衰的真正缘由，正在于合作社放款数额的严重不足。有鉴于此，巫宝三认为，农村合作社放款固应慎重其事，毋使社员虚糜借款，毋使社员借款数额超过其偿还能力，但社员若有稳当的信用，且借款能用于适当之处，则合作社应加大放款数额，一来满足社员生产方面

① M. L. Darling, *The Punjab Peasant in Prosperity and Debt*, pp. 10－11，转引自巫宝三《总会办理河北省农村信用合作社放款之考察》，第84页“注1”。

② 巫宝三：《总会办理河北省农村信用合作社放款之考察》，《社会科学杂志》第5卷第1期，第84页“表10：社员对外负债统计”。

的要求，二来增进社员对合作社的依靠，这对合作社的发展前途，实含有重大意义。①

三 放款用途与放款期限

（一）放款用途

合作社放款必须用途正当，其最大原则是将放款用于生产部门，以生产资金为切要，正如所谓“生产即信用的基础”。普通借贷制度的弊端，即在放款没有用途限制，致使借款者得款后每或漫不经心、虚投浪掷，而终债务缠身。华北农村合作，尤其是华洋义赈会指导下的农村合作社，以“用途正当”作为其放款手续的第二大要件，可见其对放款用途的重视。然欲对合作社的放款用途作精密研究，则每感可靠材料不易搜集；因合作社社员为易于取得借款，常虚报贷款用途，就连严格放款手续的华洋义赈会指导下的合作社，在最初几年无一例外。该会的合作委办会为求明了各社成绩的优劣，以为合作社社务改进及规定放款标准，从 1925 年起，每年派员前往各社举行社务考成 1 次，对包括合作社放款用途在内的各项社务进行综合评分，并确定等次，作为放款的重要依据。据华洋义赈会在 1926 与 1927 两年的社务考成统计，社员借款几有一半不合申明用途；1928 年后，各社渐有改进，实际用途与申明用途渐趋一致（参见表 5—4）。

表 5—4　**华北农村合作社（已承认社）放款用途调查统计表**

放款年度	放款次数	申明用途次数	申明用途次数的%
1926	554	309	55.8
1927	1410	754	53.4
1928	1795	1497	83.4
1929	2574	2549	99.0
1930	1884	2851	98.8
1931	3015	2978	98.7

资料来源：巫宝三：《总会办理河北省农村信用合作社放款之考察》，《社会科学杂志》第 5 卷第 1 期，第 85 页。

① 巫宝三：《总会办理河北省农村信用合作社放款之考察》，《社会科学杂志》第 5 卷第 1 期，第 84 页。

从表5—4可知，合作社社员的实际借款用途以1929年、1930年及1931年这3年与其所申报的借款用途基本相符，故对合作社借款用途的考察也仅以此为限。如前所述，放款用途大致可分为流动资本（包括买种子、买肥料、买粮食、耕作费、租地）、固定资本（包括买牲畜、农具、车辆等）、不动产资本（包括修盖房屋、购地、开垦、灌溉等）、婚丧、经营副业、偿还旧债及其他各项。据巫宝三研究，合作社各项放款用途的次数与金额实数“皆有增加”，而增加最多的为固定资本用途与不动产资本用途；依各项放款用途在放款总额中所占的比率而言，则“各各增减不等”，如用于流动资本的贷款在次数与金额上皆“日趋减低”；但实际占重要地位者，始终为流动资本，每年均超过放款总额的1/4。[①]

建立农村合作社对农民社员的农业生产影响至大。就河北省信用合作社的所有放款项目来看，买种子、买肥料、买粮食、耕作费、租地、买牲畜农具车辆等、修盖房屋、购地、开垦、灌溉、经营副业、偿还旧债等均可视为生产用途。不过，婚丧放款数目较小，平均每次皆在20—30元之间，其金额所占的最高比率，仅占放款总额的2.78%，这在重视繁文缛节的中国乡村，应该是合作社借款条列限制的结果。[②] 由此可见，农村合作社不仅对社员的农事生产，有直接的影响，且对社员的家庭生活影响也不小。有人认为，“购买粮食”与“偿还旧债”为消费事项，不能视为生产用途，但这两项至少进一步直接作用于农家生活者所在不少。而巫宝三认为，粮食以及家畜饲料，与种子肥料之使作物成长，属于同一性质，因此，农民借款购买粮食，除非该借款者并不从事生产，否则不应批评；而“偿还旧债”系将借款完全付于债主，对生产没有直接作用，但从改善农民经济状况来看，农民只要没脱离债主，就定会受其重利盘剥，其辛勤劳动、改良生产所得，全为债主攫取。因此，印度旁遮普设立信用合作社的主要目的，定位在减少农民的旧债，实有其至理在。由此可见，华北农村合作社将放款用于偿还旧债，以及其金额所占比例之大（仅次于流动资本放款，平均占放款总额

---

① 参阅巫宝三《总会办理河北省农村信用合作社放款之考察》，《社会科学杂志》第5卷第1期，第86—89页，特别是第87—88页“表12：放款用途分类表”。

② 关于婚丧放款，合作委办会于1933年10月重加修正，规定“用于婚丧之借款，以必要最低用度为限；其用于婚者，以确有赡养家室之能力者为限。”参见巫宝三《总会办理河北省农村信用合作社放款之考察》，《社会科学杂志》第5卷第1期，第86页。

的24%），有其积极意义，不能说是不恰当。而华洋义赈会合作委办会工作人员及时认识到这点，故在1933年10月将“还债借款”项的定义修订为“……各社申请此项借款时，须由合作社商得欠款社员之债主的同意，将原欠款项之利率，减低至二分以下，并填具社员负债情形及整理计划表，送会审办……”不言而喻，借款还债更明确了社员摆脱高利贷剥削的目的。[①]

在考察合作社的放款用途时，人们对“经营副业”项目显然没有加以应有的关注，一般认为，“放款数额甚微”；然而，中国传统“男耕女织”、自给自足的自然经济这种具有生产、消费一体化性质的小农生产方式，早已决定了家庭副业在农家经济的重要地位，特别是在中国以人口众多、城乡连接为特征的乡村社会，家庭副业实际上是满足家庭日用生活资料及生活资金需要的重要来源，因此，“救济农村”也好、“复兴农村”也好，真正落到实处就是改善农民的实际生活，那么，发展农业生产固属首要，同时努力扩大农民的家庭副业的经营，为切实改善农民生活提供必须的经营资金，应该是农村合作社力所能及的事情。因此，即使农村社员请求此项借款的机会稀少，合作社也应该出台具体措施，设法予以鼓励；这样，或可把“男耕女织”这种小农经济生产方式，朝着现代工农业结合的新形式进行有效的转化。

此外，不动产资本用途的放款虽“年有增加”，但在放款总额中所占比重甚小，最高的1931年也不过12.66%。这充分说明，社员农民在较为急迫的生存、生活之需要还没有完全满足前，尤其在兵荒马乱年代，基本上没有投资不动产的考虑；同时，不动产资本放款所需的期限较长，而当时的农村合作社资金相当有限，且历史短浅，势难作大量的此类放款。这不仅在华北，可能当时中国合作社的情形，应大致如此。

由上述有关信用合作社放款的讨论可知，其基本出于生产用途，其他种类的合作社，对于社员借款，也都作了与合作社自身性质相吻合的规定，如河北棉花运销合作社的借款用途就限制在生产、运销、利用和凿井（用于灌溉）四个方面，完全属生产经营。[②]

---

① 巫宝三：《总会办理河北省农村信用合作社放款之考察》，《社会科学杂志》第5卷第1期，第89页。

② 李文伯：《河北省之棉花运销合作》，1937年南开大学历史研究所毕业论文，第215页。

（二）放款期限

在华北农村，信用合作社的放款期限长短并不一致；短者不及6个月，长期有延至4年者，全随其放款用途而定。农村合作社即有上述种种放款用途，其期限也自有相应规定。一般而论，凡属流动资金类借款，期限都为1年，称短期放款；属于固定资金类借款，可在2—3年内还清，属中期放款；凡属不动产资金借贷性质或偿还旧债类借款，可在3—4年内还清，称长期放款。①据统计，华洋义赈会在1927年以前的信用合作社放款“概以1年为限”；此后放款期限略有更改，然无特殊情况仍必须在1年内收回，故1929年至1936年8月，华洋义赈会放款期限还是以6个月至1年者最多，占60%以上。②华北农村信用合作社的放款期限既然如此，而棉花运销合作社的放款期限则更短，最长不超过1年，普通6个月，短者还不到3个月。③有论者指出，这种偏重短期放款的情形，并非是华北地区或华洋义赈会独有，实为一般办理合作放款者通常的做法。据方显庭就河北与江苏两省合作社放款期限的考察所得，河北省放款时间在1年以上者占17.4%，而江苏省仅占2.9%。④

若仅就放款期限而论，华北农村合作社放款似还略有成绩。然而为什么当时农村合作社的放款期限普遍较短？这种短期合作放款对当时的农业生产能发挥多大的实际作用？应如何改进？这些都应该是农村合作理论界亟须解答的问题。值得指出的，这种短期放款无疑适应了农业生产流动资金的需要，有助于社员恢复生产；然而，长期如此，仍有不良影响。首先，周转期较长之中长期放款，若责以短期偿还，社员必感周转不便；其次，中长期放款在短期内收还，必导致社员对其缺乏借款热诚和冲动；第三，将中长期借款短期化，实不符农业金融的基本特征。农业根本为一种长期低利放款的事业，因此，巫宝三特别强调，合作社放款应充分考虑到农民经济的实际状况，加长放款期限，使农民得以脱离债主压迫，重现生

① 关于放款期限的长短划分，有不同说法，笔者仅以华北农村合作放款期限的实际情形加以划分；据巫宝三就农业金融的一般情形而论，可划分为：数月至1年为短期放款，以2—3年为中期放款，以3—4年为长期放款。

② 巫宝三：《总会办理河北省农村信用合作社放款之考察》，《社会科学杂志》第5卷第1期，第90页。

③ 参见李文伯《河北省之棉花运销合作》，1937年南开大学历史研究所毕业论文，第218—220页。

④ 方显庭：《中国之合作运动》，南开大学历史研究所1935年版，第22页。

活乐趣。梁思达提出，“各合作推进机关……务使合作社能得较长之时间以运用其借款，以满足农业放款较长期之需要。”①

四　放款利率

一般人组织信用合作社的目的，一方面用在供给农民生产与生活资金，另一方面用在“打倒高利贷”，故其放款利率自应力求其低。事实上，农业生产多靠天吃饭，并非一种最有利的产业，因而农民无法负担高昂的利率。各国信用合作社的放款利率，大多设定一最高限额，以期既保持与乡村通行利率间的差数，又能减轻农民负担。在华北，华洋义赈会等各指导机关对合作社放款利率的规定，都较实用而具体。在 1927 年以前，华洋义赈会将所有合作社的放款利率均定为年息 6 厘，1927 年 5 月后重新修订，按社务考成的优劣、承认时期的长短以及还款分期次数的多少，来确定利率的高低。② 大致承认还款时期短者利率较低，分期还款次数多者则利率高；前者鼓励新社要努力工作，后者对拖欠者施以薄惩。华北合作事业指导委员会办事处对放款利率规定：“……农贷按年利 7 厘以上计，合作放款按年利 9 厘以上计，但以年利 1 分为限；分期还款者，每分 1 期增息半厘。”③ 由此可知，其放款利率的规定虽与华洋义赈会略有出入，但分期还款增息办法则没有区别。

至于社员借款利率，华洋义赈会 1932 年以前规定：被承认 1 年内的合作社，年利率最高不得超过 1.2 分；被承认 2—4 年者，不得超过 1.25 分；被承认 5—7 年者，不得超过 1.3 分；被承认 8 年以上者，不得超过 1.4 分。河北棉产改进会也规定棉花运销合作社的贷款利率，最高不得超过 1.5 分。合作社借款利率显然较放款利率要低，其中差额，即作为营业开支及社中公积金。据巫宝三对历年放款利率的统计，在 1924—1931 年间，信用合作社（已承认社）的贷款利率，年利最高者 2 分，最低者 5 厘，但比例均很小；1.2 分左右最为普遍，占社员借款额的 76% 以上（参见表 5—5）。④

---

① 梁思达：《河北省之信用合作》，1937 年南开大学历史研究所毕业论文，第 194—195 页。

② 参阅巫宝三《总会办理河北省农村信用合作社放款之考察》，《社会科学杂志》第 5 卷第 1 期，第 92—93 页，特别是第 93 页“表 15：总会对各社放款利率表”。

③ 华北农业合作事业指导委员会办事处：《贷放细则》，见《本会规章汇编》（3），1935 年，第 48 页。

④ 巫宝三：《总会办理河北省农村信用合作社放款之考察》，《社会科学杂志》第 5 卷第 1 期，第 95 页。

表 5—5　**华北农村合作社（已承认社）历年放款利率分析表**（1924—1931）

利率组别（年利）	社员		放款金额	
	实数	百分比	实数（元）	百分比
5—6.9%	191	1.73	4128.00	1.73
7—8.9%	218	1.99	3030.65	1.27
9—10.9%	1069	9.68	22339.93	9.37
11—12.9%	8458	76.61	182119.20	76.38
13—14.9%	800	7.25	19465.00	8.16
15—16.9%	121	1.10	2442.00	1.11
17—20%	85	0.77	2039.00	0.86
未详	98	0.89	2661.23	1.12
总计	11040	100.00	238225.01	100.00

资料来源：巫宝三《总会办理河北省农村信用合作社放款之考察》，《社会科学杂志》第 5 卷第 1 期第 94 页。

由上述可知，在 20 世纪 20—30 年代，华北农村合作社的放款利率基本保持在 1.5—2 分之间；值得关注的是，组织合作社的一个重要目的在于“打倒农村高利贷”，那么，合作社的这种放款利率能否达到消灭高利贷的目的？要回答上述问题，首先还得了解当时乡村普通流行的利率状况及乡村游资的可能流向。

华洋义赈会在 20 世纪 20—30 年代通信调查 150 个乡村的借贷利率，结果显示，乡村借贷利率的最低者，适为合作社放款利率的最高者，其中，70% 的放款都在 3—3.5 分之间，其最高者甚至达 18 分（详见表 5—6）。

表 5—6　**20 世纪 20—30 年代华北 150 个乡村借贷利率通信调查表**

利率组别（年利）	流行村庄数	百分比
15%	1	0.66
20%	7	4.66
25%	26	17.33
30%	73	48.66
35%	32	21.33
50%	1	0.66
60%	5	3.33
180% 即日息 2 铜元	5	3.33
总　计	150	100.00

资料来源：巫宝三《总会办理河北省农村信用合作社放款之考察》，《社会科学杂志》第 5 卷第 1 期第 95 页。

综上可知，山东省普通民间高利贷的利率约为月息5—6分之间，合作社放款利率远远不到乡村借贷通行利率的一半（该省信用合作社利率则以1—1.5分为多），农民确有免受高利贷盘剥之感。在这种利率条件下，只要合作社有充足的放款资金，高利贷必会被合作放款所“打倒”。此外，合作社放款利率低，也容易致弊：社员借款后或转借他人以牟利，合作社难以吸收游资，增厚社本。合作社放款利率不可一概而论。就放款利率与放款用途的种别及放款期限的长短而论，固定资本用途与不动产资本用途的放款均历时较长，为分期还款，不像流动资本用途放款，可一次性全部收回。合理的放款利率应对展期借款适当加高利率，以示薄惩和警戒；而对中长期借款分期还款，应适当减低利率才符合借款需要。这说明，当时确定的还款利率仅有部分的合理性。

第六章

合作运动与乡村社会变迁（二）

第一节　从农村合作到乡村社会改造

农村合作社原以经济互助为目的，但只要办理得法，往往可收得许多意外的社会效果；农民在办理合作社之外，常发挥其互助的精神，自动办理各种公益事业，移风易俗，为村民所信赖，其“潜移默化，影响农村之势力，未可限量”。[①]“农村有一个健全的合作社，整个的农村便会活泼起来”；“农村中因为有了合作社，空气从沉闷枯燥，变为活泼振作。”[②] 诚如孔雪雄指出：“河北合作事业最有价值的成绩，不在合作社和社员的数目，也不在放出的款项……其最有价值的成绩是在教育方面；由于这种合作教育的效力，不但养成了农民合作的精神，而且渐渐促进了他们服务公众的观念以及改造环境的要求”。[③] 例如在华洋义赈会组织的许多信用合作社中，所举办的附属事业与种种活动的成绩，对于中国农村的建设颇有帮助。如在教育方面，设立民众学校与社员训练班等；在农业生产方面，合作掘井（灌溉用）、合作制造肥料、合作修改房屋、合作养猪等；在改善风俗方面、戒除烟酒、改变赌风；在服务公共事业方面，协力修路、协力救灾、协力植树、代作农业调查等。

就河北省来说，多年来诸多合作社的附属事业及其影响所造成的结果，更已表明合作事业的真正成绩及其对农村改造的非常意义。不过反映这种乡村变迁微观层面的资料实难收集，且有很多也不易从表面上看

---

① 崔源道：《合作社改善农村的明证》，《合作讯》第100期特刊（1934年12月10日），第27—28页。

② 章元善：《合作与经济建设》，商务印书馆1938年版，第88页。

③ 孔雪雄：《今日中国之农村运动》，中山教育馆1936年版，第273页。

出来，“所谓潜移默化，就在社员本身有时候也不自觉”。那么，能否找到或到底有没有反应这种乡村社会变迁的历史资料？又有多少能够表明农村合作社改造乡村社会的事迹和事实呢？首先，最早的材料应该是华洋义赈会在《合作讯》和《救灾会刊》上发布的若干消息报道。从1933年2月起，《合作讯》开辟“通讯”专栏，全面汇集各地优良合作社的辅助事业或公益事业的相关资料；而1936年的《救灾会刊》对华洋义赈会指导承认的优良合作社事迹作了较为全面的搜集和统计。其次，是华北农业合作事业指导委员会的机关刊物——《华北合作》（前7期称《农赈月刊》）设有“互助社消息”专栏，报道各社（前期为互助社，后期为合作社）诸如“村民和好”、“回汉合作”以及“提倡植树”、“抢夺赈款”等以合作社为中心的最新事件。再次，《河北合作——优良社之实况》汇集了1934年8月—1935年3月间经华洋义赈会社务考成列为甲乙两等共64个优良社的实际经营状况，其中大多数优良社都介绍了自己的附属事业或公益事业。再有就是时人的研究，如孔雪雄《今日中国之农村运动》辟有专章介绍“河北农村信用合作事业”，崔源道撰有专文《合作社改善农村的明证》，以及张境予《中国农村信用合作运动》中“合作成效的他方面”等①，分别揭示了农村合作社对乡村社会所产生的不同影响。这也是撰写本部分所能参考的主要材料。

当然，完整精确的统计数字或只是一个“谜”，因为当年华洋义赈会所做的即时统计都是不完全的。据崔源道统计，自1933年2月—12月这10个月中，各社报告给华洋义赈会所有公益事业的各种事实共分8类计63社。他认为，那都是合作社改善农村的明证；若本此精神益加发挥而广大之，则农村受益当非浅显。② 据华洋义赈会1936年度报告，举办附属事业的合作社数共为1929社（未报告者不计），其所办事业的性质，可从表6—1中略见一斑。

---

① 参阅张镜予《中国农村信用合作运动》，商务印书馆1930年版，第226—231页；孔雪雄《今日中国之农村运动》，中山教育馆1936年版，第219—280页；崔源道《合作社改善农村的明证》，《合作讯》第100期特刊，第27—28页；以及《河北合作——优良社之实况》，华洋义赈会丛刊（乙种79号）1935年版，其中各社均有不同介绍。

② 崔源道：《合作社改善农村的明证》，《合作讯》第100期特刊，第27—28页。

表 6—1 华北农村合作运动附属事业分类统计表 （单位：社）

类别	数量	类别	数量
兴学（含妇女夜校）	293	息讼调解	139
各种纪念储金	169	节约	74
戒烟、赌、酒	186	助耕	66
造桥修路	171	捕蝗	49
植树造林	158	掘井	49
医药卫生	113	通渠	13
改良农业	91	完粮	51
养老济贫	60	自卫	96
婚丧互助	199	其他	22
总计		1929	

资料来源：章元善《合作与经济建设》，商务印书馆 1938 年版，第 88—90 页。

从表 6—1 可知，农村合作社的附属事业以“兴办教育”者最多（293 社），其次分别为“婚丧互助”（199 社）、“戒烟、赌、酒”（186 社）、“造桥修路”（171 社）、“各种纪念储金”（169 社）、“植树造林”（158 社）、“息讼调解”（139 社）及“医药卫生”（113 社），这些都是直接与乡村社会日常生活紧密相关的社会事业或公益事业；至于“改良农业”，虽单项统计数字不多（仅 91 社），但“助耕”、“捕蝗”、“掘井”、“通渠”等都与农事生产有关，合起来就有 268 社之多，应占各种事业的第二位。不过“各种纪念储金”与“戒烟、赌、酒”都有移风易俗、改良社会的性质，可归为同一类别分析，而“婚丧互助”、“造桥修路”、“植树造林”、“医药卫生”、“养老济贫”以及“息讼调解”似乎更具有服务社会的公益色彩，因此，笔者拟从“促进乡村教育”、“提倡移风易俗”、“改良农业生产”和“加强服务社会”四个层面，对农村合作社改造或影响乡村社会的具体事例作详细介绍。

一 促进乡村教育

自汉唐以来到明清以前的传统中国，乡村社会多以儒家文化作为“耕读传家”之宝，乡民“安土重迁、敦睦亲善”，乡村教化自成一统，所谓“民风淳厚”、“路不拾遗、夜不闭户”，决非先贤杜撰的溢美之词。

然而，随着近代化和城市化进程的发展，中国传统乡村自给自足的自然经济逐渐解体，乡村文化也遭受了无数次的劫难而渐渐走向衰落[①]；尤其是1905年，在传统社会生活中绵延了一千多年的科举制度被满清皇帝一道圣旨宣告彻底废除，给衰落中的乡村文化“雪上加霜”。正如所谓牵一发而动全身，废除科举制度对近代中国的乡村文化产生了深远而广泛的社会影响和后果。

别的暂且勿论，仅从乡村文化教育制度的变迁来说，就造成“办学主体由私向公的转变，减弱了民间办学和就学的积极性；新学制对贫寒向学之家的子弟有所排斥，导致乡村读书人数量日益减少、平均识字率降低，而乡民对新教育传授的‘知识’却并不那么承认，使新学生在乡村中不受重视，流向城市寻求发展。乡村读书人心态也开始转变，厌弃固有生活，甚至轻视农民。随着城乡的分离，在都市中游荡的知识青年和失去读书人的农村都成为受害者。”[②] 在城市化进程中近代乡村精英的流失所导致的乡村“荒漠化”，实际上也是因科举制废除所造成的社会后果的最好注脚。

20世纪20—30年代的华北农村，正处在这种乡村衰败过程中。乡村落后，农民知识简陋，尤其是文盲众多，是时人对乡村社会现状最普通的表达；而最有说服力的是《定县社会概况调查》。当时的定县还是华北乡村民众教育状况较好的地区，但其绝对文盲率都高达72%。[③] 华北乡村文化教育程度的情形，由此可见一斑。故在20世纪20—30年代，中国知识及教育界呈现出一种新觉悟：今后的教育建设必须从乡村做起，为辅助城乡学校教育的不足，谋求乡村社会的发展建设，更要切实推行民众教育。于是出现了盛极一时的“平民教育运动”。然而，在大多数经历了天灾人祸、战争蹂躏、谷贱伤农之乱离残破、救死不遑的农村里，一般民众哪有闲情逸致去享受教育？“经济生活安定到如何程度，教育才发展到如何程度。”[④] 此所谓仓廪实而知荣辱，衣食足而知礼节。因此，“增进乡村文化

① 王钧林：《近代乡村文化的衰落》，《学术月刊》1995年第10期。

② 罗志田：《科举制废除在乡村中的社会后果》，《中国社会科学》2006年第1期，第191页。

③ 李景汉：《定县社会概况调查》（上），中国人民大学出版社1986年版（重印本），第236—237页。

④ 陈时策：《乡村建设运动与教育》，《新农村》1935年第19期。

须在民众生计问题得以解决之后……至少也要供给有关生活的教育；而单纯的学校教育不会产生教育的意义；现代教育只有适合乡村社会与民众生活的需要，才能成为时代建设的工具”。[①]

华北农村合作运动恰体现出这种“生活的教育”的有效形式。各地农村合作社社员不仅自己接受了合作教育的熏陶，还普遍兴办乡村民众教育。由于合作社是社员以共同力量、本着平等原则、谋增进自身经济利益以改善生活状况的一种团体组织；合作社既可以改善民众生活，又让社员有得到教育的机会；所以办理合作社的人如“处处从教育着眼，一个合作社就可以算是一个设计教育”。[②] 有鉴于各地当局勉强设立现代普通学校来普及农村教育而无功，故有人倡议利用合作社来普及农村教育，认为这样或许更“来得经济有效”。[③] 事实上，一面适合民众生活需要，一面又发挥教育意义，除合作社外，别无他途。

华北农村合作社举办的农村教育可分为平民教育和乡村教育两个方面，也就是说，合作社的农村教育在乡村资源相对匮乏的情况下，将普通民众教育和乡村教育作了一种很自然的结合，实际上开创了一种乡村教育的新模式。这种看似无奇、简单的合作社教育，在当时乡村社会的经济建设中发挥了特别的作用，非高昂的现代学校教育所能替代。

平民教育原为一般失学青年和成人求知问学之最经济、最简便的途径。因各地社员教育程度极为浅显，都感觉缺乏知识；自从组织合作社后，有用专资设立平民学校者，为数还不少（参见表6—2）；将来合作社发达了，平民学校也就更为普遍了。合作社不仅创办平民学校，为社员提供受教育的机会，有的还兴办乡村教育，特别设立独立的乡村学校，为社员的子弟上学提供便利。如河北省涞水县有一个信用合作社已经设立了合作学校，学生为社员的子弟，平常教授普通课程，星期日则研究、介绍合作社的意义。此外，社员们常与合作社接近，受合作社的教育与影响，逐渐具有了商业眼光，积储商业知识，养成商业习惯和算数的能力；这类训练堪称“社员经济教育”，为社员熟练经营各种事业作了很好的准备；借款用于生产上，也可预计未

① 胡昌龄：《合作教育》，中央合作人员养成所1935年版，第2页。

② 董渭川：《合作事业与民众教育》，《山东民众教育》（月刊）第5卷第9期。

③ 《合作与普及农村教育》，（南京）中央日报《农光周刊》，1935年5月16日。

来的收益；至于熟悉簿记、核算等技能，实与普通学校知识的传授具有同等的地位。

表6—2　**河北省农村合作社促进乡村教育情况一览表**（1933—1936）

社名	办学形式	学生来源	社名	办学形式	学生来源
北贾城	研究合作理论与法规	社员、职员	西丁庄	研究合作经营方法	职员
南张村	研究合作章则	社员	小冯村	创办平民学校	社员、村民
南河马	举办社员讲习班	社员	投头庄	组织训练班	社员
石楼村	开办农事讲习所	社员、村民	下坡店	创立女子学校	村民
韩固村	讲授合作书籍	社员	耿家庄等	举办社员训练班	社员
吾吉村	创办社员子弟夜校	社员子弟	西固村	定期解答《合作讯》	社员
西南口	开办合作夜校	社员、村民	陌南、权寺	自动开观摩会者有25社	村民、社员
东杜村	识字塾—平民学校	村民、儿童	瓜家庄等	设立平民学校共3处	村民、儿童
东夷庄	设立民众学校	14—50岁村民	母庄子村	成立民众学校	社员
白马泉	设立民众夜校	—	东大佛塔	开办义务夜校	15岁以上村民
尧山、崔庄社	举办讲习班	社员、村民	南贾庄	组织短期教育班	不限
赵县、西晏头	讨论合作讲解各项学识	社员			

资料来源：《河北合作》，华洋义赈会丛刊（乙种79号）1935年版。

有关合作社开展农村教育的例子实在是“比比皆是”；河北省深泽县大贾庄社，曾设立民众学校与社员训练班。其办法为：第一，民众学校限期4个月毕业，地点在事务所内；上课时间每晚7点至9点，课本为农民《千字课》1—4册，当时已有学生21人；第二，社员训练班，每晚9点上课，演讲合作社章、《合作讯》及合作办事手续；社员一律听讲，有不到者罚洋1角，作为公益金。以上两项讲授之责，全由理事会职员负担；费用则由该社所得之利息所提出的2成公益金内支给，不足时由全体社员分担。社员不识字者愿抽暇旁听农民《千字课》，与民众学校学生愿参加训练班者，均听其便。宁河县东夷庄社召开社员扩大会议，事务员晏俊峰提议成立民众学校，经通过并议定学生入学年龄为14—50岁，书籍笔纸等由学生自备，不收学费；请晏俊峰为义务教员，以本村小学校为校址。有学生45人，分为两班；成年人均入夜班，由每晚7时至9时为授课时间；儿童加入日班，规定“不得旷课，如有要事，须先向教员请假，违者罚洋两角，充学校公费”。河间县东苟庄社第十次大会时，理事会主席提议，藉新年休息之际，社员须在社中上课4小时，以便研究合作。倘因事不能出席，须先行请假；社内并预备玩具、乐器等多种，以作课后消遣。河间县张吉村合作社约有80余户人家，人口约400余，仅初级学校一所，就学儿童仅10余名；察其原因，无非经济困难所致。该社有鉴于此，特经第四次全体大会决议，设立民众学校及合作训练班，以资补救。

从表6—2可知，合作社促进乡村教育不仅形式多样，且大多不分社员与非社员的界限；像下坡店社、西南口社甚至还开办妇女夜校。传统乡村社会以“女子无才就是德”为尚，千百年来根本就不重视女子教育；合作社妇女夜校的开办，这种事实虽未必揭示已有多大的教育规模和教育效果；然而，就是这么一个简单的事实，却打破了传统社会对女子教育陈年的禁锢，为更多普通的乡村女子开启了一个了解新世界的窗口，故其更多透露出合作组织所蕴涵的现代开放意识与平等观念，也给封闭的乡村社会增添了几许清新空气；同时，合作社妇女夜校开创的新式教育，或为乡村女子走出乡村、寻求自己独立的新生活带来了更多的机会，无疑促进了新女性的产生和乡村社会的进一步开放。

二　改良农业生产，增强农民生产力

中国农业方面可应用合作的方式以实施生产改革的事项很多，如利用水利、防治病虫害、改良土壤、施肥、选种、垦荒等，虽系小事，各地农民若能加以注意，则可增加农田的生产力。农村合作社改良农业生产的措施，主要有合作掘井、合作制造肥料、合作修改房屋、合作养猪等，分述如下。

1. 合作打井及代理掘井贷款

北方雨水少，池沼河港又常常干涸，灌溉大成问题，所以掘井几乎是唯一有效的抗旱办法。华洋义赈会在山东、山西、河北掘了1万多口水井，帮助农民增加农产收入。1931年，华洋义赈会成立了一个“孟亭纪念金”，为农民掘井贷款专用，并完全委托优良社代办。规定需贷款者，每井以100元为限，先向居住所在地合作社申请，由合作社汇报华洋义赈会核办；以 5 年为偿还期，第 1 期免息，第 2 期年利 5 厘，第 3 期起每期增加 1 厘。借款还清时，华洋义赈会以纯利 1/2 赠给代办合作社为公积金。该项贷款每年核准一次，各社反应好，颇引以为荣。通县小营社，成立一年多工夫，连本带利，积赚了几十块钱；第二年却恰遇旱情，“自春及夏，雨不盈指，不论高原下湿，庄稼完全种不下……”。该社执行主任召集紧急会议，提出“用合作社盈余打公（用）井”的议案，与会人员拍手称赞，即着手办理，共打井 4 口；井事告成，人力便能播种。因此，该社总结得到：非华洋义赈会指导，乡村不能合作；乡村不合作，公井就无法打成；公井打不成，遇这大旱，生活问题就感困难了。

2. 合作制肥

通县小营村社得到华洋义赈会用制骨粉的方法后，恰遇该村有卖废骨的小行贩，当时不敢多制，仅买了数十斤，按照方法去制。制好后，给园中的晚松补肥。因照农学肥料课所授内容制作肥料，晚松受了肥，结果比其他肥料好得多。该社试验一下子，足可证明这土制骨粉肥功效很大。因为村里平时废骨不多（吃肉的少），只有到年关，差不多大家小户都有点，价格也公道。合作社议决拿出 15 块钱，趁着过年时机，买了 1800 斤的废骨，到春暖花开时再依法制造。施在田园里，无论是庄稼还是蔬菜，可以增加产量。

3. 合作养猪与改良农业

三河县孙辛庄社用社员股金喂养了小猪 4 窝，计 30 余头，由社员轮流出粮食饲养，至秋节后，全部出售，除将各社员粮价提出，净得纯利 278 元 9 角 5 分；放款纯利有 43 元 8 角，储金 23 元 6 角。各项共计有自集资金 387 元 3 角 5 分。又将此款部分贷给社员 70 元，存在商家生息 170 元。深泽县西区联合会从华洋义赈会领购脱脂棉种子 7 担试种；褚庄合作社于中秋节征集农产品十余种，开农产比赛会，鼓励农业改良；蓟县下营合作社曾在该村龙王庙举行农产展览会，凡社员均可将优良产品带来陈列，当时计有高粱、玉米、花生、倭瓜、桃、李、柿子、核桃等项，参观者不下数百人。是日还召开讨论会，商量改善农产品质的办法，参与者极感兴趣。

三　提倡移风易俗，促进乡村进步

在乡村社会里，吸烟（鸦片）喝酒加赌博，可谓村民的主要生活习惯。其中，烟酒对农民生活并没有什么特殊的影响，不过消耗若干银钱而已；至于鸦片，影响就大了！农民不但耗费金钱，且伤害身体，虚糜时光。有的农民因为吸食鸦片，不但自己名声扫地，就连家里也弄得乱七八糟；若是染上白面、金丹或吗啡，那就更加危险可怕了。因此，为改良乡村旧俗，合作社多倡议戒除烟酒。村民“最不正当而又最容易犯的，就是赌博”，在乡村里的影响最大。在起始时候，无非是藉口闲暇无事，借此解解闷儿，渐渐的所下赌注越来越大，结果往往弄到倾家荡产，危害极大。人言“赌博之害，罄竹难书!”合作的真谛在“我为人人，人人为我”；而赌博之徒，抱损人利己之心，钩心斗角，丝毫没有“我为人人”之念，更谈不上自助互助；因此，提倡戒赌，倡导移风易俗，本为农村合作社肩负的使命，职员社员自然不应有这种不良举动，即使对于子弟、亲友及街坊等，也有劝喻之责，如觉农闲多暇，尽可从事有益身心之举，或照《合作讯》所载之“社务扩大周”办法，及时举办；还有一个“釜底抽薪”的办法，就是设立奖励禁赌储蓄制度。这是在华洋义赈会指导下，华北各地农村合作社自己开创，并得以广泛实施的新制度。

华洋义赈会素来就十分注重储蓄，曾制订实施《奖励储蓄章程》，对合作社办理储蓄积极并较有成绩者进行奖励。各地合作社依据华洋义赈会办法，将戒赌与储蓄结合起来，制定了进一步的补充规定：凡在旧历年前及年后20天内储金者，提高利息；或组织戒赌储蓄会，化赌本为储金，这是戒赌的好办法。通过实践证明，该办法在乡村行之有效，称得上是20世纪30年代中国农村社会制度创新的又一成果。提倡移风易俗，主要从奖励储金、戒除烟、酒、赌博以及注重节俭与公德等方面入手。

1. 奖励储蓄

合作社有鼓励节俭、培养社员储蓄的能力，使农民爱惜钱财，控制浪费；并给乡村民众提供一个可供储蓄的安全柜，使乡村民众知道如何“死钱活用”，由此逐渐改变将钱财窖藏于地下的不良习俗，促进乡村金融流通。如前所述，华洋义赈会较早就在华北乡村提倡储蓄，并制定了《农村信用合作社勤俭储蓄规约》，要求社员共同遵守，帮助社员养成良好的生活习惯。克勤克俭，并将勤俭所得余款，充作个人致富储金。[①] 这种规约一方面可增强社员的储蓄力和储蓄心，另一方面又给意志薄弱者一种“善意的强迫”——望你做好人，使无远虑的社员可因团体的扶持而

① 参阅华洋义赈会编《合作讯》第32期（1928年3月10日）。

有所改善。正是在华洋义赈会《奖励储金章程》及戒除烟酒赌毒的要求和指导下，各地合作社多有不同表现。在华洋义赈会1937年版《救灾会刊》对各地合作社附属事业统计中，有关“纪念储金”项共有169家社涉及，可见当时该项事业对乡村社会的影响“非同一般”。据报道，赵县后营社曾召开社务委员会，议决每月临近旧历15日，举行社员储金，以每亩田地储铜钱2枚为标准，如自愿多储者不限。该社又于新历元旦召开社员大会，参加的职员作游行讲演，所讲的题目为“储金利益”；计当日由该社售出之储金小票共3元多，并增加储金10余元。可见当时社员参加储金活动很积极。

奖励储蓄往往与戒除烟酒、赌博连在一起。河间县东苟庄社在第十次社员大会议决组织戒赌会，严格规定“凡犯赌者，罚洋5角，半充公益金，半酬报告人”。该社还于每日清晨8时，悬挂储金牌，村中老幼参加储金者十分踊跃。村人都谓“此举不仅可储蓄致富，并可养成良好的风俗习惯”。遵化獐子谷合作社1935年12月20日召开社员大会，决议：按期还款，保守信用；春节时期劝告村民破除迷信；严禁社员加入花会，公推李永祥、王华为纠察员，违者罚洋5角。该社并曾由他处运来大批火柴煤油等，按市价分售社员，共赚国币8元，充作合作社公积金。

2. 戒除烟酒，改良赌风

肥乡县北刘村社社员考虑到人们对零星少数金钱，多不重视，才导致随手虚靡，不事储蓄。于是在新历元旦召开社员大会时，由李慎言提议购置小柜子若干个，分给社员家中，以便少数款项可随时储于柜内，并定每月15日职员分班到各社员家中，将柜内所积累之钱取出，即作为个人的储金。且恰逢新年后赌博盛行，经决定设立戒赌会，公推李风蓝等3人为“侦察员”，若有犯者，即召集大会宣布其过失，并促其觉悟；该县吾吉村社于1934年2月3日下午1时召开临时特别会议，理事兼事务员韩济民提议戒除烟酒、赌，拟定章程四条，社员如有犯章被同仁侦知者，罚洋1元，以其中2成酬报侦察人，8成存社为公积金；不受罚者，就开会当众宣布，请其出社。因措施得当，深受社员及村民欢迎。

大名县东代固社从决定设立戒赌储金会至1935年3月间，共储金大洋18元2角5分，以此作为戒赌储金纪念金；并公举王锡川等5人为侦察员，负责侦察，如有违犯者，罚洋5角；其中，一半充作个人罚金，一半作公益金。同时还规定，违者3次以上，即行除名。由于有处罚措施，因而社员也就不再赌博了；乡民们也互相劝戒，故赌风大减。赵县投头庄社也深知乡村旧历年关众人聚赌的恶俗陋习危害极大；故该社担负起改进农村风俗之责，特召集理监事会联席会议，决定设立禁赌委员会，推选监事郭盛喜为主席，郭增荣、张鸿文为监察委员；并到各地讲演，劝导乡民戒赌除害，社员如犯赌者，罚大洋 1 角，作为该社公益金。上述各社的做法均具有一定的代表性，在当时乡村戒赌活动中产生一时的轰动效应（参见表 6—3）。

表 6—3　**河北省部分农村合作社戒烟禁赌罚款储金情况一览表**

合作社名	具体办法	罚款金额	合作社名	具体办法	罚款金额
尧山、北村	每社员各储 1 角	洋 1 元	晋县、龙头村社	立戒赌会	罚作储蓄
通县、吕家庄	立戒赌会	洋 1 元内	元氏、赵堡社	设侦察员若干	洋 3 角
肥乡、北刘村	立戒赌会、侦察员		赵县、西晏头	监事 3 轮流巡查	若干
河间、穆家庄	立戒赌会	洋 1 元	大名、东代固	设戒赌会、侦察员	洋 5 角
赵县、后营社	每亩地储钱 2 枚	增 10 元	高邑、西北蒲堤	立戒烟（鸦片）赌会	洋 1 元
大名、刘深屯	设监察员 5 人	洋 1 元	肥乡、吾吉村	倡戒烟酒赌章程	洋 1 元
尧山、也城角	立戒赌会	5 角、1 元	任县、杨固屯	充作纪念储金	若干
叶城、西里村	举调查员 8 名	洋 1 元	河间、张吉村	立戒烟酒赌会	
河间、东苟庄	立戒赌会、挂储金牌	洋 5 角	晋县、槐树村	组织戒赌会	洋 1 元
大名、滩上村	组织戒赌会	洋 1 角	赵县、投头庄	设立禁赌委员会	洋 1 角
石家庄社	戒烟酒充公益金	洋 1 元	徐召、东张庄	设立励志储蓄	戒赌金
专家庄社	提倡戒烟酒赌博		东庄里村社	不许看戏上庙	戒烟酒
琉璃河社	国庆提倡戒除嗜好		安国、瓦子村	提倡戒赌储金	洋 5 角
安平、白驼罗村	解说合作的规则		武清、齐庄社	戒赌储金	洋 2 元
迁安、母庄子	互相监督	洋 1 元	献县、南宗村	戒烟酒赌博	1—2 元

资料来源：1. 华洋义赈会《合作讯》第 91—125 期；2. 华北农业合作事业指导委员会《华北合作》第 1—40 期；3. 华洋义赈会：《救灾会刊》，1937 年，第 61—68 页。

此外，乡村中每到青黄不接时候，中农尤其是贫农，筹款只有向当地的富户（高利贷者）借债。这在富户看来，有交情的较为容易商量，若由别人介绍的，便较为困难；平日有冲突者，借款更困难了。故穷人不得不对富户献媚讨好，乡间竟有“贫谄富骄”的坏俗。信用合作社成立后，能为社员提供资金周转的便利，需要款项时不必再向富户谄颜媚色；而富户因无人谄媚也无所用其骄了，“贫谄富骄”的恶俗或可消灭。[①]

3. 发展民主精神、培养道德品质

合作制度具有实现民主经济，维护经济人权的效能；而合作社主要是“以人为本”的组织，系“人”的结合，合作社组织者认为，“资本是人以为用的工具，否定资本的统驭之权，从而恢复人为主宰的地位”，且合作社维护人类的平等尊严，以平等互助为原则，实行“1人1票”权，还按交易额的多少来分配盈余。这是其维护人权的最大表现。

合作社可集合农村中的优良分子，用大多数人通过或表决的方式来决定公共团体行为；此事虽简，而对庄稼人却是不容易的事。先前农村中的领袖，是少数所谓的知识分子；现在不识字的人，也可加入合作社，本着自助互助的精神，各尽其能地去经营他们的合作社。所有以前农民那种涣散的样子、农村萎顿的空气，都可以渐渐革除。章元善甚至认为：建立合作社“不仅仅是改良乡村，就是民主政体的基础也可因合作社的发达在民间普遍的树立起来。”[②] 这恰好回应了罗斯·伯里所说的话，合作社具有广泛的社会政治属性。

农村合作社是一种实行经济民主的组织，即实行“1人1票制”，每个社员都拥有平等的表决权，可以充分发挥民主的精神；因而，合作制度就是所谓“经济的民主制”。农村合作社每年均要举行全体社员大会，每月举行各种理事会议或监事会议等，其中的选举方法、议事日程都有一定的程序和规则。这种规则训练足以增强民众的民主意识及相应的民主知识，且社员大会与各委员会之间，彼此互相督察，足以增进民众的公共道德；可以说，农村合作社的广泛建立，在某种程度上奠定了乡村民主政治的重要基础。

经过合作社的培养，社员养成守纪律的良好习惯，社员在办理地方事务过程中，也能发挥乡村社会团结自治的精神。合作社可以说是“好人与好人的结合”的组织；合作社利益人人均可享受，但人们认为其制订的章程限制甚至拒绝不诚实、没名誉、人格可疑、不节俭、无远虑、有不正当嗜好的人入社，使社员自觉羞惭，努力向善，成为“勤勉忠诚、谨

---

① 张镜予：《中国农村信用合作运动》，商务印书馆1930年版，第230页。

② 章元善：《合作与经济建设》，商务印书馆1938年版，第38—39页。

慎自治”的好人，从而培养乡村民众的公共道德品质。涞水县赤土村自从合作社成立后，经职员等日日宣讲合作规章，劝众人须重信用及道德，听讲者多被感化，追悔以前处理村中事务时的疏忽，奋然有牺牲自己、整顿公务之心，欲凭借旧有，结合新规，进一步铲除病根，注重储蓄，务使全村利益均沾，结成坚固团体。所以合作社的作用有裨益于社会人心，殊非浅显。

迁安县魏庄社社员侯奎“拾金不昧”以及陶新庄社社员陶呈云“诚实可钦”的事实，可谓合作社注重公德教育的最大收获。魏庄社社员侯奎常听社中讲解“合作”的种种道理，脑子里有了极深的印象。有一次他捡到了一个装有数张钞票的纸包，不由得高兴起来；然而，因受合作社道理之影响，他的道德观念变动起来了，心想：丢款的人要是像我一样贫苦或有急用，我若把钱收没了，岂不就害了他吗？于是下决心要把这款子退还失主，回到社里说明一切，并找人写了几张告白，贴在街上招领。失主蒋某丢钱后几欲自杀，听说魏庄侯奎拾得款子，张贴招领，急忙找到侯奎，说明失款数目、纸包式样等。经查无误，侯奎遂将款子如数交还蒋某。蒋某欲备礼酬报，为侯奎坚辞。陶新庄信用合作社曾由华北农业合作事业指导委员会借款若干元，经理事会主席杜某查点清楚，带回本社，分贷社员；不意事后短少 4 元，理主以为个人办事疏忽，懊悔不及。次日社员陶呈云到社，谓其应领款 25 元，到家点数多出 4 元，想是理主查点出错，特来退款。该社社员均以陶君诚实可钦，称赞不已。这类注重公德、勤俭节约的事业，留下记载的为数不少，到 1936 年底，约有 200 余社之多（又见表 6—1）。

四　加强公共服务，建立保障机制

承本书《导言》所述，合作具有伦理及经济两方面的基因。从伦理方面来看，合作包括自助和互助两个方面；从经济方面，合作具有合力与合理两个效果。自助即人尽其力（智力、体力、能力），力尽其用（正当、效率）；自助应为互助之先决条件；互助即力引其类，类宏其效（二力相引生更大力量），它是合作效用的源泉。因此，于树德认为，合作社既是一种“自助的社会政策”，又是一种“公益的营利法人”。[①] 即合作

① 于树德：《合作社之理论与经营》，中华书局 1929 年版，第 18—20 页。

社是立于“弱势者”地位之人，互相团结而组织成的一种自助互助团体；它在法律上是具有公益性质的社会团体。

因此，合作社不仅可以救穷，还可使人民彼此发生联系，紧密团结起来。“守望相助，疾病相扶持”原是中国乡村社会固有的一种美德；承载这种美德的地方宗族组织，更是乡村社会固有社会公益和社会保障的重要组织形式。然而，这种观念自20世纪以来已经“无形消失，大家只顾私利，忘却公益，结果造成现在这个散漫不堪的社会”。合作正是医疗这个顽症的一副良剂。章元善早就指出：合作社虽是一种经济组织，但发展到一定程度“自必为各种建设事业、公益事业之中心”①；侯哲苍特别强调：农村合作社必须与社会公益事业发生关系，唯其如此，才能取得社会的同情，才能发展合作社的社务和业务。② 实际上，华北农村原有不少互助性质的组织，如后夏寨的“饽饽社”（饽饽，一种美食），系按月向每个社员征收2毛钱，用来买廉价面粉，确保社员过年用；此外，还向社员放债。该村还有另一个宗教性组织乡社（也叫泰山社）。③ 这些可与合作社在乡村中的作用互补。现实中已有不少合作社的事实，说明“合作”确有这种效用。如“婚丧互助”、“造桥修路”、“植树造林”、“养老济贫”以及“息讼调解”等，几乎都是服务社会的公益事业。

1. 婚丧互助

武清县卢吕庄信用合作社社员协助丧葬一事就是明证。武清小卢庄和小吕庄两村地域毗连，农民往还，多觉亲密，如青苗会等团体，均由两村联合组织。在组织合作社时，两村又组一社，名卢吕庄合作社。时有小吕庄村民杨某丧母，家贫无力安葬，该社理事会主席张克忠、监事会主席果自林召集小吕庄社员开会，共谋协助；小卢庄社员闻讯后也来参加，除张克忠助洋3元、果自林助洋4元外，其他社员各有捐助，共得20余元，助杨某料理其家母后事，一时乡间传为美谈。平乡县阎家庄社社员组织丧葬建筑合作，并由社员大会正式通过；大名县黄金堤社在旧历正月初一开会时，提倡婚丧互助，社员均表赞成。1935年2月11日，恰逢社员么金蓝家中办理喜事（有人结婚），各社员在社中集合，齐集至其家，帮忙道

① 章元善：《合作与经济建设》，商务印书馆1938年版，第87页。

② 侯哲苍：《合作社与公益事业》，《合作讯》第80期（1932年3月10日），第5页。

③ 黄宗智：《华北的小农经济与社会变迁》，中华书局2000年版，第274页。

喜；村民见社员如此相亲、合作，无不钦佩。此外，大名县柏庄社、赵县猛公村社、平楼社、蓟县东大佛塔社等，多有此举。

2. 造桥修路

大城县西子牙社所在村有6条主要通道“均年久失修”，天晴则尘沙飞扬，雨天则泥泞难行，全村人都感觉极不方便但始终无人修治。合作社成立后的一次社员大会通过议案：社员全体参加，每人出工若干天，自己带吃饭与工具，拿自己的劳力来集合工作，把附近山上的石头搬来，铺成几条小马路。于是村道在几天之内就完全彻底解决了；而村子里随地都可听到对合作社的颂扬之声，因此合作社的地位日增，社务渐佳。涞水县杜家庄因该村距山甚近，农民每年冬季多以打石为生；村中道路因雨水冲毁而无法行车，村民生活顿受影响。该社召开全体社员大会，决议全体社员出工修路；经奋战1个月，将周围山路全部修竣通行。此外，肥乡县李家庄、吾吉村在合作纪念日捐款修筑道路，广平县北盐池村社为方便行走，修筑附近道路；徐召东张庄社，东大姑庙、北营村、高村、大梨园村、张家圩、北高昌、西固、赵县南区联合会，邢村社均有修路记载；东仲相固社修理村东西之大道，并栽树百余棵；河头村社每社员出稻楷一束，协同村民搭建一小桥。

3. 植树造林

遵化县小于家沟社倡议植树绿化，于1935年春间曾植树3000棵；卢家寨福益林场购买《养松实验谈》一册，准备在该村山坡养松。武清县齐庄社于1935年9月13日开社员大会，因该村以北有荒地8亩，议定每年每社员在该地植树一棵，并由社员专人负责保管，从1936年春天开始实施。程家寨社决议，“植树节”那天在村边隙地，野外荒地，大道两旁实行栽树；席寨社倡议择地栽种枣、梨、松、柏等树；西辛寨社栽树，以树的收益作为储金。

4. 养老济贫、息讼调解

顺义县西绛州营社于1935年10月16日召开第3次社员大会，理事主席王理提议积谷储蓄办法，每年秋收后，每社员存粮10斤，作为储蓄，如收成好，还可多存。倘遇荒年，则分贷社员应急，大家俱表赞成。10月30日已积谷350斤，并分贷董有廷等6社员应用，言明每借10斤1年后还粮时，增加2斤作为利息。石楼村社组织粮食公仓，救济贫民；东侯坊、东大姑庙、东漳堡等社为村民施种“牛痘”预防疾病；投头庄社特组织治蝗会，实行捕蝗。蓟县东大佛塔社于1935年11月1日召开社员大会，议决联合本村乡长葛占元，组织息讼会，遇有争讼，须先经息讼会调解后，始得起诉；赵明桥社本着合作精神，组织自卫团保护村庄。

值得一提的是，《河北合作》还汇集不少优良社的个案，其附属事业多为综合性质，因很难明确归类，故仅以数例，略示其要。

无极县北丰村社。该社由邻村社员韩鸿科提倡，经发起人耿守己召集村民16人，发起组织；自1928年8月13日成立以来，历年考成均列为甲乙等，成绩斐然，曾多次接受农利股李在耘、英国合作专家施德兰、南开大学叶谦吉、金陵大学张履鸾、上海商业储蓄银行童星安等的视察参观。最初，耿守己有感于社员中识字者太少，影响社务进展，便自任义务教员，在该社附设一所平民学校，召集社员子弟30余人为学生，于每年冬季定期开课，并向平教会备案。仅从1929—1931年，该校学生先后多次获得平教会与县教育局各项奖励助学费30元，并发给初级和高级学生毕业证书共计66人。自办平民学校后，该社社员对合作知识增进不少，并有20余人能用新式帐簿记帐。合作社于1933年元旦附设消费合作社，经全体社员努力维持，其社务“日见生机勃勃”。总体来说，该社对参与的农民物质及精神生活均影响较大，不仅“助使社员勤俭，人人大半识字，增长了不少合作知识”，且社员人人都有正当职业，人格高尚，移风易俗，精诚团结，且乐于互助助人。该社人员“共指导邻县邻村组社达27社之多，俱系请求指导自动发起。”[①] 此诚为农村合作社带动乡村共同发展，引领乡村社会文明与进步的显著表现。

肥乡县李白庄社。该社各种事业在当地可谓“颇有建树”。以往村民大多使用旧式农具，1934年春该合作社已购置新式农具，如拉庄稼车、耕地的机器犁耙等。原来该村金融关系网一直由多人组成的高利贷机构“东洲会”操作把持，负债者因无力偿还而常被拆房卖地，故村民又称“东洲会”为“坑人会”。自信用合作社成立后，通过向华洋义赈会借款2次放款给社员。“原来钱号钱会（或合会）借款利息至少月利4分，甚至每元每日铜元1枚，还得有抵押品；今则利息日日减低，村民皆称合作社为我农民真正自救的金融机构。”据当时对农民负债的调查统计，“向

① 《河北合作——优良社之实况》，华洋义赈会丛刊（乙种第79号）1935年版，第46—50页。

合作社借款者 24 户，计 680 元；向东洲会借款者计 550 元。”两者合计 1230 元，而农民向合作社的借款明显高于向东洲会的借贷，因而，“村中经济日见活动，社员得益非浅”。此外，该社开办青年社员讲演所，非社员子弟也可参加；还特设立婚丧储金，提倡修街修路和掏井，并在事务所代办邮寄信件业务，深受村民喜欢。[①]

综上所述，农村信用合作社作为中国乡村社会的“一种新势力”，其影响所及，“不仅是经济上的，而且是社会的”。[②] 如前所述，德国雷发巽信用合作社本身就注重社会公益事业，在中国，国民政府《合作社法》在所定盈余分配办法中，也有公益金提成的规定，以促进合作社社会效用的开展。事实上，各合作社办理的附属事业以及各种“非贸易合作”，多半为社员精神与劳力切实合作的表现，其发展之程度，并不以公益金之多少为定衡。以河北省为例，各地的合作社经华洋义赈会 10 余年的培养扶持，已有自我发展的能力。华北农村近 20 年来合作事业的发展史证明：合作社不仅有其经济的效用，且有其他社会的效用；也就是说，合作社的发展，其受益者不仅为已入社的社员，即合作社所在地未入社的民众也有许多人享受其福利。合作社社员彻底明了合作的原理之后，不断有人要倡办别种合作社；恶习惯难在合作社所在村子内存在，社员们不断开展戒赌、戒酒、戒烟、息讼等活动，甚至到了年终演戏祝神，有的村子变更计划，乘这个农暇作乐的机会，“办些合作讲习会、合作运动宣传周、识字运动等公益事业”。[③]

农村合作社的组织者全部为乡村民众，所实施的组织训练直接面对的是农民大众。因此，合作社的教育意义在民众教育领域中更为明显。综观 20 世纪 20—30 年代的民众教育机关，多以举办合作社为其生计教育的主要工作。[④] 民国时期著名社会教育家朱若溪曾从民众教育角度对农村合作社做出全新的评价，甚至认为，“用合作社来改善民众的生计，只是尽了合作社的部分责任，应进一步用合作社的组织来实施全部的民众教育”；因为“合作本身就是一种教育，由此设施各种教育，能获较

① 《河北合作——优良社之实况》，华洋义赈会丛刊（乙种 79 号）1935 年版，第 97—99 页。

② 张镜予：《中国农村信用合作运动》，商务印书馆 1930 年版，第 243 页。

③ 章元善：《合作与经济建设》，商务印书馆 1938 年版，第 88 页。

④ 参见郑大华《民国乡村建设运动》，社会科学文献出版社 2000 年版，第 506 页。

大效果；合作社是民众自觉的一种组织，而且是长期存在，事业可望悠久；以合作社为民教中心机构，则合作社就是基本队伍，可使施教有固定的对象；合作社做为解决民众经济问题的唯一办法，其最初从民众实际生活所发出的教育，最为切实。”① 因此，才有人主张以农村合作社为中心机构，来从事整个中国农村建设。对于中国今日小农土地的不足与碎裂，不够发达的农业经营，生产的衰落，农村金融的枯竭，高利贷的剥削，买卖的不公，有力组织的缺乏，公共精神的薄弱等种种问题，农村合作制度的确有补救的效力……发展以公共利益为本位的农村合作，实为早日实现民生主义最和平的方法。这也许就是国民政府当局积极推进农村合作的根本原因。②

第二节　农村合作医疗的诞生

20 世纪 20—30 年代，中国农村已有合作医疗的创意和实验，还有乡村保健制度的广为推行，可以说，农村合作医疗制度在 20 世纪前期，已经历了一个酝酿—萌芽—发生—发展的实验过程。“合作医疗制度”按照通常的提法，是一种以合作社为组织形式的集体医疗保健制度，其主要特点是：第一，社员每年缴纳一定的保健费；第二，看病时只交药费或挂号费；第三，运用公积（益）金。实施合作医疗制度的主要目标有三：第一，开展卫生预防；第二，确保社员有病能得到及时治疗；第三，巩固农村县乡村三级医疗预防保健组织，最终解决农村缺医少药的社会难题。③ 从本质上看，“合作医疗”的核心就是“合作 + 医疗”，以“合作”的形式，来实施“医疗保健”。那么，合作医疗制度的成长轨迹，严格来说，就不可能是一蹴而就，而至少应该包括“1 合作 + 2 医疗保健 = 3 合作医疗”三个过程。这三个过程在“制度供给”严重不足的传统中国乡村社会，更是缺一不可。事实上，在 1923—1936 年间，中国乡村社会制度变迁的过程中，正显示着由合作到医疗保健到合作医疗的成长路径，经历了三个时间不等的实验过程。

---

① 朱若溪：《以合作社为民教中心机关之倡议》，《山东民众教育》第 5 卷第 9 期。

② 李景汉：《中国农村金融与农村合作问题》，《东方杂志》第 6 卷第 7 期，第 24 页。

③ 参见刘纪荣、王先明《二十世纪前期我国农村合作医疗制度的历史轨迹》，《浙江社会科学》2005 年第 2 期。

一　合作医疗诞生的社会土壤

20世纪20年代，由华洋义赈会开创的华北农村合作运动悄然兴起，迅速发展，华洋义赈会也因此成为20世纪中国农村合作运动的“领头羊”，并为中国农村合作医疗的萌芽、诞生开了先河，而华北农村合作运动可以说是中国农村合作医疗的历史源头。

华北农村合作运动是在华洋义赈会、华北各地方政府以及乡村建设运动团体等合力推动下发展起来的，农村合作社从少到多，从局部到普遍，在20世纪30年代得到了相当程度的发展。华洋义赈会在河北办理农村信用合作社，正是采取了德国雷发巽式信用合作制度。在华洋义赈会等社会力量的影响和推动下，以河北省为主力地区的华北农村合作事业得以迅速发展，“历久不衰，成绩复佳”。从1923年至1934年，合作组织普及到河北省的69个县，有合作社961家，社员23875人，联合社计28家。[①] 随着合作事业的发展，合作社的经济实力也逐步增强，其股款、存款、储金、公积金都有相当增长。从1923年到1931年，股款由286元增至45858元，增长了159倍；自1925年至1931年，存款额由169.9元增至8777.3元，增长了近50倍；储金由121.1元增至11455.7元，增长了93倍；公积金由333.8元增至22191.4元，增长了近65倍。[②]

华洋义赈会在华北推行农村合作运动所取得的成绩与经验受到了国民政府的关注，并将合作定为国策，向中国逐步推广。因而，在20世纪20—30年代，农村合作运动分别在民间社会团体和国家政权共同作用下，由华北到江南，遍及中国。1937年抗日战争全面爆发前，中国农村合作制度基本确立，可以说，这为中国农村合作医疗的诞生提供了必须的环境和土壤，或曰“产房”。不仅如此，华北农村合作运动还饱含了蕴育农村合作医疗所需的多种“营养素”。如合作金融可促使农村经济活跃，解除农民经济生活上的贫困；合作社组织可培养出农民群众的自助、互助的精神，促成农村社会的新组织结构并维持秩序；合作社赋予社员“1人1票”的表决权，通过这种政治训练，激发起农民的民主、权利意识；合作教育可启发农民的智能，增长农民知识；尤其是雷发巽式信用合作社明

① 于树德：《中国初期合作运动在河北》，《合作评论》第3卷第2号。

② 同上。

确了“提取公（益）积金，用于公益事业”的作法以及《合作社法》中有“合作社赢余除依次弥补累计损失及付利息外应提存20%以上为公积金，10%以上为公益金”的明文规定①，这在一定意义上，更为农村合作医疗的生长开启了方便之门，因为公积（益）金是农村合作医疗赖以存在的要素之一。

如何处置公积（益）金？早在20世纪20年代末，就有学者指出：“小额公益金的利益最大化的办法，就卫生事业来说，自然无力兴办大规模的卫生设备，但可请教医生，购置几种常用药品储存备用。中国乡间医生极少，往往一个很小很平常的病征，倒引起了很大的麻烦。其实只要投之以药剂，无不立愈的。譬如在南方容易患疟疾，备有金鸡纳霜及疟疾丸等，服用下去，当可治疗。又如霍乱、感冒、受热受寒以及外伤等这些病又都是用现成药品可以治疗的，所以预备这些药品是极当的需要。”② 这种从合作事业中提取公积（益）金，用合作的方式来举办农村医疗卫生事业的创意，在历史的发展中，随着合作运动的逐渐发展而广为传播，正如大气层中的积云化雨一样，只要加以适当的“催化”，就会像雨水一样降落地面，成为现实。在20世纪30年代盛极一时的乡村建设运动中，河北定县的平教会及江苏省立教育学院的先生们，就成为这种创意的“催生婆”。

二　定县“县单位三级医疗保障实验”

1929年，平教会人员应有关人士之邀，来到河北省定县，从事平民教育促进活动。1930年，平教会的社会调查部与公共卫生部合作，对定县的医疗卫生状况进行调查，结果发现：定县缺医少药的现象十分严重。据统计，定县病死人数的30%没有经过任何医药治疗；在总数472个村庄中，有220个村没有医生和任何医疗设备，其他252个村，每村也只有1个没有经过任何正规培训的自封的“中医”；全县每人每年用于治病的费用，仅3角钱左右。定县这种缺医少药的状况，使平教会的同仁认识到，“今日中国农村健康方面最迫切的问题，就是急需建立一种医疗制度”，从而使广大民众在现有的条件下“得到基本医疗和健康保护”。③ 于

① 郑厚博：《中国合作运动之研究》“附录”，中国合作学社1936年版，第740页。

② 林梓：《公积金的处分问题》，《合作与农民》半月刊第2期。

③ 晏阳初：《定县的乡村建设实验》，《晏阳初全集》（1），湖南教育出版社1991年版，第272页。

是，经过他们的研究实验，中国第一个以县为单位的保健制度终于在定县建立起来。

定县的乡村保健制度分为三级，第一级是保健员，第二级是保健所，第三级是保健院。保健员每村1人，负责村单位的保健卫生工作，由本村平民学校毕业同学会会员自选1人充任，以热心服务、忠实可靠、身体健康而年龄在20—35岁者为合格。保健员在正式任职之前，须先在保健所接受10天医药基本知识和技术的训练。保健员的工作职责，一是宣传卫生常识，二是报告本村的出生死亡情况（又称生命统计），三是随时施种牛痘并负责改良本村水井，四是管理一个由平民学校毕业同学会购置、价值3元、内置十余种常用药品的保健箱，对一些常见疾病进行救急治疗。一般说来，保健员不需太多学问，主要是利用业余时间完成上述工作，既不支取薪水，也不收取药费，所用药品由平教会或村中供给，故其工作几乎是义务服务。农民在保健员那里看病，平均每次只要花医疗费铜元1枚。《保健员规则》规定：第一，保健员自己得病就诊于保健所或保健院，一律免费。第二，保健员依照手续介绍给保健所诊治病人，只收半价；第三，保健员服务满1年，如能尽职，应由同学会募集相当的奖品以资鼓励。保健员不能医治的病人，则依照手续转介给保健所。

保健所为区单位卫生机关，管理约3万人口20个村庄的行政区域。每所配有医生、护士及助理员各1人，其职责为：一是训练与监督村保健员，按保健所规定：医生至少每半年要到保健员村中视察一次，保健员每半年应向保健所报告一次工作情况及交流经验；二是每日门诊，接待和医治病人，尤其是保健员转来的病人。据统计，1933年定县各保健所每天平均诊治29人次，由村保健员转来的病人占30%以上；三是负责学校卫生及卫生教育；四是预防急性传染病。保健所不能医治的病人转送保健院。

保健院为全县卫生的最高机关，其任务为管理全县卫生行政，实施卫生教育，计划全县卫生工作，训练全县卫生人员，治疗病人，进行传染病预防及研究工作等。保健院配有男女医生各1人，助理医生2人，护士8人，药剂师1人，检验员1人，事务书记及助理员6人。院内附设病床50张，专供住院治疗，仅1933年保健院住院治疗的病人就达778人次。总体看来，保健院初始为一完全设备的平民医院组织，它不管门诊，专收住院病人，因为门诊完全由各区保健所负责了，唯其不能解决才介绍来住院；其管辖区域大概为 100 个村庄，据说平常 1 个县里，须有这样的保健院 3、4 处。

平教会创立的三级保健制度，不仅有利于农村缺医少药、农民有病得不到医治等问题的解决，而且开创了中国医疗卫生事业的新局面，并为中国农村合作医疗的产生，提供了必须的“技术模型”。由于收费低廉且有组织，疾病的治疗自然就比较普遍，可以说是“低水平、高效率”。保健所每次诊疗仅收铜元 5 枚，保健院每日住院费也不过 4 角。据统计，这套保健制度建立后，每月经保健员、保健院治疗者平均为 500 人次，经各保健所治疗者每月平均 2000 人次。1932 年 5、6 月间，差不多每月达 3000 人次。1932 年，定县全县已有保健院 1 所，保健所 3 处，保健员 80 余人。[①] 有资料显示，定县每年除训练保健员外，所开支的医药费用为 35000 元，每人每年平均不到大洋 1 角。而据 1931 年的调查，定县保健院每年开支医药费为 12 万元，每人每年平均大洋 3 角。保健制度的建立，平均每人每年的医药费开支减少了 2/3，多种疾病的预防和治疗得到了普遍的改善。[②]

定县三级医疗保健制度建立后，引起了国际、国内有关机构的广泛关注。“国际联盟”派官员实地考察，聘请平教会卫生教育部主任陈志潜赴美国讲学，介绍定县的经验；在国内，这套保健制度很快就被江宁、无锡等地方实验所采纳。南京国民政府卫生署成立后，参照定县的保健制度，要求各县设卫生院，乡镇设卫生所，保设卫生员。用晏阳初的话说，这与定县的三级医疗保健制度“完全一样”。[③] 定县三级医疗保健制度的创立，是对中国传统乡村社会制度创新，为中国农村合作医疗制度的形成又迈出了重要一步。此后，江苏省立教育学院在无锡惠北实验区进行的乡村保健村实验中，不仅汲取了定县医疗保健制度的有效经验，又在其基础上作了进一步创新。

三　合作医疗的正式“出笼”

不仅定县农村开始实施了“三级医疗保障制度”，在华北其他地区也

---

① 孔雪雄：《中国今日之农村运动》，中山教育出版社 1936 年版，第 89 页。

② 郑大华：《民国乡村建设运动》，社会科学文献出版社 2000 年版，第 233 页。

③ 晏阳初：《定县的乡村建设实验》，《晏阳初全集》（1），湖南教育出版社 1991 年版，第 293 页。

同样出现了若干新式医疗制度，河北省河间县马户生村无限责任信用合作社就是一个明显的例子。它曾自制药材，廉价出售，并设施药局以济病人，为社员及村民看病吃药提供了不少方便。这可称得算现代中国农村合作医疗的原始形态。[①]

早在1929年8月，马户生村合作社曾召开全体社员大会，决议在该村福音堂外院组设施药局一所，药费由该社公益金项下拨付，规定：无论是“社员非社员”，本村还是邻村，“有求必应，概不收费”。当时公推发起人马万苍为经理（系义务职），每逢春季，施种牛痘。此后施药局经理曾有替换，接任经理为马季麟。1934年2月，该社召开全体社员大会，马季麟因病辞职，改选社员史文斌继任。[②] 马户生社这种免费看病吃药的医疗保障形式，开创了中国农村合作医疗的先河。此外，由于农村居民对公共卫生多不讲究，每每垃圾满街或积秽载途，严重影响村民的健康卫生，故有大城县西子牙社、成安县东大姑庙社、广平县东王封社等不少农村合作社在华洋义赈会和平教会的影响下，比较注重乡村公共卫生，积极开展公益事业，定时打扫街道，修补道路，清除村落社区的垃圾以及施舍药品等。[③] 这些农村合作社的医疗卫生举措，当时虽无“合作医疗”之名，却有“合作医疗”之实；而“合作医疗”的正式登台，是江苏省无锡县惠北实验区的小园里村的乡村保健村实验。

1936年2月，由江苏省立教育学院主办的无锡惠北实验区，选择小园里村进行乡村保健村实验，实验的主要内容是建立合作医疗制度。该村25户137口人，每人每年只须缴纳3角钱的保健费，就可以享受全年的免费医疗、注射预防针和种牛痘等权利。这比后来20世纪60—70年代盛行的农村合作医疗还要实惠。惠北实验区选择小园里村进行保健村实验的目的，是为了“找出一套切合乡村实际情形的医疗保健制度，以供国内同仁的参考”，并推广到整个实验区。[④] 只是由于1937年日本发动全面侵华战争，这一实验才被迫停止。关于小园里村合作医疗实验的发展过程、社会效果及舆论评价等，目前能得到的参考资料十分有限，仅有江苏省立教育学院的专刊《教育与民众》第8卷，保存了部分原始情况的记载，

---

① 华洋义赈会编：《合作讯》百期特刊，第28页。

② 《河北合作》，华洋义赈会丛刊（乙种第79号）1935年版，第30—31页。

③ 同上书，第76、148、155页。

④ 喻任声：《三年来惠北实验区工作的检视》，《教育与民众》第8卷第10期，第98页。

十分珍贵。据专刊，如无锡实验区非常重视布种牛痘和注射防疫针的工作，并以其作为合作医疗实验的重要内容。牛痘是每年春秋各布种一次，以各区的卫生分所、民众学校和乡村小学为布种点；种痘师由分所医生、特约卫生员以及从事乡村工作的职员担任。据当时在惠北实验区的实习生统计，1934 年 5 月至 1937 年 5 月的 3 年间，惠北实验区接受种痘的人数为 4355 人；注射防疫针一般是在每年的夏季，主要是预防在当时中国流行甚为猖獗的各种传染病如天花、霍乱、痢疾及脑膜炎等。惠北实验区从 1934 年 5 月到 1937 年 5 月，3 年间共有 2644 人接受了防疫注射。[①]

1937 年抗日战争全面爆发前的乡村建设运动，定县、邹平等实验县在合作医疗方面的措施与努力，不仅对改变当时中国农村落后的卫生状况起了一定的积极作用，而且创造出一些富有成效的制度和经验。如定县的村设保健员、区设保健所、县设保健院的三级医疗保健制度，无锡惠北实验区在小园里村实验的农村合作医疗制度，还有邹平县和苏州徐公桥为贫苦农民实行免费治疗制度，定县的学校和妇婴卫生工作经验等，在中国农村合作医疗制度历史发展演变的轨迹上，均留下了不可磨灭的痕迹。[②]

总之，从商资归农到合作医疗的产生；从合作教育到移风易俗；从农村生产、生活的改善到乡村社会结构的变动等，涉及“三农问题”的方面无不发生了各种各样的变化——尽管这些变化是那样缓慢、微妙甚至难以觉察。需要说明的是，这些变迁的影响是有限的；近代中国的整个农村仍相当保守和落后，传统的生活方式、生产方式和伦理观念依旧是乡村社会的主流；在社会政治制度、经济制度没有发生根本变化之前，这一切细枝末节的变化都只是微小的量的积累，是无法彻底改变传统乡村社会的整体面貌。

① 喻任声：《三年来惠北实验区工作的检视》，《教育与民众》第 8 卷第 10 期，第 99 页。

② 郑大华：《民国乡村建设运动》，社会科学文献出版社 2000 年版，第 522 页。

结　语

国家与社会视野下的华北农村合作运动

科学而恰当地评价华北农村合作运动，并不是一件容易的事。首先，华北农村合作运动历经北洋政府、国民政府两个时期，不仅不同政府对农村合作的态度可谓完全不同，即使在国民政府时期，政府在不同阶段发挥的作用也不一样；定县和邹平实验县的农村合作政策与具体办法又与其他各县“另有不同”；因此，华北农村合作运动的发生、发展，尽管是朝着相同的目标，做前后一贯的努力，但各阶段推行农村合作的方式方法并非完全一样，而呈现出三种形态各异的运行机制模式。最初的“民间社团开创型”模式注重农民的自动和主动，可以说是一种“选择关联变迁”；其后的“国家权利主导型”模式较多运用了政治力量，是一种纯粹的“指导关联变迁”；而定县和邹平两实验县的运作模式，可谓是前两者的结合，它选择了一种由“指导关联变迁”转向“选择关联变迁”的模式。应该说，这三种模式对华北农村合作运动都发挥了相当积极作用；20 世纪 20—30 年代华北农村的社会变迁，是这三种模式共同的贡献。

华北农村合作社的发展历程颇为复杂。这种复杂性更体现在前后不同时期推进或指导合作运动的主体的多样性特征及其多元化构成。最初在北洋政府时期，华北农村合作运动的指导主体仅为华洋义赈会这一民间组织；国民政府建立后，确定合作政策，颁布合作法律，确立合作系统，该时期，政府主管机关成为合作运动的主导者，而乡村建设团体、民教机关、金融机构、学术机关等多种元素共同参与，组成一个促进合作事业的多元群体。由于各自的旨趣未尽一致，从事合作的方法和态度就无法相同，有的（如银行）对华北农村合作运动的推进，往往带有较强的倾向性或功利性。社会各界对这种多元化农村合作运动的推进主体，历来褒贬不一。值得说明的是，无论华北农村合作运动历程多么复杂，指导主体如何多元化，却依然围绕在“救治乡村，复兴经济”的大前提下，努力改造乡村社会各种固有的生活方式，朝着中国乡村社会现代转化的大方向发展，为中国乡村社会变迁作出了积极有益的尝试和努力，这应该是华北农村合作运动真正的旨归所在。

通过考察华北农村合作运动的发展过程及其形态，可以发现，1937年抗日战争全面爆发前的华北农村合作运动整体上逐步发展、壮大，运行也基本良好；作为先后倡导与推行农村合作运动的两种外在的主导力量：民间社会团体与国家政权，在“国家与社会”的框架下交相更替；民间社会团体从最初的创导者地位逐步淡出，而象征国家权利的政府机构却几乎沿着一条与民间社会团体相反的趋势伸入；在“此消彼涨”间，虽曾一度“相携合作”，然而，农村合作运动最终为国家所控制，在总体上可以说完成了一种“国家化”的态势，国家力量在整个农村合作运动发展中占绝对的主导作用，民间社会的力量几乎完全退出。虽然，近代农村合作运动并未完成“国家化”的整个过程，尚处在演进之中，但农村合作运动的健康发展唯有建立在“国家与社会互动的基础上”，双方在力量上的角逐、相互掣肘，并最终达到平衡才行。毋庸置疑，单一的“国家化”发展模式并不是一个理想选择。

1936年4月，在国民政府的命令下，华洋义赈会把各地所有的合作事业全部移交政府实业部合作司；至此，中国合作行政权利已基本集中。抗日战争爆发前夕，中国合作社的系统建设业已初步规范化和系统化。

作为现代社会经济运动重要组成部分的农村合作运动，在全球范围内的发展历程、特征等或有各自不同之处，但社会力量在农村合作运动中的积极作用和成效是显而易见的，在不同时期的个别地区，甚至发挥了主导作用。20世纪20—30年代华北地区农村合作运动的发展历史表明，社会力量如华洋义赈会等在中国农村合作运动进程中最初处于主导地位，且效果显著。国家与其他社会力量之间也有过阶段性合作，如代表定县和邹平在“县政建设实验”时期的平教会和乡村建设研究院，就是国家与其他社会力量共同合作的历史产物，它们因各自特定的历史条件，也产生了较为积极的历史作用，在国民政府农村合作运动发展的整个历程中，可谓取得了令人注目的成效。当完全由代表国家力量的各级政府主导中国农村合作运动后，官方虽然颁布了相关的法律，也建立了必须的配套运行机制，如合作教育、合作金融、合作行政等机构体系，但由于法律不健全、机制不完善、农村不稳定等内外因素，政府并未能就此取得如期的效果。

或因鉴于中国近代农村合作社进程中的种种“异化”现象，有论者指出，这种体现“国家意志”价值取向的合作运动，是一种“强制性”制度安排，很难植根于中国乡村社会，如若实施必然发生“变异”而陷入一个自身难以消解的“困境”——如本书所考察的华北地区中后期以及30、40年代江浙地区的农村合作运动，笔者完全赞同这种观点和分析。在华北农村合作运动的中前期，由不同的社会力量所倡导组织的农村合作社，似乎更迎合了当时大多数农民的迫切需要，而为乡村社会普遍接受。虽然，这些社会团体在组织乡村合作社的过程中存在方方面面的阻碍和困难，却为缓解当时乡村社会经济的发展困境指出了一条实际可行之路。国民政府建立后，正是有鉴于华北农村合作运动的良好发展态势，最终确立了旨在“复兴农村、恢复经济”的合作政策。官方合作政策确立后，政府想尽办法排挤或消解社会力量，以信用合作社为主体的农村合作运动终于走上了的“国家化”之路，从而导致了合作运动的“变异”。由此可见，国家或政府良好的初衷，未必一定能解决所有问题。中国农村的广袤和复杂，非政府独力所能承受，须有社会力量的共同参与及积极合作，国家与社会的良性互动，才能更有效发展包括中国农村合作在内的各种事业，进而解决困扰中国社会经济现代化发展又迫在眉睫的“三农”问题。历史上如此，现实中也是这样。总结本书对华北农村合作运动的历史进程，它给予我们的最大启示——即国家与社会之间曾经的互动，既是时代发展的需要，也成为历史留下的错失。

一　时代的需要

进入20世纪30年代，随着中国普遍存在的乡村危机的加深，乡村建设运动不仅悄然兴起，而且蓬勃发展形成一种相当可观的规模，成为一种更贴近广大民众、并真正扎根于乡村、努力于乡村建设的强大而潜在的社会力量；据学者陈序经统计，到1934年，中国已有600多个组织参加了合作运动，建立了实验点或实验区1000多处。[①] 在乡村建设运动进行的过程中，人们回顾和总结过去经验，努力探求未来中国乡村建设运动（包括农村合作运动）在新的国际国内环境中真正可行的发展方向。时人

① 陈序经：《乡村建设运动的理论的检讨》，《独立评论》第198期。

给予了乡村建设及时而热情的关注，也不乏深刻的自我反省，人们呼吁国家政治与社会力量的合作。傅葆琛认为，由于中国连年天灾人祸，造成乡村社会根本动摇，农民的生活濒于绝境，因此乡村建设运动很难立刻见效。平教会的工作目标是探寻中国乡村建设的整个解决方案，并不急于求得零星的成绩。“中国乡村建设运动要取得成功，不能专靠少数的领袖，要靠学术、政治与社会这三种力量的合作”。① 作为直接从事乡村建设工作者的代表，瞿菊农认为，乡村建设运动是一种时代的需要，它的继续发展须加以不断地自省，同时也要看社会能否予以同情和赞助；乡村建设运动的成功，一方面固然靠自身的努力，另一方面社会与政治的条件也是不可或缺的，多方面的合作“确为必要”。②

事实上，20 世纪 30 年代中国乡村建设运动的发展与壮大，虽然国内外政治、社会的因素很多，但与 1931 年日本侵略中国的“九一八事变”爆发及东北三省全权丧失不无关系。当时有学者指出，“九一八事变”后，政府与社会都深深地感觉到中华民族欲复兴图存，非充实国家力量与振兴民族教育不可；欲充实国力及振兴民族教育，又非培养民力——广大农民的力量、加强乡村社会的民众教育不为功；尤其是国内一般乡村工作者，更进一步认识到民众教育的重要性，注意到将学术研究实验与政治建设结合起来，把社会或教育力量与政治力量打成一片，这样，学术研究可深入民间，政治也才能在民众的生活中生根。③ 总之，如同农村合作运动一样，乡村建设运动以广大农村的农民为对象，以训练与教育农民为主要内容，其最终目标是民族的复兴与现代国家的建树。

张世文认为，中国的乡村建设运动是一场以社会结构的最下层的乡村建设为出发点，以广大农民为基础的一种整个的社会改造运动，是一场区别于“五四”时期知识分子自身启蒙的新文化运动；因为从事于乡村建设的工作者都自觉或不自觉、有意或无意地从事于培养民众的民族复兴自信力与自救力、现代生活的团结力、救亡图存的组织力、自我环境的改造力以及民族文化的创造力。④ 乡村建设运动既然是如此为国家和社会各界所注重，作为乡村建设运动重要内容之一的农村合作运动也不例外。参与

---

① 傅葆琛：《众目睽睽下的乡村建设运动》，《独立评论》第 198 期。

② 瞿菊农：《乡村运动的自省与对于社会的要求》，《民间》半月刊，第 3 卷第 1 期。

③ 同上。

④ 张世文：《乡村建设运动与民族复兴》，《民间》半月刊（1936 年 6 月 10 日）第 3 卷第 3 期。

县政建设实验的定县和邹平，才真正实现了国家政治力量与社会力量的有效合作。在当时其他地区农村的合作运动，要么系民间社会团体独立创导推行，要么由国家政治力量以政策方针的方式推行，即使在1931年国民政府实业部颁布统一的《合作社暂行条例》后，也未出现民间社会团体与国家政治力量真正合作的局面。定县与邹平两实验县的农村合作，代表国家与社会的真正互动，成为近代中国农村合作运动史上特立独异的组织形态，堪称中国合作运动史上的“范例”。

二　历史的错失

辩证法要求人们更客观地看待历史。20世纪20—30年代的中国农村合作运动固然取得了相当发展，但由于没能解决中国社会的民族独立与农民的土地问题，最终难免失败的结局。当今学者潘劲对此很有独到的见解。她认为，乡村建设运动倡导者们有关农村合作社的理论和实践，对于推动中国合作运动的发展有着重要的促进作用。他们以乡村建设理论为基础，提出发展合作社的一整套计划和方案，丰富了中国农村合作社的理论和实践；他们所建立的许多合作社，如梁邹美棉运销合作社，基本上是按照国际合作社原则运作的，这对于中国农村合作社规范化发展有一定示范意义。在他们所及的试验区域，通过兴办合作社，在一定程度上解决了当地的一些问题，如社员能获得低息贷款，生产物品能得以运销等。一些乡村建设运动的倡导者们多年来坚持深入农村，与民众打成一片，帮助民众解决实际问题，从而受到民众的尊敬。①

由于乡村建设运动倡导者们对中国社会的性质和所要解决的问题缺乏准确分析和判断，决定了他们所选择的改革之路最终必然失败，并错失了成功建设农村的历史机遇。晏阳初所发现的中国农村“愚、穷、弱、私”的现状，实际上只是中国农村问题的表象；梁漱溟倡导的中国社会结构的重建，也是以军阀的存在和帝国主义侵略为前提。他们的理论与实践都没有触动中国社会的根本问题——即帝国主义的侵略和封建主义的剥削。正如孙冶方所言：“我们不否认阿斯匹林的好处；然病患者所最迫切的是六六六针；而今日中国农村所需要的是推翻帝国主义侵略和铲除封建残余势

① 参阅潘劲《民国时期农村合作社的发展与评价》，《中国农村观察》2002年第2期。

力底统治。”那种以教育和技术来代替政治解放的人，可能“好意地阻止了中国农民大众的解放之路[①]”。

定县与邹平发展合作事业各有不同点，与其他县份比较也更有不同。首先，他们并非单是一种政策的推行与自上而下促进组织，而是从启发人民合作的意识出发，让民众自动组织起来，以合作的方式增加乡村生产，节省乡村消费，建立乡村共营、共享、共有的社会资本及经济制度。其次，两地乡村建设实践者真正结合利用了政治力量与民间社会团体力量。定县最早实施了“县单位合作制”，邹平更开创了“邹平学制”这种具有浓厚乡土气息的农村合作运动机制。事实表明，乡村建设团体及其实验对于促进当地合作社的建立和发展起了不小的作用。同时，定县和邹平推行农村合作的发展过程及实验结果业已表明，农村改进或乡村建设工作由农村经济合作入手，在目标选择上是正确的。

然而，在国家与社会视野下，华北农村合作运动进程中的“历史的错失”表现双重含义：其一，“国家”过于强势，原来的“多元化”状态未能有效延续，使得单一的“国家化”终究成为强势；其二，“社会”缺乏独立性，以定县、邹平两个实验县原已存在的国家与社会互动局面，在“国家”强势的干预下，应有的相对独立性也基本丧失；而最为遗憾的是，如华洋义赈会这种非政府性质的社会组织（NGO），在特定的社会历史条件下，不得不退出了华北农村合作运动的历史舞台。

总之，通过考察近代华北农村合作运动的发展过程及其形态可以发现，从最初的民间自发状态至抗日战争爆发前的整体上的逐步发展、壮大，基本良好的运行，经历了三种不同的发展模式。其中，作为倡导与推行农村合作运动的两种外在的主导力量——民间社会团体与国家政权，尽管运行机制各异，却均在不同时期的个别地区发挥了各自的不同作用，民间社会力量甚至起到了主导作用。近代华北农村合作运动的发展历史曾经如此“浓墨重彩”，为解决历史的“三农”问题留下了深刻的经验与教训，如培育和激发民间社会力量广泛参与到21世纪的农村合作社发展事业，如汲取历史的经验教训以促进国家与社会力量在农村合作社发展历程中的良性互动等，这对发展现实中的农村合作社事业应有相应的启示意义。诚如是，再造中国农村合作事业的“昔日辉煌”指日可待了。

---

① 孙冶方：《为什么要批评乡村改良主义之作》，《中国农村》1936年第2卷第5期。

参考文献

一　文献汇编

1. 秦孝仪主编：《革命文献——抗日战争爆发前国家建设史料（合作运动）》第 84—87、101—105 辑，台北：中国国民党党史委员会编 1980—1985 年版。
2. 沈云龙主编：《近代中国史料丛刊》，台北：文海出版社 1995 年版。
3. 中国第二历史档案馆：《中华民国史档案资料汇编（5）》，第 1、2 编“财政经济”，南京：江苏古籍出版社 1991 年版。
4. 张其昀编：《先总统蒋公全集》，台北：中国文化大学出版部 1984 年版。
5. 《晏阳初全集（1—3）》，长沙：湖南教育出版社 1991 年版。
6. 史敬棠：《中国农业合作化史料》，北京：生活·读书·新知三联书店 1957 年版。
7. 章有义：《中国近代农业史料》，北京：生活·读书·新知三联书店 1957 年版。
8. 冯和法编：《中国农村经济资料》及《中国农村经济资料续编》、农村社会学大纲》等，上海：黎明书局 1935 年版。
9. 梁漱溟：《梁漱溟全集》，济南：山东人民出版社 1989—1993 年版。
10. 千家驹编：《中国农村经济论文集》，上海：中华书局 1935 年版。
11. 薛暮桥、冯和法编：《〈中国农村〉论文选》，北京：人民出版社 1983 年版。
12. 章元善：《合作文存在》，重庆：中国合作图书馆 1940 年版。
13. 严中平等编：《中国近代经济史统计资料选辑》，北京：科学出版社 1955 年版。

14. 魏宏运《抗日战争时期晋察冀根据地财政经济史料选编》，天津：南开大学出版社1986年版。
15. 华洋义赈会编：《合作讯》（1923—1937），《救灾会刊》（1923、12—1937、4），《赈务报告书》（1922—1936）以及历次合作讲习会会刊、各期合作资料等丛刊和出版物

二 主要报刊杂志

1. 合作类专刊
《合作讯》（华洋义赈会）、《华北合作》（前期为《农赈月刊》）、《合作月刊》（中国合作学社）、《合作》（各地）、《合作周刊》（从上海—南京—重庆）、《平民周刊》、《合作同工》、《合作先锋》、《合作日报》、《合作行政》、《合作事业》、《合作指导》、《合作青年》、《合作事业统计资料》、《合作事业统计提要》周刊、《合作供销》、《合作供销通讯》（上海）、《合作先锋》、《合作界》（各地）、《合作教育》、《合作通讯》（各地）、《合作日务通讯》（战时重庆）、《合作评论》、《合作经济》、《合作实验》、《合作与农民》、《合作与农村》、《农村合作》《邹平实验县合作事业报告专号》、《上海市合作事业委员会业务报告（1932—1933）》等等。
2. 其他
《大公报》（天津）、《益世报》、《村治》、《改造》、《建设日刊》、《建设》周刊、《东方杂志》、《农情报告》、《中国农民》、《中国农村》、《中国农村经济》、《农村复兴委员会会报》、《社会经济周刊》、《独立评论》、《社会经济评论》、《民间》、《乡村建设》、《政治经济评论》、《中农月刊》、《山东建设月刊》、《申报月刊》、《社会科学杂志》等。

三 主要研究著述

1. 伍玉璋：《中国合作运动小史》，上海：中国合作学社1929年版。
2. 郑厚博：《中国合作运动之研究》，杭州：《农村月刊》社1936年版。
3. 寿勉成、郑厚博：《中国合作运动史》，南京：正中书局1937年版。
4. 山东乡村建设研究院编：《中国合作问题研究》，邹平，1935年版。
5. 李文伯：《河北省之运销合作》，天津：1937年南开大学经济研究所毕

业论文。
6. 寿勉成：《中国合作经济问题》，南京：正中书局 1938 年版。
7. 梁思达：《河北省之信用合作》，天津：1937 年南开大学经济研究所毕业论文。
8. 江西农村合作委员会：《农村合作文选》，江西：1934 年版。
9. 中央合作指导人员训练所：《北平清华消费合作之研究》，南京：1935 年版。
10. 吴美继：《民生主义的合作制度》，上海：之江书店 1930 年版。
11. 喻志东：《中国工业合作运动》，上海：黎明书局 1940 年版。
12. 章元善：《合作与经济建设》，长沙：商务印书馆 1938 年版。
13. 张镜予：《中国农村信用合作运动》，上海：商务印书馆 1930 年版。
14. 陈岩松：《中华合作事业发展史》，台北：商务印书馆 1983 年版。
15. 赖建诚：《近代中国的合作经济运动》，台北：正中书局 1990 年版。
16. 郑大华：《民国乡村建设运动》，北京：社会科学文献出版社 2000 年版。
17. 李金铮：《民国时期华北农村的借贷关系之研究》，保定：河北大学出版社 2000 年版。
18. 巫作田：《中国工业合作社运动》（合作论文集），重庆：合作出版社 1942 年版。
19. 梁思远、黄肇兴、李文伯：《中国合作事业考察报告》，天津：南开大学经济研究所 1936 年版。
20. ［美］黎安友：《中国华洋义赈救灾总会史》，哈佛大学出版社 1965 年版。
21. 宓公干：《典当论》，上海：黎明书局 1936 年版。
22. 杨德寿：《中国合作社经济思想研究》，北京：中国财政经济出版社 1998 年版。
23. 陈俊生：《合作经济文集》，北京：中国农业出版社 1998 年版。
24. 杨德寿：《中国供销合作社发展史》，北京：中国财政经济出版社 1998 年版。
25. ［日］川井悟：《华洋义赈会与中国农村》，东京：京都大学人文学研究所 1983 年版。
26. 郭铁民等：《中国合作经济发展史》，北京：当代中国出版社 1998

年版。
27. 徐唐龄：《中国农村金融史略》，北京：中国金融出版社 1996 年版。
28. 吴秀生：《关于抗日战争爆发前农业金融及信用合作概况的报告》，中国第二历史档案《中华民国史档案资料汇编》（第 5 辑）第 1 编财政经济（7），南京：江苏古籍出版社 1997 年版。
29. 李文海：《中国近代灾荒与社会稳定》，北京：中共中央党校出版社 1998 年版。
30. 薛毅、章鼎：《章元善与华洋义赈会》，北京：中国文史出版社 2002 年版。
31. ［美］马若孟：《中国农民经济——河北和山东的农民发展，1890—1949》，史建云译，南京：江苏人民出版社 1999 年版。
32. 严敬恒：《中国乡村合作实际问题》，南京：中国合作学社 1931 年版。
33. 王宗培：《中国之合会》，南京：中国合作学社 1934 年版。
34. 方显廷：《中国之合作运动》（单行本），天津：南开大学经济研究所 1934 年版。
35. 费孝通：《江村经济—中国农民的生活》，北京：商务印书馆 2003 年版。
36. ［美］费正清主编：《剑桥中华民国史》，章建刚等译，上海：上海人民出版社 1992 年版。
37. 杨菲蓉：《梁漱溟合作理论与邹平合作运动》，重庆：重庆人民出版社 2001 年版。
38. 侯建新：《农民、市场与社会变迁——冀中 11 村透视并与英国乡村比较》，北京：社会科学文献出版社 2002 年版。
39. ［法］查理·季特：《消费协社》，楼桐孙、于能模译，上海：商务印书馆 1925 年版。
40. 于树德：《合作社之理论与经营》，上海：中华书局 1929 年版。
41. 孔雪雄：《中国今日之农村运动》，上海：中山文化教育馆 1934 年版。
42. 王世颖：《合作事业》，上海：黎明书局 1934 年版。
43. 侯哲荅：《农村合作运动》，上海：黎明书局 1934 年版。
44. 千家驹、李紫翔：《中国乡村建设批判》，上海：新知书店 1935 年版。
45. 王先明、郭卫民：《乡村社会文化与权利结构的变迁》，北京：人民出版社 2002 年版。

46. 王先明：《近代新学》，北京：商务印书馆 2003 月版。
47. 李金铮：《民国乡村借贷关系研究》，北京：人民出版社 2003 年版。
48. 向德楷、杨崇德：《中国农村合作经济》，北京：中国财政经济出版社 1992 年版。
49. 陈旭麓：《近代中国社会的新陈代谢》，上海：上海人民出版社 1992 年版。
50. 徐浩：《农民经济的历史变迁》，北京：社会科学文献出版社 2002 年版。
51. 杨培伦等编：《合作经济理论与实践》，北京：中国商业出版社 1989 年版。
52. 王天义等：《中国股份合作经济——理论、实践与对策》，北京：企业管理出版社 1997 年版。
53. 洪远朋：《合作经济的理论与实践》，上海：复旦大学出版社 1996 年版。
54. 丛翰香：《近代冀鲁豫乡村》，北京：中国社会科学出版社 1995 年版。
55. 魏宏运：《二十世纪二三十年代冀东农村调查》，天津：人民出版社 1996 年版。
56. 王先明：《近代绅士》，天津：人民出版社 1997 年版。
57. 朱玉湘：《中国近代农民问题与乡村社会》，济南：山东大学出版社 1997 年版。
58. 张鸣：《乡土心路八十年》，上海：三联书店 1997 年版。
59. 张静如：《国民政府统治时期中国社会之变迁》，北京：中国人民大学出版社 1993 年版。
60. 孙达人：《中国农民变迁论》，北京：中央编译出版社 1996 年版。
61. 赵秀玲：《中国乡里制度》，北京：社会科学文献出版社 1998 年版。
62. 苑书义等：《艰难的转轨历程——近代华北经济与社会发展研究》，北京：人民出版社 1997 年版。
63. 乔志强、行龙：《近代华北农村社会变迁》，北京：人民出版社 1998 年版。
64. 侯建新：《现代化第一基石：农民个人力量增长与中世纪晚期社会变迁》，天津：社会科学出版社 1991 年版。
65. 许平：《法国农村社会转型研究》，北京：北京大学出版社 2001 年版。

66. ［美］黄宗智：《华北的小农经济与社会变迁》，北京：中华书局 2000 年版。
67. ［美］杜赞奇：《文化、权利与国家》，中译本，南京：江苏人民出版社 1996 年版。
68. ［日］内山雅生：《二十世纪华北农村社会经济研究》，李恩民、邢丽荃译，北京：中国社会科学出版社 2001 年版。
69. ［美］张信：《二十世纪初期中国社会之演进》（中译本），北京：中华书局 2004 年版。
70. ［美］西德里·甘布尔：《华北村庄：1933 年前的社会、政治和经济活动》（加利福尼亚大学出版社 1963 年版）及《定县：华北的一个乡村社区》（斯坦福大学出版社 1954 年版）
71. ［英］F. A. 哈耶克：《致命的自负》，冯克利等译，北京：中国社会科学出版社 2000 年版。
72. ［英］卡尔·波普尔：《开放社会及其敌人》（第 1、2 卷），郑一明等译，北京：中国社会科学出版社 2000 年版。
73. 郑起东《转型期华北农村社会》，上海：上海书店出版社 2004 年版。
74. 孙立坤主编《河南省供销合作社史稿》，郑州：中州古籍出版社 2004 年版。
75. ［美］易劳逸：《流产的革命：1927—1937 年国民党统治下的中国》，陈谦平译，北京：中国青年出版社 1992 年版。
76. ［美］艾恺：《最后的儒家》，中译本，南京：江苏人民出版社 1993 年版。
77. 陈大斌：《重建合作》，北京：新华出版社 2006 年版。
78. 张晓山、苑鹏：《合作经济的理论与实践》，北京：中国城市出版社 1991 年版。
79. 魏道南、张晓山：《中国农村新型合作组织探析》，北京：经济管理出版社 1998 年版。
80. 庞晓鹏：《中国农村民间合作服务组织研究》，北京：中国农业科技出版社 1999 年版。
81. 农业部农村研究中心编：《中外学者论农村》，北京：华夏出版社 1994 年版。
82. 江沛主编：《二十世纪中国的农村社会》，北京：中国档案出版社

1996 年版。
83. 吴藻溪主编：《近代合作思想史》，上海：棠棣出版社 1950 年版。
84. 尹树生：《合作运动发展史论》，台北：合作经济月刊出版社 1950 年版。
85. 刘桂生、张步洲编：《陈寅恪学术文化随笔》，北京：中国青年出版社 1996 年版。
86. 尹树生：《各国合作制度》，台北："国立编译馆" 1982 年版。
87. 孙敬之：《华北经济地理》，北京：科学出版社 1957 年版。
88. 柯象峰编著：《中国贫穷问题》，上海：正中书局 1935 年版。
89. 任美锷等编：《中国自然地理纲要》，北京：商务印书馆 1979 年版。
90. 杨西孟：《中国合会之研究》，上海：商务印书馆 1935 年版。
91. 金轮海：《中国农村经济研究》，上海：中华书局 1937 年版。
92. 千家驹、李紫翔：《中国乡村建设批判》，上海：新知书店 1935 年版。
93. 高纯淑：《华洋义赈会与民初合作运动》，台北：1982 年台北政治大学历史研究所硕士论文。
94. 蔡勤禹：《民间组织与灾荒救治》，北京：商务印书馆 2005 年版。
95. 陈秀卿：《华北农村信用合作运动》，台北：1986 年台北师范大学历史研究所硕士论文。
96. 李惠安：《农村专业合作经济组织国际研讨会文集》，北京：中国农业科技出版社 2000 年版。
97. 程同顺：《中国农民组织化研究初探》，天津：人民出版社 2003 年版。
98. 王贵宸：《中国农村合作经济发展史》，太原：山西经济出版社 2006 年版。
99. 李景汉：《定县社会概况调查》，北京：中国人民大学出版社 1986 年版。
100. 张德粹：《农业合作的原理与实务》，台北：商务印书馆 1953 年版。
101. 雷海宗：《伯伦史学集》，北京：中华书局 2002 年版。
102. 刘娅：《解体与重构》，北京：中国社会科学出版社 2004 年版。
103. ［美］萧公权：《中国乡村：19 世纪的帝王控制》，华盛顿大学出版社 1960 年版。
104. ［美］瞿同祖：《清代中国地方政府》，哈佛大学出版社 1962 年版。
105. ［美］何炳棣：《中华帝国下成功发迹的阶梯》，哥伦比亚大学出版社 1962 年版。
106. ［英］莫里斯·弗里德曼：《中国的宗族和社会》，伦敦大学 Athlone 出版社 1966 年版。
107. 胡如雷：《中国封建社会形态研究》，北京：生活·读书·新知三联书店 1979 年版。
108. 张仲礼：《中国绅士》及《中国绅士的收入》，上海：上海社会科学院出版社于 1991、2001 年出版。
109. 张佩国：《近代江南乡村地权的历史人类学研究》，上海：上海人民出版社 2002 年版。
110. 冯贤亮：《明清江南地区的环境变动与社会控制》，上海：上海人民出版社 2002 年版。
111. 瞿同祖：《中国法律与中国社会》，北京：中华书局 2003 年版。
112. 朱凤瀚：《商周家族制度研究》、阎爱民《汉晋家族研究》、常建华《明代宗族研究》、冯尔康《18 世纪以来中国家族的现代转向》"中国家庭·家族·宗族研究系列"，上海：上海人民出版社 2005 年版。
113. 冯天瑜：《中华文化史》，上海：上海人民出版社 1990 年版。
114. 刘泽华：《中国的王权主义》，上海：人民出版社 2000 年版。
115. 刘大钧：《中国佃农经济状况》，上海：太平洋书店 1929 年版。
116. ［美］约翰·洛辛·卜凯：《中国农家经济》（中译本），南京：金陵大学出版社 1936 年版。
117. 李景汉《中国农村问题》，长沙：商务印书馆 1938 年版。
118. ［美］埃弗里特·M. 罗吉斯、拉伯尔·J. 伯德格：《乡村社会变迁》（中译本），杭州：浙江人民出版社 1988 年版。
119. ［德］柯武刚、史漫飞：《制度经济学：社会秩序与公共政策》（中译本），北京：商务印书馆 2002 年版。
120. ［美］道格拉斯·诺思：《经济史中的结构与变迁》，上海：三联书店 1991 年版。
121. 林毅夫：《再论制度、技术与中国农业发展》，北京：北京大学出版社 2000 年版。
122. ［英］阿瑟·刘易斯：《经济增长理论》，中译本，上海：三联书店 1990 年版。
123. 杜恂诚：《金融制度变迁史的中外比较》，上海：社会科学院出版社

2004 年版。
124. 丁鸿富：《社会生态学》，杭州：浙江教育出版社 1987 年版。
125. 刘泽华：《洗耳斋文稿》，北京：中华书局 2003 年版。
126. 吴忠民、刘祖云主编：《发展社会学》，北京：高等教育出版社 2002 年版。
127. 秦柳方等：《中国各种经济合作社》，北京：中国文史出版 1994 年版。
128. 罗克典：《中国农村经济概论》，上海：中华书局 1934 年版。
129. 陈醉云：《农村经济概论》，上海：中华书局 1935 年版。
130. 邓拓：《中国救荒史》，北京：北京出版社 1998 年版。
131. 方显廷：《中国农村经济之复兴》、《中国经济研究》，长沙：商务印书馆 1938 年版。
132. 朱斯煌编：《民国经济史》，上海：《银行周报》社 1948 年版。
133. ［法］查理·季特：《合作原理比较研究》，彭师勤译，上海：中华书局 1935 年版。
134. ［法］查理·季特：《农业合作》，彭补拙译，南京：中国合作学社 1930 年版。
135. 张明贵：《费边社会主义思想》，台北：联经出版公司 1983 年版。
136. 章元善、许仕廉合编：《乡村建设实验》，上海：中华书局 1936 年版。
137. 赵泉民：《政府·合作社·乡村社会——国民政府农村合作运动研究》，上海：上海社会科学院出版社 2007 版。
138. 徐旭初：《中国农民专业合作经济组织的制度分析》，北京：经济科学出版社 2005 年版。
139. 罗必良：《中国农村合作经济》，北京：中国经济出版社 2006 年版。
140. 章元善：《华洋义赈会的合作事业》，《文史资料选辑》（81），北京：中国文史资料出版社 984 年版。
141. 李伟中：《二十世纪二三十年代县政建设实验研究》，北京：人民出版社 2011 年版。
142. 彭莲棠：《中国农业合作化之研究》，上海：中华书局 1948 年版。
143. 魏本权：《农村合作运动与小农经济变迁》，北京：人民出版社 2012 年版。
144. 董时进：《农村合作》，北平：北平大学农学院 1931 年版。

后　记

2002年9月能在南开得遇业师王先明教授，完全是我特殊的缘分。细想起来，弟子与业师之缘，实在八年前。

那是1998年9月，弟子承先师吴雁南先生之命，赴湖南浏阳参加“纪念谭嗣同殉难暨湖南戊戌维新一百周年”国际学术研讨会。会上幸遇王老师。王师醇厚儒雅之风，令人倾倒。弟子虽生仰慕，却无奈初入学门，缺少应有的底气和勇气，错失了亲聆教益之良机，深以为憾！

南开四年，弟子可谓加倍如愿！！

当年弟子远来，王师和师母首先给了我一个温馨的家。每逢佳节，王师、师母和弟子们齐齐欢聚一堂。餐语无闲事，句句关文章。在这个特殊的大家庭里，弟子倍感亲切和温暖！最令弟子难忘的，还是师母有时亲自配做的山西菜肴；这让寡闻的我，在一饱口福之余，又打开了一些眼界，长了不少识见。

业师给弟子的言传身教，特别是引领弟子进入中国近代乡村社会史这一新兴研究领域，激发了弟子强烈的求知欲，更令弟子受益无穷，终生难忘。业师对弟子论文选题自始至终都给予了极大的热情和关注，从最初提纲及开题报告的撰写，到论文整体框架结构设计，及最终修定成稿、提交答辩，每一个环节无不倾注了大量心血及悉心指导，耳提面命之际，常常予弟子以莫大教诲和深邃的启发。尤其是业师严谨治学、学为人师、行为人范的风尚，令弟子高山仰止，终生铭怀。正是在业师宽严相济、刚柔兼施的状态下，愚钝顽劣的我才终于完成了博士论文，于2006年5月顺利通过了答辩。

值此论文出版之际，我要特别感谢我的硕士生导师、原贵州师范大学校长吴雁南先生。虽然，早在弟子考入南开大学读取博士学位之前，残酷的病魔就无情地夺去了先生的生命，然而，先生孜孜不倦于学术的精神生命必将永存史册。

这里，我还要特别感谢原贵州省社会科学院常务副院长冯祖贻先生、贵州师范大学倪英才先生、贵州大学张新民先生、贵州省社会科学院历史研究所熊宗仁先生等，他们在我学术成长之路上无私地奉献、无微不至地关心、呵护，已深藏于心。

特别是祖贻师，在知我萌生投考南开大学历史学院之意时，欣然递书南开历史学院李喜所教授。经冯师推荐，李老师不仅慨然引我进入南开，且让学生在四年的修业中能不时得到教益和启发。历史学院的江沛老师、李金铮老师、侯杰老师、张思老师等分别在论文的选题、写作及相关讨论过程中给予了不少有益的指点和帮助；中国社会科学院近代史研究所的徐秀丽老师、郑大华老师、北京大学的郭卫东老师、欧阳哲生老师、北京师范大学的史革新老师、华中师范大学的马敏老师、罗福惠老师、湖南师范大学的周秋光老师、山东大学的苏位智老师、天津师范大学的李学智老师以及中国人民大学的程歗老师、天津社会科学院的罗树伟老师、南开大学的陈振江老师、河北师范大学的董丛林老师等诸位师长在论文评审与答辩过程中所给与的宝贵意见与指教，均已融入到论文写作和进一步修订之中，成为完成与完善文稿的重要条件和保障，诚非“感谢”二字了得。

南开大学图书馆特藏部和历史学院资料室的老师们，为拙文资料的搜集提供了极大的便利和帮助；同门师兄李伟中、师姐任云兰、高展，师弟魏本权、曾耀荣、熊亚平、白宏钟、王军，师妹马方方、罗朝晖、渠桂平、傅艳红等，为论文资料搜集或整理修改付出了辛勤的劳作；特别是台湾地区学兄应广辉博士惠赠台校相关宝贵资料，助力良多；好友张东波博士、郭宏博士、刘忠泉博士、邹文开博士、秦其文博士、刘中建博士、张英魁博士、谢江平博士、唐克农博士、蒋正华博士、杨平博士、谢清莲博士、覃明兴博士、项后军博士、徐道稳博士、张新煜博士、阎保民博士、邹千江博士、谭新华博士等，常与笔者作交叉学科的交流和切磋，不仅共与度过了难忘的修业时光，有时更激发出一些难得的学术火花和灵感，颇有助益，在此一并致以由衷的谢意。

人生如梦，光阴似箭，南开四年早已匆匆而过，离开南开的日子也如东水流逝，岁月的车轮不由自主地把我推进了“不惑之年”，而今即将迈入“知天命”。蓦然回首，弟子恍然大悟：昔日的我，悄然远去；如今的我，已成无父无母之人。家父还在拙文开题报告之际猝然离我而去，令不孝之子悲痛欲绝；家父勤劳一生，忍耐一生，忠厚一生，贫穷一生，却没能享受一天的儿孙福！不幸的是，家母也在书稿正式付梓之前溘然病逝，“子欲养而亲不在”，此为今生憾事。感念苍生，我纵有心，却再也无法报答父母三春之晖！再也无法报答他俩老人家的养育之恩啊！常触景生情，思之泪流满面，痛哭不已。唯待不孝儿亲临床头，焚此文祷告苍天，祈求来生再续亲缘；吾父吾母或泉下有知，当与儿共读此文，共襄致富之宏图，助黎民解脱贫穷之桎梏。

我还要远行。常常听到犬儿潜润电话中“早点回来”之声，每次只能用动听的故事或“美丽的谎言”蒙混；我早已承诺，一定赶快“回来”，陪你做游戏或逗你开心。与犬儿相伴，内子这些年真不容易；尽管我有时候因家事纠缠而性急，但内心始终感受到背后有一种强劲的助力和推力。不是内子这样顽强的支撑和鼓励，我很难完成论文的撰写和南开四年的学习。虽然，“君子不言谢”，这里，我要特别谢谢您，丽珍！谢谢您和我背负了同样的重力！更谢您与我一同远行！

我深知，古今学问无坦途。在当代市场化机制下，做学问已不容易，做纯粹的学位更不容易。本书的出版，已非个人之力，而是众生合力的结果。

点点滴滴，余言不尽。是为后记。

作　者

初稿完成於2006年5月5日　南开园·西区公寓

重新修订於2008年11月1日　太阳宫博士后宿舍

出版后记

本书正式得以出版之时，已是脱稿8年之后。期间，人世沧桑，往来变迁，个人命运正如书稿研究的主体——农村合作社曾经的命运一样凄惨，亦同与此书稿或更惨于书稿的遭际，让人唏嘘不已。而这8年，也给了笔者回顾历史，仔细观察、认真思考中国农村合作社发展现状的难道机会，能让笔者在中国农村合作社发展的历史与现实中不断来回、深入反思。

20世纪20—1930年代，中国农村尤其是华北地区的合作社一度繁荣昌盛。然而，1937年7月7日卢沟桥事变，抗日战争全面爆发，几乎所有的农村合作社成果灰飞烟灭，化为乌有。抗日战争期间，尽管国共两党均在自己政权控制区域内尽量延续了农村合作社的发展轨迹，日寇也在中国占领区内推行所谓的“产业组合”政策，但均已是“非常态”下的逆生长而已，不可与常态下的农村合作社发展状况同日而语了。这种状态延续到1949年中华人民共和国成立后才宣告结束，农村合作社得以在常态下继续发展。然而，1956年后，中国农村很快进入了仿效前苏联的“农业合作化”及“大跃进”的计划经济阶段，进而全面“人民公社化”，不仅农村土地制度发生了从“私有”到“集体所有”的根本变化，而且农民身份几乎被“固化”，农家财产被“公社化”，农业生产完全是“集体化”。这只是“计划经济”条件下而非农村经济正常状态下的合作社发展形态，结果是人民公社解体。直到1978年，中国实行“改革开放搞活”政策，随着农村部分地区率先实行“（土地）经营承包责任制”，包产到户，农村各种类型的合作社或行业协会才又开始以新的面貌出现了，但举步维艰，依然属于不正常发展；其中，“计划经济”政策的痕迹依稀可见。

这种状态到本书脱稿时的2006年6月已有了显著改善。当时的中国农村合作社大多属于改革开放后、由计划经济向市场经济转型条件下自动、自发的起步阶段，各地农村合作社的数量不多，名称、说法不一，其身份与地位特别是在法律上的保障与定位等都还模糊不清。非常巧合的是，2006 年 10 月 31 日，中国人民代表大会常务委员会正式通过了《中华人民共和国农民专业合作社法》，并定于 2007 年 7 月 1 日正式实施；同时，中国政府正式宣布，取消延续了 2000 多年的农业税，实行直接补贴农业生产的惠农新政策。农民种地不仅不用给政府纳粮还享有政府直接到位的生产补贴，这是中国政府带给当代中国农民的福音。

由此伊始，中国农民发展农村合作社事业的所有条件几乎都发生了根本性转变。市场经济体制基本确立，法律保障基本到位，农民土地使用权基本稳定，农业生产负担基本没有。8 年来，中国农村各地各类专业合作社遍地开花，据国家工商总局统计公布，截止 2014 年 11 月，中国登记注册的各类合作社总数已超过 110 万家，各地均呈现出快速增长态势。形势喜人，然而，作为一名专业工作者，却又不得不引发深思。笔者发现，在中国农村合作社发展的历史与现实之间，往往存在一些难以抹去的惊人相似之处，因为，曾在国民政府主导下，特别是 1934 年《合作社法》颁布实施之后，短短几年内，农村合作社尤其是信用合作社也曾出现过爆发式增长。但 1937 年“七七事变”前，国民政府统辖下的合作社几乎都“有量无质”，多被舆论批评为“合借社”，完全是一种虚假的“繁荣”。结果是，出乎合作政策制定者的所有意料，农民不但没有得到多少实惠，往往还深受另一种变相“高利贷”的盘剥。

尽管，各种时评未必客观准确，但当时从事合作社理论与实践研究的专家、学者也纷纷从合作行政、合作教育、合作法制、合作金融、合作指导、合作社组织系统等方面反思政府推行合作政策的利弊得失，总结经验教训。本书立意，正是基于此。出乎我意料的是，当代中国农村合作社发展速度竟然如此之快，这其中不可能没有问题与疑问。比方说，合作社的基础是否稳固？登记注册后延续时间多少？农民能否从中得到实惠？这么多合作社都是以农民为主体吗？这些农民从哪里获得合作知识？入社农民是否真正认同自己的合作社？合作社的资金从哪里来？合作社的盈余又如何分配？现行合作社法律法规是否健全？须如何修改完善？等等。准确回答这些问题，须对合作社理论与实践加以详细了解，深入分析，而且还须加以历史观照，只有从总结历史教训中找到解决现实问题的答案，这就是所谓的“前车之鉴”吧。

值此书稿出版之际，首先我要感谢历史上为中国农村合作运动尤其是华北农村合作运动实践与理论研究付出艰辛劳动与努力的众多学者，是他（她）们的成果为本书的研究提供了扎实的史料基础和丰富的参考文献；感谢中国首届合作经济年度人物、原安徽财经大学党委书记、校长石秀和教授，安徽财经大学副校长陈忠卫教授，安徽财经大学中国合作社研究院院长刘从九教授、安徽财经大学工商管理学院宋士根教授以及安徽财经大学科研处、中国合作社研究院等诸同仁对本书出版寄予的热切关注与支持，感谢安徽财大博士论文出版专项基金和协同创新中心出版专项资金给予本书出版的立项资助；感谢中国社会科学院学部委员、原农村发展研究所所长、农林经济管理博士后流动站合作导师张晓山研究员为本书出版颇尽心力，并在百忙中应允赐序，诚令我十分感动；感谢农村发展研究所组织与制度室主任、博士后合作导师苑鹏研究员、《中国农村经济》编辑部潘劲老师、人事处处长秦纪庆老师等寄予的诸多鼓励与好评，感谢中国社会科学出版社张林女士、本书责任编辑郭鹏老师为本书的出版付出了辛勤的劳作，所有这一切的关心与厚爱，均已一一铭记在心。

特别感谢南开大学历史学院博士生导师王先明教授为本书慨然赐序。弟子虽然离开了南开校园，但王老师的关注目光始终与我为伴，激励我前行，使我不敢有半点懈怠。

感谢所有爱我的人和我爱的人。由于本人学识水平有限，本书难免存在不足与错漏之处，欢迎学界朋友不吝批评指正。联系邮箱：ljr1212@126.com。

作者补记于安财幽静屋

2015年1月11日